新形势下贵州区域
法治建设调查与研究

XINXINGSHI XIA GUIZHOU QUYU
FAZHI JIANSHE DIAOCHA YU YANJIU

吴大华　张　帆　著

贵州省社会科学院法学研究创新工程项目

国家“万人计划”哲学社会科学领军人才项目（中宣部[2015]49号）阶段性成果

中国政法大学出版社

2019·北京

图书在版编目（CIP）数据

新形势下贵州区域法治建设调查与研究/吴大华，张帆著．—北京：中国政法大学出版社，2019.3

ISBN 978-7-5620-8934-6

Ⅰ.①新…　Ⅱ.①吴…　②张…　Ⅲ.①社会主义法治—研究—贵州　Ⅳ.①D927.73

中国版本图书馆CIP数据核字(2019)第054189号

出 版 者　中国政法大学出版社

地　　址　北京市海淀区西土城路 25 号

邮寄地址　北京 100088 信箱 8034 分箱　邮编 100088

网　　址　http://www.cuplpress.com（网络实名：中国政法大学出版社）

电　　话　010-58908586(编辑部)　58908334(邮购部)

编辑邮箱　zhengfadch@126.com

承　　印　北京中科印刷有限公司

开　　本　720mm×960mm　1/16

印　　张　23.25

字　　数　370 千字

版　　次　2019 年 3 月第 1 版

印　　次　2019 年 3 月第 1 次印刷

定　　价　79.00 元

前言 PREFACE 一种潜在的考量

德国法哲学家康德在《历史理性批判文集》中认为："大自然迫使人类去加以解决的最大问题，就是建立一个普遍法治的公民社会。"〔1〕对这一社会，康德又作出了新解："大自然给予人类的最高任务必须是外界法律之下的自由与不可抗拒的权力，这两者都以最大可能的限度相结合的社会，也就是一个完全正义的公民宪法；因为唯有通过这一任务的解决和实现，大自然才能够成就她对我们人类的其他目标。"〔2〕从这一命题中，我们认为，康德在提醒我们，法治这个问题是最困难的问题，同时也是最后才能被人们解决的问题。在新形势下，就建设社会主义法治中国而言，我们中国人正在矢志不渝地走近康德的命题，并且，法治问题的确是像康德所说的那样成了"最困难的问题"。但是，法治中国和地方法治或区域法治构建正是在被设法解决的问题。习近平同志在中央政治局第四次集体学习时强调："全面推进科学立法、严格执法、公正司法、全民守法，坚持依法治国、依法执政、依法行政共同推进，坚持法治国家、法治政府、法治社会一体建设，不断开创依法治国的新局面。"〔3〕这不仅是实现中华民族伟大复兴的必由之路，而且为不断开创区域法治建设〔4〕新局面指明了方向，同时也是贵州区域法治建设的喜讯和福音，更是法治贵州建设深化发展的目标。

---

〔1〕［德］康德：《历史理性批判文集》，何兆武译，商务印书馆1997年版，第8页。

〔2〕［德］康德：《历史理性批判文集》，何兆武译，商务印书馆1997年版，第9页。

〔3〕"习近平主持中共中央政治局第四次集体学习"，载人民网：http://cpc.people.com.cn/n/2013/0225/c64094-20583750.html，访问日期：2016年10月15日。

〔4〕我国法学家也认为，一个国家内部的法律并不是单一的，特别是大的或多民族的国家。它们往往是一国多制，如在我国古代有国家法和宗族法之分；古罗马有市民法和万民法之分；欧洲在中世纪时有教会法与世俗法之分，后者中又有王室法、城市法和庄园法之分；英国有普通法与衡平法之分；在现代社会国内有国家法与民间法之分。一个国家内部的法也往往有多种，这就指出了诸如我国这样疆域比较辽阔的国家，在法治上必然具有明显的区域性特征。

党的十八大以来，以习近平同志为核心的党中央紧密结合新的时代条件和实践要求，以依法治国新理念为指引，增强“四个意识”、坚定“四个自信”，做到“两个维护”，奋力推动新时代法治中国建设新局面。时代是思想之母，实践是理论之源。马克思、恩格斯曾指出：“一切划时代的体系的真正内容都是由于产生这些体系的那个时期的需要而形成起来的。”就贵州区域法治建设而言，贵州省委、省政府立足新时代，基于“对贵州经济社会发展客观需要的理性认识，以时代法治理念和法治技术进行主动改革，主动制定规划”。[1]从贵州经济社会发展实际出发，在深入推进法治、平安、和谐、幸福贵州建设的基础上，省委、省政府义无反顾地提出了贵州与全国同步全面建成法治社会的战略性任务。同时，贵州还要稳扎稳打，扎实推进，不急于求成，不盲目攀比，重在基础设施建设和人力资源素质的提高。这既需要贵州人民的努力，也需要国家和全国各地给予大力支持。时任贵州省长陈敏尔在回答记者提问时说，新形势下法治贵州建设的“时间表”倒逼我们要加快发展、把发展的速度拉起来。保护好贵州的青山绿水，倒逼我们要转型发展，更加注重质量和效益。我们要通过特色化发展、集聚化发展、绿色化发展，做到跨越发展、转型发展，实现“百姓富、企业强、生态美”。在法治贵州建设进程中我们既要看到艰巨性，更要坚定信心，不断激活内力、借助外力，不断释放资源红利、生态红利、劳动力红利、政策红利和改革开放红利，统筹做好各项社会稳定工作。[2]这是贵州经济社会发展到一定阶段的必然选择，是贵州人民的期盼，是时代赋予我们贵州人民的光荣使命，有利于巩固平安、和谐、幸福贵州的建设成果。美国学者布莱克曾指出，法律是政府的社会控制，或者说它是国家和公民的规范性生活。鉴于此，我们首先应从三个方面考虑法治贵州的潜在性构建。

一、何谓法治贵州

新形势下，国家整体法治发展与区域法治发展是一个内在关联、相辅相成、不可分割的法治共同体系统。贵州法治建设是该系统不可分割的一个部

〔1〕 杨叶红：“湖南法治政府建设的现实制约及克服之策”，载《湖南行政学院学报》2012年第6期。

〔2〕 吴大华主编：《贵州蓝皮书：贵州法治发展报告（2013）》，社会科学文献出版社2013年版，第152页。

分。江苏省社会科学院院长、扬州大学法学院教授、博士生导师、中国法律文化与法治发展研究中心主任夏锦文教授认为，法律是一个量，而且法律的量随时间和空间而变化，法律的样式也随着时间和空间而变化。此外，还会因关系、法律环境、法庭和案件的不同而变化；因社会生活的分层、形态、文化、组织性和社会控制而变化。这就明确地指出了法律的区域性问题。法治贵州建设仍然是整个社会主义法治建设事业的组成部分，我们不能背离依法治国。建设社会主义法治国家的伟大历史进程，仍然要以维护民族团结和国家统一为原则，以依法治国的基本精神和国家的基本法律制度为根据和指导。

贵州区域法治建设要与社会主义法治保持统一，贵州区域立法要以全国性立法为基础和指导，坚持不抵触原则，融入整个法治建设的大局；贵州区域法治的其他环节也要与依法治国的进程联系起来，在坚持法治统一的前提下保持自身特色。此外，贵州省内各区域之间要保持法治的协调统一。这也是有客观依据的：因为社会主义的法治统一为各地区之间法治的协调统一创造了前提条件；贵州省内各区域实际情况的相似性为他们之间的法治协调统一提供了客观基础；贵州省内各区域解决某些问题的彼此依赖性则为法治的协调统一提出了客观要求。因此，贵州区域法治建设应该坚持贵州各地区法治的协调统一，做到既符合各地实际，促进贵州各地区的自身发展，又能对贵州的整体发展产生积极作用。但是，我们也不能借此否定法治贵州建设的相对独立性及其自身的重大意义。那种只重视法治建设的统一性，而忽视法治建设在不同区域和地方的特殊性和差异性，进而否定贵州区域法治建设的必要性、现实性和紧迫性的认识和做法是不足取的。可见，区域法治构建思想可以催生出一种新的法治建设理念。这正如卡尔·波普尔所言：“凡是一个社会发展的时期有着某种其本身所固有的趋势的时候，我们就可以指望着找到影响这一发展的各种社会学理论。这样社会科学就可以像助产婆那样地起作用，有助于促成新的社会时代的来临。”〔1〕笔者认为，这一新的社会时代中必不可少的链条之一即“法治贵州”构建。

二、法治贵州如何建

在建设法治贵州的过程中，我们首先要解决的问题是“法治贵州如何建

〔1〕［英］卡·波普尔：《历史主义贫困论》，何林、赵平译，中国社会科学出版社1998年版，第17页。

设”。建设法治贵州不是一个震动空气的口号，不是要建立一个孤立封闭、自我服务的“法律王国”。其蕴含着为贵州社会的经济建设、政治建设、文化建设、社会建设、生态建设提供法治支撑和保障的十分丰富的内涵，可以使法治贯穿贵州区域改革发展稳定的全过程，覆盖贵州治理的各领域。

习近平总书记在2015年省部级主要领导干部学习“贯彻十八届四中全会精神全面推进依法治国”专题研讨班开班式上指出，各级领导干部在推进依法治国方面肩负着重要责任，他们的信念、决心、行动，对全面推进依法治国具有十分重要的意义。所以，各级领导干部首先要自觉培养和树立法治意识，牢固树立宪法法律至上、法律面前人人平等、权由法定、权依法使等基本法治观念。在行动上要带头尊崇法治、敬畏法律；做学法的模范，带头了解法律、掌握法律；做守法的模范，带头遵纪守法、捍卫法治；做用法的模范，带头厉行法治、依法办事。同时，法治贵州建设的强大内在动力来自于贵州人民对法律的普遍认同和信仰。因此，贵州省要采取积极的方式培养民众的法治意识。当前，贵州省委、省政府已经描绘出了法治贵州建设的蓝图，勾画出了未来一个时期法治发展的新目标和新愿景：“依法治国基本方略全面落实，法治政府基本建成，司法公信力不断提高，人权得到切实尊重和保障。”〔1〕由此可见，法治贵州建设的全面建成既是一个与经济发展指标、人民群众生活水平提高、生态环境改善密切相关的社会概念，同时也是一个包括法治要素在内的综合性概念。因此，“法治既是贵州区域社会的重要组成部分，也是全面建成平安、和谐、幸福贵州的切实保障。离开了法治建设，平安、和谐、幸福贵州就失去了可靠的制度基础”。〔2〕

三、法治贵州建设的方向

法治贵州建设可以为贵州在全面建设法治社会过程中创造安全、稳定的社会环境，清廉公正、稳定有序、公平正义的法治环境和优质高效的服务环境。建设法治贵州，行动就在当下。只要我们胸怀理想、坚定信念、百折不挠，就一定能在建设富强、民主、文明、和谐、美丽贵州的进程中，奋力建成法治贵州。

---

〔1〕 周晓军：“法治：全面小康社会的重要标志”，载《宁夏日报》2013年1月9日。

〔2〕 周晓军：“法治：全面小康社会的重要标志”，载《宁夏日报》2013年1月9日。

为了实现贵州省全面建成法治社会的“法治贵州梦”，我们必须充分发挥依法治省在开创贵州新局面中的重要作用，用法律和制度促进并保障战略目标和任务的实现，使普法与法治实践工作向纵深发展，扎实开展“法治贵州”构建活动，促进社会治理创新，扎实推进依法治理。我们要继续坚持“法治惠民办实事”工程，让群众享受法治；积极创建各类法治中心，让群众看到法治；大力推进法律进机关、进乡村、进社区、进学校、进企业、进单位活动，让群众体验法治；广泛开展执法评议活动，让群众参与法治；不断加强和完善司法救助措施，让群众受惠于法律。这里的法律体现在两个方面：一是指狭义上的国家制定法；一是广义上的除制定法以外的其他习惯或习俗等。正如美国法理学家埃德加·博登海默所指出的：“法律的弊端同法律制度的基本性质有着不可分割的关系，可以被视为是一个铜板的另一面：有光的地方，就有阴影。”[1]在这里，我们可以将“有光的地方”理解为国家制定法，将“有阴影的地方”理解为由习惯和判例等组成的法。立足国家法，法律的这些光泽同它的阴影紧密联系在一起，只要我们运用法律，显现其优点，那么法律的积极性必将凸显。不过，随着现代社会的急剧转型，在贵州地区，除了地方性法规，民族区域自治法、自治条例，单行条例等具有法典性质的法之外，还存在着类似判例法的习惯、习俗、习惯法、民间法、法理以及村规民约等乡土社会中的非法典性质的法。它们具有法典性的特点也具有非法典性的特点。因此，两者间相互交融和具有互补关系是必然的。

早在先秦典籍《左传·襄公十一年》[2]和《尚书·舜典》中就有“八音克谐，无相夺伦，神人以和”和“如乐之和，无所不谐”的记载。[3]西方文化中，著名的古希腊哲学家亚里士多德、柏拉图则把和谐看成是整体的多样性的统一。赫拉克利特则认为，天地间相反的东西能够结合在一起，世间万物中不同的音调能结合出最美的和谐。又如，在空想社会主义者那里，“和谐社会”几乎成了他们的共同价值追求。德国著名的哲学家霍耐特认为：“现代性社会的承认道德不仅是一种道德风范，更是一种政治生活态度：视他人——无论属于何种种族、团体、宗教信仰——均是与自己具有同等尊严与平等自由

〔1〕 Edgar Bodenheimer, *Jurisprudence: The Philosophy and Method of the Law*, China University of Political Science and Law Press , 1991, p. 106.

〔2〕《左传·襄公十一年》。

〔3〕 陈鼓应：《老子注释及评介》，中华书局1984年版，第58页。

权利的同类公民，并在此基础之上共在共生。”[1]实现和谐应当是所有法的目标，因为法在本质上就是减少和解决矛盾冲突的规则。在我国贵州地区，和谐社会建设已经成为时代要求和社会目标，和谐在贵州区域社会治理法治化体系之中的意义必然会得到凸显。

鉴于此，我们要通过法律、政策和其他手段来实现对包括民族事务在内的一切社会事务的治理。让贵州在全面建成小康社会的各个方面都要在法治的轨道上正常、有序地进行，让法治真正走进贵州人民群众的日常生活，充分体现执法为民的社会主义法治的本质要求。新形势下，我们要进一步认清形势、提高认识、拓宽思路、改进工作，认真解决影响社会和谐稳定的源头性、根本性和基础性问题，为贵州与全国同步全面建成法治社会提供有力的法治保障。为此，依法治理是依法治国基本方略在贵州的具体实践，是贵州科学发展、后发赶超，建设“百姓富、企业强、生态美”多彩贵州未来的重要保障，是贵州省实现全面建成小康社会的法治蓝图！

---

〔1〕 袁祖社：“全球化时代类群本位的公共生活理念与新‘公民文化，及其价值观”，载《哲学研究》2005年第8期。

目　录

CONTENTS

Contents

绪　论

Introduction

"依法治国"方略的提出和"法治中国"目标的锁定，标志着中国这架古老而庞大的战车正以崭新的面貌和焕发的精神驶向法治之路。当然，这不是一种结果性的宣称，只是表达了党和国家领导人的一种坚定信念和明确方向，是一个曾以专制著称的东方古国在21世纪初所发出的宣言，也是明智的政府和智慧的人民向一个具有五千年文明的民族作出的承诺。

"法治中国"建设提出了新目标，确立了新方针，指明了新路径，规定了新方法，党和国家领导人针对其发表了一系列重要批示和重要讲话。法治贵州建设与法治中国建设一样，也是一项长期的系统工程。法治贵州建设就是要在党的领导下，通过人民代表大会制度和民族区域自治制度，使贵州各族人民和各领域根据宪法、法律和法规的规定，依法治理贵州的政治、经济、文化、教育和科技等各项社会事务，从而全面振兴贵州。习近平总书记在贵州调研时曾强调，贵州要"适应我国经济发展新常态，保持战略定力，加强调查研究，看清形势、适应趋势，发挥优势、破解瓶颈，统筹兼顾、协调联动，善于运用辩证思维谋划经济社会发展"。[1]时任贵州省委书记、省人大常委会主任赵克志同志在贵阳主持召开的"推进依法治省工作座谈会"上强调，要深入学习贯彻党的十八届三中、四中、五中全会和十九大精神，要认真学习习近平总书记关于依法治国的一系列重要讲话精神，认真研究贵州省推进依法治省的总体思路、战略目标和主要任务，建设法治贵州，为贵州实现后

〔1〕 习近平总书记于2015年6月19日在贵州调研时作出的重要讲话。参见"习近平在贵州调研"，载人民网：http://legal. people. com. cn/n/2015/0619/c188502-27179549. html，访问日期：2018年8月20日。

发赶超和同步小康提供法治保障。[1]同时，时任贵州省委常委、省政法委书记、副省长秦如培同志汇报了贵州依法治省的总体思路和主要任务。此外，贵州省委办公厅还发出通知，要求全省各地、各部门要围绕“依法治省”主题和法制宣传教育工作展开工作调研，为依法治省营造良好的法治氛围。

开展法治贵州建设，是省委、省政府从贵州经济社会发展实际出发，在深入推进平安贵州建设的基础上提出的一项战略性任务。法治贵州建设是平安贵州建设发展到一定阶段的必然选择，是对平安贵州建设的升华，有利于巩固平安贵州建设的成果，使平安贵州建设的基础更加牢固。近年来，贵州各地、各部门认真贯彻落实省委的部署要求，健全了组织机构、突出了工作重点、夯实了基层基础、深化了法制教育、落实了法治惠民，摸索出了一套适应贵州经济社会发展和具有自身特点的区域法治建设模式，在虚心学习兄弟省市的法治建设工作经验的基础上，取长补短，为我所用，积累了一定的成功经验，取得了一定的成效，得到了贵州人民群众的广泛认可。当前，受国际大环境等各种因素的影响，贵州各级党委、政府都将经济发展问题作为当前“压倒一切”的头等大事。经济一旦出现大的滑坡必将带来一系列社会问题，各种不安定、不确定因素将增多，甚至会影响到社会稳定。面对如此复杂的经济社会发展形势，法治贵州建设工作必须服从、服务于党委、政府的工作大局，顺势而为，紧紧围绕当前“保增长、保民生、保稳定”的中心任务，不断调整、拓宽工作思路，结合国内外相关法治建设的相关理论和实践，以确保法治贵州建设的力度不减。

此外，域外的一些优秀法治建构理论能为法治贵州的建构提供经验、模式，能为贵州依法治省提供充足的、丰富的研究材料。在法治理念较为先进的国家，法律、法规作为规范一切社会关系的根本手段，同样也适用于社会治理，以达成社会良好治理的目标。法律规范具有稳定性和可预期性，通过法律手段治理社会、落实公民的社会权利，重点在于解决政府权力和职能边界问题，政府、社会组织和企业等社会治理主体的权利、义务问题以及各类民主参与程序问题。目前，在全球范围内，法治建设已由早期的社会组织自

---

〔1〕 引自时任贵州省委书记赵克志同志在“推进依法治省工作座谈会”上发表的题为《大力推进依法治省，努力建设法治贵州》的讲话。参见“赵克志：大力推进依法治省　努力建设法治贵州”，载人民网：http://leaders.people.com.cn/n/2014/0825/c58278-25530208.html，访问日期：2018年8月13日。

治模式转向了由政府、社会组织和企业共同治理的模式。政府在社会法治治理中发挥着重要的作用，要求国家在组织设计、治理方式以及决策程序上都要有较为成熟的理念和架构。譬如，美国注重从意识形态领域加强对公民思想的培养，使其公民养成了遵守作为社会契约的法律、信守诺言和讲求信誉的习惯；德国主要是从行政法的角度考虑，提出要进行行政治理体制的改革，依法行政，转变观念，力争创建法治化的服务型政府；日本在很大程度上借鉴了德国的做法，针对指导、行政类型等方面进行比较研究，并不断探索如何推进社会的依法治理；英国政府提出了大社会治理模式。诸多经验表明，法治建设的重点乃注重法治化制度的建立。笔者认为，这是我们研究法治贵州建设的基础。

针对上述问题，国务院法制办也发布了一系列关于进行依法治理的文件，要求各省、各部门结合自己的实际情况，提出比较好的依法治理模式。其中重点强调了法治建构的重要性，这是建设社会主义法治国家语境下加强依法治省的最佳模式。加强法治贵州建设，要以推进社会治理创新为着力点，以落实社会治理创新工程的具体项目为结合点，要推进科学民主依法决策、推进基层民主治理、坚持依法化解社会矛盾、推进社会治理制度建设等方面的工作任务，为创建法治贵州明确实践路径。正是在这种依法治国的新形势下，国内部分省区在这方面做出了很大的努力。譬如，江苏省强调：要充分认识新形势下深化法治江苏建设的重要意义，紧紧抓住加强和创新社会治理的重要机遇，深入推进法治江苏建设，努力建设法治建设先导区，为又好又快地实现“两个率先”创造良好的法治环境，推动江苏法治建设继续走在全国前列。广东省强调：法治是规范经济运行、推动科学发展的基本方式，是维护社会稳定、保障社会和谐的重要基石，是实现人民当家作主、促进人民幸福安康的根本保障。广东省要实施法治广东建设五年规划，各级党委要坚持发展是第一要务、稳定是第一责任、法治是第一保障，切实发挥总揽全局、协调各方的领导核心作用，以更加有力的措施、更加扎实的行动，确保法治广东建设取得新成效。湖南省强调：建设法治湖南是建设社会主义法治国家在湖南的具体实践，是依法治省的深化和发展。中央实施依法治国基本方略以来，法治湖南建设取得了显著进步，为湖南省的发展奠定了良好基础。浙江省从多个方面的工作入手，全面启动了法治浙江建设，这是建设社会主义法治国家在浙江的具体实践，是依法治省的深化和发展。福建省各地、各部门认真贯彻依法治省决定，主动开展多层次、多领域的依法治理工作，鼓励公民积极参与公共治理，促进依法行政、依法治理和公正司法。上述相关依法治省的研究资料均成了笔者拓展法治贵州建构研究的思路源泉。

法治贵州建设，是依法治国基本方略在贵州的具体实践，是贵州科学发展、率先发展，建设美好新贵州的重要保障。法治贵州建设一定要从当前的经济形势出发，主动为经济社会发展提供充分的法律服务。其建设的具体措施、活动安排要围绕服务大局来谋划、思考，求真务实，力戒形式主义。要继续坚持“法治惠民办实事”工程，让群众享受法治；积极创建各类法治中心，让群众看到法治；大力推进法律进机关、进乡村、进社区、进学校、进企业、进单位活动，让群众体验法治；广泛开展执法评议活动，让群众参与法治；不断加强和完善司法救助措施，让群众受惠于法治。要通过一系列的举措和活动，让法治真正走进全省人民群众的日常生活，充分体现执法为民的社会主义法治的本质要求，让群众亲身感受到法治贵州建设带来的实惠。展望法治贵州建设的未来，我们要进一步认清形势、提高认识、拓宽思路、改进工作，认真解决影响社会和谐稳定的源头性、根本性和基础性问题，为转变贵州省经济发展方式提供有力的法治保障。总之，我们要在实践中探索规律，在实践中总结经验，在实践中推进发展。要深刻领会中央的文件精神，认真研究法治市、法治县（市、区）的内在关系，了解法治市、法治县（市、区）建设活动中存在的主要问题，明确开展法治市、法治县（市、区）建设活动的具体目标、任务和主要着力点，进而真正做到有的放矢地开展法治贵州建设工作。我们应当抓住机遇，治理贵州、发展贵州，这既是切实增强法治贵州建构工作的主动性和自觉性要求，又是我们面临的一个重大的现实问题。

一、研究的背景

党的十八大报告确立了“科学立法、严格执法、公正司法、全民守法”十六字法治建设方针。其中，科学立法是法治中国建设的前提；严格执法是法治中国建设的关键；公正司法是法治中国建设的保障；全民守法是法治中国建设的基础。正如习近平总书记在《人民日报》刊发的文章中所指出的，我们要“始终不渝坚持依法治区，着力保持社会和谐稳定”。[1]同时，习近

〔1〕 宁夏回族自治区委员会、宁夏回族自治区人民政府：“高举习近平新时代中国特色社会主义伟大旗帜 坚定不移走中国特色解决民族问题的正确道路”，载《人民日报》2018年9月17日。

平总书记在主持召开中央全面依法治国委员会第二次会议时强调："改革开放40年的经验告诉我们，做好改革发展稳定各项工作离不开法治，改革开放越深入越要强调法治。"〔1〕这充分表明：我们在全面依法治省进程中，要始终把平等保护贯彻到立法、执法、司法、守法等各个环节，依法平等保护各类市场主体产权和合法权益。要用法治来规范政府和市场的边界，尊重市场经济规律，通过市场化手段，在法治框架内调整各类市场主体的利益关系。要把工作重点放在完善制度环境上，健全法规制度、标准体系，加强社会信用体系建设，加强普法工作。对食品、药品等领域的重大安全问题，要拿出治本措施，对违法者用重典，用法治维护好人民群众生命安全和身体健康。要加快推进我国法域外适用的法律体系建设，加强涉外法治专业人才培养，积极发展涉外法律服务，强化企业合规意识，保障和服务高水平对外开放。

为了全面提高贵州区域法治建设质量和水平，就要矢志不渝地贯彻落实习近平总书记全面依法治国新理念新思想新战略，坚决落实党中央关于全面依法治国决策部署，进一步加强科学立法，推进严格执法，保证公正司法，促进全民守法，全面提高贵州区域法治建设的质量和水平，以推动贵州省区域法治建设任务的落地落实。

2018年3月，时任贵州省委书记、省人大常委会主任、全国人大代表孙志刚在审议"两高"工作报告时强调："贯彻落实党的十九大关于建设中国特色社会主义法治体系的要求，坚定维护核心，牢固树立'四个意识'；积极履职尽责，主动担当作为；深化司法改革，提升质量效率；从严从实，建强干部队伍，深入推进法治贵州建设，为决战脱贫攻坚、决胜同步小康，续写新时代贵州发展新篇章提供有力法治保障。"〔2〕时任贵州省委书记、省人大常委会主任赵克志同志在"推进依法治省工作座谈会"上曾强调："在党中央的正确领导下，经过全省人民的共同努力，我省法治工作取得了一定的进步，不断完善地方立法、全面推进依法行政、不断深化司法改革、深入推进法制

〔1〕 引自习近平总书记于2019年2月25日主持召开中央全面依法治国委员会第二次会议并发表重要讲话——"完善法治建设规划提高立法工作质量效率为推进改革发展稳定工作营造良好法治环境"。参见"习近平主持召开中央全面依法治国委员会第二次会议"，载新华网：http://politics. people. com. cn/n1/2019/0225/c1024-30901455. html，访问日期：2019年3月5日。

〔2〕 引自孙志刚同志于2018年3月10日在审议"两高"工作报告时所强调的，"深入推进法治贵州建设，为续写新时代贵州发展新篇章提供有力的法治保障"。

宣传、不断提升社会治理水平，有力推动了我省经济社会持续健康发展，促进了社会稳定和谐。但这与推进国家治理体系和治理能力现代化的要求、与广大人民群众的期盼还有很大差距，故我们要立足我省已进入后发赶超、加快全面小康建设新阶段的实际，梳理、找准存在的各方面突出问题，逐步有计划地加以解决，加强整体谋划、做好项层设计，以扎实推动我省法治建设。”同时指出：“要进一步抓紧完善《贵州省司法体制改革试点工作方案》，报省委常委会审议后尽快报中央批准实施，适时启动《贵州省依法治省纲要》的调研编制工作，……坚持宪法法律至上，维护宪法法律权威，切实增强法治意识，提高运用法治思维和法治方式的能力，努力以法治凝聚改革共识、规范发展行为、促进矛盾化解、保障社会和谐。要严格执法、公正司法，坚决排除对执法、司法活动的非法干预，坚决惩治腐败现象，做到有法必依、执法必严、违法必究。”[1]

与此同时，我们要将法治贵州建设与全面推进贵州“加速发展、加快转型、推动跨越”主基调紧密结合起来，充分发挥依法治省在开创中国特色社会主义新局面中的重要作用，用法律和制度促进并保障“工业强省战略、城镇化带动战略”及其他各项战略目标和战略任务的实现。同时结合“国发2号文件”和贵州依法治理法治建设创建工作的总体要求，全面推进对地方和行业的依法治理，坚持普法与法治实践相结合，深入开展依法治省工作，推动依法治理工作向纵深发展，扎实开展法治贵州建设活动，促进社会治理创新，推进依法治省（市）、依法治市（地、州）、依法治县（市）工作。各行业、各部门要结合实际，开展多层次、多领域的依法治理活动。同时，还要积极开展法治市（地、州）、县、乡、村、社创建活动，制定评选标准，适时组织评先表彰。贵州应继续深化基层依法治理，积极开展“民主法治村”“民主法治社区”创建活动，会同有关部门做好评比表彰工作，深入开展农村、社区、企业、学校等基层单位的依法治理，推进基层民主法治建设，扎实开展专项依法治理。此外，还应结合平安建设、和谐区域建设，针对社会热点、难点问题，积极开展环境保护、土地资源治理、安全生产、知识产权保护、

---

〔1〕 引自时任贵州省委书记、省人大常委会主任赵克志同志在“推进依法治省工作座谈会”上发表的题为《大力推进依法治省，努力建设法治贵州》的讲话。参见“赵克志：大力推进依法治省 努力建设法治贵州”，载人民网：http://leaders.people.com.cn/n/2014/0825/c58278-25530208.html，访问日期：2016年8月9日。

食品卫生安全、道路交通安全等专项依法治理活动和依法行政示范单位创建活动。

在这样的背景下，加强法治贵州建设，主要是贯彻落实十八届三中、四中全会、十九大关于“推进法治中国进程”的精神。当然，贵州经济的大发展，需要一个包括政治、社会、法治、生态在内的良好环境。其中，良好的法治环境，对外是竞争力，对内是亲和力；恶劣的法治环境对外是排斥力，对内是破坏力。因而，营造健全、公正、高效的法治环境是提高贵州经济竞争力的有效途径。

二、研究的目的

2014 年 9 月 19 日至 20 日，最高人民法院院长周强在贵州开展调研时强调，要紧紧围绕“让人民群众在每一个司法案件中都感受到公平正义”的目标，认真开展审判执行工作，积极推进司法改革，保障公正司法，充分发挥司法职能作用，为平安贵州、法治贵州建设做出积极贡献。[1]2013 年 1 月 17 日，时任贵州省委书记、省人大常委会主任赵克志同志在贵州省政法工作会议上谈到大力加强法治贵州建设，维护社会公平正义的要求时表示：“法治是社会长治久安、民心稳定、社会公平、政治清明的根本保障，政法机关是‘法治贵州’建设的重要力量。”[2]同时，他要求贵州的政法机关要充分发挥表率作用，把公正司法、严格执法作为基本要求，按照法定权限和程序严格履行职责、行使权力，做到有法必依、执法必严、违法必究，切实维护国家法治的统一、权威和尊严。要把公平正义、以人为本作为灵魂，时刻抓住制约司法公正、影响司法能力的关键环节，优化司法职权配置，完善各项诉讼法律制度，规范执法司法行为，以更好地提升执法司法公信力。

结合党和政府、省委省政府的系列讲话精神，我们认为，在新的历史发展时期，贵州必须抓住机会，围绕实施依法治国方略，推进社会治理法治化

---

〔1〕 引自最高人民法院院长周强同志在一行到贵州省开展调研时发表题为《推进司法改革、保障公正司法》的讲话。参见“周强在贵州调研时强调：推进司法改革保障公正司法”，载中国法院网：http://www.chinacourt.org/article/detail/2014/09/id/1448821.shtml，访问日期：2016 年 10 月 5 日。

〔2〕 引自时任贵州省委书记、省人大常委会主任赵克志同志在贵州省政法工作会议上发表的题为《政法机关是建设法治贵州重要力量》的讲话。参见“政法机关是建设法治贵州重要力量”，载网易新闻：http://news.163.com/13/0117/07/8LDDUNRA00014AED.html，访问日期：2016 年 10 月 15 日。

建设，制定贵州区域法治建设的战略决策。这对于贵州区域法治现代化建设的整体推进来说是一项颇具创造性的探索，标志着贵州的法治政治、法治经济、法治文化和法治社会建设的协调推进步入了一个崭新的历史发展阶段。在研究过程中，我们始终结合和谐区域建设，针对社会热点、难点问题，积极开展环境保护、土地资源治理、安全生产、知识产权保护、食品卫生安全、道路交通安全等各领域的研究。充分发挥现有的网站、会刊等平台的作用，及时结合市场提供的准确信息，逐步开展具有独特视角的调研分析、专业高效的市场推广与咨询服务，为贵州众多关注法律研究的企事业单位、组织机构与个人提供法律服务和发展机遇。

因此，该项目的研究目的是推进贵州法治现代化进程，更好地推进贵州经济建设和各项社会事业的顺利发展。同时也是我们对进一步加强贵州社会法治化治理进行深入研究的一种有益的尝试。正如贵州省政协副主席李汉宇同志在“学习贯彻十八届三中全会精神、推进法治贵州建设”研讨会[1]上指出的那样，为深入学习贯彻党的十八届三中全会精神，助推法治贵州建设，贵州省应用法学研究会和矿产资源法学研究会应抓紧落实各项工作措施，组织广大法学工作者、法律工作者，结合实际，深入开展法治贵州建设研究，通过系统分析与研究，推进法治贵州建设研究工作再上一个新台阶。

三、研究的思路

法治，是一种理念、一种精神、一种文化，需要所有人坚持不懈地培育、弘扬。为进一步深化法治进程，全面推进法治贵州建设，贵州应根据宪法和有关法律法规，以及党的十八大的有关精神，根据中央和省委的部署和要求，结合贵州实际，提出研究法治贵州建设的总体思路。本书首先要明确研究的理论意义和实际意义，亦即研究的价值取向，理解在当前依法治国大环境下加强贵州工业强省战略的必要性和紧迫性；其次，要理解贵州工业强省战略的法治保障内涵，包括工业强省的概念以及贵州工业强省战略的丰富蕴涵，这是本书研究的前提条件。在没有充分搞清楚这些关键词的含义的情况下便

---

〔1〕 引自2013年12月3日贵州省政协副主席李汉宇同志在“学习贯彻十八届三中全会精神、推进法治贵州建设”研讨会上的讲话精神。参见“贵州召开推进法治贵州建设研讨会”，载中国长安网：http://www.chinapeace.gov.cn/2013-12/04/content_9701686.htm，访问日期：2016年10月15日。

研究加强贵州工业强省战略的法治保障，无异于是纸上谈兵。

在当前和今后的一个时期内，我们要结合贵州实际，以法治政府（阳光司法、阳光检察）建设为重点，切实提高政府和司法公信力；以法治环境建设为关键，努力营造公平规范的市场环境、诚信守法的经营环境、文明有序的公共环境和具有较高安全感的治安环境；以法治社区（村庄、企业）建设为基础，大力培养恪法守法、平安和谐、文明规范的社会风气。充分发挥法治建设的基础和保障作用，要更加注重发挥法治在贵州治理和社会治理中的重要作用，深入推进法治贵州建设。其总体思路是：

第一，将法治贵州建设提高到全省全局和战略高度。我们要立足贵州省推动转型跨越新实践，着眼贵州党群干群关系新要求，作出全局性、战略性的重大决策。贵州开展法治贵州建设活动，上要顺中央要求，下要应百姓呼声，意义十分重大。全省各级（尤其是政法机关）要提高认识，切实统一思想，自觉肩负重任，发挥贵州干部群众的主体作用，形成强大合力，从推进科学立法、严格执法、公正司法、全民守法，以及加强重点领域立法、推进依法行政、进一步深化司法体制改革、深入开展法制宣传教育等方面加强组织研究，全面推进法治贵州建设。

第二，加强法治贵州建设的总体设计和战略规划。建设法治贵州，是深入推进依法治国基本方略、加快建设社会主义法治国家在贵州的具体实践，是依法治省的提升和发展，是全面落实科学发展观、创新社会治理体制、建设和谐贵州的必然要求和根本途径。加强法治贵州建设战略设计目前至少包括党的执政方针改革、行政管理体制改革、司法体制改革、保障民主权利、宪法保障制度和完善人民代表大会制度等方面。加强法治贵州建设战略规划就是要立足贵州已进入后发赶超、加快全面小康建设新阶段的实际，梳理、找准存在的突出问题，一项一项地加以解决，整体谋划、顶层设计，扎实推动贵州依法治省工作不断迈上“高精尖”领域。〔1〕

第三，要明确法治贵州建设的战略目标。在新时期、新形势下，贵州必将始终坚持民主法治，不断加强制度建设。如加强地方立法，实施依法监督，完善代表工作，建立健全具有贵州特色的人大制度体系和工作机制。这将更

〔1〕 吴大华主编：《贵州蓝皮书：贵州法治发展报告（2013）》，社会科学文献出版社 2013 年版，第 155 页。

加有利于全省各族人民行使当家作主的权利。我们要紧紧围绕“加速发展、加快转型、推动跨越”、重点实施工业强省战略以及城镇化带动战略，经过努力，力图在法治贵州建设方面取得重大进展，进而有力促进贵州经济社会又好又快、更好更快地发展。因此，笔者认为，全省政法机关推进法治贵州建设的总体目标是：不断完善公正、高效、权威的社会主义法律法规制度，基本形成明确权责、相互制约、相互配合、高效运行的法律机制，充分发挥全省各个职能部门的作用，更加规范司法行为，使司法活动更加公开、透明，显著增强司法公信力，明显提升法治化建设队伍素质，有效治理各种腐败现象，让社会广泛认同公平正义的真实效果。

第四，加强对法治贵州建设的领导统筹。建立推进法治贵州建设责任制，明确党委、政府、人大、政协等领导的职责，明确检察院、法院和有关部门领导的任务，形成全省相互配合、统一领导、上下联动、有序推进、分工负责的工作机制和协同推进、齐抓共管的合力。在这点上，我们要在加强领导统筹、强化组织保障上下功夫：一方面，我们要充分发挥贵州省委、省政府的领导体制优势，整合资源，按照“大平安、大法治”的法治建设思路，把平安建设和法治建设任务分解落实到贵州各地、各有关部门，督促各地、各有关部门制定实施细则和具体落实，搭建平安贵州和法治贵州建设工作平台。另一方面，我们要逐步完善平安贵州和法治贵州建设年度考评奖惩制度、平安贵州建设一票否决权制度，以及平安贵州和法治贵州建设实绩与贵州省各级领导班子政绩考核挂钩的工作机制，每年对平安贵州和法治贵州建设的情况“结硬账”。要逐步落实贵州各级领导，特别是各级党委主要领导的责任。要完善平安贵州和法治贵州建设管理目标领导责任制，省、市、县、镇（乡）、村、社主要领导与所辖区域党政主要领导要层层签订平安贵州和法治贵州建设目标管理责任书。当然，除了上述领导统筹外，还要抓好规划统筹〔1〕和制度

〔1〕这里的“规划统筹”意思是全省各级政法委将重点做好三项规划：一是将平安建设和法治建设任务进行分解。二是制定、完善平安建设和法治建设的标准及考评体系。按照贵州小康社会建设的基本规划，制定未来5年的平安建设、法治建设规划和年度工作计划，完善平安建设和法治建设标准与考评体系，确保平安建设和法治建设同小康社会建设同规划、同部署、同考评、同落实。每年抓好几项重点，力争通过3年~5年的努力，把贵州建设成为平安之省、法治之省。三是抓紧开展试点，迅速启动工作。从2013年开始，在全省选择20个~30个县市进行平安建设和法治建设试点，边实践，边完善，边总结。

统筹[1]，以逐步推进贵州法治化建设。

第五，推进法治贵州建设的宣传带动作用。我们要结合贵州实际，紧紧围绕影响社会和谐稳定的司法、行政重点工作，不断运用《法制日报》《贵州日报》、“法治贵州建设基层行”专栏等多家刊物或新闻媒体等丰富司法行政宣传平台。对于刑满释放人员、法律援助、人民调解、社区矫正、安置帮教等可能会引发社会矛盾的问题，贵州应立足全省焦点、热点问题寻找群众关注，提炼新闻宣传要点。应强化正面宣传、加强舆论引导。要从不同角度向全省民众展现法治贵州普法宣传、人民调解、基层法律服务、法律援助等亮点工作，逐步回应广大群众对法治贵州建设工作的关切，逐步扩大贵州政法工作在平安贵州、法治贵州建设中的影响力，进而为贵州科学发展、后发赶超、同步小康提供有力的法治保障和良好的法治环境，不断开创法治贵州建设的新局面。

在研究法治贵州建设的具体工作中，我们要不断探索新形势下法治建设的工作规律，研究解决问题的新路子、新方法，在继续保持和发挥传统法制宣传品牌优势的基础上，不断创新新品牌、新载体，丰富法治贵州建设的内涵和形式，实现法治贵州建设的新突破，逐步增强宣传教育的实效性，为加快建设现代化意义上的和谐贵州、平安贵州营造良好的法治环境。

四、研究的方法

所谓方法，就是“人们所熟知的一个概念，从词源上讲，方法源于古希腊，有‘通向远方的路’之含义。因此，从字面上理解，方法是指某种调整规则的说明。而这些调整规则是为了达到一定目的所必须规定的。方法起源于实践活动，是人民在实践活动中所必须服从的他所接触的那些事物的内在

---

〔1〕 这里的“制度统筹”意思是推进平安建设和法治建设，必须抓源头预防：一是进一步落实社会稳定风险评估制度。坚定不移地把社会稳定风险评估作为“作决策、上项目”的前置条件和刚性要求，从制度上预防影响平安建设、损害群众利益、危及社会稳定的事件发生。二是进一步坚持群众工作制度。省委政法委将继续扎实开展“政法干警进万村安万家”活动，着重解决发生在群众身边、影响群众安全感的治安问题。三是进一步创新基层基础工作制度。制定社区网格化建设标准，深化社区网格化管理，做到所有社区网格管理员、信息平台、经费保障全部到位。同时，出台农村网格化建设标准，以“两个网格”夯实城乡平安建设和法治建设的基础。四是进一步加强治安防控制度建设。大力加强信息化建设与运用，落实点线面相结合的防控体系、网上网下相结合的防范措施、人防物防技防相结合的防范要求和打防管控相结合的工作机制，以机制和制度建设确保全省和谐稳定大局。

的客观逻辑。当人民按照事物内在的性质和关系行动时，随着实践活动的重复，行动方式便逐渐在头脑中固定下来，逐步变成认识的方法、思维的方法”。[1]而研究方法则是从学术意义上来认识的，其是判断一门学科是否具备独立性的标准之一。正如黑格尔所言：“方法并不是外在的形式，而是内容的灵魂和概念。”[2]由此可窥方法之重要。本书的研究方法主要是：

文献研究法。所谓文献研究法主要指鉴别、搜集、整理相关文献，并通过对相关文献的研究形成对某事实的科学认识之方法。文献研究法是一种既古老而又富有生命力的科学研究方法。[3]没有文献研究，可能暗示作者对其所要研究的问题没有进行深入了解，对研究程序考虑得不够周详，对可能面临的阻碍欠缺准备，这样的作品很可能是不足信赖的。因此，查阅与法治贵州建设的相关文献，了解法学界、实务界针对法治贵州建构和依法治省的有关研究成果，可以使本书的研究主题更加突出，体现出法治贵州建构的针对性和时代性。

比较分析法。在科学探究活动中，对比分析法常常被用到，它与等效替代法相似。对比法[4]也叫对比分析法或者比较分析法，是通过基数与实际数的对比来反映基数与实际数之间的差异，包括实际与计划比较、不同时期比较等，借以了解各种经济活动的成绩和问题的一种分析方法。比较分析法的主要作用在于通过比较揭示客观事物存在的差异，进而利用这种客观事物存的差异考察任务完成的基本情况。因此，本书所使用的比较分析法研究实质上就是将客观事物（法治贵州与国内外法治建设）加以比较，以达到认识事物（法治贵州建设）之本质和规律的研究方法。本书在搜集大量相关法治贵州建设资料的基础上，对其进行了分类、鉴别，寻找不同学者对同一问题的看法的相同和相异之处（如法治贵州与法治湖南、法治江苏、法治浙江；法治中国与法治美国、法治德国、法治日本等），提炼其精华，进行比较。

系统分析法。系统分析方法[5]最早是由美国兰德公司在二战结束前后提

---

[1] 吕世伦、文正邦主编：《法哲学论》，中国人民大学出版社 1999 年版，第 603 页。

[2] [德] 黑格尔：《小逻辑》，贺麟译，商务印书馆 1980 年版，第 427 页。

[3] 凤元杰主编：《文献信息检索》，科学出版社 2010 年版，第 87 页。

[4] 全国外国法制史研究会编：《外国法制史研究基础理论》，商务印书馆 2012 年版，第 699 页。

[5] [美] 本特利、惠滕：《系统分析与设计方法》（第 7 版 · 影印版），高等教育出版社 2008 年版，第 79 页。

出并加以使用的方法。20 世纪 60 年代初，该方法获得了广泛的应用。所谓“系统分析方法”是一种把要解决的问题作为一个系统，对系统要素进行综合分析，找出解决问题的可行方案的研究方法。系统分析法就其本质而言，是一种根据客观事物所具有的系统特征，从事物的整体出发，着眼于整体与部分，整体与结构及层次，结构域功能、系统与环境等的相互联系和相互作用，求得优化的整体目标的现代科学方法以及政策分析方法。本书将通过纵向和横向的视角分析得出加强依法治省的理念，再运用理论联系实际的方法将法治理论与建设法治贵州实际结合起来，反思、指导法治贵州建构的实践，并通过社会实践检验和发展依法建构理论。

实证分析法。实证分析方法有广义和狭义之分。广义的实证分析研究方法泛指所有经验型研究方法：如调查研究法、实地研究法、统计研究法等。而狭义的实证研究法是指利用统计和计量分析方法，对经济活动中的数据信息进行数量分析，考察影响经济活动的各有关因素的相互影响及其影响方式。[1]本书主要使用广义的实证分析研究方法。笔者通过有目的、有计划地进行调查研究、实地研究、统计研究和专家咨询，以及相关问卷调查、典型案例研究等研究方式，对依法治省的国内研究现状进行了有计划的、周密的和系统的了解、分析。对大量的法治建设资料进行分析、综合、归纳，可以为我们带来规律性的知识，进而可以使我们能够测定与此相伴随的现象或变化，从而确定本书研究过程中的因果关系。

量的研究和质的研究相结合。为了充分地展现贵州不同地方在立法、行政、司法、法律监督等方面认识的差异性和实践表现，本书既要进行量的统计分析也要进行质的具体呈现。

五、研究的价值取向

所谓“价值取向”问题，正如美国法学家罗斯科·庞德所言：“它虽然是一个困难的问题，但它是法律科学所不能回避的。即使是最粗糙的、最草率的或最反复无常的关系调整或行为安排，在其背后也总有对各种互相冲突和

〔1〕［英］约翰·内维尔·凯恩斯：《政治经济学的范围与方法》，党国英、刘惠译，华夏出版社 2001 年版，第 35~36 页。

互相重叠的利益进行评价的某种准则。”〔1〕这种准则可能仅仅是保持和平，或许它可能是保持社会现状。这种准则在当今社会可以被归结为法治建设的价值取向问题，也可能被归纳为依法治国、党的领导、执政为民、服务大局、公平正义问题，还可能被归纳为科学立法、行政、执法、司法和法律监督的价值取向问题。

鉴于我国社会法治化进程不断加快，法治无处不在、无时不有的态势，我们应该深化思想认识，正确处理贵州改革发展与稳定的关系，牢固树立“有稳定才能有和谐，有稳定才能有发展”的理念，切实增强依法治省工作的主动性和自觉性。我们要凝聚各方力量，不断激发依法治省工作的内在活力，加强法治贵州的建设。这是时代的必然要求，是优化贵州发展环境的必然要求，是提升贵州形象的必然要求，同时也是维护和谐、平安和幸福贵州的必然要求。此外，加强法治贵州的建设是贵州社会的一项系统工程，有赖于全省的共同努力，贵州社会生活的主要方面都要依靠法律来规范和调整。为此，笔者希冀在研究过程中“对价值取向的思考不仅要阐明人生活的目的，而且也要确立一种达到目标的指导原则”。〔2〕因此，当今社会区域法治的发展已呈勃兴之势，它催生出了社会科学与人文科学领域众多的区域科学的分支学科。这乃是法治发展与人类实践向深度和广度推进的重要体现。多方面的资料和实例均可表明法治贵州建设和研究的必要性和可行性。时下开展法治贵州建设研究，不仅不会影响全国统一法治体系的形成和运行，而且还有利于保持、发展和健全全国统一的法治体系，促进并进一步深化法治中国战略的落实和贯彻实施。深化法治贵州建设，对于保障西部开发战略的顺利实施至关重要。为此，我们应该抓住制约和影响贵州社会和谐发展的一些关键因素和环节（诸如民族问题、宗教问题、生态问题以及农业问题、特殊群体问题等），采取一系列切实可行的法治保障措施，以使之能顺利、有序地得到解决。

目前，贵州正处于加快科学发展、全面建设小康社会和深化改革开放的关键时期，加快转变经济发展方式的攻坚时期。基于此，贵州要进一步推进社会主义市场经济体制改革，加快转变经济发展方式，结合社会结构的复杂

〔1〕［美］罗斯科·庞德：《通过法律的社会控制》，沈宗灵译，商务印书馆2010年版，第67页。

〔2〕［日］牧口常三郎：《价值哲学》，马俊峰、江畅译，中国人民大学出版社1989年版，第3~4页。

变化和利益调整方式的转变，在社会矛盾日益凸显之时，不断增强公民的维权意识和法律意识，以实现新的、更高要求的法治建设。在具有中国特色的社会主义法律体系基本形成的当下，有法必依、执法必严、违法必究的问题显得更为突出和紧迫。各级政府、各部门要立基于全省的整体和战略，深刻认识法治的重要性、紧迫性和艰巨性，增强责任感和使命感。我国西部大发展、积极支持西部地区崛起、大力促进西部地区与全国同步共建小康等区域发展战略的提出和实施，既是法治贵州建设发展的题中应有之意，也是深入实施依法治省战略的必然需求。这种“必然需求”具体表现在：

第一，其是提高党的执政能力的必然所需。法治是加强党的执政能力建设的体现。抓法治就是抓党的执政能力建设。建设法治贵州就是要通过完善和改革党的执政方式和领导方式，提高全省各级党委民主执政、科学执政、依法执政的能力，依法处理各种错综复杂的矛盾、解决错综复杂问题和驾驭错综复杂局面的能力。

第二，其是落实科学发展观的必然所需。科学发展观既是我国发展中国特色社会主义必须长期坚持和贯彻的重大战略思想，也是实现科学发展的重要保障。可见，法治建设和法治环境已经成了一个地方的核心竞争力。从这个意义上说，抓法治就是抓科学发展。

第三，其是发展社会主义民主政治的必然所需。建设法治贵州，就是要通过完善法治来推进人民民主的规范化、制度化、程序化，依法保障和落实人民群众的参与权、表达权、知情权、监督权，在法治的轨道上扩大公民的有序政治参与，从而更加有效地调动全省人民的积极性、创造性，充分保障人民的民主权利。

第四，其是保障和改善民生的必然所需。民生问题，就其本质而言，就是法治问题。法治是解决民生问题的必由之路，同时也是法治贵州建设的根本出发点和落脚点。抓法治就是抓民生，就是从根本上保障和发展民生。

第五，其是创新社会法治化建设的必然所需。实践证明，以理性、平和的方式解决社会矛盾纠纷的最佳途径是法治化建设。通过加快法治贵州建设，一方面，可以引导各种利益主体以合法、理性的方式表达利益诉求；另一方面，可以引导各种利益主体充分运用法治手段来化解社会矛盾、协调社会关系和维护社会公平正义。

法治建设是政治文明建设的重要内容，法治进步是社会文明进步的重要标志。对法治贵州的研究和建设，是在当今贵州随着全球化和地区化并行发展、全球主义和区域主义共同崛起，使区域科学不断向深度和广度发展，从而导致区域法治、区域政治、区域文化、区域经济和区域行政等研究全面开展的时代和学术背景之下被逐渐提上重要日程的。其可以使依法治省方略、地区开发战略、可持续发展战略以及我国各族人民和平发展战略有机结合在一起，有利于为全面建设小康社会及构建和谐社会提供切实的法治保障。

六、研究的创新点

习近平在湖南考察期间强调，创新是一个民族进步的灵魂，是一个国家兴旺发达的不竭源泉，也是中华民族最鲜明的民族禀赋。[1]“创新”[2]是一种以新思维、新发明和新描述为特征的概念化过程。创新是人类特有的认识能力和实践能力，是人类主观能动性的高级表现形式，是推动民族进步和社会发展的不竭动力。一个民族要想走在时代前列，一刻也不能没有理论思维，一刻也不能停止理论创新。这充分证明：创新的使命意味着为发展开辟实践和认识的道路。这也就决定了创新就要知难而进、迎难而上。譬如：结合2014年全国注册建造师考试建设工程造价管理、建设工程计价案例，我们可以分析出，建设工程技术与计量应该不怕付出代价，不怕担风险。所以，笔者认为，创新的本质就是敢走前人没有走过的路，敢为人先、其具有很强的探索性。要探索，就难免会“跌跟头、碰钉子”，甚至出现某些失误。这就意味着，我们要在相关学术研究领域寻求创新，而只有有足够强大的自身素质，有足够好的个人性格品质，才能做到学术研究创新。

按照刘南平先生的说法，如果其论文中的基本观点具有令人信服的论证，或者论文中提出了重要学术问题并获得了开拓性的探索，那么这样的文本就具有原创性。以此为标准，本书为了全面、有效地阐明主题，营造贵州的法治环境，将以具有多民族特点的贵州省的相关典型市（州）、县（旗）、镇（民族乡）、村、社为考察中心。这是本书的新颖、独到之处，为创新贵州社

---

〔1〕 引自2013年11月4日习近平在湖南考察期间作出的题为《敢走别人没有走过的路》的讲话。参见“习近平谈科技创新：敢走别人没有走过的路”，载求是网：http://www.qstheory.cn/zs/xjp/201401/t20140108_310566.htm，访问日期：2014年1月8日。

〔2〕 所谓创新，该词起源于拉丁语，它原意有三层含义：第一，更新；第二，创造新的东西；第三，改变。

会治理和改革民族法制策略找到了新的理论、实践出发点。在研究范式上，本书将尝试着引入法学、社会学、治理学等知识内容，跨学科综合研究，充分发挥各个学科的优势，整合资源，将理论与社会调研的实际相结合，重点突出依法治理贵州的新模式；在研究内容上，本书将增强现实说服力和外部拓展性，通过民族地区的相关素材对贵州社会治理与法治建构进行深入的思考，把研究素材与研究内容融合在一起，以增强贵州本土化特色的学术探索，以此达到研究视角与分析对象的创新。

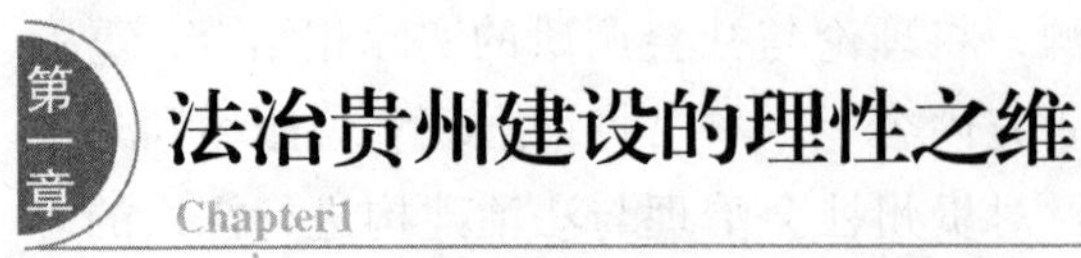

第一章 法治贵州建设的理性之维

Chapter1

在当代中国社会的各个阶层，法治建设不仅是一种思考、一种探索，而且还是一股涌动的思潮和豪迈的激情。从“依法治国”的提出到“依法治省”的积极回应，这不仅意味着法治工程正以特定的方式在我国悄悄地启动，而且展现着从国家和社会内部所爆发出来的巨大的法治热情。不过“法治贵州”的建设不仅需要激情，还需要明察秋毫的洞察力。

在法治建设的过程中，我们要认真研究和分析实现法治贵州所要解决的突出问题和矛盾，抓住工作的重点，进而使依法治省既立足于现实，又着眼于长远。法治贵州建设是时代发展的必然要求，是人民群众的期待，各级党委要从科学执政、民主执政、依法执政的高度，真正把法治贵州建设作为一项涉及科学发展全局的重大任务，作为一项执政为民的实事列入党委的工作重点，列入经济发展规划，切实担负起建设法治贵州的治理责任。从法治理论来看，实现法治贵州需要全省上下积极贯彻基本法治理念。

第一节 法治贵州建设的内涵

苏联著名法学家雅维茨指出：“如果法的规定不能在人们和他们的组织和活动中，在社会关系中得到实现的话，那法就什么都不是。”“立法者的话和法官的决定不是结束，只不过是达到一种社会结果的手段。如果法不在实际关系中实现的话，就歪曲了它的本质。”〔1〕所以，理解“法”或“法治”的

〔1〕［苏联］л. с. 雅维茨：《法的一般理论——哲学和社会问题》，朱景文译，孙国华译，辽宁人民出版社 1986 年版，第 170 页。

内涵是界定法治贵州建设内涵的前提。法治，是一个古老而又常新的话题，古希腊思想家亚里士多德的“良法之治”理论可谓享誉中外。他指出:“邦国虽有良法，要是人民不能全部遵循，仍然不能实现法治。法治应包含两重含义：已成立的法律获得普遍的服从，而大家所服从的法律应该本身是制定得良好的法律。”我们认为，“良法之治”在中国这样一个大国之下的解读，应当是规范严谨、结构合理、部门齐全、内部和谐、整体实施、有序推进等，其中包括了法治的区域性与渐进性。归纳起来，即“法治”是指已成立的法律获得普遍的服从，而大家所服从的法律又应当是制订良好的法律。根据《牛津法律大辞典》，法治是一个无比重要的，但未被定义，也不是随便就能定义的概念，它意指所有的权威机构、立法、行政、司法及其他机构都要服从于某些原则。这些原则一般被看作是表达了法律的各种特性。〔1〕

从现代意义上讲，法治体现的是一种和谐、安定、协调的社会发展态势，是以人民民主和人民主权为基础建立起来的治国目标和价值目标，包括立法、守法、执法、司法等诸多过程。建设法治贵州，就是贯彻落实社会主义法治的要求，通过健全立法、依法行政、公正司法、依法监督、法制教育等多轨并进，逐步实现政治、经济、文化、社会等各个领域的健康、稳定、有序发展。由此可见，法治是人类社会的一种制度状况，它以人类的尊严和自由为核心价值，以法律和国家权威机构对某些符号自然正义的原则的遵守为基本特征。〔2〕

所谓“法治贵州”，就是更好、更快、更富创造性地实现贵州在民主和法治方面的基本要求和基本价值。它既包括民主立法、严格执法、公正司法、普遍守法、有效监督等诸多方面的内容，也包括党在宪法和法律规定范围内行使执政的权力。就贵州而言，法治贵州既是建设贵州政治文明的价值需求和主要措施，也是贵州经济又好又快、更好更快发展的内在要求和基本保障。故对于法治贵州的基本含义，我们可以从三个方面加以理解：就质量而言，

---

〔1〕 这里的法律的各种特性是指正义的基本原则、道德原则、公平和合理诉讼的观念，它含有对个人的至高无上的价值观念和尊严的尊重。参见［英］戴维·M. 沃克:《牛津法律大辞典》,《牛津法律大辞典》翻译委员会译，光明日报出版社 1988 年版，第 790 页。

〔2〕 富勒认为，具备法治品德的法律制度应符合八个要素：一般性、公布或公开、可预期、明确、无内在矛盾、可遵循性、稳定性、同一性。参见［英］富勒:《法律的道德性》(英文版)，耶鲁大学出版社 1969 年版，第 46 页。

法治贵州意味着国家法律的整体价值在贵州得到更好的实现，在贵州形成崇尚民主、信守法律的社会氛围；就时间而言，法治贵州意味着民主法治在贵州的发展应与贵州经济发展同步，力争到贵州基本实现现代化之时，基本实现全省政治、经济、文化、社会生活的法治化；就法治贵州本身而言，法治贵州意味着在全国法制统一的基础上，结合贵州特色，立足制度创新，加强民主法治建设。

第二节　法治贵州建设的表征

法律思维及其作用必须被贯彻于全社会的政治、经济和文化生活之中。有鉴于此，在全省范围内建设依靠宪法法律来维系社会政治、经济、文化进步和化解社会矛盾的治理机制，是法治贵州建设的核心内涵。其主要表征是：

一、尊重宪法的浓厚氛围

宪法是我国的根本大法，遵守宪法是全体公民的共同义务，其更是被融入了执政党的执政理念，这是中国共产党第十八届中央委员会第四次全体会议的亮点之一。“实行依法治国，建设社会主义法治国家。”“一切法律、行政法规和地方性法规都不得同宪法相抵触。一切国家机关和武装力量、各政党和各社会团体、各企业事业组织都必须遵守宪法和法律。”“国家维护社会主义法制的统一和尊严。”“一切违反宪法和法律的行为，必须予以追究。任何组织或者个人都不得有超越宪法和法律的特权。”“依宪治国”“依宪执政”是对法治建设的重要推进，是依法治国更透彻、更深入的体现，也是法治社会的本质要求。因为任何法律的遵守和执行都是建立在国民充分相信法律功效的前提之下的。没有对宪法的崇拜和信仰，法治贵州建设也就无从谈起。

宪法拥有权威的关键不仅在于公民要服从它，而且还在于政府也同样要服从它。也只有在公民和政府服从并尊重宪法的前提下，宪法精神才会获得真正的体现，才会内化在每一个公民的心中。笔者相信、尊重宪法的意义。因为，“在历史进程中所保存和丰富的是历史的本身，是灵性。过去不异于在现在存活，它作为现在的力量而活着，它融化和转化在现实中。每一特定的形式、个人、行动、制度、作为都是注定要死亡的；甚至被称为永恒的艺术也会死亡，因为，它除了在后人的精神中被再造，从而被变形和被投以新的光辉外，它并不存在”。[1]历史上，一切尊重宪法法律的思想都可能随着它的制度载体的灭土而消失，但它很可能因找到了一种适宜的新的制度载体而复活，它甚至还可能在不同的民族和国度的制度载体中被再造，因为尊重宪法的意义本身具有这样的灵性。

二、行政权力的合理制约

在西方政治哲学家洛克的法治著述中，我们不仅可以明显感受到古代法治思想与近代法治思想的差异，而且也可以真切地体味到近代法治的基本精神。他认为，一个国家的权力不仅仅是一种权力的分散，还应当是一种权力的组合。这种组合，也不仅仅是其职责意义上的连接，而且还应当是功能意义上的互补，并且在权力之间产生一种牵制关系。良好的法治状态，在某种层面来说，就是对行政权力的控制，以防止公权力被滥用。

孟德斯鸠曾认为：“从事物的性质来说，要防止滥用权力，就必须以权力制约权力。我们可以有一种政制，不强迫人去做法律所不强制他做的事，也不禁止任何人做法律所许可的事情。”[2]洛克认为，滥用职权并违反对他的委托而施强力于人民，这是与人民为敌，人们有权恢复立法机关，使它重新行使权力。因为，人民设置一个立法机关，其目的在于使立法机关在一定时间或在有需要时行使制定法律的权力，如果他们为强力所阻，以至不能行使这一对社会如此必要的、关系到人民的安全和保护的权力，人民便有权用强力来加以扫除。在一切情况下和条件下，对于滥用职权的强力的真正纠正办法，都是用强力对付强力。越权使用强力，常使使用权力的人处于战争状态而成为侵略者，因而，必须把他作为侵略者来对待。[3]在此，洛克通过分权来建立以立法权为中心的国家权力结构的真实意图十分明显，那就是要建立一套权力自身之间的制约机制，以保障人民的自由权利。在洛克看来，制约权力只有一个目的，那就是确保权利。为此，之所以要重点控制行政权力的行使，是因为在各种权力体系中，行政权力往往呈现强势之态，且直接关系到当事人的切身权益，关系到社会政治经济的发展与走向。因此，其应当在受到适

---

〔1〕［意］贝奈戴托·克罗齐：《历史学的理论和实际》，［英］道格拉斯·安斯利英译，傅任敢译，商务印书馆1997年版，第8页。

〔2〕［法］孟德斯鸠：《论法的精神》（下册），张雁深译，商务印书馆1997年版，第154页。

〔3〕［英］洛克：《政府论》（下册），叶启芳、翟菊农译，商务印书馆1996年版，第95页。

度制衡的轨道下正确运行。

三、司法权威明显提升

古语云："公生明，廉生威。"正如有的外国学者所指出的："司法的任务是通过其判决确定是非曲直，判决为一种'认识'，不容许在是非真假上用命令插手干预。"[1]司法在社会生活中处于令人信服的地位，从本质上讲，司法权威是法律权威性的另一种表现形式。作为制衡行政权力的主要力量，司法权应当在全社会得到尊重，不然其权力制约的政治作用将无法发挥，也不能实现定分止争和权益救济的社会调节功能。无论是在中国的大环境下还是在贵州的小环境下，司法权都需要一种厚爱和动力支撑。

为此，加强法治贵州建设，就必须从三个方面提升司法权威：一是结合贵州情况，继续深化"法治贵州"建设，正确处理坚持党的领导和确保司法机关依法独立公正行使职权的关系，落实中央司法体制机制改革的各项措施，支持贵州各级法院、检察院更好地履行职能、服务经济社会发展大局、维护群众合法权益。二是贵州应按照业务过硬、政治过硬、纪律过硬、责任过硬、作风过硬的要求，努力建设一支敢于担当、信念坚定、清正廉洁、执法为民的司法队伍，推动贵州各级法院、检察院工作开创新局面，为全面深化改革、再创浙江体制机制新优势提供有力的司法保障。三是贵州要立足于习近平总书记提出的推进国家治理体系和治理能力现代化的高度，深刻认识法治在推进国家治理体系和治理能力现代化中具有不可替代的作用，深刻认识司法机关在国家治理体系和治理能力现代化中具有重要地位，从而推进新形势下的司法工作，不断提高司法工作能力。

四、实质性层面的地方立法监督

所谓地方立法监督，在我国，是指地方各级人民代表大会及其常务委员会对地方国家行政机关及其工作人员的行政管理活动实施的监督。地方立法机关有权审查地方行政机关执行法律的情况，即对行政行为合法性的审查。随着19世纪末实证主义法学思想在西方占据主流，强调立法至上的国家主义

---

〔1〕 Timothy Besley and John McLaren, "Taxes and Bribery, The Role of Wage Incentives", *Economic Journal*, 1993, pp. 119~141.

理论在20世纪初、中期的欧洲大陆获得了广泛的认同。这种理论强调立法权是最高的权力，“民主政治的要求是立法机构应当行使对行政机构和司法机构的控制”。[1]孟德斯鸠认为：“立法权对行政权的制约是通过立法机关的审查权来实现的。这种制约机制表现在英国的政制中，即立法机关由两个部分组成，他们通过相互的反对权相互牵制，二者全都受行政权的约束，行政权又受立法权的约束。所以英国人享有了政治自由。”[2]当然，在孟德斯鸠的制度设计中，防止权力滥用的最佳途径是权力的相互监督。一般而言，司法权不应该同立法权的任何部分结合，它们之间应该保持独立。为遏制人民所授予的行政权、司法权的滥用和空转，通过立法监督来维系行政权、司法权的正确运行，是人民代表大会制度之“权力归一”的应有之意，也是保障公民权利不受行政权、司法权侵害的重要措施。

地方立法监督对地方立法的科学性起着重要的作用。通过地方立法监督可以发现和纠正地方立法体制中的种种问题，健全和完善地方立法体制。随着贵州区域法治化建设进程加快，贵州地方立法将驶入快车道，清除立法污染，防止立法腐败，确保立法的针对性、前瞻性、公平性和地方性将是一项重要的任务。因而，地方立法监督的迅速启动和有效运行显得尤为必要。贵州地方立法监督通过程序和实体的审查，能预防地方不当立法情况的产生，及时发现地方立法中的错误并加以纠正，将危害降到最低。同时，地方立法机关通过立法监督能促使地方立法者树立科学的立法观，培养深入实际、调查研究，从实际出发、实事求是的作风，克服长官意志和主管随意性，防止立法中的经验主义和主观主义。地方立法监督还可以对地方立法者的立法行为及其结果作出评价，并以此为基础明确责任，提升地方立法的科学化程度。

五、公民权利的有效保障

所谓公民权利，实际上就是人们为满足一定的需要，追求一定的利益而

---

〔1〕 法学教材编辑部《西方法律思想史》编写组编：《西方法律思想史资料选编》，北京大学出版社1983年版，第667页。

〔2〕［法］孟德斯鸠：《论法的精神》（下册），张雁深译，商务印书馆1997年版，第162页。

采取的一定行为的资格和可能性。公民权利[1]应当是一种无害化权利，无害于国家社会、无害于其他公民。公民权利必须是在无害于国家、无害于社会、无害于其他公民的前提下行使。公民的政治权利还必须是在有益于自身权利和国家、社会、他人的前提下行使。维护公民权利是当代社会的主旋律，也是法治的真谛。保证公民权利的充分实现，不仅要强调依法行使，还应强调全体公民都要善于运用法律手段维护自己的合法自由和权利。

民为邦本，本固则国安业兴。与民争利甚至侵民利益是治国理政之大忌。保护国民利益是衡量法治社会成功与否的重要标志，也是社会文明进步的主要内容。在法律秩序的运作过程中，权利始终处于重要地位。权利构成法律体系的核心，法律体系的许多因素都是由权利派生出来的，由它决定、受它影响，权利在法律体系中具有关键作用。我们必须具有这样一种认识：公民权利至上是现代宪政以及行政法律制度设计的逻辑起点，现代法律制度的目的就是维护公民权利。

综上，法治贵州建设是依法治国的重要组成部分，是地方和中央、下级和上级、局部和全局、基础和前提、子系统和母系系统的关系，二者紧密结合，不可分割。依法治国是一项全方位、多层次、综合性的法治系统工程，包括省（自治区、直辖市）、市、县（市、区）、乡（镇）的依法治理；而基础依法治理是基础工程，包括村、居民委员会、工厂、商店、学校等基础单位的依法治理；行业依法治理是支柱工程，是包括交通、邮电、石化、林业、工商、税务、军警等行业的，系统的依法治理。当然，法治贵州建设是依法治国的地方依法治理工程之一，是和其他省、自治区、直辖市的依法治省、依法治市属于同一层次的依法治理工程。

---

[1] 这里的公民权利包含哪些权利呢？笔者认为应该是：物质权利部分，即生存发展权利，包括财产权、劳动就业权、休息权、获得物质帮助权、受教育权、安全权；精神权利部分，即政治权利，包括参政议政权即选举与被选举权、知情权，自由权即言论权、集会示威游行权、人身自由权、宗教信仰权、通信权、迁徙居住权、隐私权。平等权，即人格权、名誉权、公平权等。用一句话土话、大白话来说，公民权就是：人要活着、要平等、要自由、要参与国事。生存、平等、自由、参政八个字就可以概括公民权的全部内容。

第三节　依法治省的法治理念

人之所以为人的显著特征在于，其脱离了直接性和本能性的东西，而人之所以能脱离直接性和本能性的东西，就在于他的本质具有精神的理性方面。正是凭借这种理性的能力，人类创造了法治。[1]而“法治理念”，则是人们关于法治的观点、知识和思想体系的总称。法治理念是社会理论的家族中既古老又常新的理论单元。与其他理论一样，其内容表现为人们对法治这一理想或现实问题的探索形成思想和知识。而这些思想和知识又总是借助一定的思维路径展开的，并在一定逻辑框架之中形成。这就使得自古以来的法治理论所表达的法治思想或法治理念和知识不是一种杂乱的堆积，而是环环相扣、浑然一体，并能再现理论者在特定历史场景的思维流向。可以断定，在解释客观现象和表达主观愿望的理论，如果不是在一定逻辑框架之中展开，理论就会因缺乏内在的逻辑联系而无法准确表达主体的意图，使理论丧失自身的意义。理论中的思想内容和它的逻辑形式之间存在“唇齿相依”的联系，这揭示了逻辑建构在理论建构中的现实意义，以及法治理论的建构对一定逻辑建构的选择的重要性。故树立良好的法治理念，对于强化依法治省具有重要的基础作用。

当前，在建设法治贵州的进程中，结合贵州实际应当注重依法治国、执法为民、公平正义、服务大局、党的领导等五个方面的基本内容。其中，依法治国是社会主义法治的核心内容；执法为民是社会主义法治的本质要求；公平正义是社会主义法治的价值追求；服务大局是社会主义法治的重要使命；党的领导是社会主义法治的根本保证。这五个方面相辅相成，体现了党的领导、人民当家作主和依法治国的有机统一，是我们党对于“建设什么样的法治国家，怎样建设社会主义法治国家”认识的重大深化。社会主义法治理念的提出，对于实施依法治省方略具有重大的指导价值。

作为法治贵州建设重要组成部分和具体实践的法治城市和法治农村建设当然要以社会主义法治理念为根本的指导思想。依法治省，作为贵州社会实现法治化的一种方式，能促进贵州社会在转型过程中的稳定与秩序。依法治

〔1〕 汪太贤、艾明：《法治的理念与方略》，中国检察出版社 2001 年版，第 23 页。

理城市和依法治理农村工作的开展，能有力地促进贵州法制宣传教育工作，能加快公民法制观念的形成，能推动法律的实施和维护法律的权威和尊严。面对贵州“七五”普法新形势、新目标、新要求，各地区、各部门要按照省委、省政府的要求，以贯彻落实新一轮依法治省规划为新起点，提高认识、加大力度、改进方法、狠抓落实，在依法治省工作的广度、深度和力度上狠下功夫，努力把法治贵州建设工作提高到一个新的水平，以推动全省经济社会发展和实现全省转型新跨越。

第四节　社会自治功能的有效发挥

作为社会文明基础和表征的“社会自治”，〔1〕是指作为社会构成的成员依自己的意志在法律范围内处理自己的事务，任何人或机构、团体均不得加以非法干涉和干预。社会自治意味着自由与自主，既不是对国家法无条件的绝对遵从，也并不意味着与国家的对抗。“法治社会的自治还表现在实行分级治理，各地区、各种社会组织，特别是基层社会组织享有充分的自治权，国家权力所及的只是它们无力解决的问题。”现代法治的前提就是它必须是以社会自治作为其基本社会构造，而社会自治是法治的社会基础，与法治是相辅相成的关系。罗伯特·达尔认为：“在社会中绝大部分的政治积极分子对政策问题通常存在着共识，这在政治中是第一位的，构成政治的基础，它包含着政治，限制着政治，构成政治的条件。没有这样一种共识，任何民主的体制都不会长久地经历选举和政党竞争所带来的无休止的刺激与挫折而依然生存下来。”〔2〕这表明：由农村社会组织机制所造就的社会共识和社会自律机制，将会极大地深化农村民主制度的基础。

改革开放四十年来，我国政府通过放权让利扩大社会组织的自主权，培育社会中间组织等措施，使得国家与社会合一的传统格局开始解体，市民社会得以初步发展。当然，建设法治贵州的一项重要工作就是要为贵州全省的法治化奠定坚实的社会基础，即在贵州培育社会自治组织和社会自治意识，

〔1〕 参见袁传旭：“论社会自治”，载《书屋》2010年第1期。

〔2〕［美］罗伯特·达尔：《民主理论的前言》，朱丹译，生活·读书·新知三联书店1999年版，第182页。

充分发挥社会自治的功能，使社会自治趋于理性，使社会自治与法治形成良性互动。相关研究表明，现代国家的民主机制往往要依赖于政府和公民社会两者之间既相互授权和监督，又相互协同的关系。政府与公民社会两者在许多方面都是互相联系的：只有当政府是一个有效的政府时，公民社会将政府作为对象而做出的努力才有意义。如果政府无力解决任何经济和社会问题，与之进行对话就会变得毫无意义。也只有健全的政府机构才能为公民社会提供一个赖以活动的空间。反之亦然。〔1〕不过，贵州正处于现代化转型的关键时期。因此，如何在现代化过程中将贵州社会和人口组织起来，顺利完成产业结构和产业群体的重大转移，建设宜居、繁荣的城市农村社会，并将传统公民带入现代民主政治体系之中，是一个时期内贵州政治的一个重大问题。构建以完善社会自治功能为导向的贵州社会组织机制，是因应当前全省民主管理制度发展的需要，扩展公民自治的发展空间的重要选择。

第五节　遵守法律主治的谦抑性规律

英国哲学家边沁认为：“温和的法律能使一个民族的生活方式具有人性；政府的精神会在公民中间得到尊重。”这句话是法治之所以要奉行“谦抑性”〔2〕的法哲学依据。在法治贵州建设的过程中，我们要体现以人为主体的贵州社会和谐发展状态，以及人的全面而自由发展的重要价值，这要求法律调整要遵循谦抑性规律。而法律调整谦抑性主要表现为法律调整不是万能的，对于一些社会关系，如果用非法律调整方法或手段（如道德、习惯等）去调整或通过市场本身去解决更为有效，就不需要法律调整登场。

法律调整不能取代其他社会调整手段而应该给其他调整手段留下必要的空间。譬如，在有多民族聚居的贵州，习惯是在主体的生产生活中逐步形成，长期存在于民间，并为某一社区或者整个社会普遍遵从的行为规则的总称。其包括民间习俗、社会风俗和市场惯例等，是一种与法律相分殊的社会规则系统，表达了主体基于客观经济生活而形成的法权要求，具有直接反映主体

---

〔1〕 Shaoguang Wang，“State Effectiveness and Democracy”，*Journal of Democracy*，Vol. 14，No. 1 (2003).

〔2〕 谦抑性，又称必要性。指立法机关只有在该规范确属必不可少——没有可以代替刑罚的其他适当方法存在的条件下——才能将某种违反法秩序的行为设定成犯罪行为。

法权要求的特性。因而，其能够满足主体的利益需求，引起主体对于这类行为规则的普遍认同。既然如此，我们必须打破法律与习惯之间的矛盾，不要“独尊”国家法而“罢黜”民俗、习惯，不要将贵州社会领域的调整和冲突解决都无一遗漏地纳入国家法律的调控范围，而是要充分利用各自不同的优势和有利条件，提供各种可供选择的法治资源，为贵州社会的各种冲突提供解决机制。

法治贵州建设的法理基础和法律依据

Chapter2

吉尔兹曾提出过“法律是一种地方性知识”[1]的论断。在贵州这一多民族地区，法学研究是离不开法律实践的。“没有法学的法律实践是盲目的，而不与产生于实践的各种问题相交融的纯粹的法学，是空洞的。”[2]这表明：我们在对区域法治发展问题的基础理论进行研究时，应该树立和提升对现实问题的探究意识，应该体现研究内容的现实面向、问题意识与实践意义。对此，西方思想家、法学家克利福德·吉尔兹和卡尔·拉伦茨有卓越的贡献，对我们研究贵州区域法治建设也有颇深的启迪价值。

第一节　法治贵州建设的法理基础

任何法治方略的确立和贯彻都应以科学理论为基础，否则，这些缺乏理论依据的法治方略将具有盲目性，并会导致法治建设实践的失败。为此，我国的各项治理方略都应该具有科学的理论基础。党的十八届三中全会通过的《中共中央关于全面深化改革若干重大问题的决定》将“推进法治中国建设”确立为我国新时期法治建设的新目标和全面深化改革的重大内容，提出建设法治中国，必须坚持依法治国、依法执政、依法行政共同推进，坚持法治国家、法治政府、法治社会一体建设，深化司法体制改革，加快建设公正、高效、权威的社会主义司法制度，维护人民权益，让人民群众在每一个司法案

---

〔1〕［美］克利福德·吉尔兹：“地方性知识：事实与法律的比较透视”，邓正来译，载梁治平主编：《法律的文化解释》，生活·读书·新知三联书店1998年版，第126页。

〔2〕［德］卡尔·拉伦茨：“论作为科学的法学的不可或缺性——1966年4月20日在柏林法学会的演讲”，赵阳译，载《比较法研究》2005年第3期。

件中都能感受到公平正义。[1]这一治国方略是在科学的理论基础上确立的，体现了全体人民的共同愿望，所以得到了全党以及全国各族人民的拥护和积极响应。当然，为了更好地贯彻落实党的十八届四中全会精神，贵州省委、省政府提出了“依法治省”、全面建设“法治贵州”的治理方针。由于“法治贵州”是“法治中国”在贵州的具体实践，因此，“法治贵州”建设和“法治中国”建设的理论基础具有一致性，同时也具有科学性。

一方面，“法治贵州”建设和“法治中国”建设的理论基础具有一致性。所谓“一致性”是指事务的基本特征或特性相同，其他特性或特征相类似。从认知的角度而言，一致性必须经过许多的比较和鉴别才能体现出来。要实现法治中国，就必须广泛、深入地逐步实现各地区、各层面、各行业的依法治理，形成各地区、各层面、各行业纵横交错的依法治理网络。贵州所有的依法治理工作都是法治贵州建设的一部分，也就是在贵州范围内，通过保障宪法、法律、行政法规、地方性法规的贯彻实施，把全省政治、经济、文化、社会等各项事业纳入法治化的轨道，从而实现全省政治安定、经济文化发展、社会全面进步，为实现“依法治国”、建设社会主义法治国家创造条件。“法治贵州”建设和“法治中国”建设是部分与整体的关系。“法治贵州”建设是贯彻落实党和国家关于实行依法治国、建设社会主义法治国家的基本方针，是推进民主法治建设的重大举措和具体实践。因此，“法治中国”建设的理论基础其实也是依法治省、建设“法治贵州”的理论基础。马克思主义、毛泽东思想和邓小平理论是党和国家建设中国特色社会主义民主和社会主义法治建设的重要理论，依法治国和依法治省是我国民主法治的重要实践，它们具有同一的理论基础，同时，还包括党和国家领导人江泽民同志、胡锦涛同志、习近平同志对邓小平民主法治思想的继承与发展。因此，这些民主法治思想同样是“法治贵州”建设和“法治中国”建设的最基本的理论基础。

另一方面，“法治贵州”建设和“法治中国”建设的理论基础具有科学性。在这里，“科学性”具有共同的特点：即客观规律性、系统性和实践指导性等。法治建设是人类不可或缺的社会实践活动，在此过程中，存在着不以

---

〔1〕 引自习近平同志于2013年11月12日在中国共产党的十八届中央委员会第三次全体会议上的讲话。参见中华文本库：http://www.chinadmd.com/file/pwsxsrrwv3owoooa3ca3vuc_1.html，访问日期：2016年10月25日。

人的意志为转移的客观规律。总之，“科学性”是人们在社会实践活动中，在法治建设领域应用科学方法，进而综合抽象出法治治理过程的规律、原理所表现出来的性质。人类的法治思想源远流长。在西方，古希腊的亚里士多德提出了“法治定优于一人之治”的法治思想。同时，他认为作为治国的原则，“法治包含两层含义：已成立的法律被普遍服从，而大家所服从的法律本身又应该是制定得良好的法律”。[1]在中国，“依法治理”一词首见于《管子》一书。春秋战国时期，法家竭力主张法治，认为国家治乱兴衰，关键的因素是法律制度的有无与好坏。如果办事没有法治而全靠心治，国家将治理不好。由于奴隶制国家和封建制国家实行自然经济和专制主义，所以这些法治思想是无法实现的。[2]

现代意义上的法治思想是封建社会末期资本主义商品经济发展的产物。资产阶级启蒙思想家洛克、孟德斯鸠等人大力宣传法治的作用，反对封建专制主义。他们提出了法律具有至高无上的权威，法律面前人人平等以及权力要受到制约等法律思想，促进了资产阶级革命的成功和资产阶级法治国家的建立。而无产阶级革命领袖的法治思想是在对人类历史的法制思想的批判、继承的基础上提出来的。马克思、恩格斯对资产阶级法律的局限性以及法律在无产阶级革命中的重要性作出了重要的论述。列宁对社会主义法治建设理论做出了重大的贡献。毛泽东同志提出了一系列重要的民主法制理论并进行了社会主义民主和法治的实践。改革开放以来，邓小平民主法治思想是我国民主法治建设的指南，为“依法治国”方略的提出奠定了最主要的理论基础。同时，党和国家领导人江泽民同志、胡锦涛同志、习近平同志对邓小平民主法治思想进行了继承与发展。十八大以来，习近平总书记在多次讲话中深刻阐述了全面推进依法治国的重大问题，回应了人民群众对司法公正的关注和期待，明确提出了加强法治建设的新要求。历史发展的经验证明：“奉法者强则国强，奉法者弱则国弱。”我们一旦忽视了法制，就会使社会主义建设受到挫折。总之，这些理论推进了依法治国和依法治省的进程。实施依法治国和依法治省方略后，贵州的经济社会发展不但取得了显著的成绩，而且还展现出了更为乐观的发展前景，因此，“法治贵州”建设和“法治中国”建设的理

〔1〕［古希腊］亚里士多德：《政治学》，吴寿彭译，商务印书馆1965年版，第26页。

〔2〕何新等：《依法治桂论》，广西人民出版社2001年版，第15页。

论基础具有科学性。

英国思想家卡尔·波普尔曾经这样表述过："人们普遍相信，对待政治学真正科学的或哲学的态度，和对一般意义上的社会生活更深刻的理解，必须建立在对历史的沉思和阐述之上，尽管一般人认为生活环境、亲身经历和小坎小坷的重要性是理所当然的，但据说社会科学家却必须从一个更高层面上眺望这些事情。"[1]卡尔·波普尔的话至少为我们思考法治国家建设提供了一种维度，亦即，对于我国法治建设的思考，我们既不能停留在技术层面，也不能完全局限于现实社会视域，而是应该把它上升到一种政治哲学的高度，并把视域扩展到整个历史视域。这样，我们所理解和把握的法治将不是一些具体的操作和技巧，而是一些具有普适性的精神和原则。正是卡尔·波普尔的启示，使笔者萌生了对法治贵州建设的理论基础进行研究的念头。法治贵州建设是法治国家建设的重要组成部分，而法治贵州建设的法理基础是什么(即应遵循什么样的理论指导)，无疑是我们实现法治贵州建设所面临的重要课题。为此，笔者结合当前我国法治建设和法治贵州建设实际，提出加强贵州法治建设的理论基础主要有：区域法治理论、欠发达地区开发理论、区域协调发展理论和区域可持续发展理论。

一、区域法治理论

法治或区域法治，作为人类社会发展的一种必然要求，作为一种法律理论、法律学说和法律实践，是经过漫长的历史积累而逐渐形成的。它来自于世界上的各民族，来自特定的法律思想与社会实践的频繁的、积极的互助共生。其可以从康德的一个命题中获得支持："大自然迫使人类去加以解决的最大问题就是建立一个普遍法治的公民社会。"[2]对于这一社会，康德作了进一步的解释："大自然给予人类的最高任务就必须是外界法律之下的自由与不可抗拒的权力这两者能以最大可能的限度结合在一起的社会，那也就是一个完全正义的公民宪法；因为唯有通过这一任务的解决和实现，大自然才能够成就她对我们人类的其他目标。"[3]然而，康德紧接着提醒人们，法治这个问题

〔1〕［英］卡尔·波普尔：《开放社会及其敌人》（第1卷），陆衡等译，中国社会科学出版社1999年版，第25页。

〔2〕［德］康德：《历史理性批判文集》，何兆武译，商务印书馆1997年版，第8页。

〔3〕［德］康德：《历史理性批判文集》，何兆武译，商务印书馆1997年版，第9页。

既是最困难的问题，同时也是最后才能够被人类解决的问题。这也告诉了我们如何考虑我国法治建设进程中的法治理论问题。

区域法治的要义也在于区域法律至上、区域宪法至尊、区域公民权利至重、民主为本、以法律制约权力。因此，区域法治不仅要求区域法律法规体系的完备，而且要求在区域内树立至高无上的法律权威，任何人和组织都不得凌驾于法律之上或超脱于法律规制之外，同时要求法律必须是良法，必须尊重和保障公民基本权利，体现社会正义，并控制区域内的公共权力使其合理地配置和合法地运行。

法治贵州建设以区域法治理论为基础和依据，可以充分体现现代法治的精髓和原则，使之从一开始就站在一个高的起点上，以便尽可能地优化建设贵州的法治保障体系。

二、欠发达地区发展理论

这个理论在国际上算是关于欠发达地区发展的一个内容丰富、流派繁多的理论。[1]如区域经济学侧重于从空间地域的角度研究经济和社会因素在地区间的分布和变动规律，以探索欠发达地区实现经济和社会发展的途径。发展经济学主要从产业和部门结构的组成、变动和相互影响的关系来探寻实现欠发达地区经济发展的途径。福利经济学则主要从效用最大化、收入均等化、资源配置最优化等方面，并通过社会、群体、个人、产业和部门等得到反馈来实现欠发达地区经济的发展。

当前，加强法治贵州建设，实际上也就是对具有欠发达地区特点的贵州进行开发，因此，可以综合运用国际上关于欠发达地区发展的各种理论，并从贵州这一地区的实际出发，因地制宜地探寻切实可行的法治保障措施，以便使贵州的经济和社会发展尽快赶上东中部较发达地区。而且，贵州区域欠发达情况也是分层次的，大体上有以下几种：一是全省内较发达的中心城市；二是富有相当资源的城市；三是广大落后地区；四是江河沿岸和资源富足区；五是省际交界地区。同时，还存在由各级中心城镇形成的点、由连接点的各类线状基础设施组成的产业开发轴带构成的点轴状开发区，以及少数民族聚居地区等多种法治情状。因此，应该针对其具体情况和特点实现相关的法律治理。

---

〔1〕 侯景新：《落后地区开发通论》，中国轻工业出版社1999年版，第162页。

三、区域协调发展理论

区域协调发展不仅是重大的政治问题、社会问题和国家安全问题，亦是重大的经济问题。随着我国东、中、西部地带的经济发展差距逐步扩大，这种情况也越来越被人们所认识。在这种情况下，社会学界的学者也在不断反思，在反思过程中，学者们逐步发现了梯度推移理论，〔1〕并在完善过程中逐步形成了区域协调发展理论。〔2〕该理论的基本含义包括：在区域发展的相关领域中，各地区之间、各产业之间存在着一定的有机联系和相互依存关系，各区域、各个产业的发展要保持协调，它们之间的发展水平相对差距逐渐缩小（至少把这种差距的扩大幅度控制在一定的限度内），以保持各个区域经济普遍有所增长，最终实现其共同协调、持续增长的目标。而区域法治建设的根本目的也在于保障和促进我国区域经济的协调发展，缩小东西部之间的差距，逐步实现共同富裕。因此，法治贵州建设与研究应该把经济结构的战略性调整的法律问题放在重要位置，同时，注意吸取国外地区开发、东部地区发展和法治建设的经验与教训，以深化、拓展和健全贵州法治建设。

四、区域可持续发展理论

可持续发展的思想萌芽可谓是源远流长。在我国，早在夏朝就制定过定期封山育林以及保护正在怀孕或产卵期的鸟、兽、鱼、鳖的法令。《逸周书·大聚解篇》曾记载："春三月，山林不登斧斤，以成草木之长；夏三月，川泽不入网罟，以成鱼鳖之长。"〔3〕春秋战国时代也曾有"永续利用"的倡议。例如，《荀子·王制篇》记载："斩伐养长，不失其时，故山林不童，而百姓有余材也。"〔4〕《吕氏春秋》记载："竭泽而渔，岂不获得？而明年无鱼；焚

〔1〕 该理论最早源于弗农提出的工业生产的产品生命周期理论。产品生命周期理论认为，工业各部门及各种工业产品，都处于生命周期的不同发展阶段，即经历创新、发展、成熟、衰退等四个阶段。此后，威尔斯和赫希哲等对该理论进行了验证，并作了充实和发展。区域经济学家将这一理论引入到区域经济学之中，便产生了区域经济发展梯度转移理论。

〔2〕 杜平等：《西部开发论》，重庆出版社2000年版，第203页。

〔3〕 转引自文正邦、付子堂主编：《区域法治建构论——西部开发法治研究》，法律出版社2006年版，第307页。

〔4〕 转引自文正邦、付子堂主编：《区域法治建构论——西部开发法治研究》，法律出版社2006年版，第307页。

薮而田，岂不获得？而明年无兽。”[1]其中都明确体现出了对可再生资源持续利用的思想。在国外，美、日等国家的可持续发展理论也有相当的研究历史。如20世纪80年代，巴比尔等人发表了大量有关经济、环境可持续发展的文章，这些文章引起了国际社会的注意。在世界环境与发展委员会的《我们共同的未来》报告中，布伦特兰夫人正式提出了可持续发展的概念，这标志着可持续发展理论的产生。经过多年的发展，这一研究领域发生了重大变化，逐步形成了自己的研究内容和研究方式。

现代意义上的可持续发展理论的提出是指西方工业革命之后，一方面，由于科学技术的迅猛发展大幅度提高了社会生产力，增强了人类利用和改造自然的能力；另一方面，由于大量消耗能源，排放废气物带来了种种环境问题，直接威胁到了人类的生存。面对遍及全球的环境问题愈演愈烈的现实，各国政府采取了各种科学技术手段试图加以解决却未能根本奏效。在对人类文明发展历程的反思中，可持续发展理论应运而生。

区域可持续发展的核心就是经济增长点。[2]当今区域的可持续发展问题，是城市、城乡、省域等发展战略的首要问题，而推动整个区域发展的前提是区域的经济、社会、环境和资源的协调发展。

第二节　法治贵州建设的法律依据

正如洛克曾言：“法律不是为了法律自身而制定的，而是通过法律的执行成为社会的约束，使国家各个部分各得其所、各尽其应尽的职能；当这些完全停止的时候，政府也显然搁浅了，人民就变成了没有秩序或联系的杂乱群众。……如果法律不能被执行，那就等于没有法律，而一个没有法律的政府，我以为是一种政治上的不可思议的事情，非人类的能力所能想象，而且是与

[1] 转引自文正邦、付子堂主编：《区域法治建构论——西部开发法治研究》，法律出版社2006年版，第308页。

[2] 这里的“增长点”也叫增长极，是指某些特定的产业部门或地区在经济增长中起着特殊作用和占据支撑区域的作用。第一，其规模应相对较大，才能产生充分的直接效应和间接效应；第二，应当是增长最快的产业和地区；第三，应同其他产业部门之间具有高强度的投入产出关系，能够使增长效应被传递分散；第四，它应是创新的“朝阳式”产业或企业。新经济增长点的作用已被中国经济发展的实际所证实。

人类社会格格不入的。"[1]洛克的话变相地指明了在执法过程中追求法律依据的重要性。所谓法律依据，[2]就是要求行政机关在行使权力时，必须严格依照法律规定的权限和程序进行，不得与法律相违背。这里所依据的法律，既包括实体法，也包括程序法。

法治贵州建设的法律依据可以从两个方面来理解：一方面，依法治省战略决策的提出或产生的法律依据是什么，即依法治省是根据什么法律规定提出来的。另一方面，把依法治省作为一项活动或一种过程来看待，在依法治省活动或过程中，以及在依法治省的各项工作里，依据什么法律或依照什么法律来治理贵州的各项事务。

从根本上而言，作为前者，依法治省提出或产生的重要法律依据就是我国的宪法。因为宪法条文中就有有关强调任何单位、组织、个人和任何地方都必须依法办事，不能违反宪法和法律的规定。如我国《宪法》第5条就明文规定："国家维护社会主要法制的统一和尊严，一切法律、行政法规和地方性法规都不得同宪法相抵触。一切国家机关和武装力量、各政党和各社会团体、各企事业组织都必须遵守宪法和法律，一切违反宪法和法律的行为必须予以追究。任何组织和个人都不得有超越宪法和法律的特权。"当然，依法治省的原则、目标、任务、内容等不但遵循了这一规定，而且还是这一原则规定以及依法治国要求在贵州的具体落实。作为后者，依法治省过程中的法律依据就是国家的宪法、法律、行政法规。同时，由于我们是地方的依法治理，所以，贵州的地方性法规又必然会成为依法治省的重要法律依据。美国大法官霍姆斯曾言："法律的生命不在于逻辑，而在于经验。"[3]此外，富勒提出的法治八项原则，其中一项便是法律的可行性。庞德更是指出："法律的生命乃在于它的适用和实施。"[4]这启示了我们：积累地方性法律法规适用的经验、探索地方性法律法规实施的可行性，依赖于具体区域的法治实践与发展。

---

〔1〕［英］洛克：《政府论》(下)，叶启芳、瞿菊农译，商务印书馆1996年版，第132页。

〔2〕也就是说，行政机关实施行政管理，既要符合法律、法规、规章关于实施机关、实施条件、幅度等实体内容的规定，做到实体合法，又要符合法律、法规、规章规定的程序，遵循法律、法规、规章规定的具体步骤、方式、时间和顺序，做到程序合法。

〔3〕［美］小奥利弗·温德尔·霍姆斯：《普通法》，冉昊、姚中秋译，中国政法大学出版社2006年版，第1页。

〔4〕［美］罗斯科·庞德：《法理学》（第1卷），邓正来译，中国政法大学出版社2004年版，第359页。

一、宪法

宪法是我国的根本大法，具有最高的法律效力和法律权威。我国的一切活动都必须在宪法规范的范围内进行。中共中央总书记习近平同志在党的十八届四中全会上强调:“宪法与国家前途、人民命运息息相关。维护宪法权威，就是维护党和人民共同意志的权威。捍卫宪法尊严，就是捍卫党和人民共同意志的尊严。保证宪法实施，就是保证人民根本利益的实现。只要我们切实尊重和有效实施宪法，人民当家作主就有保证，党和国家事业就能顺利发展。”[1]可以说，宪法是依法治省最根本的法律依据。其理由有三：一是依法治省必须严格遵守宪法的基本精神和基本原则，不管是依法治省中的立法活动，还是执法和守法活动，都不得与宪法精神与宪法原则相违背；二是我们必须严格遵守和实施宪法的各项法律规定，特别是关于地方和民族自治地方的有关规定。三是要坚持与违反宪法的行为做斗争，在依法治理中绝不允许有违反宪法的现象存在，必须树立起宪法的绝对权威。

二、法律

法律是指全国人大制定的各项法律。在我国，法律的效力仅次于宪法。作为中华人民共和国一部分的贵州，当然不能违反国家法律。贵州的各项治理活动都必须依据国家的法律进行，但是享有自治权的民族自治地方有权对某些法律变通实施，但这种变通必须依法进行。

民族自治地方与其他地方相比的特殊之处是国家制定了专门的法律对其进行调整。这个专门的法律就是民族区域自治法。民族区域自治法是我国仅次于宪法的重要法律，可以说，在民族自治地方，它有着“小宪法”的法律地位。民族区域自治法，一方面是法律地位高，另一方面是专门针对少数民族地方的特殊情况而制定，所以，成了民族自治地方依法治理的基本法律依据。在依法治省的过程中，实施民族区域自治法的重要一点就是要用足、用好、用活自治权，这是法律赋予民族自治地方的特殊权力，也是我们搞好依

〔1〕 引自中共中央总书记习近平同志于 2014 年 10 月 21 日在党的十八届四中全会上的讲话。参见“习近平强调依法治国首先是依宪治国　依法执政关键是依宪执政”，载和讯新闻：http://news.hexun.com/2012-12-05/148703861.html，访问日期：2016 年 10 月 25 日。

法治理所必不可少的权力。

三、行政法规

行政法规是国务院根据宪法和法律，按照法定程序制定的有关行使行政权力、履行行政职责的规范性文件的总称。行政法规一般包括条例、办法、实施细则、规定等形式。发布行政法规需要国务院总理签署国务院令。它的效力次于法律、高于部门规章和地方法规。行政法规是我国进行行政管理活动的重要法律依据，当然，其也必然会成为依法治省的法律依据。依法治省的内容非常广泛，而行政管理活动无疑是依法治省的重要组成部分，也就是说，在依法治省活动中，大量的治理都体现在对行政管理活动的治理之中。所以，行政法规作为依法治省的法律依据是重要的、不可忽视的。

四、地方性法规

有权制定地方性法规的主体包括省、自治区、直辖市人大及其常委会和省、自治区的人民政府所在地的市以及国务院批准的较大的市的人大及其常委会。地方性法规具有从属性、不相抵触性、实施性、自主性、地域性和超前性等特点。目前，我国部分地方性法规仍存在着一定程度的盲目性、地方保护主义，统一性、完整性和规范性不足，因此，有必要加强对地方性法规的立法监督。

有些国家的法律、行政法规规定得比较原则、抽象，它们需要有相配套的地方性法规才便于贯彻落实。地方性法规更能反映地方特点和地方特色。这里的地方特色“也是地方立法的基本要求，要求地方性法规的空间效力范围，主要在本行政区域内有效。这种地方特色便于国家法律、行政法规的具体贯彻实施”。[1]另外，在依法治理中，有很多需要法律法规调整的、带有地方特色的法律关系存在，但国家法律、行政法规对其却未作出规定，这就需要地方性法规来予以补充和完善。当前，我国各地在国家尚未专门立法而地方又急需的情况下，进行了大量探索性、创造性的立法活动，成了地方性法规中的一个重要组成部分。可以说，缺少地方性法规很难做到真正的“依法”。

---

〔1〕 吴高盛：“试论地方性法规与国务院部门规章之间矛盾的解决”，载《中国法学》1992年第1期。

贵州社会治理法治化管理水平调查

Chapter3

在当前和今后的一个时期里，贵州全省各级组织要以邓小平理论和“三个代表”重要思想为指导，深入贯彻落实科学发展观，全面贯彻落实习近平新时代中国特色社会主义思想系列讲话精神，紧紧抓住影响社会和谐稳定的源头性、根本性、基础性问题，深入推进社会矛盾化解、社会治理创新、公正廉洁执法等重点工作，推动全省工作全面发展，以确保国家安全和社会和谐稳定，为贵州经济社会又好又快、更好更快发展提供更加有力的社会治理法治化管理环境。

贵州经济的大发展需要一个包括政治、社会、法治、生态在内的良好环境。良好的法治环境对外是竞争力，对内是亲和力；恶劣的法治环境对外是排斥力，对内是破坏力，因而，健全、公正、高效的法治环境是提高区域经济竞争力的有效途径。基于此提升贵州社会治理法治化管理水平已成为贵州经济社会发展建设的重要工作之一。目前，贵州全省上下正高举“团结、发展、奋斗”三面旗帜，加紧谋划贵州经济社会“十二五”发展。在此关键时刻，省委、省政府隆重召开了全省工业发展大会，明确提出了全力实施工业强省战略，并提出了全省工业突破“两个万亿”、壮大“八大支柱”、提升“四个比重”、打造“五大基地”的奋斗目标，制定了“八大行动计划”和相关的政策保障措施，同时把全面推进贵州“加速发展、加快转型、推动跨越”主基调紧密结合起来，用法律和制度促进并保障贵州提出的“工业强省战略、城镇化带动战略”及其他各项战略目标和战略任务。[1] 为了贯彻落实好省委、

---

〔1〕 孙国强：“以工业强省战略实现具有贵州特点的新型工业化”，载《贵州日报》2011年6月21日。

省政府各项战略目标和战略任务的实现，我们必须营造和优化贵州法治环境，使贵州社会生活的主要方面都要依靠法律来规范和调整，从而逐步走上社会治理法治化管理的轨道。鉴于社会治理法治化管理进程的加快，法治无处不在、无时不有的态势，我们应该深化思想认识，切实增强创建工作的主动性和自觉性。我们要凝聚各方力量，不断激发创建工作的内在活力。加强贵州社会治理法治化管理是时代赋予的必然要求，是优化贵州发展环境的必然要求，是提升贵州形象的必然要求，是维护和谐稳定贵州的必然要求。总之，我们立足于贵州，就必须发展贵州、治理好贵州。怎样加强治理以及管理模式的创新，怎样切实增强创建工作的主动性和自觉性，大力弘扬法治文化和法治精神，着力提升贵州社会治理法治化管理水平，是当前摆在我们面前的一个重大的现实课题。

第一节　社会治理法治化管理的基本内涵

社会治理既是活动，也是活动的过程。它以社会治理的存在为前提，目的在于使社会能够形成更为良好的秩序，产生更为理想的政治、经济和社会效益。而现代社会法治化治理是创新社会管理的体现，更是时代所求。

一、社会治理法治化管理的概念

社会治理法治化管理是指通过严格、完善的法律、法规和条例等对组织及个人的行为加以约束和规范，形成一种决策科学化、流程标准化、监督制度化、考核系统化的治理模式。在这种治理模式下，组织及个人应按照规定的程式步调一致地前进，直至达成预定目标。单纯从字面含义上理解，法治化倡导的是对组织及个人的考核、管理、监督，偏向的是通过非主观作用来影响和控制组织及个人的行为和表现，属于刚性管理。[1]

二、社会治理法治化管理的特征

作为社会治理革新过程中的一个阶段，“法治化治理”是继“社会管理模式”“执行力”等先驱之后的又一个新的代名词，它是一种在整个社会管理过

〔1〕参见蒋集耀：“司法现代化：法治化的必然要求”，载《法学》1995年第5期。

程中充分注意法定性要素、以充分发掘法的潜能为己任的治理模式。其基本特征可以从以下方面去理解：

（一）具有完善的规章制度

这种社会管理模式是建立在完善的管理制度上的，以合理的管理制度来整合个人利益、协调各种冲突、实现社会的目标及公民个人的目标。它具备法治的基本特征，如规范的工作流程、合理的管理平台、科学的决策体制和完善的监督体制等。

（二）坚持以人为本的法治

没有法治化，一个社会失去的是存在的基石；没有人性化，一个社会失去的是未来的发展。只有做到"祸福相倚、刚柔并济"才是真正完美的管理模式，即必须建立一种在法治化基础上的人性化管理，也就是通常所说的"社会人性化法治管理"，这才能够避免单纯法治管理的局限性。可以说，人性化法治管理是对人性化管理和法治化管理的一种中和，一定程度上也是对东方管理学——儒学管理思想——精髓的体现。

（三）全面提升核心竞争力

未来社会的变化将会越来越快，"各个领域之间的竞争将会愈发激烈，突出社会管理的创新性和不可替代性，是保证和提高管理价值，进而提高各个发展领域的占有率和效益的最佳推动力"。[1]要实现全面提升核心竞争力，首先就必须保证社会管理模式的创新，而富有创新精神的组织及个人将是实现社会管理创新的原动力，而创新管理则是社会发展的主要动力。

三、社会治理法治化管理的表现形式

社会治理法治化管理的内在表现是，从党的各级领导班子逐步实现科学执政、民主执政、依法执政的实际出发，达到领导体制和工作机制的进一步健全和完善，各级党组织的活动和行为符合党章和宪法、法律的规定，党的领导方式得到有效改进，执政能力明显增强。其主要形式表现如下：

（一）巩固和完善社会主义民主政治建设

中国共产党领导的多党合作和政治协商制度、人民代表大会制度、新的立法体制、法制建设、公民权利的实现和保障、向地方和基层下放权力、行

〔1〕参见师棠："严格执法：法治化的必由之路"，载《法学》1995年第4期。

政体制改革和机构改革以及基层民主自治制度进一步巩固和完善，社会主义民主政治建设全面进步。

（二）依法行政效果得到社会公认

“依法行政”是依法治国的重要基础，市场经济体制条件对政府活动的要求，也是政治、经济及法治建设本身发展到一定阶段的必然要求。只有依法行政才能体现“人民权利人民用”“赋予权力为人民”的宗旨观念，只有以依法行政为重心和突破点，法治才有望实现，依法行政的效果才能得到社会公认。

（三）公平正义的司法权威充分彰显

强化司法职能是依法治国和依法治省、改善法治环境的重要保证。司法机关坚持依法独立、公正地行使职权，公正司法效果得到了社会的广泛认同，公平正义的司法权威充分彰显，权责明确、相互配合、相互制约、高效运行的司法体制基本形成。“对于现实工作中凸现或隐含的诸多障碍与不和谐因素，只有充分运用和调动各方面的社会资源、司法资源，进行优化整合，才能实现司法应有的尊严与权威，才能实现司法工作服务于构建和谐社会和建设法治国家的目标和任务。”〔1〕

（四）公民的合法权益得到依法保护

加强对公民的合法的私有财产的保护，有利于保障公民权利，促使广大公民自觉学法、守法、用法，使公民依法维护自身合法权益和履行义务的能力进一步提高，使公民的基本权利得到切实尊重和保障，使公民的合法权益得到有效保护。

（五）规范市场经济秩序

无论是政府行为还是市场行为，市场经济秩序混乱都是当前经济生活中的一个突出问题。其给国家和人民利益造成了重大损失，致使进入市场的人“谁也不敢相信谁”，商品真伪难辨，特别是一些掺假的食品不仅破坏了国家信誉和改革开放的形象，而且严重影响了经济的健康发展。对此，规范市场秩序，弘扬诚信原则，既要靠法律，也要靠道德规范。

（六）形成比较完善的文化法治体系

正如梁治平教授所言：“我国文化传统还是一个有待进一步开发的领域，

〔1〕参见汪建成、孙远：“论司法的权威和权威的司法”，载《法学评论》2001年第4期。

在我们面向世界、面向未来的身后，是中华民族两千余年的文化传统。这就要求我们深入细致地分析、发掘、整理、提炼和探索。其运行的原则是：用法律去阐明文化；用文化去阐明法律。”[1]这表明：法治工作只有上升到文化的层次，使之成为中华传统文化的重要组成部分，才有可能自觉不自觉地渗透到我们每个公民的血液之中，从而构筑完善的文化法治体系。

（七）社会法治建设大为改善

完善发展民主政治、保障公民权利、推进社会事业、健全社会保障、规范社会组织、加强社会管理等方面的法律法规，大力发展民生经济，重构公共财政体制。与民生息息相关的教育、就业、社会保障、医疗卫生、食品药品安全、安全生产、住房、饮水、交通、通信、电力、生态环境等方面的条件大为改善，人民群众的满意度大为提高，社会主义新农村建设的总体目标基本实现，人民安居乐业，社会和谐稳定。

四、社会治理法治化管理在法治建设中的作用

法治建设的关键是突出社会治理法治化管理理念。我国社会正处于转型时期，政治、经济、文化体制等诸多方面都面临改革，改革意味着对各种利益关系进行调整，在这一过程中会产生各种矛盾和冲突。面对社会现实且符合法治化管理的做法是，在通过法定途径做出调整之前，决策者不能以现实的合理性为由随意突破现行法治的管理框架，否则就会破坏既有的法治秩序，损害法治的权威，最终不利于维护人民的根本利益。于是，社会法治化治理在法治建设中的作用：一是社会治理法治化是法治建设的重要组成部分；二是社会治理法治化是法治建设中的一支有生力量；三是社会治理法治化具有导向性、引领性和示范性价值。

五、国内外提升社会治理法治化管理方略

（一）国外社会治理法治化管理水平的典范

西方发达的国家（如美国、日本）等对社会治理法治化水平进行了大量研究。

---

〔1〕 参见梁治平：《法辨：中国法的过去、现在与未来》，中国政法大学出版社2003年版，第11页。

1. 美国社会治理法治化

美国在实行法治化社会治理时，注重从意识形态领域加强对公民思想的培养，同时使人们养成了遵守作为社会契约的法律、信守诺言和讲求信誉的习惯，发达的市民社会对于政府权力构成了强有力的制约与平衡。在权利受到侵害时，社会成员习惯于运用法律武器进行理性抗争，法律家团体作为社会中举足轻重的中坚阶层，以其独特的精神在维护法治秩序、维护公民权利、制约行政权力方面起到了重要的作用。美国社会治理成功的秘密就在于它的法治。正如美国评论家托马斯·弗雷德曼所言："秘密不在于华尔街，也不在于硅谷；不在于空军，也不在于海军；不在于言论自由，也不在于自由市场——秘密在于长盛不衰的法治及其背后的制度，正是这些让每一个人可以充分发展而不论是谁在掌权。""我们所继承的良好的法律与制度体系——有人说，是一种由天才们设计，并可由蠢材们运作的体系。"[1]这里的体系正是我们所称的法治化管理制度体系。譬如，美国的高校法治化管理就是一大特色。美国的高校学生管理机构庞大、分工细致、涉及面宽，美国学生事务管理的一个显著特点是法治化管理，即依法治校。美国在宏观上制订了明确的工作规范及完备的规章制度（如《高等院校学生事务管理》《学生服务手册》《学生事务应用手册》等）；微观上各个高校按照联邦政府、州政府的法律加强了法治化管理。[2]又如，围绕煤矿安全生产，美国自1891年国会通过第一个管理矿山安全的法规至今先后制定了十多部法律，安全标准越来越高，进而建立起了一个系统全面、功能完善的职业安全与健康法律体系。1969年美国联邦政府制定的《联邦煤矿健康与安全法》比以前任何一部约束采矿工业的联邦法规都更全面、更严格。1977年的《联邦矿山安全与健康法》是美国联邦政府对全国矿山安全与健康实行监督管理的最高法律。[3]同时，美国也是世界上监禁率最高的国家，监禁刑是其比较有代表性的刑罚。美国监狱变革从殖民地时期一直延续至今，与其经济、文化和刑罚理念变化紧密相连，体现了多元化的特征。在勇于创新、接受挑战的思潮影响下，美国监狱部门

---

〔1〕［美］托马斯·L. 弗雷德曼："外交事务：荣誉勋章"，载《纽约时代周刊》2000年12月15日。

〔2〕游敏惠、朱方彬："美国高校学生事务法治化管理探析"，载《西南大学学报（社会科学版）》2009年第1期。

〔3〕参见王显政主编：《美国煤矿安全监察体系》，煤炭工业出版社2001年版，第159页。

不断进行变革和发展，完善其监狱法制和管理制度，提高管理和矫正水平，采取新的措施来适应社会对犯罪矫正的新要求，并在新近出现了紧束化倾向。[1]对美国社会治理法治化的分析，使我们联想到了我国的送法进监狱政策，进而表明美国社会治理法治化中的关键环节是制度的创建。

2. 日本社会治理法治化

正如日本著名法学家大桥洋一所说的那样，日本法治化治理模式的推行，在很大程度上以德国法为参照，并在行政指导、行政类型等方面进行了比较研究，并不断探索法治化治理新模式。[2]同时，日本在法治化治理中注重市民社会的构建，对传统的给付行政内容进行了革新。第二次世界大战以后，日本脱离了战前强调法律形式的形式法治化治理模式，转换为重视其目的和内容的实质法治主义。《日本宪法》规定了作为国民代表的国会对立法权的独占（《日本宪法》第41条）及宪法立法审查中司法权的优位（《日本宪法》第81条）。因此，日本的法治化治理模式不是抽象性的原则，而是在立法与司法的关系中得到保障的。正如明治30年（1897年）江木衷在《法治国的行政》一文中指出的，法治国的“特质是国家仅仅以维持与增进社会及个人的安宁与幸福为目的，只要认可个人的自由权能而不妨碍国家的独立自存，应认可个人对于自己利益的主张并且赋予其人格”，“在法治国中……国法明确了官府的权限以及臣民自由的范围……而后始的行政法规定了权能关系……”[3]随后，日本又提出了法治主义的理念，而作为确定“法治主义”概念的最重量级的人物，美浓部达吉继在《日本行政法》中论述到了“法治主义”，又于1923年出版的《宪法撮要》中对法治国作了周密和详细的定义。他指出：“所谓法治主义是指国家的统治权唯在立法权对之保留的前提下才能规定人民的意思、规定他们的权利义务，行政权以及司法权唯法律规定才能行使。”[4]第二次世界大战结束以后，日本十分重视中小企业的发展，从制度环境、金融财政、社会化服务体系等方面给予了中小企业大力支持，日本政府对中小企业的管理既有与其他国家的相同之处又有自己的特色。它以中央政府为核

---

〔1〕 参见张鸿巍：“美国监狱管理的紧束化倾向研究”，载《河北法学》2005年第1期。

〔2〕［日］大桥洋一：《行政法学的结构性变革》，吕艳滨译，中国人民大学出版社2008年版，第30页。

〔3〕 参见［日］江木衷：“法治国的行政”，载《法学新报》1987年第5期。

〔4〕［日］美浓部达吉：《宪法撮要》，有斐阁1923年版，第65页。

心，以地方政府为基础，以社会团体和企业联合组织管理为补充，政府主导，官民协调，且各自具有完备、系统的体系，而它们之间又相互渗透，有机统一。政府将经济、法律、行政等手段并重并用，其目的是使各个方面相互协调。[1]又如，日本的财政预算、税收、财务会计等实行法治化管理，中央对地方的控制和转移支付依法行事。这方面的法律主要有《宪法》《地方自治法》《财政法》《地方财政法》以及规定转移支付资金分配的《地方交付税法》等。日本的财税立法体系主要是宪法、法律、行政法规三个层次，而以法律为主，其宪法对财政职能和权限作出了明确而具体的规定，对财政预算、预算体制、中央与地方的分配关系、主要税种都有专门的法律规定，做到了有法可依。这些典型的案例说明，日本社会法治化管理的重点乃制度的建立。

（二）国内加强社会治理法治化方略

胡锦涛同志在中央党校省部级主要领导干部社会管理及其创新专题研讨班开班式上强调，加强社会管理的基本任务包括协调社会关系、规范社会行为、解决社会问题、化解社会矛盾、促进社会公正、应对社会风险、保持社会稳定等方面。正确把握国内外形势新变化、新特点，针对当前社会管理中的突出问题，着重研究加强和创新社会治理、做好新形势下群众工作的思路和举措，实现“十二五”时期经济社会发展目标任务凝聚强大力量。[2]同时，国务院法制办也出台了关于如何进行社会创新治理模式的相关文件。这表明党中央、国务院要求各省、各部门要结合自己的实际情况提出比较好的社会治理模式，其中重点强调了法治化治理模式的重要性，这是继江泽民同志提出依法治国，建设社会主义法治国家之后对社会进行治理的最佳模式。正是在这种新形势下，国内比较有特色的省（如江苏省和山东省）在提升社会治理法治化方面堪称楷模。

1. 江苏省推行社会治理法治化

江苏省各地坚持以科学发展观为指导，紧紧围绕全省工作大局，加强领导，科学谋划、精心组织、扎实推进，使创建工作取得了明显的阶段性成效。特别是近几年来，各地通过探索创新、培育典型、规范运行、严格考评，使创建工作质量有了进一步提升，有力地促进了全省基层民主法治建设和“法

---

[1] 参见吴振国：《西方发达国家企业法律制度概观》，中国法制出版社 1999 年版，第 587 页。

[2] 胡锦涛：“提高社会管理水平促进公平正义”，载《南方日报》2011 年 2 月 20 日。

治江苏”建设进程。全省社会治理法治化水平迈上了一个新台阶。

江苏省采取的措施主要表现在：

第一，以普法教育为先导，让法律意识深入社区。江苏省通过制作下发《法律知识宣传》手册、举办法制宣传讲座等活动把法律知识内容融入了生活化、通俗化、趣味化的表现形式之中，以事喻法、以案释法，用法律知识向身边的人讲身边的事，使得学法、用法真正成为“寻常百姓事”。突出宣教阵地，将主阵地放在社区居委会，青少年法制教育基地设在各学校。在抓紧开展对居委会干部的系统培训及给群众做讲座的同时，给各中小学配备法制副校长，加强对青少年的法制教育，全面提高群众的法律意识，使他们能知法、守法，用法律手段解决各种矛盾纠纷及日常事务。

第二，以居民“自治”为立足点，营造法治氛围。江苏省不仅在日常工作中注重依法管理居委会事务，还在贯彻落实相关法律法规的基础上，订立了符合实际、操作性强的各项规章制度、居规民约，努力使居委会的各项工作有章可循、有法可依。同时，引导、鼓励群众反映居委会管理存在的问题、参与管理、监督管理，使群众可以切实行使“居民自治”的知情权、参与权和监督权，为依法治理夯实群众基础。

第三，以解决难点、热点问题为突破口，实施专项治理。江苏省特别注意对辖区群众普遍关注、反映强烈的难点、热点问题的整治。他们通过具体的、实实在在的工作，把依法治理工作变成了看得见、摸得着的实际行为，树立和维护了街道党工委、街道办事处为民办实事的良好形象。

第四，以社会治安综合治理为保障，创造良好的治安秩序。江苏省深入开展“安全小区”“无毒社区”工作，严厉打击各类刑事犯罪活动。逐步建立健全了各种形式的群防群治组织，通过多种形式开展了刑释解教人员的安置帮教活动。此外，江苏省还积极加强基层人民调解及纠纷信息员队伍建设工作，发挥法律服务功能，积极引导群众通过法律途径解决矛盾纠纷，努力把人民矛盾化解在基层，解决在萌芽状态，形成社区综合治理齐抓共管的合力。

第五，加强维权岗建设，确保弱势群体合法权益不受侵犯。江苏省充分利用司法所的法律专长与民政、团委、妇联的组织优势进行资源互补，强强联合，采取建设一体化、宣传一体化、办理一体化的方式，共同维护广大群众（特别是广大青少年和残疾人）的合法权益。在此基础上，江苏省进一步完善监督机制，采用“走出去”的办法，广泛听取群众对依法治街工作的意见，针对群众意见集中的问题，及时组织有关职能部门研究全面整改措施。通过全民的积极参与和各部门的齐抓共管，促使依法治理取得了明显成效。[1]

2. 山东省推行社会治理法治化

山东省始终坚持普治并举，按照规范带动、创新机制、整体推进的思路，在全省掀起了以法治县、市、区创建为重点的法治创建热潮。

山东省采取的措施表现在：

第一，规范带动从“规定动作”到“百舸争流”。山东省胶州市着力在健全完善行政制度、规范行政执法行为和打造服务型政府三个方面下功夫，该市公安局、房产局、卫生局、劳动保障局、企业发展局等业务职能部门实现了集中统一办公，通过网络、窗口、电话咨询等形式，积极主动地帮助企业或个人依法办理各项业务，实行服务承诺制、限时办理制，老百姓只需走进一个“大厅”，就能找到全部的相关部门，无需费事就能办理各项业务。市里还建立了公共资源交易管理中心，将分散在多个部门的各类工程建设项目、土地出让、政府采购以及国有资产处置四大类活动统一进该中心，所有工作均依法进行，公开透明，一目了然。此外，山东省还在全省范围内建立了24个县级联系点，以加强工作指导，将汲取的基层优秀经验返输回基层，进而推动全省法治创建“百舸争流”的局面。

第二，创新机制从“运动型”到“常态化”。2010年下半年起，新泰市将学法、用法情况作为选任干部的重要条件，任前考法成了干部选拔任用的一个必经程序。在该市，新被提拔任用的领导干部，在被任用前都必须进行法律知识闭卷考试，考试不合格者暂缓提拔重用。据山东省普法办公室介绍：山东省各县（市、区）将法治创建活动作为“一把手”工程，列为重点工作，纳入了目标考核体系，建立了量化考评体系进行监督考核。2009年以来，金乡县以县委、县政府的名义先后出台了《金乡县行政首长出庭应诉办法》《金乡县行政复议行政诉讼案件错案责任追究办法》等文件，落实了行政“一把手”出庭应诉制度。据统计，此项制度施行以来，金乡县“一把手”出庭

[1] 林祥国：“开展法治城市创建活动　全面推进法治江苏建设”，载《法制日报》2009年8月30日。

应诉率达到了100%。同时，审判庭还设有政府法制监督席，必须由行政“一把手”个人签字备查。[1]

第三，整体推进“惠民工程”。山东省在促进法治政府建设方面，举措不断，实招连连。落实了重大决策听证、法制前置审查、专家论证和社会公示制度，对事关群众切身利益的决策事项，通过多种形式向社会公开征求意见，把决策纳入规范化、制度化、法治化轨道，真正体现民情、集中民智、反映民意。此外，山东省还出台了关于进一步加强市县政府依法行政工作的意见，全面推行行政执法责任制和书记县长同步审计。目前，山东全省行政执法人员执法证件网络管理系统已开启并投入使用。同时，山东省还建立和完善了重大行政决策听取意见、听证、合法性审查、集体决定、实施情况评价等制度，落实了持证上岗、执法公示、执法承诺、执法过错责任追究、执法资格认证和政府信息公开等制度。

第四，司法行政系统立足职能，积极投身法治创建活动。山东省建立了近十万个调解组织，区域性、专业性、行业性调委会达六千多个，调解队伍达三十二万余人，村有调委会、乡有调解中心、县有联席会议的调解网络得到了进一步完善，形成了人民调解、行政调解、司法调解有效衔接配合的矛盾纠纷“大调解”格局。全省调处矛盾纠纷成功率在96%以上，仅达成书面调解协议的每年就有二十多万件。全省监狱劳教场所坚持依法、严格、科学、文明管理，保持持续安全稳定，有18所监狱连续10年以上无罪犯脱逃，劳教系统多年实现“零报警”。刑释解教人员帮教率、安置率分别达到了98%、86%，使山东省成了重新犯罪率最低的省份之一。

第五，基层法治创建活动的展开。民主法治村、民主法治社区、法治校园、诚信守法企业、依法办事示范单位等是山东省城乡基层开展法治创建活动的有效载体。[2]由此，山东的法治创建工作已经形成了以规定带动自选，再由自选引领规定的“精品化”循环。

---

〔1〕余东明、王家梁：“掀起新一轮法治创建热潮　全力提升社会法治化管理水平”，载《法制日报》2010年10月8日。

〔2〕余东明、王家梁：“掀起新一轮法治创建热潮　全力提升社会法治化管理水平”，载《法制日报》2010年10月8日。

六、对国内外社会治理法治化举措的借鉴

西方国家尽管有优秀的社会治理模式、成熟的法制环境，但对于如何加强法治化治理问题还在开展进一步的深入研究。在依法治国大背景下，我国各地正在这方面做出努力。这对我们研究贵州如何提升法治化治理水平具有重要的参考价值。

（一）贵州上下要大力培育公众的尚法理念

法国思想家卢梭在《社会契约论》中说过："一切法律之中最重要的法律既不是铭刻在大理石上，也不是铭刻在铜表上，而是铭刻在公民们的内心里。它形成了国家的真正的宪法，它每天都在获得新的力量，法律衰老或消亡的时候，它可以复活那些法律或代替那些法律，它可以保持一个民族的精神。法律要具有权威，就必须赢得社会的敬仰、公众的尊敬。培育公众的尚法理念，必须发挥教育的启蒙和教化功能。"〔1〕孟子言："善政不如善教之得民教也。善政，民畏之；善教，民爱之。"〔2〕贵州要利用各种形式，开展全方位、多层次、具有针对性和实效性的法制宣传教育，弘扬法治理念，培养公众的法律意识。

（二）完善贵州地方性法律法规体系

贵州必须不断完善现行的法律体系和法律制度，进一步推动地方立法。即在上位法的指导下，不断完善现行地方法规政策体系。因此，贵州应根据自身的现实立法情况，按照"突出重点，急需先立"的原则，突出抓好涉及国企改革、农村经济发展、生态环境建设、高科技发展方面的相关立法。要变被动立法为主动立法，认真解决法规之间相互冲突、存在部门利益和地方保护倾向等问题，努力推进立法的民主化和科学化，拓宽法规起草渠道。除发挥职能部门的作用外，还应采取公开征集、委托起草、承包起草等方式，加快法规起草步伐，以立法调研论证会、立法听证会、媒体公布等形式向社会广泛征求意见，以提高法规质量，建立和完善与国家法律相配套的、符合贵州实际的法律体系。

（三）完善相关配套法律法规制度

以美国为例，从某种程度上讲，科学化、社会治理法治化的各项制度已

---

〔1〕［法］卢梭：《社会契约论》，何兆武等译，商务印书馆 2002 年版，第 73 页。

〔2〕《孟子》，重庆出版社 2009 年版，第 15 页。

经渗透到了美国社会的各个层面与角落。美国的社区在社会治理的层面上往往被界定为居民区，是由“邻里”构成的一种基本社会单元。它以共同的居住地域为最基本的特征，并在此基础上通过社会互动和关系网络，形成某种共同的生活方式乃至一致的利益和价值取向。美国的社区治理一直被认为是一种公民自治的典型形态，联邦各州乃至各个市、镇都有其独特的社区治理方式，在社区发展和管理方面，基本都采取了“政府负责规划指导和资金扶持，社区组织负责具体实施”的运作方式。〔1〕又如美国高校的法治化管理。美国高校的学生管理机构庞大、分工细致、涉及面宽，美国学生事务管理的一个显著特点是社会治理法治化即依法治校。在我们的领邦日本，预算管理体制实行法制化管理。〔2〕在法定范围内，中央与地方的权限是明确的，不仅财权、事权划分等有法可依，而且在许多细节上也有明确的规定。以转移支付制度为例，中央财政依法提供资金并进行分配，各地方政府同样可依法要求中央政府给予分配，任意减少资金总额或增减各地方政府的分配额均是违法的。法治化保证了制度的规范化和高透明度，避免了任意性。日本的财税立法体系存在宪法、法律、行政法规三个层次。其宪法对财政职能和权限作出了明确而具体的规定，对财政预算、预算体制、中央与地方的分配关系、主要税种都有专门的法律规定，做到了有法可依。日本实行财政公开，不仅预、决算公开而且会计检查院的审计报告也公开，以接受公众监督，预算只有被国会批准才能被实施。预算确定财政支出的规模及其结构，在遇特殊情况（大型灾害等）需要增加财政支出时，必须调整预算并报国会审批。财政部门代表政府对财政支出进行管理，如果因财政支出管理不严而出现违法乱纪行为或者资金浪费现象，政府（尤其是财政部门）要承担相应的责任。这从侧面表明日本社会法治化管理已经是一种法治境界的提升，这对于提升贵州法治化管理水平具有重要的启发性。

（四）重点加强基层民主法治建设

新形势下，进一步加强和改进基层民主法治建设是实施依法治市，加强贵州法治建设，加快贵州省级新农村实验示范区建设和建设和谐贵州的一项

---

〔1〕 谢芳：《美国社区》，中国社会出版社 2004 年版，第 45 页。

〔2〕 参见卢铁光等：“美国高校的学生管理及启示”，载《高等农业教育》2002 年第 11 期；傅光明：“论日本预算的法治化管理”，载《广东财政》2001 年第 11 期。

十分重要的课题。江苏省开展的创建民主法治村（社区）活动，促进广大基层群众进行基本法律知识的学习，可以全面普及法律知识、培养法律意识、弘扬法治精神、营造良好的法治氛围。结合江苏省的经验，贵州各地区、各部门，特别是各级领导干部须充分认识开展民主法治村（社区）创建工作的重要意义，进一步加大工作力度，不断创新工作方法，常抓不懈，力求实效，确保全省民主法治村（社区）创建工作的顺利进行。首先，创建民主法治示范村（社区）是推进基层民主法治建设最直接、最重要的载体；其次，创建民主法治村（社区）是法治贵州建设在基层最广泛、最生动的实践活动；最后，创建民主法治村（社区）是增强广大群众法治意识、提高法律素养最切实、最有效的途径。提高公民的法治意识是深入推进法治建设的重要基础，是衡量法治贵州建设水平的重要指标。

贵州全省上下必须要发挥教育的启蒙和教化功能，培育公众的尚法理念，提高遵纪守法、廉洁奉公的自觉性，提高依法决策、依法行政、依法管理的能力和水平，不断适应时代发展要求，实现由注重行政管理向注重运用法律手段管理的转变，全面提升贵州社会治理法治化水平。

第二节　贵州社会治理法治化管理水平的现状调查分析

为了更好地了解贵州当前的社会治理法治化水平，笔者对贵阳市、铜仁市公检法司机构及政府，黔东南苗族侗族自治州（以下简称“黔东南州”）凯里市、台江县、剑河县，黔西南布依族苗族自治州（以下简称“黔西南州”）晴隆县、普安县，黔南布依族苗族自治州（以下简称“黔南州”）瓮安县，遵义市余庆县的公检法司及政府有关部门的负责人以及台江县的基层单位台盘乡基层干部，以及农村人员（即村干部、农民和其他常住农村的流动人员）进行了问卷调查。在确定调查主题、目的和对象后共设计了52道题目。其中涉及的内容包括：全省各部门如何加强对公民法治观念的培养？如何开展各种形式的法制宣传活动？法学专家学者如何深入基层开展法律讲座活动？如何开展全省各级以及基层群众学法用法培训活动？如何开展市、区、县、乡、村、社各级法律服务活动？全省各部门加快行政管理体制改革的情况如何？执行地方性法律法规的情况如何？强化行政机关执法程序化情况如何？政府部门依法行政的情况怎样？政务事项公开的途径是否便捷？行政机关是否存在乱收费、乱摊派、乱罚款等现象？去政府部门办事时对工作人员的态度是否满意？如何进一步加强法治政府的建设？如何着力打造“干净司法”，维护公平正义？如何加强基层民主法治建设？如何加强基层群众性自治组织建设？如何进一步加强区、县、乡、村社经济法治建设？如何拓展和规范区县乡村社的法律服务？如何建立健全法治监督体系？

要搞清这些问题，我们就必须有一种独到的思维方式。正如维特根斯坦所言：“洞见或透视隐藏于深处棘手问题的表层，它就会维持原状，仍然得不到解决。因此，必须把它‘连根拔起’，使它彻底地暴露出来。这就要求我们开始运用一种新的思维方式。”〔1〕这种新的思维方式可以说就是笔者所采用的问卷调查和走访调研方式，〔2〕同时也是我们分析当前贵州提升社会治理法治化水平的关键所在。为此，笔者将就问卷调查〔3〕的基本情况作如下分析：

一、问卷调查的对象

问卷调查对象中，20 岁~35 岁的约占 10%，35 岁~55 岁的约占 90%；文盲的约占 2%（根据当地的实际情况来看，已基本扫除了青壮年文盲），小学文化的约占 18%，初中文化的约占 25%，高中及以上文化的约占 55%。其中，少数民族约占 95%，汉族约占 5%。

---

〔1〕 转引自邓正来：《市民社会的理论研究》，中国政法大学出版社 2002 年版，序言第 3 页。

〔2〕 这种调研方式表现在笔者成员走访了贵州省的市、区、县、乡，访问（调查）了不同层次、不同行业的人员。具体步骤：首先，通过在市、县、乡级召开座谈会，在基层乡级走村串组，对当地村民进行讲解性的访问式调查，每一个问题都要向被访问人讲清、讲细。其次，利用大众场合进行合适的宣传、法律常识讲解、接受咨询。调查者利用了几个地方的基层相关人员进行了几次现场宣传和接受咨询，就农村人员所提出的相关法律常识问题作了部分解释。最后，收集问卷和相关问题材料。

〔3〕 笔者将该课题的问卷重点置于贵州省政府有关部门和基层农村社区。就问卷的结构与内容来看，力求做到真实性、清晰性和整体性的统一。真实性，即问卷调查尽量避免诱导性用语，以保证问卷结果尽可能地反映被调查人的真实想法；清晰性，即问卷用语尽量明确，避免模棱两可；整体性，即问卷内容考虑到了前后印证，相互联系，以便整张问卷构成一个有机联系的整体。此次问卷调查的回收率为 100%。通过对问卷调查统计结果的初步分析，我们既看到了提升贵州省法治化管理进程中的问题，更看到了成就和希望。在我国，府际关系是学理上而非法律上的概念，一般指各级政府之间的关系，包括纵向政府间关系和横向政府间关系。府际关系所关注的管理幅度、管理权力、管理收益的问题，实际上是政府之间的权力配置和利益分配关系。在这种上下级管理层次中，我们能够更好地了解到贵州省各级政府及部门对社会法治化管理水平认识的不足。

二、贵州社会治理法治化中的热点问题

笔者成员根据调研地的实际情况，结合对问卷调查材料统计结果的初步分析得出结论：当前贵州在提升社会治理法治化水平方面主要存在以下七个热点问题。由此，笔者认为贵州在提升社会治理法治化水平方面主要应从以下七个方面去论证思考：

（一）加强公民法治观念的培养方面

我们设置了6个问题，涉及组织全省各级领导干部学法用法；开展各种形式的法制宣传活动；组织法学专家学者深入基层讲座；开展区县乡村社各级法律服务活动。在回答“您知道‘法治化管理’这项工作吗”这一问题时，回答“知道”的占98%，县级以上的人员回答“知道”的占100%。在回答“您省是否组织过法学专家学者深入基层开展法律活动讲座”“您县是否组织过全县各级基层群众学法用法培训活动”时，回答“有几次”的占80%。在回答“您认为组织全县各级领导干部学法用法的培训情况如何”这一问题时，回答“很好”的占6%，回答“较好”的占30%，回答“一般”的占60%，回答“差”的占4%。在回答“您县是否开展过县、乡、村、社各级法律服务活动”这一问题时，回答“一年有几次”的占90%。晴隆县为了提高政法干部的法律素质，增强法制观念，做到学法、守法、用法、护法，要求政法干部要认真学习《宪法》《刑法》《刑事诉讼法》《民法通则》《民事诉讼法》《治安管理处罚法》《行政许可法》《行政处罚法》《行政诉讼法》《国家赔偿法》《公务员法》等法律法规知识。台江县近年来开展了法律服务进社区活动，在县中心街共开展了18次大型“法律广场”宣传活动，累计发放传单8000余份、居民简易普法读本4000余本，使法律得以真正地走进社区、走进基层。同时，该县还在6个社区建立了法律服务工作站，发放法律服务便民联系卡600余张，现场为群众解答法律咨询1035余人次，调处矛盾纠纷1135件。在回答“您认为开展各种形式的法制宣传活动的效果如何”这一问题时，回答“很好”的占8%，回答“较好”的占60%，回答“一般”的占30%，回答“差”的占2%，后三项合计占92%。这表明：法治理念正逐渐为越来越多的社会成员所认同和接受，依法治省、提升贵州法治化管理水平正成为全省的共识。近年来，贵州深入贯彻了“一手抓经济，一手抓法制”“两手都要硬”的战略方针，在党和政府高度关注法制建设的背景下，经

过“五五”普法这一巨大的社会动员工作，使全省的法治观念逐步得到增强，法治化管理的观念基础已初步建立。比如，黔东南州已举办普法骨干培训班3496期，培训普法骨干13 215人次。剑河县近年来开展了法律服务进乡村活动，已组织开展“法律进乡村、法律大集”法制宣传活动二十多次，由司法局牵头，组织公安派出所、民政局、国土局、信访办等十多个单位，到16个村发放法律知识、政策法规宣传单和《农民简易普法读本》，出动宣传车巡回宣传《治安处罚法》《信访条例》和《土地管理法》等涉农法律法规，在活动中张贴悬挂宣传标语达60条，展出宣传挂图50余幅，为群众解答法律咨询2000余人次，免费赠送《农民简易普法读本》4000余册，发放法律知识、政策、法规宣传单5000余份，受到了广大群众的好评。通过比较我们认为，这一情况比较真实地反映了贵州社会治理法治化进程中社会成员的一种现实心理期待，很好地将社会治理法治化的认识与当前贵州社会中稳定与发展这两大主题结合了起来。不过，我们不能忽视，一部分基层群众受传统的思想文化和地方风俗、伦理道德的影响依然较深，他们的法律意识和法制观念仍有所缺失。

（二）加强贵州法治政府的建设方面

我们设置了3个问题，涉及加快行政管理体制改革；逐步完善地方性法律法规；强化行政机关执法程序化。在回答“您省（市、县、乡）加快行政管理体制改革的情况如何”这一问题时，回答“很好”的占6%，回答“较好”的占20%，回答“一般”的占70%，回答“差”的占4%，后三项合计占94%。在回答“您省（市、县、乡）执行地方性法律法规的情况如何”这一问题时，回答“很好”的占15%，回答“较好”的占70%，回答“一般”的占10%回答回答“差”的占5%，后三项合计占85%。在回答“您认为强化行政机关执法程序化的情况如何”这一问题时，回答“很好”的占10%，回答“一般”的占60%，回答“较好”的占30%，后两项合计占90%。上述情况表明：各级行政部门都知道依法行政是建设法治政府的核心，是现代政治文明的重要标志，也明白贵州要解决建设法治政府面临的新问题、新矛盾，必须深化改革，同时也要求加快推进依法行政，建设法治政府。这是发展社会主义市场经济的必然要求，是促进社会公平正义的基本保证，是政治体制改革的组成部分，是反腐败的重要举措。但我们依然不能忽视贵州在加强法治政府建设方面存在的问题，如贵州加强法治政府建设的力度依然不够。

（三）着力打造“干净司法”维护公平正义方面

我们设置了11个问题，涉及坚持“三个至上”司法指导思想；正确处理法律效果与政治效果的统一；正确处理实体公正与程序公正的关系；创新司法工作的各种管理制度。保证司法制度的公正性与独立性，是维护法律尊严、协调社会关系、铸造法治精神的制度保障，司法制度在整个法治系统中处于十分重要的地位。在回答“您所在的省（市、县、乡）有无干预法院审理案件的情况”时，回答“有，很严重”的占37.6%，回答“不同程度地有这种情况”的占46.5%，两项合计占84.1%。与司法独立密切相关的另一问题是司法公正。司法必须公正无私，否则人们就会对司法制度失去信任，对法律和法治失去信心。目前，人们对司法不公的反映十分突出。在调查对“公安局、检察院、法院对老百姓来说是门难进、话难听、脸难看、事难办”这一观点的看法时，“完全赞同”的占22.4%，“基本赞同”的占37.6%，二者合计占60%。在回答“如果您打过官司，对于审判结果的胜诉还是败诉有什么看法”时，回答“钱能通神，谁给的好处多谁赢”的占12.1%，回答“谁在法院有关系谁赢”占11.1%，回答“不好说”的占35.5%，而认为“相信法律和法院是公正的”的只占21.5%。我们设计了“当您认为自己合法权益受到侵犯时，你主要通过何种途径解决”这一问题，统计答卷结果显示：有54人选择通过“政府解决”（占15%）和“到法院告状”（占39%）两种法律途径，与“能忍则忍”（占15.8%）的消极态度和“私下与对方和解”（占8.9%）的“私了”等选项相比，运用法律手段解决已成为社会成员保护自身权益的主要行为方式。在回答“您省（市、县、乡）在坚持‘三个至上’和正确处理‘法律效果、政治效果和社会效果的统一’方面的情况如何”这一问题时，回答“满意”的占15%，回答“基本满意”的占80%。从法律的运作过程看，在实施法律的过程中，各种纠纷的发生是很难避免的，而司法制度是解决这些纠纷的最主要的（甚至是最终的）途径。在回答“您认为司法部门目前存在的主要问题”时，回答“执法不严”的占70%，回答“办事拖拉”的占20%。在回答“您认为影响法官公正司法的主要因素是什么”时，回答“人情关系”的占40%，回答“法官自身素质”的占20%，回答“领导干预”的占40%。在回答“您县目前是否存在司法执行难的现象”时，回答“存在”的占100%。为什么执法难的问题难以从根本上得到解决呢？除了贵州执法机制不健全、执法人员素质有待提高等执法本身的原因外，一些地方党政领导将法制建设与经济建设、局部利益与整体利益、眼前利益与长期利益对立起来也是十分重要的原因。在目前贵州整体法治环境不够理想的背景下，某些市、县、区、乡等地领导为了短期的“经济效益”，依然在搞地方保护主义，甚至认为严格依法治理不利于本地区的经济发展。殊不知，这种以损害法律权威和区域法治环境为代价换取本地区暂时经济发展的做法，只能是饮鸩止渴，导致投资环境恶化，区域信誉丧失，最终使经济发展成为一句空话。在回答“个别城市抓法治，经济上会吃亏”的问题时，选择“不赞同”的占54.4%，选择“不太赞同”的占20.3%，两项合计占74.7%。在回答“您对本县政法队伍及其执法工作是否满意”时，回答“基本满意”的占90%，回答“满意”的占10%。在回答“您对所在的省（市、县、乡）关于创新司法工作的各种管理制度是否满意”时，回答“基本满意”的占90%。我们认为，司法制度的健全和完善，可以最大限度地使社会冲突得到有序解决，从而维护社会的安定团结，避免社会成员采取无序的，甚至非理性的方式。

（四）加强基层民主法治建设方面

我们设置了6个问题，涉及不断健全和完善基层民主制度；提升广大基层干部群众的法治素养；民主法治示范区县乡村社的构建。在新形势下，进一步加强和改进基层民主法治建设，是实施依法治省，加强贵州法治建设，加快贵州省级新农村实验示范区建设和建设和谐贵州的一项十分重要的课题。在回答“您是否经常参加所在的省（市、县、乡）的普法教育”时，回答“经常”的占60%，回答“不经常”的占30%。其中，不经常参加普法教育的人员大多数在基层农村，因为他们从来都就没有受到过正规的法律常识教育，一般都是看电视或听别人说。农村的法律工作机构和法律资料相当少（一般来讲，当地的法律工作机构主要是乡镇司法所和派出所，而司法所和派出所的工作人员数量和专业知识结构的配备是有限的），农村人员很难接触到相关法律常识。在回答“您省（市、县、乡）是否采取措施来提升广大干部群众的法治素养”时，回答“是”的占100%。依法治省固然需要培育贵州省公民的守法观念，但更要提升广大干部群众的综合素质。干部群众的综合素质主要由思想道德素质、科学文化素质和法律素质组成。发展民主政治，加强基层民主法治建设，必然要以广大干部群众法律素质的提高为保障。在回答“您县是否正在大力推进城镇社区依法治理工作”时，回答“完全推进”的占70%，回答“部分推进”的占30%。在回答“您省是否构建过民主法治示范区、县、乡、村社”时，回答“部分落实”的占80%，回答“完全落实”的占20%。创建“民主法治示范区、县、乡、村、社”，是推进基层民主法治建设最直接、最重要的载体。村和社区是我国社会结构中最基层的自治组织，是连接党委、政府和群众的桥梁和纽带，承担着贯彻党的方针政策，组织群众、宣传群众、服务群众的重要责任。如黔东南州在2359个行政村和53个社区开展了“民主法治村（社区）”创建活动，创建率达74.1%。凯里市开展了“民主法治示范村”活动，已创建181个民主法治示范村。此外，该市还开展了“民主法治社区”活动，已创建了16个社区。锦屏县茅坪镇阳溪村、麻江县碧波乡柿花村、黄平县旧州镇寨碧村以及凯里市龙场镇平寨村先后被民政部、司法部授予“全国民主法治示范村称号”。目前，贵州的创建工作还不完善，因为在全省近80多个县中，完全落实创建“民主法治示范区、县、乡、村、社”的只占20%。贵州要搞好村（居）委会换届选举，真正把思想作风好、公道正派、能够带领群众致富的人选进村（居）委会班子。这有利于巩固城乡基层政权，加强基层自治组织建设。在回答“您省（市、县、乡）组织居（村）委会换届选举的情况如何”时，回答“基本满意”的占80%，回答“满意”的占20%。当前选举工作仍面临一些不容忽视的问题。一是有的基层干部对村委会民主选举的认识不到位；二是外出务工的村民不断增多将会造成选民资格难以认定、选民无满意人选推选，进而给村级换届选举增加难度；三是村干部报酬仍然偏低；四是一些选民民主观念、法制意识淡薄，参与选举的积极性不高；五是一些村还存在可能影响和干扰换届选举的不利因素（如土地征用、安置补偿等）；六是一些地方忽视农民民主权利的现象时有发生。在回答“您省（市、县、乡）积极推进基层行政管理体制改革的情况如何”时，回答“部分推进”的占90%，回答“完全推进”的占10%。问卷表明，贵州积极推进基层行政管理体制改革工作仍然任重而道远。我们要明确：推行基层行政管理体制改革，要紧紧抓住村社合并、基层社区建设的机遇，将统筹城乡党建工作纳入到城乡一体化发展大局中进行谋划和推进，组织开展一个社区一名大学生村官、一个社区一个部门帮扶、一个社区一个企业支持、一个社区一套规划发展、一个社区一个政策扶持等活动。

（五）加强区县乡村社经济法治建设方面

我们设置了5个问题，涉及树立并坚持经济法治理念；构建经济法治的各项制度；完善和补充经济立法；完善经济执法和经济司法；强化经济法治监督体系。在回答“您是否知道‘经济法治’的含义”这一问题时，回答“知道”的占95%，县级以上的人员回答“知道”的占98%。回答“不知道”的受访者中，有99%是乡镇等基层部门。经济法治是指包括政治、文化等在内的整个社会环境，即要求整个社会的法治化、民主化、文明化与经济法治相配合和适应。从系统的观点来看，经济法治至少应包括经济法治观念、经济法治制度、经济法治秩序、经济法治环境。只有立足于它们的系统整体效应，才能完整地把握法治经济和经济法治的内涵及其实践环节。在回答“您省（市、县、乡）树立并坚持经济法治理念以及构建经济法治的各项制度的情况如何”这一问题时，回答“满意”的占8%，回答“基本满意”的占60%，回答“不满意”的占32%。以现代市场经济为坐标模式，以法治经济为价值取向，努力加强贵州经济法治系统工程的建设，能够为贵州经济的健康、顺利发展提供有效的法律保障和极为有利的条件。在回答“您省（市、县、乡）是否正在完善和补充经济立法工作以及构建经济法治的各项制度”这一问题时，回答“是”的占95%，回答“不是”的占5%。其中，回答“不是”的主要是县级以下基层部门。就建设贵州经济法治制度而言：首先，必须建立和完善一整套经济法规体系；其次，还必须完善经济执法和经济司法，使得政府执法、经济检察、经济审判以及行政审判，都能严格依照法律的规定和程序进行；最后，还须强化经济法治监督体系，加强经济法治的宣传教育，努力提高广大干部和群众懂法、用法、护法、守法的能力和自觉性。在回答“对您省（市、县、乡）完善经济立法和经济司法工作的态度是否满意”这一问题时，回答“满意”的占2%，回答“基本满意”的占75%，回答“不满意”的占28%。这说明，贵州经济行政执法情况虽然有所改善，但是仍然存在不少突出问题，已成为行政法治和廉政建设的一个薄弱环节。所以，重视和加强经济行政执法工作，对发展贵州改革开放的大好形势，促进贵州的法治建设是非常必要的。在回答“您省（市、县、乡）对强化经济法治监督体系的态度”时，回答“满意”的占2%，回答“基本满意”的占75%，回答“不满意”的占28%。从法律位阶上来看，贵州目前并没有很多经济法治监督方面的地方性法规，只能以其他相关部门法中的相关法律法条来间接指导经济法治监督行为，如《行政诉讼法》《行政处罚法》《行政复议法》《行政监察法》等。因此，贵州需尽快制定一些符合地方性的法律监督体系以为经济法治监督提供可靠的法律保障。根据贵州的实际情况，这套监督体系应包括：监督体制、监督机关及其职责权限、监督原则、监督的内容和形式、监督程序、相关的法律责任。通过制定统一的监督体系法，可以进一步理顺经济法治监督体制，明确经济法治监督主体的职责权限，规范经济法治监督的程序，强化经济法治监督手段，使经济法治监督全面步入法治化的管理轨道。

（六）拓展和规范区、县、乡、村、社的法律服务方面

我们设置了4个问题，涉及完善基层法律服务体系；拓展法律服务领域、方式及功能；规范和健全法律服务市场；健全区、县、乡、村、社法律援助工作机制；完善区、县、乡、村、社法律顾问制度。贵州的基层法律服务从无到有、从小到大、从简单到复杂，由最早的调解纠纷、代写法律文书、解答法律问题，到现在的法治宣传、学法用法、推进基层法制建设，不仅宣传了法，推广了法，也教会了群众学法用法。可以说，基层法律服务在促进城乡经济社会的和谐发展、推进基层的法治现代化、维护群众的合法权益方面发挥了不可替代的重要作用。在回答“您省（市、县、乡）是否正在完善基层法律服务体系”这一问题时，在县级以上各单位的受访者中，回答“是”的占95%，回答“不是”的占5%；在县级以下基层单位的受访者中，回答“是”的占80%，回答“不是”的占20%。笔者在对台江县台盘乡进行问卷调查时发现，在现有条件下，由于地域、历史、文化等多方面的原因，城乡之间法律服务失衡的状态还将延续相当长的一段时间。乡政府如果不大力支持基层法律服务所，那么中低收入群体将得不到有效的法律服务，甚至没有法律服务。在回答“对您省（市、县、乡、村、社）拓展法律服务领域、方式及功能以及规范和健全法律服务市场的看法怎样”这一问题时，回答“满意”的占5%，回答“基本满意”的占93%，回答“不满意”的占2%。我们知道，基层法律服务工作顺应时代发展的要求，为服务广大基层群众，维护社会稳定，推进社会民主和法制建设做出了积极贡献。实践证明，基层法律服务工作在从前和今后的一段时期内仍是满足城乡广大群众法律服务需求的重要渠道。在黔东南州召开的座谈会上，州司法局认为，今后要立足拓展法律服务领域，采取不同的方式，加大力度制订措施，鼓励律师事务所在正常开展业务的同时，为一个或多个乡镇基层单位提供定向法律服务。剑河县司法局认为，要加大司法救助的扶持力度，倡导律师每年承办一定数量的法律

援助案件，组织实习律师为社区提供公益性法律服务，并将此作为考核其能否转为正式律师的重要内容。在回答“您省（市、县、乡）健全区县乡村社法律援助工作机制的态度怎样”这一问题时，回答“很好”的占2.5%，回答“较好”的占86%，回答“一般”的占10%，回答“差”的占1.5%，后三项合计占97.5%。台江县申请法律援助的案件从2006年的46件增加到了2009年的218件。剑河县全县227名干警人均走访群众20户以上，共走访群众4551户，为412户1456人提供了法律援助，还为弱势群体提供了法律援助156件。黔东南州在155个乡镇建立了“法律援助工作站”，2010年底实现了在每个村都建立法律援助工作点和联络员，每年指导调解纠纷近9000起，成功率达95%，办理法律援助案件6000件。由此可见，健全和完善科学规范的工作机制是提高贵州区、县、乡、村、社法律援助工作站服务能力和工作水平的重要途径和有效手段。同时，建设法治区、县、乡、村、社，促进基层依法行政，充分发挥律师在区、县、乡、村、社法律顾问中的重大作用，是实现依法治省的必要之举。黔东南州在普法期间共组织3人以上的小分队115个，共计426人，到3000多个村开展了普法活动，为636个村担任了法律顾问。剑河县律师顾问组已接受群众法律咨询2023人次，协助办案280件。台江县开展了律师在区、县、乡、村、社担任法律顾问活动。在回答“你省（市、县、乡）完善区、县、乡、村、社法律顾问制度的态度怎样”这一问题时，回答“很好”的占3%，回答“较好”的占80%，回答“一般”的占15%，回答“差”的占2%，后三项合计占97%。

（七）建立健全法治监督体系方面

我们设置了11个问题，涉及完善权力制约和监督机制；强化人大、政协、司法的监督职能；强化行政复议对行政执法的监督；强化审计、监察专项监督；加强举报制度和网络举报监督；加强新闻媒体和社会舆论监督。只有完善权力制约和监督机制，才能避免权力腐败。随着贵州改革的深化，社会价值观呈现出了多元化倾向，利益结构的分化也逐渐加剧，社会上形形色色的腐朽落后思想同样会侵蚀一些党员、干部。如果思想防线不牢、意志不坚定，党员、干部很容易会受到腐败病毒的感染，甚至跌入腐败的泥坑。从我们的调查来看，群众对廉政建设极为关注。在回答“您对您所在的省（市、县、乡）的廉政建没有什么看法”这一问题时，回答“腐败严重、惩治乏力”的占16.8%，回答“腐败比较严重，但正在采取措施治理”的占

22.9%，回答“腐败严重，惩治措施流于形式”的占31.5%。可见，认为“腐败严重”或“比较严重”的占74.9%。因此，腐败问题已到了我们必须下大决心、花大力气解决的时候了，特别是后者更是人民群众关注的焦点。例如，在回答“干部任免中的腐败是最严重的腐败”这一问题时，回答“完全赞同”的占48.7%，回答“基本赞同”的占27.5%，两项合计占76.2%。在回答“您省（市、县、乡）对完善权力制约和监督机制的措施情况”这一问题时，回答“赞成”的占20%，回答“基本赞成”的占80%。根据咨询分析，目前腐败的主要表现形式有：以权谋私、滥用权力、执法犯法，以及干部任免上的腐败问题。在回答“您省（市、县、乡）对强化人大、政协、司法的监督职能的看法怎样”这一问题时，回答“满意”的占25%，回答“基本满意”的占70%，回答“不满意”的占5%。这说明，强化人大的监督就是代表人民行使权力，同时也必须把监督工作的开展情况置于人民群众的监督之下。这就需要人大及其常委会要把监督的内容和重点通过各种不同的形式，随时公布于众，广泛听取人民群众的意见和建议，提高监督决策的民主化水平。例如，在回答“您所在的省（市、县、乡）人大代表是否真正反映了群众意见”这一问题时，回答“不能真正反映”的占21.7%，回答“基本不能反映”的占42.2%，两项合计占63.9%。此外，笔者发现，贵州在执法监督制度、人大对法律实施的监督制度、消费者权益保障制度等方面，也都存在很多不健全和不完善之处。另外，在回答“您对该省（市、县、乡）强化行政复议，对行政执法的监督的态度如何”这一问题时，回答“赞成”的占80%，回答“基本赞成”的占20%。如何充分发挥行政复议的监督职能，促进依法行政水平的提高，成了各级行政复议机关思考的问题。从问卷中回答“赞成”的占80%来看，各单位、各部门都能认识到行政复议作为行政机关内部纠正错误的一种重要监督制度，在保障和监督行政机关依法行使职权，保护公民、法人和其他组织的合法权益等方面发挥着十分重要的作用。以行政复议进行行政执法监督更具有操作性，可以完善我国当前的行政监督手段。行政复议对于加强行政执法监督，促进行政机关依法行政和从严治政，建设廉洁、勤政、务实、高效政府，具有重要价值。在回答“您对该省（市、县、乡）强化审计、监察专项监督的态度如何”这一问题时，回答“赞成”的占90%，回答“基本赞成”的占10%。这表明：贵州当前要坚持“依法审计、服务大局、围绕中心、突出重点、求真务实”的工作方针，走“以履行审计监督职责为出发点，以强化审计和审计调查为手段，以提报高层次审计报告和要情为载体，以促进宏观管理与决策为标准，以服务经济社会发展稳定为目标”的审计工作路子，在更高层面和更宽领域发挥审计监督作用，为贵州经济社会更好、更快发展和法治建设提供强有力的保障和高水平的服务。同时，贵州要加强与纪检监察等部门的联系，提升审计成果利用水平，建立健全与纪检监察、组织、人事等部门的联系制度。在回答“您所在省（市、县、乡）加强举报制度和网络举报监督的情况如何”这一问题时，回答“满意”的占30%，回答“基本满意”的占60%，回答“不满意”的占10%，后两项合计占70%。问卷表明：我们应重点抓好保密、身份重置等预防性保护制度的建设，进一步完善惩治性制度的规定，同时还应该注重对社会健康举报观念的培育。同时依据批评、建议、申诉、控告和检举等监督形式的行使和效应需要，依据媒体监督关涉的不同关系方，建立健全网络监督机制必须建立以下制度链接：一是建立人大代表与选区人民群众的网络联系制度；二是要建立上下互连的省、市、县、乡、村、社六级人大网站；三是网络监督与网络媒体自律、行业自律和政府管理的制度链接；四是网络监督与司法监督的制度链接。在回答“您对该省（市、县、乡）加强新闻媒体和社会舆论监督的看法如何”这一问题时，回答“满意”的占70%，回答“基本满意”的占20%，回答“不满意”的占10%。问卷表明：各单位部门都能高度重视对于新闻媒体客观公正的监督批评和意见建议，只要提出来，党委政府和主管部门就要及时加以改正，要对社会负责，对人民群众负责，共同把舆论监督作用发挥得更好。因此，新闻媒体一定要开展批评和自我批评，对错误的东西，对不符合改革开放大方向，不符合人民根本利益，不符合党的路线、政策的东西要敢于揭露、敢于批评，真正实行舆论监督。

我们认为，进一步健全和完善人民群众行使民主权利的机制和程序，调动全社会推动法治化管理的主动性、积极性和创造性，是提升贵州社会法治化管理水平的根本动力。现阶段人民群众行使民主权利、监督权利的各项制度还远不够健全。在回答“您所在省（市、县、乡）对养老、医疗、工伤、生育、失业等保险是否落实”这一问题时，回答“落实”的占20%，回答“部分落实”的占70%，回答“未落实”的占5%。这说明，我们在养老、医疗、工伤、生育、失业等保险方面，还要付出努力，回答“落实”的仅占20%，可见问题的严重性。在回答“您所在省（市、县、乡）政务（厂务、村务）公开情况怎样”这一问题时，回答“很好”的占20%，回答“较好”的占40%，回答“一般”的占34%，回答“差”的占6%。问卷统计表明：村务公开情况并不理想，回答“很好”的占20%。

三、贵州行政诉讼案件司法审查情况

笔者在调研中发现，贵州省黔东南苗族侗族自治州中级人民法院（以下简称“黔东南州法院”）结合本土实际，在行政审判工作中利用行政案件的审理特性，在行政诉讼案件司法审查实践中认为，建立一套具有贵州特色的司法审判与行政执法良性互动机制势在必行。笔者在调研中获得了行政诉讼案件司法审查的基本情况（参见表3-1、表3-2、表3-3）：

表3-1　2010年黔东南州全州法院行政诉讼案件一审收案情况统计表[*]

单位：件

法院名称	凯里	黄平	施秉	镇远	岑巩	三穗	天柱	锦屏	黎平	从江	榕江	雷山	剑河	丹寨	麻江	台江
收案数	24	8	9	14	8	5	22	18	24	11	6	9	22	1	8	12

*注：加上州中级人民法院的收案9件，共210件

表3-2　2010年黔东南州全州法院行政诉讼案件一审收案类型统计表[2]

单位：件

案件类型	山林土地	公安行政	建设行政	行政不作为	不服行政	房产颁证	婚姻登记	计划生育	文化管理	农机管理	劳动教养	工商管理	国土处罚	行政赔偿	其他
案件数	142	14	3	10	4	4	2	4	1	1	1	1	4	9	10

表 3-3　2010 年黔东南州全州法院行政诉讼案件一审收案类型统计表[3]

单位：件

法院名	收案数	裁定准予执行数	裁定不准予执行数	协调结案数
凯里	14	8	6	0
黄平	42	12	29	1
施秉	24	10	1	13
镇远	110	50	2	58
岑巩	0	—	—	—
三穗	7	2	0	5
天柱	38	11	0	27
锦屏	36	18	2	16
黎平	9	1	5	3
从江	108	51	0	57
榕江	108	42	66	0
雷山	19	12	3	4
剑河	12	9	0	3
丹寨	13	6	0	7
麻江	12	9	1	2
台江	30	14	1	15
中院	2	0	0	2
总计	584	255	116	213

（注：①②③均由黔东南州法院提供。）

综合分析上述数据，我们发现，2010 年黔东南州法院一审行政诉讼案件存在以下特点：

第一，一审收案总量比 2009 年同期下降幅度较大，案件主要集中于山林土地权属纠纷。这一现象在剑河县和台江县表现得尤为突出。如在剑河县 2010 年全县排查出的 226 起矛盾纠纷中，山林土地纠纷占 69 起。2010 年，黔东南州山林权属纠纷未能得到解决的还有 3903 件，其中省际纠纷 21 件、州际纠纷221件、县际纠纷432件。笔者认为，近年来项目建设征收土地、集体林业产权制度改革是这一潜在纠纷集中暴发的主要原因。

第二，行政诉讼收案量少且分布不均。按全州446.8万人口计算，2010年行政诉讼一审收案仅为每万人0.47件。收案量较多的凯里市人民法院，全年收案量也仅为24件，丹寨县人民法院行政诉讼收案量甚至仅为1件。究其原因：除行政执法质量有所提高、诉讼减少外，管理相对人不敢诉、不会诉的情况依然存在。

第三，被诉行政机关败诉率出现新高。2009年，全州法院审结各项各类行政诉讼案件318件，行政执法机关败诉34件，败诉率为10.69%。2010年，全州法院审结各类行政案件317件，行政执法机关败诉49件，败诉率为15.46%，比较而言，败诉率上升了4.77%。在行政机关败诉案件中，山林土地权属纠纷案件为38件，占黔东南州行政机关败诉案件的77.55%。究其原因：主要是黔东南州各县（市）人民政府原有的山林水事纠纷调处办公室近年来已撤，并入其他部门，导致从事山林水事纠纷调处的工作人员业务素质下降，办案还存在个别不符合法律规定的情况。

第四，黔东南州法院协调结案率上升幅度较大。2010年，全州法院各类行政诉讼案件协调撤诉率为66.67%，与2009年的30.50%相比，协调结案率上升了36.17%。这表明，黔东南州充分运用协调机制，强化行政执法机关的沟通和配合，妥善化解大量的社会矛盾工作收到了较好的成效。

第五，非诉行政执行案件多。2010年，黔东南州共受理非诉行政执行案件584件，已全部审查结案。其中，法院协调结案213件，协调率为36.47%。在法院作出行政裁决的317件案件中，准予执行的有255件，准予强制执行率为80.44%，不准予执行的有116件，不准予执行率为36.59%。当然，对于不准予执行的非诉行政执行案件，行政机关的行政行为主要存在下列问题：①因法律法规进行了修订，行政机关在适用法律法规时，对新旧法的选择适用不当，引用法条出现错误，对修订后的法律条款的溯及力把握不准确；②留置送达行政决定未邀请基层组织有关人员见证，行政管理相对人在非诉行政审查阶段往往以此为由主张行政机关程序违法，从而给法院的非诉讼行政审查带来了一定的困难；③行政机关申请非诉行政强制执行未在复议期限、诉讼期限届满或超过法定期限后申请，导致申请不符合法律规定；④行政机关做提供公文文书质量不高，存在不同程度的瑕疵，主要表现为违法事实不清、错漏字较多、告知司法救济时不符合法律规定等。

四、调研工作过程中其他方面的情况补充

除前文所述的问题外，笔者在调研过程中还发现了以下几种纠纷：一是政策性矛盾纠纷。2010 年，黔东南州“两高”建设、天柱县白市水电站、锦屏县三板溪水电站以及凯里市炉山镇工业园区等引发的矛盾纠纷有 73 件。二是生产经营性矛盾纠纷。2010 年，黔东南州因交通事故赔偿引发的矛盾纠纷有 27 件，由医疗事故赔偿引发的纠纷有 14 件。三是移民搬迁安置和征地拆迁补偿纠纷。剑河县共有 9 个乡镇 80 个村 6561 户 37 954 人搬迁，县城和 5 个集镇择址复建，是贵州历年来水电建设搬迁人口最多、复建任务最重、工作难度最大的库区移民县。这类纠纷在剑河县表现得非常突出，目前已成为困扰该县矛盾纠纷解决的难题之一。四是信访纠纷。笔者所到之处，都能听到信访带来的纠纷。主要表现在越级上访、进京上访、非法上访等情况。2011 年，剑河县共接待群众来信来访 721 批，共 4352 人，办理 721 件，办结 635 件，办结率为 88%。其中，息访 213 件，息访率为 29. 5%。全年进京上访 5 件，成功劝返 5 件，到省上访 9 件 50 人，到州上访 55 件 139 人（其中集体访 9 件 68 人，个体访 45 件 71 人）。其他比较多的是计划生育违法类、干群纠纷类、土地纠纷类（如土地侵权）和行政违法。在土地侵权方面，政府对属于农村承包经营户使用的土地的非法征收或征用占土地侵权案件的绝大多数；在行政违法方面，以对政府行政越权的反映为最多。除此之外，行政指导也存在较多的越权现象，基层政府对村民自治的干预比较大。同时，大多数基层农村群众都希望能在当地多开展一些普法宣传和专题法制教育讲座（活动），有的希望在财产法和行政法律（与政府关系）方面多宣传一些，并承诺愿意每人出资 10 元～200 元来修建村法律图书室或购买相关法律图书、报刊等。

五、贵州社会治理法治化中存在的不足

通过对上述调研材料的分析，我们可以清醒地看到，提升贵州社会治理法治化水平工作存在的诸多不足主要表现在：

（一）各地区、各部门工作发展不平衡

各地区、各部门针对普法工作虽然有部署和安排，但在落实上却存在差

异。受城乡、部门、行业差异的影响，普法工作发展不平衡，在一些居住分散、交通不便的少数民族地区村寨，普法工作难度较大，法制宣传教育存在盲区和死角。

（二）干部学法用法工作抓得不实

各县市以及一些执法部门对干部学法用法工作抓得还是比较好的，但是各级党委部门的干部学法用法工作还存在薄弱环节，对中心组学法制度、领导干部任前考试制度，领导干部学法用法与考核、晋级、任职挂钩制度落实不到位。特别是基层村级、乡级干部在处理具体问题时依法办事的能力还有待加强。黔东南州还存在少数行政执法人员和司法人员法治观念不强、有法不依、执法不严、执法不公等问题。

（三）法制宣传社会责任制落实不力

普法单位没有充分发挥作用，在贯彻实施普法规划、完成领导小组安排的各项工作任务、参与领导小组组织的各项活动上落实不力，认为普法是司法行政机关的事，对普法工作重视不够、安排不到位、缺乏工作积极性，处于应付状态，没有把普法工作当成全局性、基础性工作来抓。缺少强有力的推进手段，在一定程度上影响和制约了普法进程。

（四）普法经费投入与经济发展不相适应

目前，仍有部分县的普法经费还在执行十几年前的年人均0.1元的标准，甚至还有个别地方未达到年人均0.1元的标准，没有随着经济发展相应提高普法经费保障，难以满足普法工作的需要。如黔东南州认为，地方财政存在困难，该州县市较多，普法任务重、战线长，所以依法治理工作经费十分紧缺；凯里市认为该市的普法经费保障不足；台江县认为乡镇普法经费得不到县财政的预算支持，农村普法教育工作的经费缺乏，给开展农村普法宣传教育工作带来了困难。

（五）法制宣传队伍建设和普法宣传工作有待加强

有些地区和部门没有专门的法制宣传队伍，没有专门的工作机构，特别是省直机关甚至连普法工作属于哪一个部门都不清楚、不明确。即使有法治宣传队伍，其法治宣传工作也不够深入，少数职能部门向社会宣传专业法律知识的力度不大，少数乡镇、街道的普法工作图形式，做表面文章。台江县台盘乡领导认为，对企业经营管理人员、企业员工、外来务工人员和流动人员的法治宣传教育仍是普法依法治理工作的难点。同时认为依法治理信息调研工作还比较薄弱，普法教育形式和方法不够新颖，还是以传统的上街设台开展咨询、散发传单、悬挂标语等为主要形式，缺乏富有时代气息、寓教于乐、行之有效的普法措施。

（六）抓典型示范力度不够

相关资料显示：贵州各市（州、地）、县（市、区、特区）虽然都有普法示范点，但在指导、总结、交流、创新、推广以及借鉴方面仍有待加强。

第三节　提升贵州社会治理法治化管理水平的路径选择

结合上述贵州社会治理法治化管理水平的现状调查分析，笔者认为，贵州各级领导应把普法、依法治理工作落实到领导机构、工作机制、职责分工、经费保障和工作检查指导各个方面的具体措施中，将普法、依法治理工作摆上重要位置并纳入党委政府经济社会发展目标考核和部门年度工作目标考核内容，努力健全领导机构，强化经费保障，[1]加强检查指导，为全省普法工作的顺利实施提供重要的组织保障、制度支持和物质保证。尽管如此，贵州在社会治理法治化水平方面还是存在不足。我们认为，贵州省必须要正确把握社会治理法治化的基本内涵，明确社会治理法治化的基本价值取向，这是进一步加强和提升贵州社会治理法治化水平的重要前提。

一、加强公民法治观念的培养

正如美国著名现代化问题专家阿历克谢·英格尔斯在其著作中所深刻揭示的那样："痛切的教训使一些人开始体会和领悟到，那些完善的现代制度及伴随而来的指导大纲、管理守则，本身是一些空的躯壳。如果一个国家的人民缺乏一种能够赋予这些制度以真实生命力的广泛的现代心理基础，如果执行和运用着这些现代制度的人，自身还没有从心理、思想、态度和行为方式上都经历一个向现代化的转变，失败和畸形发展的悲剧结局是不可避免的。再完美的现代制度和管理方式，再先进的技术工艺，也会在一群传统人的手

---

〔1〕此处的经费保障如黔东南州、县（市）、乡（镇、街道）财政和各级、各部门共投入普法经费1650.98万元。其中，台江县把普法经费切实纳入财政预算，从2006年的2.5万元递增到2010年的3万元。凯里市普法经费按照每年人均0.2元标准纳入市级财政预算，近5年来共划拨普法经费38.22万元，各个乡镇（街道）、单位普法经费也得到了充分保障。

中变成废纸一堆。"[1]可以说，人的法治观念对于法治现代化的实现绝不是无足轻重的，也不是法治现代化过程结束后的副产品，而是法治现代化赖以顺利进行并取得成功的先决条件。这也充分体现了加强公民法治观念的转变的必要性和重要性。

（一）组织贵州各级领导干部学法用法

总体而言，贵州各市县以及一些执法部门对干部学法、用法工作抓得还是比较到位的，不过各级党委部门的干部学法用法工作还存在薄弱环节。例如，有的地方在落实学法制度、领导干部任前考试制度方面以及把领导干部学法用法与考核、晋级、任职挂钩方面落实不到位。特别是基层村级、乡级干部在处理具体问题时依法办事的能力还有待加强。经调研发现，黔东南州还存在少数行政执法人员和司法人员法治观念不强、有法不依、执法不严、执法不公等问题。众所周知，领导干部是各项事业的组织者、管理者，领导干部加强法律知识学习，不仅是履行职责、胜任工作的需要，而且对全民普法有着重要的示范作用。这主要表现在三个方面：

首先，领导干部学习法律知识是坚持执政为民、深化依法治省、推进"三个文明"协调发展的需要。依法行政是各级国家行政机关工作人员（尤其是各级领导干部）要在宪法和法律赋予的权力和职责范围内，通过法定方式和途径，严格依照法定程序，管理国家事务、经济文化事务和社会事务，做到既不失职又不越权；既要防止和避免行政权力被滥用又要强化管理手段，提高行政效率、维护公共利益和社会秩序。领导干部认真学习法律知识，树立法治观念和崇尚法治权威是实现依法行政、公正司法，克服以言代法、以权压法，消除司法不公、司法腐败等现象的有效途径。

其次，领导干部学法用法是做好"保增长、保民生、保稳定"各项工作的需要。目前，由于一些深层次的矛盾和问题依然没有得到很好的解决，经济社会发展还存在着许多不确定、不稳定因素，"保增长、保民生、保稳定"的任务依然十分艰巨。妥善解决贵州改革发展中出现的各种矛盾和问题，实现经济社会平稳较快发展，维护社会和谐稳定，不仅需要经济、行政手段而且还需要法律手段。领导干部只有坚持学法用法，不断增强依法办事能力，才能更加自觉地运用法律手段调控经济，有效应对各种复杂局面的挑战，做

〔1〕殷陆君编译：《人的现代化》，四川人民出版社1985年版，第54页。

好“保增长、保民生、保稳定”的各项工作，以便努力实现经济平稳、较快发展的目标。

最后，领导干部学习法律知识是提高领导干部素质和提高城市法治化管理水平的需要。在建设社会主义政治文明和贯彻依法治国方略的形势下，法律素养是领导干部素质的重要方面，也是领导干部胜任工作的基本要求。贵州正处在新一轮西部大开发的激烈竞争和加速发展之中，各级领导干部只有通过学习法律知识，强化法学理论素养、提高遵纪守法、廉洁奉公的自觉性，提高依法决策、依法行政、依法管理、依法办事的能力和水平，才能更好地实现领导方式和管理方式的转变，以自己的模范行为带动广大人民，在全省形成学法、用法、守法、护法的良好风气。

（二）开展各种形式的法制宣传活动

为了牢固树立依法治省理念，贵州必须坚持不懈地开展法制宣传教育，建立健全法制宣传的新机制，探索法制宣传的新方式，实现法制宣传的新突破，疏通人民群众获得法律知识的渠道，让法律更加贴近普通百姓的生活，实现法律与人民群众的零距离接触，为人民群众打造自学、互学、自律、互律的有效平台。同时，要注重整合资源，充分发挥司法机关、行政执法部门开展法制宣传教育的积极作用，统筹安排、分工协作、各负其责、务求实效。还要组建一支由专家学者、法律工作者和广大法制宣传志愿者组成的法制宣传教育队伍，大力开展法律进机关、进农村、进社区、进学校、进企业、进单位活动，把法律知识及时地送到最基层的人民群众手中。

经过笔者的问卷调查，黔东南州已编印《农村普法读本》《干部学法用法读本》等20万册，征订各种普法书籍达318万册，各个单位已印发宣传资料170万册，各种宣传画册40.8万张，普法宣传光碟4000多张，自编各种普法宣传资料636万份，领导干部法治讲座1550场6.5万人次。黔东南州已开展行政执法培训1227期，培训执法人员5.6万人次。贵阳市为加强生态环境保护，率先成立了环保审判庭和环保法庭，积极探索环保案件的管辖机制，创造性地建设环保审判集中管辖，实行刑事、民事、行政和执行“四合一”的环境诉讼模式，本着便民、快捷、以人为本的理念，建立了旅游、交通、环保、未成年人及夜间“五个巡回法庭”。遵义市组建了重点项目法律服务专家团，由25个律师事务所分别负责163个市级重点工程项目的对口法律服务。贵州结合经济社会发展需要和人民群众的法律需求开展了法制宣传教育，宣传场次多、覆盖全、受众广，在应对重大事件中发挥了积极作用，在服务大局、服务民生中也发挥了一定的作用。同时，贵州还充分发挥了大众传媒的作用，开辟法制栏目、开设法律咨询热线，形成了报纸、电台、电视台乃至短信等多元化、多媒体、全方位的法制宣传网络，为扎实推进法制宣传教育营造了良好的舆论氛围。领导干部是各项事业的组织者和领导者，他们的法律意识和法律素质的高低，对一个地区、一个单位法制教育的实施、法治进程的推进，具有举足轻重的作用。这不仅是其履行职责、胜任工作的需要，而且对贵州全省的普法工作有着重要的示范作用。不过，当前贵州法制宣传社会责任制的落实情况并不尽如人意。缺少强有力的推进手段，在一定程度上影响和制约了普法进程。如通过对黔东南州、凯里市的调查，我们认为，个别单位、乡镇、街道的领导对普法工作仍认识不足、重视不够。这就要求我们必须继续大力开展法制宣传教育，进一步提高人们的法律素质以全面加强全省各项事务的社会法治化管理。

（三）组织法学专家学者深入基层讲座

近年来，贵州农村普法宣传工作取得了一定成效，尤其是通过“五五”普法活动的开展，广大基层干部和农村群众的法律意识有所提高，法治环境有所改善，但距离建设社会主义法治国家的要求还有一定距离。在问卷调查过程中，笔者认为，贵州农村普法工作中存在的具体问题有：第一，农民法律意识总体上仍然十分淡薄，从而直接影响了法律在农村所应发挥的作用；第二，农民参政议政意识淡薄，缺乏积极性和主动性；第三，司法效率还有待进一步提高。这就要求我们进一步完善和加强农村普法宣传工作，最大限度地维护农民的合法权益，并将其作为农民普法工作的突破口。因为法律权威的树立，最生动、最有说服力的是公民自身受到法律的关怀。教育农民最大限度地保护自身的利益是普法宣传工作的着眼点，要向农民宣传农村常用的法律知识，提高农民的法律意识，以增强其依法办理和参与村务管理的能力。

基层普法宣传要结合贵州的实际情况，以“送法下乡活动日”的形式组织法学专家学者深入基层讲座，同时就当地近期发生的影响较大的案例以及现场观众所关注的法律或政策问题，由随行法律专家予以当场分析、解答或者进行现场录制，以达到与农牧民群众“零距离”接触，为农牧民解决困扰其生产生活的法律疑难案例。应充分利用党校、远程教育等手段举办基层农村干部法制培训班，对农村干部集中分期分批进行轮训，也可以以会代训或可结合工作实际举办相关的法制讲座。也可组织“法律文化宣传进村入户教育”活动，让农民学法、懂法、依法办事。法治宣传不能仅仅停留在宣传法律的具体规则、规定方面，更要使农民懂得法律赋予每个公民的基本权利是什么，权利受到侵害后，救助的办法和保障有哪些，以及法律的权威和地位有多高。具有了“法律意识”才会有维护自身权利的法律行动。譬如，负担过重是各地农民当前最为关心的问题，要通过普法让农民了解党和政府减轻农民负担的有关政策和法律。由于农民不熟悉建房、征地、社会保障、计划生育、水利山林、合伙经营等方面的法律法规，法律服务人员应深入到农民之中，结合农村各项工作的开展，进而抓住农民最感兴趣的问题，围绕维护农民的合法权益开展宣传、咨询和服务，把民事纠纷往依法解决轨道上引导，如此才能让法治精神在农民心中扎根。

（四）开展市（地、州）、县、乡、村、社各级法律服务活动

贵州应紧紧围绕“开展市（地、州）、县、乡、村、社各级法律服务活动”这一主题，从促进贵州社会和谐和加强自身建设两个方面入手，推动法律服务和法律援助工作，以服务经济社会发展为已任，以促进社会和谐稳定为着力点，以化解社会矛盾纠纷为切入点，以维护人民群众合法权益为出发点，以促进实现社会公平正义为立足点，最大限度地减少不和谐因素，为建设经济强省、民族文化大省、法治贵州，实现全省人民的富裕安康，开创全体人民共建共享的和谐社会新局面提供优质、高效的市（地、州）、县、乡、村、社各级法律服务和坚强、有力的法律保障。

开展各级法律服务活动要强化思想认识，规范执业行为，完善制度机制，提高队伍素质，服务经济建设，促进社会公平，努力达到以下具体的目标要求：

第一，在推动经济社会又好又快、更好更快发展上见成效。要大力拓展法律为经济建设和社会发展服务的功能，不断提高各级法律服务的质量和水平。

第二，在促进公平正义上见成效。各级法律服工作者既要当好当事人的代理人又要当好社会主义政治制度和法律秩序的捍卫者和社会主义公共利益的维护者。司法鉴定工作要坚持中立、科学的原则，提高鉴定质量和采信率。法律援助要进一步扩大覆盖面，基本满足困难群众获得必要、良好的法律援

助的需求，保障农民工和其他困难群众依法平等享用法律资源。

第三，在化解社会矛盾上见成效。贵州应充分发挥各级法律服务化解社会矛盾的疏导功能和其在涉法信访、化解纠纷中的专业优势，将释法、释理、释疑融为一体，息诉罢访，理顺群众情绪，化解群众怨气，引导群众以理性、合法的形式表达利益诉求，自觉维护社会的和谐稳定。

第四，在服务民生上见成效。各级法律服务、法律援助工作要进一步贴近生活、贴近基层、贴近实际、贴近群众，围绕群众生产生活中遇到的涉法涉诉问题以及就业、就学、就医、社会保障等民生问题提供及时、便捷的法律服务，促进人民群众最关心、最直接、最现实利益问题的有效解决。

第五，在完善管理机制上见成效。进一步探索完善司法行政机关行政管理和律师协会、公证协会行业管理相结合的管理体制。提高律师、公证员、律师事务所、公证处以及行业协会的自律意识以明晰各自的自律责任。继续加强对法律服务人员队伍的行政管理，建立健全准入机制，强化目标责任机制，完善法律服务工作的监督机制，切实强化行业管理，健全监督惩戒机制和完善行业管理评估机制。建立健全执业人员管理、案件受理登记、业务档案管理、诚信、质量监控、投诉查处制度等制度，形成比较完善的内部管理机制，使执业机构在自觉管理中的基础性作用得到巩固和发挥。

第六，在加强队伍建设上见成效。要注重量的增加更要注重质的提高，要把更大的精力放在加强管理和提高队伍素质上，进一步增强各级法律服务和法律援助服务和谐社会的能力。教育引导广大法律服务和法律援助工作者牢固树立服务为民、服务利民、服务惠民的思想，实现好、维护好、发展好群众的切身利益。

二、加强法治政府的建设

依法行政是建设法治政府的核心，是现代政治文明的重要标志。贵州当前要解决新问题、新矛盾，必须深化改革，同时也要求加快推进依法行政和建设法治政府，这是发展社会主义市场经济的必然要求，是促进社会公平正义的基本保证，是政治体制改革的组成部分，是反腐败的重要举措。和平建设时期，执政党的最大危险是腐败，而滋生腐败的根本原因是权力得不到有效的监督和制约。这个问题解决不好，政权的性质就会改变，就会“人亡政息”，这是我们面临的极为严峻的重大考验。政府严格依法行政，不断推进政府工作的制度化、规范化、程序化是规范权力运行和防治腐败的治本之策。

贵州要继续深入贯彻落实《全面推进依法行政实施纲要》，推进依法行政、建设法治政府。一是加强政府立法和制度建设；二是深入推进科学民主决策；三是严格依法办事；四是全面推进政务公开；五是健全行政监督体系和问责制度。这表明，“法治要求政府在关系到公民的行为上要以限制官方的自由裁量范围的规则加以约束”。[1]各级政府和工作人员（特别是领导干部）一定要摆正位置，尊重法律、尊重当事人、尊重并自觉履行人民法院的判决和裁定。同时，要进一步加强审计、监察工作。严格行政问责制度，督促和约束政府机关和工作人员依法行使职权、履行职责。

（一）加快行政管理体制改革

贵州目前着力推进行政管理体制改革主要表现在三个方面：

第一，随着改革不断向纵深推进。贵州行政管理体制改革对其他改革的牵制作用日益明显地体现出来，加快行政管理体制改革已成为全面深化改革的关键。政企不分、政资不分的问题不解决，政府与企业的行政关系、资产纽带直接存在，规范的现代企业制度就不可能完全建立，企业也难以成为真正的、具有能动性的市场主体。行政性垄断及地区性封锁不打破，统一、开放、竞争、有序的现代化市场体系就不可能最终形成。不理顺庞杂、错位的政府职能，不改变以行政手段为主的管理经济的方式就不可能建立灵敏、有效的宏观调控体系，也不可能建立起完善的社会保障制度。尽管这些年贵州省政府行政管理体制改革已有了一定程度的进展，但相对而言，改革的任务依然非常艰巨。

第二，对外开放的广度、深度、质量与水平都与行政管理体制状况直接相关。对外开放带来的挑战，首先是对政府管理规则和管理能力的挑战。抓住机遇应对与化解风险，全面提高对外开放水平，迫切要求推进行政管理体制改革，使政府管理的内容、方式及相关制度与国际通行做法相衔接。只有这样，我们才能统筹好国内发展和对外开放，增强在不断扩大开放条件下促进发展的能力。

---

〔1〕 转引自张文显：《二十世纪西方法哲学思潮研究》，法律出版社 1996 年版，第 629 页。

第三，长期以来，贵州经济社会生活中一直存在着投资盲目扩张、低水平重复建设严重、社会事业发展不充分等突出的矛盾和问题，这直接影响了国民经济持续、快速、协调健康发展和社会的和谐进步。经济社会生活中的突出矛盾和问题之所以会长期存在且不断发展，其根本原因在于体制机制不顺，特别是政府行政管理体制不顺，同时，政府机构设置不合理、政事企不分、政绩考核体系不科学、公务员选拔任用制度不合理等等。未来一个时期是贵州经济社会发展的关键时期，而影响经济社会顺利发展的矛盾与问题仍然存在并且有加剧之势。要遏制并最终解决这些根本性问题，切实把经济社会发展转入全面协调可持续发展的轨道，建立起惠及贵州全省人民的高水平的小康社会和社会主义和谐社会，必须以转变政府职能为核心，从而加快推进贵州行政管理体制改革。

（二）逐步完善地方性法规

地方性法规和规章是我国法律渊源的重要组成部分，由于目前其立法权限、立法程序等法律问题尚未明确，加之监督机制不完善，因而部分存在着与法律、行政法规相抵触、相矛盾、相冲突等问题。为了进一步增强地方立法的科学性、民主性，提高地方立法质量，保障和推动贵州经济社会的发展，我们对地方性法规进行不断的完善主要包括四个方面的内容：

第一，结合地方具体情况制定相关地方性法规。具体体现在制定五年立法规划和年度立法计划的编制，完善地方性法规的起草机制，以提高省人大专门委员会和省人大常委会工作委员会的审议质量。

第二，对不适应地方经济社会发展的地方性法规进行清理。法规清理的工作原则：一是要坚持国家法制统一。地方性法规不得与宪法、法律、行政法规相抵触，贵州地方性法规之间应当相互协调和衔接，不得相互矛盾。二是要坚持服从并服务于国家和全省的工作大局，克服部门利益，按照牢固树立节约资源、保护环境、建设生态的可持续发展模式，大力发展循环经济、绿色经济、低碳经济，加快建设资源节约型、环境友好型贵州，走生产发展、生活富裕、生态良好的文明发展之路，对严重影响贵州经济社会发展和损害人民群众合法权益的法规一律予以废止或修改。三是要坚持实事求是，对于查找出的问题，根据不同情况，区分轻重缓急，有针对性、有重点、分步骤地加以解决。

第三，要坚持简单清理，主要以废止、删除等方式处理。对于清理中发现的法规中存在的不一致、不适应、不协调问题，要区分轻重缓急进行处理，以维护国家法制统一，使全省地方性法规在贵州经济建设、政治建设、文化建设、社会建设和生态文明建设中更好地发挥规范、引导和保障作用。清理工作的重点是贵州地方性法规与宪法、法律和行政法规的不一致之处。

第四，要对贵州地方性法规中存在的明显不适应科学发展观要求且严重影响贵州经济社会发展和损害人民群众合法权益的问题，以及贵州地方性法规之间明显不协调的问题一并进行清理。应根据贵州的现实立法情况，按照“突出重点，急需先立”的原则，着手贵州地方的制度创新和体制创新。譬如，贵州省十一届人大常委会第二十四次会议举行第二次全体会议表决并通过了《贵州省防震减灾条例》《贵州省粮食安全保障条例》；表决并通过了《黔东南苗族侗族自治州农村公路条例》《松桃苗族自治县人民代表大会关于修改〈松桃苗族自治县城镇管理条例〉的决定》《关岭布依族苗族自治县人民代表大会关于废止〈关岭布依族苗族自治县城镇规划建设管理条例〉的决定》；表决并通过了省人大常委会代表资格审查委员会关于个别代表的资格审查报告；表决并通过了任免案。这表明，贵州正在突出抓好涉及国企改革、农村经济发展、生态环境建设、高科技发展等方面的相关立法工作。要变被动立法为主动立法，认真解决法规之间的相互冲突、部门利益和地方保护倾向，努力推进立法的民主化和科学化，拓宽法规起草渠道。除发挥职能部门的作用外，还应采取公开征集、委托起草、承包起草等方式加快法规起草步伐，采用立法调研论证会、立法听证会、媒体公布等形式向社会广泛征求意见，以提高法规质量，建立和完善与国家法律相配套的、符合贵州实际的地方法律体系。

（三）强化行政机关执法理念

党的十六大报告指出，制定和贯彻党的方针政策，基本着眼点是要代表最广大人民的根本利益，正确反映和兼顾不同方面群众的利益。[1]这表明，对于行政执法机关来讲，保障人民群众安居乐业是执法为民的最终落脚点和归宿。

贵州坚持强化行政机关执法理念，其目的在于限制贵州各级行政组织的

---

〔1〕 2002年11月8日江泽民同志在第十五届中央委员会向党的十六大所作的报告《全面建设小康社会，开创中国特色社会主义事业新局面》。

行政权力的随意行使和使行政权力具有确定性和合法性，保证行政权力的正确实施。因此，为进一步规范行政执法行为，不断完善行政执法程序制度建设，不断提高行政执法行为的规范性、高效性：一是要倡导明白执法，即全面梳理行政执法依据。把梳理重大法律法规作为明白执法的基础、作为全面梳理行政职责的依据。要做到全省执法人员人手一本法律法规汇编，使执法体系更加完备，使执法程序更加明确，使执法标准更加统一。二是注重规范执法，即建立、完善行政执法程序制度。行政执法程序制度建设是落实国务院《全面推进依法行政实施纲要》的重要内容，也是实现政府和各级行政机关依法行政的重要保障。加强行政执法程序制度建设对于规范行政执法行为，减少和防止行政执法的主观随意性，提高行政执法效率，更好地维护和保障公民、法人和其他组织的程序性权利具有非常重要的意义。为使全省各系统执法更公正、程序更规范、监督更有效，贵州应进一步完善行政执法主体与执法管辖制度、行政执法检查（含调查取证）制度、行政处罚的办案程序制度、行政处罚自由裁量制度以及案件审核制度、听证制度、重大案件集体讨论制度、行政许可办事程序制度、政府信息公开制度、行政执法责任追究制度、行政执法监督检查制度等涉及行政执法和行政许可的规章制度。为了严格落实贵州行政处罚评查标准和行政许可档案管理标准，并针对全省行政处罚工作中实施简易程序的现状，有待出台《行政处罚简易程序实施规程》，使全系统依法行政得以有序开展，尽量不发生行政诉讼和行政复议案件。三是追求高效执法，即不断提高依法行政能力。在加强制度建设的同时，贵州应不断加强依法行政能力建设，高效、规范地实施行政处罚等行政执法行为。通过强化行政执法人员和管理相对人的法律宣传，通过座谈会、案件点评、汇编典型案例、案件评审考核、推选最佳案件等活动培养执法人员的实战能力，通过开展依法行政评议活动征集社会意见，接受群众监督，通过内部专项督查加大监督力度，促使业务处/室从实体上依法办事，法规处从程序上严格把关，纪检监察室从制度上进行督查，以确保贵州行政执法行为廉洁高效。四是追求公正执法。只有执法公正才能彰显国家法律的公正，使法律得到全社会的信服和遵守，以发挥维护人民群众权益的保护作用，这样才能逐步形成稳定的法治文化和法治精神，司法权威才能因此而强化，从而为贵州社会矛盾的化解提供良好的法治条件，同时为贵州社会管理创新创造有利的社会环境。

总之，行政执法应该让当事人感觉到是公正执法、端正执法、执法为民、高效执法以及规范执法的，同时引导公众信服法律、信任执法，从而长久地维护良好的法治环境，最大限度地促进社会和谐，维护人民的根本利益。

三、着力打造干净司法，维护公平正义

贵州当前的司法工作将紧紧围绕中央和省委的工作重心，按照省人大及其常委会的部署和要求认真履行法律赋予的职责，为推进贵州法治建设和构建和谐社会做贡献。强化司法职能是依法治国和依法治省、改善法治环境的重要保证。贵州各级法院要树立公正、中立、平等、透明、高效、独立、文明的现代司法观念，改变司法工作的行政管理模式，落实审判公开制度、人民陪审员制度，完善和强化办案责任制和内部监督制约机制，重点解决立案难、结案难、执行难的问题，纠正干警在思想作风、办案作风和生活作风方面的问题，确保司法公正。检察机关要建立健全保证履行法律监督职责，依法独立、公正行使检察权的管理体制和运行机制，实行检务公开，以公开保公正，积极推行主诉检察官制度，以促进检察权的正确、独立行使。面对一系列司法领域腐败案件对司法公正的挑衅，最高人民法院和最高人民检察院在系统内应开展新一轮的正本清源“大扫除”，着力打造“干净司法”，维护公平正义。

（一）坚持“三个至上”司法指导思想

坚持“三个至上”的司法指导思想，即坚持“始终坚持党的事业至上、人民利益至上、宪法法律至上”的司法指导思想，[1]认真贯彻落实“公正司法、一心为民”的工作方针，以确保贵州社会稳定为着力点，以维护群众利益为出发点，以有效化解矛盾纠纷为切入点，以坚持司法公正为立足点，充分发挥审判职能，能动司法。“三个至上”指导思想全面回答了我国司法制度的基本原则、本质特征和实施效果等重大问题，在政治效果的层面上提出了司法公正的价值取向，从社会效果的层面上明确了司法为民的衡量标准，从司法权威和司法公信力的层面上规定了司法公正的价值尺度。所以，“三个至上”科学内涵的有机统一完全体现了司法公正的核心价值，无疑是新时期人

---

〔1〕 参见王胜俊：“坚持‘三个至上’并推动法院工作科学发展”，载《法制日报》2009年12月14日。

民法院工作必须始终坚持的根本指导思想。

（二）正确把握“三个效果”的关系

司法工作，不仅要追求权威的法律效果，更要注重司法工作的政治效果和社会效果。其中，政治效果是前提，法律效果是手段，社会效果是最终的目的。三种效果能否同时实现？如何开展司法工作才能更好地实现？我们认为，要想达到这一目标，必须首先处理好三大效果的目标及其相互之间的关系，找出三大效果的共同点及其个性。有共性才有统一的可能，有个性才能进行有区别的选择。这就要求我们的司法工作必须以党的政治领导为前提，从人民的根本利益出发，遵从宪法法律至上，恪守司法工作的职业准则，追求最大限度的法律效果和社会效果。因此，有了良好的法律效果和社会效果，也就实现了巩固执政党的领导地位、巩固国家政权稳定和建设和谐社会的政治效果。司法制度决定司法工作的效果，我国社会主义司法制度必须坚持在党的绝对领导下，不折不扣地推动党的路线方针政策在政法机关的贯彻落实，必须全力维护党的执政地位和执政基础，确保国家安全，确保社会大局稳定。无论是政治效果、社会效果还是法律效果，其共同的内在追求均为公正、高效、权威。这是三大效果有统一可能性的基础。而在这三大效果中，政治性是司法工作追求法律效果和社会效果的前提，社会效果是其最根本的追求目标，是实现政治效果、法律效果的最终目的，而法律效果则是最明显的效果，是实现政治效果和社会效果的有力手段。

（三）正确处理实体公正与程序公正的关系

司法公正包括程序公正和实体公正两个方面。程序公正又被称为形式上的公正、“看得见的正义”。它关系到法律尊严和法官形象。从审判的角度来讲，它首先要求有一个合理的诉讼结构，对诉讼各方的诉讼权利给予平等保护；其次，体现办案的质量、效率和效果，这一点是我们最终所要达到的目标。实体公正就是指实体裁决公正。它包含以下含义：在裁判中，法官必须运用辩证唯物主义的观点，客观、准确地认定案件事实，正确地适用法律，裁判结果要体现公平正义的精神。它在刑事诉讼中表现为认定罪名准确、罚当其罪，在民事诉讼中表现为明辨民事法律关系、合理解决争议，在行政诉讼中则体现为纠正违法行政行为、维护公民的合法权益。

实体公正是结果的公正，程序公正是过程的公正，二者是相互依存的。诉讼结果的公正（即实体公正）是裁判活动应有的要求，也是诉讼当事人的期望所在，但并不是意味着这一标准就是评价司法公正与否的唯一标准。裁判者只有依循法律规定的程序才能向社会公众昭示其裁判行为不是恣意的产物，而是具有一定的合法性和权威性。因此，程序公正与否是评价司法公正性的又一重要标准。实体公正是一种结果的公正，任何诉讼结果都是经过一定的过程得以实现的。只有通过公正的审判程序，充分保护各方诉讼参与人的权利，充分表达诉讼当事人的主张和意见情况，全面、客观地收集证据，保证作为定案根据的证据的确实性、充分性和合法性，给诉讼参与人以公正、民主、文明的感受和教育，才能最大限度地使司法裁判为社会公众所认同和接受，从而使实体公正得以实现。实体公正是程序公正所要达到的目标。当事人参加诉讼，其主要目的是要求有一个有利于自己的诉讼结果。法院在处理各类案件纠纷的过程中，经过法定的程序后就要对具体案件作出处理结果，即由法官代表国家并依靠国家强制力，经过公正、合法的程序，居中对各方当事人所争执的是非曲直给予最后的公断。只有这样，公正的裁决结果（即实体公正）才能达到说服诉讼当事人，平息纠纷，进而维护社会稳定的目的，才能够对社会产生公信力，才能树立人民法院的权威和形象。

（四）创新司法工作的各项管理制度

“创新是一个民族进步的灵魂，是一个国家兴旺发达的不竭动力，也是一个政党永葆生机的源泉。”[1]司法工作的各项管理制度的创新都要彰显司法为民的效果，它主要是从维护稳定、服务发展、保障民生、构建和谐社会的大局出发，努力实践“为大局服务，为人民司法”，坚持以人为本的科学发展理念，自觉遵循审判和检察工作的内在规律，以审判和检察管理制度创新为突破口，促进工作向纵深发展，取得明显成效。这对贵州省司法工作的各项管理制度创新具有借鉴价值。

四、加强基层民主法治建设

新形势下，加强和改进基层民主法治建设是实施依法治市（区、县、乡），加强贵州法治建设，加快贵州新农村实验示范区建设和建设“和谐贵州”的一项十分重要的课题。基于此，笔者就近年来全省基层民主法治建设

〔1〕 2002年11月8日江泽民同志在第十五届中央委员会向党的十六大所作的报告《全面建设小康社会，开创中国特色社会主义事业新局面》。

的情况进行了个案调查。譬如，黔东南州5年来，全州有2359个行政村和53个社区开展了民主法治村（社区）创建活动，创建率达74.1%。仅凯里市便创建了187个“民主法治村”、16个“民主法治社区”。该州的锦屏县茅坪镇阳溪村、麻江县碧波乡柿花村、黄平县旧州镇寨碧村、龙场镇平寨村先后被民政部、司法部授予了“全国民主法治示范村”称号。在总结经验的基础上，笔者分析了存在的问题，提出了加强贵州基层民主法治建设的对策措施，并提出贵州要进一步加强基层民主法治建设维护贵州改革、发展和稳定的大局，保障和促进经济、政治、文化、社会建设的协调发展，坚持“治”“建”并举，重视建立长效机制以促进贵州基层民主法治建设和创建活动的持久、深入开展。

（一）不断健全和完善基层民主管理制度

基层民主管理制度是社会主义民主制度的坚实基础，加强基层法制建设是健全基层民主管理制度、发展基层民主、保障群众权利的重要前提和必要保证。鉴于此，我们必须认真总结基层民主管理制度创新经验，继续加大工作力度，将切实加强基层法制建设、健全基层民主管理制度作为贵州基层工作的重中之重来抓。

贵州各级党委、政府都必须要把健全基层民主管理制度列入基层工作的重要议事日程，作为推进基层改革发展的一项基础性工作来抓，扎实推进民主法制建设的进程。针对贵州目前民主法制建设的工作实际，我们认为，应当从以下四个方面作出努力：①加强组织领导。我们必须做到：一是切实转变执政理念。坚持执政为民理念，着力增强基层政府社会管理和公共服务职能，加强基层各项事务的管理与服务，真正把群众满意不满意、欢迎不欢迎、拥护不拥护作为检验工作的标准，尊重民意、为民谋利。二是各级党委政府要把工作重心和主要精力放在基层工作上，真正把基层民主法制建设列入党政工作的重要议事日程，完善体现科学发展观和正确政绩观要求的干部考核评价体系，把基层民主管理、社会和谐稳定作为考核基层工作的重要内容。三是加强基层班子建设。完善民主选举办法，充分尊重民意，真正把群众公认、民主法制意识强、善于做基层工作的公民选进基层领导班子。积极鼓励大学生进基层任职，优化村级组织结构，逐步提高基层事务的民主管理水平。②加强宣传教育。这主要表现在两个方面：一是强化基层普法工作。针对基层居住分散、人员流动性大等特点，创新方法，通过媒体和资料宣传、学生带法回家、法律知识讲座、法律进村进户等手段，加强对基层公民常用法律知识的普及教育，不断提高公民的法律意识。二是加强对基层干部的培养和教育。结合基层组织“先锋工程”与“创业创新，和谐发展”，加强对基层干部、基层班子成员的法律知识培训和思想道德教育，不断增强基层干部的民主法制观念和基层事务管理能力。③加强监督指导。这主要表现在两个方面：一是建立健全一整套切实可行的制度。有关部门要认真总结成功经验，指导农村在干部任用、基层财务、发展经济、规划建设、社会治安、环境卫生、婚姻生育等方面建立起一套完整的、切实可行的“民主选举、民主决策、民主管理、民主监督”制度，[1]保证基层事务活动做到有章可循。二是着力抓好制度的落实。发挥政府监督的作用，采用交叉、对口等方法，定期开展基层民主管理制度的建立与落实情况的监督检查，及时总结经验，发现和解决问题，促进基层民主法制建设的良性发展。④加强政策扶持。要加大对经济薄弱基层单位的扶持力度，加大政策扶持和行政支持力度，通过部门联系基层、基层与企业挂钩、领导蹲点等做法，在产业开发、项目建设、资金补助等方面倾力扶持经济薄弱基层地区的发展，为推进基层民主法制建设创造有利条件，不断健全和完善基层民主管理制度。[2]

（二）提升基层广大干部群众的法治素养

改革开放四十年来，我国的经济成分、利益主体、社会组织以及生活方式呈多样化发展，人们的文化需求也呈现多元化趋势。多元文化产生、存在和发展的前提是宽容，其可以使各种各样的思想和文化彼此平等竞争，人们完全可以自主地选购这些“商品”。正是在这样的多元文化生活中，社会公众的民主、法治和宪政的素养才有望得到提高，真正的“公民”人格才能被树立，公民的法律素质才能得以培养。[3]

---

〔1〕 此处的制度可以这样理解：由于农民的制度性参与并不顺畅，越来越多的农民开始自己组织起来，不是设法走进制度性参与，而是走向暴力性的非制度性参与。在这种情况下，民主自治的发展如果不能按照其自身发展的逻辑而不断演进，必然会影响民主自治规模报酬的递增。由此，民主自治机制必然要求向着“民主选举、民主决策、民主管理、民主监督”的路径发展。参见徐斯俭：“‘有序参与’与中国农民权益保障”，载《中国经济时报》2005 年第 3 期。

〔2〕 参见陈国华：“发达地区农村基层民主管理体制的新探索”，载《中共中央党校学报》2006 年第 6 期。

〔3〕 参见张文显编：《马克思主义法理学——理论、方法和前沿》，高等教育出版社 2003 年版，第 354~357 页。

随着贵州地方性法律体系的逐渐完备，公民在生产、生活、工作中会处处遇法，事事有法，不具备法律素质势必寸步难行。广大人民群众要依法维护自身的合法权益就必须掌握相关的法律知识。公民作为依法治省的主体，不仅享有宪法、法律规定的权利和政治地位，而且要承担宪法、法律规定的义务和责任。为此，公民在当家作主、管理国家事务的主体地位上应当具备与其主体地位和法律责任相适应的法律素质，这样才能正确、恰当地行使权利和权力，自觉、有效地履行义务和责任。当然，随着贵州改革的不断深化，利益格局的调整引发了各类社会矛盾，维护社会稳定的任务十分艰巨。笔者通过调研分析发现，目前贵州存在的不少社会矛盾都是由公民（包括各级领导干部）法律素质的欠缺造成的：一方面，有的地方和部门乃至领导干部依然存在有法不依、执法不严、违法不究以及以言代法、以权压法等现象；另一方面，一些群众法制观念淡薄，缺乏依法维权的意识，遇到不能解决的问题就闹，少数别有用心的人甚至还会“搞串联”，造成矛盾激化，引发冲突，演变为具有较大危害性的群体性事件，直接影响社会稳定。要解决这一问题就必须要提高干部群众的法律素质：一是突出重点对象。坚持把农村、社区班子成员、党员和村（居）民代表、小组长等骨干作为普法重点。通过制定基层普法依法治理工作规划计划，建立农村、社区班子学法制度，利用农村党员干部现代远程教育网络、法制学校、法制宣传栏、法律图书角和农村社区小报等开展法制宣传教育，组织开展“法律进农村”“法律进社区”“送法下乡”等活动，组织发放《农村法律知识读本》《贵州新农村法治建设丛书》《普法学习手册》等教材，开展持久、深入的基层法制宣传教育。二是注重贴近实际。坚持从服务社会主义新农村建设和构建和谐社区、满足基层干部群众法律需求的实际出发，在内容上选择并突出宣传与基层经济社会发展、农村（社区）管理、村（居）民群众自治和基层干部群众生产生活关系密切的有关农业生产、市场经济、婚姻家庭、资源环保、社会保障等方面的法律法规。三是注重方法。充分利用农闲季节、节假日和空余时间，组织送法入户和法制影碟片、录像片、宣传图片巡回展播展出活动，在电视台、广播电台和主要报刊开辟法制专栏等，积极开展面向基层干部群众、符合实际的法制宣传教育。

（三）民主法治示范市（地、州）县、乡、村、社的构建

创建“民主法治示范市（地、州）、县、乡、村、社”，是推进基层民主

法治建设最直接、最重要的载体。村和社区是我国社会结构中最基层的自治组织，是连接党委、政府和群众的桥梁和纽带，承担着贯彻党的方针政策、组织群众、宣传群众、服务群众的重要责任。

首先，贵州创建“民主法治示范市（地、州）、县、乡、村、社”，充分反映了全省人民群众的意愿，体现了贵州基层民主法治建设的核心内容，体现了村（居）民在基层社会事务中当家作主的完整性、统一性和直接性。其次，贵州创建“民主法治示范市（地、州）、县、乡、村、社”，是“法治贵州”建设在基层最广泛、最生动的实践活动。“法治贵州”是贵州实现“跨越发展、更好更快发展”的题中应有之意和重要保障。创建“民主法治示范市（地、州）、县、乡、村、社”，是创建“法治城市”“法治贵州县（市、区、乡、村、社）”的基础工程，是贴近基层、贴近群众、贴近民生的实事工程，是广大人民群众感知最深切、最生动的法治实践。最后，贵州创建“民主法治示范市（地、州）、县、乡、村、社”，是增强广大群众法治意识、提高法律素养的最切实、最有效途径。提高公民的法治意识是深入推进法治建设的重要基础，也是衡量“法治贵州”建设水平的重要指标。开展创建“民主法治示范市（地、州）、县、乡、村、社”活动，对广大基层群众进行基本法律知识的教育，可以全面普及法律知识、培养法律意识、弘扬法治精神、营造良好的法治氛围。“民主法治示范市（地、州）、县、乡、村、社”创建工作涉及面广、内容丰富、工作量大、要求高。贵州各地要切实加强领导，精心组织实施，确保创建工作取得新的、更大的成效。其具体表现在三个方面：

第一，完善创建机制。各地要始终把创建工作作为“法治贵州”建设的重要载体，纳入“法治贵州县（市、区、乡、村、社）”创建的重要内容，进一步健全、完善创建工作的推进机制，确保领导有力、组织有方、落实到位，形成协调一致、齐抓共管的格局，切实把所有村（居）和相关部门动员起来，全力投入创建工作，不断增强、推进创建工作的整体合力。要进一步加大人财物支持力度，提高创建工作的经费保障水平。

第二，创新创建举措。要在认真总结创建经验的基础上，切实找准继承和创新的结合点，不断推出创建工作的创新之举，为创建工作注入新内容、增添新活力。要进一步尊重和激发基层和群众的创新精神，充分调动基层和群众的积极性、主动性。要认真落实贵州“民主法治示范市（地、州）、县、乡、村、社”动态管理方法，对不再符合标准的已命名单位，加大督促整改力度，对整改不到位、成效不明显的，坚决摘牌，不搞“终身制”。

第三，营造创建氛围。按照宁缺毋滥的要求，进一步严格标准，高质量地做好“民主法治示范市（地、州）、县、乡、村、社”的命名表彰工作，营造争先创优的浓厚氛围。充分运用各类新闻媒体，进一步加大对创建工作的宣传力度，扩大创建工作的知晓度、关注度和影响力。加强对创建标准的学习宣传，引导村（居）对照创建标准做好各项工作，不断增强创建工作的实效。突出抓好先进、典型的宣传推广工作，充分发挥先进、典型的示范引领和带动促进作用，不断提升基层民主法治创建工作的整体水平，为贵州实现“跨越发展、更好更快发展”做出新的贡献。

五、加强基层群众性自治组织建设

在贵州实施“城镇化带动战略”的大背景下，基层群众性自治组织的建立能弥补贵州基层组织功能调整后社会化服务缺乏组织载体的空缺，为农村与城市经济组织成为市场经济主体提供社会条件，满足市场经济对农村与城市经济组织的主体要求。更为关键的是，它在基层政权与农村与城市经济组织之间建立起了缓冲带。一方面，其可以在一定程度上防止基层政权直接干涉农村与城市经济组织的经营管理；另一方面，其还可以帮助农村与城市经济组织建立应有的自主，摆脱对政府的盲目依赖。基层群众性自治组织，[1]能从事许多基层社区的服务工作，能减轻基层政权服务职能的负担，并为基层政权进行社会管理创造良好的社会条件，还可为基层政权的民主建设打下坚实的社会基础。

（一）大力推进城镇社区依法治理

新的形势给城镇社区的依法治理工作提出了新的任务和新的问题，我们必须对这项工作做认真的调查和深入的思考，努力寻求工作新思路，开拓工作新局面：

第一，城镇社区依法治理是加强社区管理的需要。只有搞好依法治理，

---

〔1〕 此处的“群众性自治组织”形成的条件可以理解为：在缺乏民主的历史传统且市民社会力量相对薄弱的发展中国家，经济利益与民主实践之间的关联越紧，民主政治作为一种新的价值观念和行为规范在民众中生根、成长的可能性就越大。参见王旭：“乡村中国的基层民主：国家与社会的权力互强”，载《二十一世纪》1997 年第 4 期。

社区管理才能够真正得到加强。尤其是随着改革的深化，过去由政府或所在单位包揽的就业、医疗、保险、养老等社会保障事务逐步由社区承担，社区日益成为市民生活的重要舞台和社会管理的主要领域。开展依法治理、用法律手段为社区管理服务、规范保障社区各项事业的发展，是社区管理的根本要求和重要原则。

第二，城镇社区依法治理是维护社会稳定的需要。伴随着社会人员结构的重大变化和大规模的城市建设，大量离退休人员、个体工商户、私营业主、下岗待业人员、外来流动人员以及新迁居民涌入社区，汇成了数量庞大、身份复杂、流动性强的“社区人”群体。“社区人”个体思想观念、生活方式、工作职业的差异，使得日常社区管理中出现了多种矛盾纠纷，如普遍存在的下岗再就业、最低生活保障费的发放、垃圾费的收缴、房屋拆迁、禁毒禁赌等问题，以及因空调噪音或滴水、车辆进出停放等原因而产生的邻里矛盾等。城镇社区由此成了社情民意的综合反映地和各种矛盾、问题的汇聚地。过去那种由城镇干部、居委会主任上门做工作的简单方式已经不能适应现实的需要了，只有加强依法治理，用法律手段进行管理，才能够顺应民情，妥善解决矛盾、纠纷，确保社区的稳定。

第三，城镇社区依法治理是深化基层民主政治建设的需要。社区管理的一项重要内容就是保障群众依法享有的民主权利得到充分实现。实现的途径就是实施依法治理，通过加强城镇社区基层组织建设和干部队伍建设，按照党的要求和宪法、法律的规定，把社区群众组织起来，广泛开展“自治”活动，切实把民主选举、民主管理、民主监督落到实处。只有这样才能逐步实现推进基层民主政治建设和城区法治化的目的。

第四，城镇社区依法治理是提高市民生活质量的需要。在人们生活水平普遍得到提高、物质要求基本得到满足的情况下，人们对精神文化生活有了更高的要求。城镇社区为居民办实事，就是要整合力量，实施依法治理，建章立制，整治违章违法，推动法律、医疗、文化服务进社区，实现社区居所安全、秩序良好、环境优美、文化生活丰富多彩，确保居民安居乐业。

（二）认真组织居（村）委会换届选举

民主选举是村（居）民自治的基础。搞好村（居）委会换届选举，真正把思想作风好、公道正派、能够带领群众致富的人选进村（居）委会班子，有利于巩固贵州城乡基层政权，加强贵州各级基层自治组织的建设。

做好村（居）委会换届选举工作，党的领导是关键，依法选举是保障。譬如，笔者在调研过程中进一步了解到，在当前及以后的换届选举工作中，贵州要继续严格执行《村委会组织法》《居委会组织法》《贵州省村民委员会选举办法》《中共中央办公厅国务院办公厅关于加强和改进村民委员会选举工作的通知》等法律、法规和有关政策，确保广大人民群众直接行使民主权利。任何组织和个人都必须严格依法选举。每次换届选举的要求都有所不同，面临的情况也不完全一样，各县市（区）、各乡镇（街道）党委、政府务必要从落实科学发展观，推进农村改革、发展、稳定的战略高度，充分认识换届选举工作的重要性，把思想统一到全省的部署上来，以加强基层自治组织建设和基层民主政治建设为目标，精心组织、周密部署，切实增强政治责任感，通过换届选举实现"选好一班人，带好一个村"，更好地带动农村发展，带领农民发家致富。

当前，贵州的选举工作仍面临着一些不容忽视的问题：一是有的基层干部对村委会民主选举认识不到位，重视不够，对可能出现的新情况、新问题估计不足，存有麻痹、松懈思想；二是外出务工的村民不断增多，有的务工村民多年不归，将会造成选民资格难以认定，选民无满意人选推选，给村级换届选举增加了难度；三是村干部报酬仍然偏低，村干部职位对农村年富力强的人缺乏吸引力，候选人素质难以提升；四是一些选民民主观念、法制意识淡薄，参与选举的积极性不高；五是一些村还存在可能影响和干扰换届选举的不利因素，如土地征用、安置补偿、集体资产处置等矛盾仍然比较突出，家族、宗派势力较为严重等；六是一些地方还存在忽视农民民主权利的现象。对于这些问题，我们要有清醒的认识和足够的估计，进而准确掌握村情民意，制定周全的选举工作方案，最大限度地减少可能出现的不利影响，确保贵州各级换届选举工作的顺利进行。

（三）积极推进基层行政管理体制改革

科学设置基层社区党组织，为统筹城乡发展创造条件。笔者结合调研成果分析认为，贵州应该按照"合大合强、合稳合顺、先合组织后并村"的原则，采取村企联建、村居联建、村村联建"三种模式"，对全省基层党支部进行优化设置，原行政村或行政社区党支部应全部改为党小组。还应制定《社区建设工作规范》，实现社区工作制度化、规范化；选优配强基层社区党支部书记，培养推动科学发展的骨干力量；打破城乡二元结构和地域、身份、职业界限，采取“两推一选”或“两推直选”的办法，[1]重点从致富能人，区、县、乡机关退职干部中选拔基层社区支部书记；开展“基层社区支部书记培训年”活动，每季组织一次社区支部书记培训班，半年召开一次座谈会，每年组织基层社区支部书记到先进地区培训。此外，还应制定《基层社区支部书记考核奖惩办法》，细化考核内容，明确考核标准，激发基层社区支部书记的内在动力，完善、延伸“星级化”管理制度，充分激发广大社区干部、干事的创业热情，完善“基层财政统筹、以绩定星、以星定酬”的报酬发放机制，将上级转移支付资金和补助资金全部用于社区干部待遇，为基层社区党组织书记和现任党小组长办理养老保险。每年评选一次“十佳基层社区支部书记”，将符合条件的优先推选为“两代表一委员”；在县乡决策重大问题时，要邀请“十佳”或高星级支部书记参加；对被连续三年评选为全县“十佳”支部书记的，择优选拔进入基层政府机关工作。

为了更好地统筹贵州城乡党建资源配置和推行基层行政管理体制改革，我们要紧紧抓住村社合并、基层社区建设的机遇，将统筹城乡党建工作纳入到城乡一体化发展大局中进行谋划和推进，组织开展一个社区一名大学生村官、一个社区一个部门帮扶、一个社区一个企业支持、一个社区一套规划发展、一个社区一个政策扶持等活动，推动城市优质资源向基层村延伸、城市公共设施向基层覆盖、城市现代文明向基层辐射。

六、加强经济法治建设

要想加强经济法治[2]建设就必须要用系统论的科学方法来分析和构建经济法治的科学体系。我们只有着眼于该科学体系的整体效应，才能完整地把握经济法治的内涵及其实践环节。同时，贵州所有经济活动的参加者以及政府官员和每个公民都须具有经济法治的观念，以适应现代市场经济的有序化发展需要。诸如，效益与合法性相统一的观念，效率与公平兼顾的观念，平

---

〔1〕此处的“两推一选”，即村党组织换届时，采取“党员推荐、群众推荐、党内选举”的办法进行选举。“两推直选”，即村党组织换届时，采取“党员推荐、群众推荐、党内直选”的办法进行选举。

〔2〕此处的“经济法治”是指国家通过制定法律、法规，调整经济关系，规范经济行为，指导经济运行，维护经济秩序，使整个经济逐步按照法律预定的方式快速、健康、持续、有序地发展。从系统的观点来看，经济法治至少应包括经济法治观念、经济法治制度、经济法治秩序、经济法治环境。

等、公开、公正的观念，宏观调控与微观调节法律一体化观念，政府职能有限观念，公民和法人权利保障观念，经济运行规则性观念，市场中心和适度计划的观念，法律保障智力劳动成果价值的观念，等等。强烈的经济法治观念对于企业家和经济管理者、领导者来说尤为重要。他们必须崇尚法律并熟悉有关法律规定，以法律作为自身行为选择以及决策的重要依据，善于依靠法律来组织、管理经济，尊重和维护企业的合法权益。同时，他们可凭借法律的导向和预测功能，科学制定和正确实施企业的发展战略、排除企业发展中的暗礁和阻力。不过，笔者通过调研分析发现，贵州目前经济法治乏力与软弱的根源仍是经济因素，即有相当一部分企业特别是大中型企业的产权主体缺位。所以，目前加快贵州经济法治建设和增强贵州经济法治力度最主要、最重要的措施便然是贵州企业的产权特别是大中型企业的产权到位问题。随着产权问题的最终解决，贵州市场经济运行中追求公平交易的经济力量一定会逐步强大，并最终使法治在贵州经济生活中得到确立，最终达成贵州经济与地方法治的协调发展与健康运行。

（一）树立并坚持经济法治理念

经济法治意识和观念、[1]规范和制度的作用与实行最终都要落脚于维护和发展良好的经济法治秩序，以保障和促进经济的发展和繁荣。而良好的经济法治秩序来自良好的经济法治效果，即每个经济主体权利的充分享有和权益的实现，义务的切实履行和承担，各经济部门和环节都高效而有序地运转，既保证生产效率和经济效益又体现社会公平和公正，同时还可以有效地预防和控制经济违法犯罪，从而充分调动和发挥劳动者的积极性和创造精神，以及经济单位的潜力和活力。社会主义市场经济秩序除了靠国内市场规则外还要靠国际市场规则形成的一体化效应，以此才能实现资源的优化配置，最大限度地利用人力、物力、财力。这样以现代市场经济为坐标模式，以法治经济为价值取向，努力加强贵州经济法治系统工程的建设，就能够为贵州经济的又好又快、更好更快发展提供有效的法律保障和极为有利的条件。

---

〔1〕 从学理上讲，人们已经形成了市场经济是法治经济的共识，但我国市场经济的法治现状却令人担忧。其突出表现为经济法治的软弱与滞后，以至于严重影响了我国市场经济的健康运行与发展。面对我国这一并不乐观的经济法治状况，人们从各个角度进行着有益的探索，并从广泛的角度进行了原因分析，相应地提出了许多对策，有些对策也切实可行且取得了一定成效。但从总体上讲，效果并不明显。参见章谦凡：《市场经济的法律调控》，中国法制出版社 2008 年版，第 239 页。

（二）构建经济法治的各项制度

经济法治包括完善的经济立法、执法及司法体制，以及良好的守法和护法机制和环境。就建设贵州经济法治制度而言：一是必须建立和完善一整套经济法规体系，以确立各类市场主体的法律地位，界定各种生产要素商品化的资格，规范所有市场活动和行为，维护市场关系和秩序，规范宏观调控和保障社会分配等，使市场经济的各个领域都有法可依、有章可循，从而稳定和调整各种市场经济制度，[1]衔接和协调政府、市场和企业的关系，规范企业的经营管理。这就应把加强经济立法工作提到首要地位，健全经济立法体系。二是必须完善经济执法和经济司法，使其无论是政府执法还是经济检察、经济审判以及行政审判，都能严格依照法律的规定和程序进行。为此，我们必须按照为市场经济服务的要求大力加强经济执法、经济检察和经济审判，并改革和完善执法和司法体制，充实薄弱环节，消除其中的漏洞和弊病，维护法律的尊严，树立法治的权威。同时，解决好权与法的斗争以及钱与法的较量等严重问题，反对以权代法、严禁贪赃枉法和权钱交易，制止假借法来保护本地区、本部门的狭隘利益，并认真落实经济案件的执行。三是强化经济法治监督体系，加强经济法治的宣传教育，努力提高贵州广大干部群众懂、用、护以及遵守经济法治的能力和自觉性。

（三）完善和补充经济立法

马克思在其光辉著作《哲学的贫困》中精辟地指出："只有毫无历史知识的人才不知道，君主在任何时候都不得不服从经济条件，并且从来不能向经济条件发号施令。无论是政治的立法或市民的立法，都只是表明和记载经济关系的要求而已，立法者应该把自己看作一个自然科学家。他不是在制造法律，不是在发明法律，而仅仅是在表述法律。"[2]恩格斯曾指出："民法准则只是以法律形式表现了社会的经济生活条件。"[3]可见，立法者必须以社会客观事实为基础，以事物的必然性为依据，经济立法要同贵州经济状况相适应，要以经济关系为出发点，完善经济立法的价值取向，为推动经济的发展进行经济立法。目前，经济立法以建构理性为主，带有强制性制度变迁的色彩，

---

〔1〕 此处的市场经济制度包括市场体系、产权关系、市场组织和结构、市场运行机制、市场调控手段与方式、市场行为约束和保障及投资收益与分配等。

〔2〕 参见《马克思恩格斯全集》（第4卷），人民出版社1972年版，第121~122页。

〔3〕 参见《马克思恩格斯选集》（第4卷），人民出版社1972年版，第249页。

作为推动社会变迁工具的经济立法不是对传统与现实习惯法的总结与提炼，也不是对现实社会习惯的制度化，而是理性建构的制度化过程，因此，强行性规则较多。目前，贵州经济法规的数量并不多，有些经济立法与现代市场经济的要求越来越不相适应，起不到推动经济发展的作用。因此，我们需要对现有的经济法律制度进行全面、细致的完善。

（四）完善经济执法和经济司法

贵州经济行政执法情况虽然有所改善，但是仍然存在着不少突出的问题，已成为行政法治和廉政建设的一个薄弱环节。所以，重视和加强经济行政执法工作，对发展贵州改革开放的大好形势，促进贵州的法治建设是非常必要的。同时，完善贵州经济司法[1]一方面可对国家机关、企业、事业单位、社会团体和国家工作人员的经济活动的合法性进行法律监督；另一方面可以适应新形势下经济检察和经济审判的需要，加强检察院和法院的内部改革和建设，改善执法活动，提高执法水平，抵制非法干预，从严制院，保持内部的清正廉洁，提高检察人员和审判人员的政治、业务素质，真正做到有法可依、有法必依、执法必严、违法必究。

（五）强化经济法治监督体系

近年来，贵州在经济法治监督体系方面相继出台了大量相关的意见与办法，其目的是规范经济法治监督活动。但是，可以看到，贵州目前的经济法治监督工作还很不尽如人意。从法律位阶上来看，贵州目前并没有很多经济法治监督方面的地方性法规，只能以其他相关部门法中的相关法律法条来间接指导经济法治监督行为。譬如，《行政诉讼法》《行政处罚法》《行政复议法》《行政监察法》等。而经济法治监督方面大量依据的仍然是党和政府的政策和行政文件，而这些政策文件具有很强的主观性和不确定性。经济法规的缺失，造成了贵州目前经济行政无法可依的尴尬局面。贵州已形成了一套监督管理网络，但从目前来看，这套网络仍然是比较粗糙的。为此，需要进行经济法治监督机制的改革。其中最重要的是将行政管理权和经济法治监督权进行进一步划分，将行政管理职能和经济法治监督职能进一步分离，即将行政管理机关和行政监督机关分别设置，组成相对独立的综合监督专门机构，

---

〔1〕此处的经济司法是指人民法院、人民检察院依法对经济纠纷案件和经济犯罪案件进行审判和检察的活动。经济司法包括经济审判制度和经济检察制度两个方面。

使其在职能上从行政管理日常活动中脱离出来。贵州现行的监督法规不仅不健全，而且有一些监督法规在某些环节缺乏相配套的实施细则，难以操作。因此，我们需尽快制定一些符合地方性的法律监督体系以为经济法治监督提供可靠的法律保障。结合贵州的实际情况，这套监督体系应包括：监督体制、监督机关及其职责权限、监督原则、监督的内容和形式、监督程序、相关的法律责任。通过制定统一的监督体系法，我们可以进一步理顺经济法治监督体制、明确经济法治监督主体的职责权限、规范经济实施办法治监督的程序、强化经济法治监督手段，使经济法治监督全面步入法治化的管理轨道。

七、拓展和规范市（地、州）、县、乡、村、社的法律服务

社会转型时期经济的快速发展、利益群体的多元化导致了法律服务需求的旺盛和多样化，这就要求贵州要构建满足不同人群、不同层次需求的法律服务体系。笔者通过调研分析，仅以黔东南州剑河县干警法律服务活动为例说明之。剑河县全县共有24.065万人，227名政法干警人均走访群众20户以上，共走访了群众4551户，为412户1456人解决了生产生活困难问题，为弱势群体提供法律援助15件，排查出不稳定因素168起，调解矛盾纠纷146起。其中，成功调解140起，制止群体性械斗事件2起33人，制止群体性上访2起24人，开展法治讲座56场，散发法律宣传资料50 000份，接受群众法律咨询2023人次，协调相关部门为群众办实事30件。这说明，贵州构建主体明确、市场规范、管理科学、功能完备、运作合理的现代法律服务体系既是适应新形势、新任务，提高司法行政管理水平的迫切需要，又是推进法律服务健康发展的重要内容。“积极拓展与规范法律服务”是对贵州司法行政部门提出的新要求，法律服务领域的拓展与秩序的规范需要经过一个方方面面协同努力的过程。只要我们明确自身的责任与使命，按照法律服务的特点、遵循市场经济的规律，勇于实践、积极探索、大胆创新，就一定能够建立起一个适应贵州经济社会发展的法律服务体系。

（一）完善基层法律服务体系

基层法律服务对于促进城乡经济社会的和谐发展、推进基层法治现代化、维护群众合法权益发挥了不可替代的重要作用。完善基层法律服务体系的对策：一是构建整个法律服务体系的多层次、多样化的服务态势。由于地域、

历史、文化等多方面的原因，城乡之间法律服务失衡的状态将延续相当长的一段时期。在现有条件下，政府如果限制基层法律服务所，那么中低收入群体将得不到有效的法律服务，甚至没有法律服务。因此，现阶段必须承认法律服务市场存在不同层次供需的现实，通过明确基层法律工作者和普通律师各自拥有不同的服务范围和出庭权限，为法律人才进入落后地区，根本解决落后地区法律服务资源短缺和服务水平、服务质量偏低的问题搭建体制平台，构造全方位、多层次、多角度的法律服务体系。二是完善相关立法。明确基层法律服务工作者的合法身份及其权利职责范围。贵州基层社会纠纷解决体系中各主体职能的混沌状态，取决于社会发展的较低层次和相应简单、低廉的社会需求。但必须强调的是，农村地区与城市地区所需求的法律服务的差异，绝不是简单的层次高低之分，而是有类型和方式上的重大差异。建议将基层法律工作者统称为基层律师，明确基层律师的法律地位、权利义务、服务领域、法律限定等，明确其合法身份，使其接受《律师法》的统一规范，调动他们的积极性。三是完善乡镇法律服务所的构建，为基层农村法律服务提供组织保障。其一，加强乡镇法律服务是开展法律服务的立足点；其二，推进“法律进农村”工作，要引导群众通过合法途径解决矛盾纠纷；其三，对现有基层法律工作者要给出路，同时鼓励家在基层的高等院校毕业生报考“基层律师”，在政策上予以扶持。四是设立基层律师协会理顺管理体制。设立“基层律师协会”，实行自我管理是基层法律服务机构有序发展的保证。笔者建议尽快明确基层法律服务机构和人员的管理归属，充分发挥司法行政机关与行业协会管理的优势，提高管理水平。五是抓住重点，规范管理。规范市场竞争主体，重点是实施法律服务市场准入制；规范市场竞争行为，重点要完善信用制度体系；规范法律服务管理行为，重点是赋予法律服务管理部门相应的管理权限；优化法律服务发展环境，重点是为法律服务主体平等参与竞争创造公平的法制环境、政策环境和市场环境；拓展法律服务市场，关键是正确引导基层法律服务。〔1〕

（二）拓展法律服务领域、方式及功能

贵州司法行政部门应采取科学手段及时掌握和预测社会管理型服务、市场经营型服务、民众生活型服务的发展空间和增长比例，积极引导和协调律

〔1〕 参见王秀鹏：“论完善农村基层法律服务体系”，载《西部科教论坛》2010年第7期。

师、公证、基层法律服务、法律援助的发展布局和发展方向，广泛开辟法律服务主体为经济改革发展服务、为政府依法管理服务、为基层社会和群众生活服务的渠道，同时，要进一步扩大法律服务合作范围，拓宽合作方式。基层法律服务工作顺应时代发展的要求，为服务广大基层群众、维护社会稳定、推进社会民主和法制建设做出了积极贡献。实践证明，基层法律服务工作在以前和今后的一段时期内都是满足城乡广大群众法律服务需求的重要渠道。要积极引导法律服务主体探索网络经营和连锁服务方式，运用现代科技成果延伸法律服务的市场空间，扩大法律服务的覆盖面。基层法律服务工作以村镇为依托，面向基层、面向社区、面向群众，提供公益性、非营利性法律服务。应制订措施，鼓励律师事务所在正常开展业务的同时，定向为一个或多个乡镇提供法律服务，加大司法救助的扶持力度，倡导律师每年承办一定数量的法律援助案件，组织实习律师为社区提供公益性法律服务，并将此作为考核其能否转为正式律师的重要内容。加强基层法律服务工作，要注重体现法律服务工作政治效果、社会效果和法律效果的有机统一。

（三）规范和健全法律服务市场

实施以主体要素、机构规模、业务限制、执业权利为主要内容的准入制度，是规范法律服务市场的首要环节。要依法确立法律服务市场的主体，对不具备法律服务市场主体资格的机构和个人，限期清理出法律服务市场，树立服务质量就是效益、服务质量就是信誉、服务质量就是竞争力的现代服务理念。应建立一套完善的法律服务信用评估、信用风险预警、风险管理及风险转嫁制度，从源头上遏制失信行为的发生。要及早出台一些相关的法规或规章，加强对信用行为的法律保护。要继续深化完善以律师信用评估标准为核心的信用工程，把行政管理机关、行业协会、新闻舆论媒体、社会专门评测机构、人民群众意向等多种评价方式结合起来，通过不同形式的监督和评议，促进法律服务行业改进作风，树立严格执法、热情服务的职业形象。健全法律服务市场重点是为法律服务主体平等参与竞争创造公平的法制环境、政策环境和市场环境。司法行政部门要积极转变职能，进一步减少行政审批事项，简化手续，努力为法律服务的发展创造更为优越的环境平台。制定统一的法律服务市场竞争规范，重点是做好法律服务市场秩序监管、准入、退出等方面的规定，加强对法律服务机构的经营监督管理，完善税收、审计制度。同时，要加强法律服务机构和执业人员保障制度建设，提高抵御风险的能力。全面完善法律服务执业保险、医疗保险、养老保险、责任保险等风险机制。

（四）健全市（地、州）、县、乡、村、社法律援助工作机制

法律援助[1]在政府保障公民合法权益、发展社会公益事业，实现“公民在法律面前人人平等”原则，健全、完善社会保障体系，健全社会主义法制，保障公民基本权利等方面有着极为重要的作用。健全和完善科学规范的工作机制是提高贵州市（地、州）、县、乡、村、社法律援助工作站服务能力和工作水平的重要途径和有效手段。笔者经过问卷调查分析，贵州正通过建立健全“四项工作机制”，全面推动基层法律援助工作朝着规范、专业、高效的目标发展：一是建立基层法律援助工作协调领导机制。争取在市（地、州）、县、乡、村、社成立法律援助工作协调领导小组，切实加强对基层法律援助工作的组织协调领导。二是建立法律援助工作指导监督机制。法律援助工作站面向基层群众，工作服务水平的高低直接影响到法律援助在群众中的形象。为提高基层法律援助工作质量，贵州各个基层法律援助机构应采取积极措施，加大工作指导和监督管理力度。三是健全法援工作站规范化管理机制：其一，抓建章立制，规范工作程序；其二，规范机构称谓，树立法援工作良好形象；其三，规范部分案件审批权下放工作，提高工作效率。四是健全专职队伍录用、教育培训机制。培养一支高素质的基层法律援助专职队伍是基层法律援助工作可持续发展的重要保证。一方面，严把进人关；另一方面，加强业务培训，提高贵州市（地、州）、县、乡、村、社基层法律援助工作站队伍整体素质。

（五）完善市（地、州）、县、乡、村、社法律顾问制度

建设法治市（地、州）、县、乡、村、社，促进基层依法行政，充分发挥律师在市（地、州）、县、乡、村、社法律顾问中的重大作用，是实现依法治省的必要之举。

为有效促进律师工作的积极性，首先，必须从基层法律顾问工作的本质出发，充分尊重律师，加强与律师的合作与沟通，增进相互之间的理解和支

〔1〕 此处的“法律援助”是指由政府设立的法律援助机构组织法律援助人员，为经济困难或特殊案件的人给予减免收费提供法律服务的一项法律保障制度。特殊案件是指依照《中华人民共和国刑事诉讼法》第35条的规定，刑事案件的被告人是盲、聋、哑或者未成年人没有委托辩护人的，或者被告人可能被判处死刑而没有委托辩护人的，应当获得法律援助。

持。从主观上充分重视律师法律顾问工作，确保律师执业所应有的权利和地位得以体现。其次，还必须加大市（地、州）、县、乡、村、社法律顾问律师的参与力度。适应建设“法治市（地、州）、县、乡、村、社”的需要，对市（地、州）、县、乡、村、社基层依法行政过程中所涉及的法律事项提供相应的法律服务。让律师不仅仅只为政府提供简单的法律咨询，而是从多角度、全方位全程介入法治市（地、州）、县、乡、村、社基层行政单位的日常工作。建立“市（地、州）、县、乡、村、社基层法律顾问团”，以律师为主，同时吸收法律教学、法律研究等专业领域的法律专业人才，参与市（地、州）、县、乡、村、社基层法律顾问工作，共同为市（地、州）、县、乡、村、社基层提供优质、高效的法律服务。为了加强基层专职律师的管理，基层政府可建立“基层政府专职律师管理制度”，明确其权利与义务。市（地、州）、县、乡、村、社顾问律师参与基层法律顾问工作，不仅应得到政府的有力配合，同时应被授予一定的查阅、询问、取证权，以有效保障基层法律顾问工作的顺利进行。为了有效促进市（地、州）、县、乡、村、社基层律师工作的积极性、保证工作的质量和效率，可建立市（地、州）、县、乡、村、社基层法律顾问激励考核机制，以最大限度地发挥市（地、州）、县、乡、村、社基层顾问律师的工作积极性。此外，建立基层法律顾问经费是保障市（地、州）、县、乡、村、社基层法律顾问工作顺利开展的重要条件之一。

总之，律师参与市（地、州）、县、乡、村、社基层法律顾问工作，为市（地、州）、县、乡、村、社基层群众提供各项法律服务，可以有效地提高基层政府管理行为的法律水准，增强基层市（地、州）、县、乡、村、社基层干部群众的法律意识，促进贵州基层政府依法行政。

八、建立健全法治监督体系

正如法国思想家孟德斯鸠所言：“从事物的性质来说，要防止滥用权力，就必须以权力约束权力。我们可以有一种政制，不强迫人去做法律所不强制他做的事，也不禁止任何人做法律所许可的事。”同时，他认为，无论任何人，“他越是有权力，就越是拼命想取得权力；正是因为他已经有了许多，所以要求占有一切”。[1]这表明，要防止权力的扩张，只有以另一种权力对其加

---

〔1〕 参见［法］孟德斯鸠：《论法的精神》（上册），张雁深译，商务印书馆1997年版，第154页。

以制约。因此，贵州的权力制约和监督机制需要完善，需要综合运用各种监督形式以增强监督合力和实效，真正做到“有权必有责、用权受监督、违法要追究”。要强化人大、政协、司法的监督职能，进一步加强行政执法监督、行政复议监督等层级监督和审计、监察等专项监督。要强化对重要部门、重大事项和重要岗位的监督，实行严格的决策责任追究和绩效评估制度，确保各级行政部门依法严格履行职责。同时，贵州应着力健全司法救济功能，依法保障公民诉讼权利，重点解决人民群众反映强烈的有罪不究、违法办案、裁判不公等问题。健全举报制度和举报网络，加强信访工作，进一步畅通群众监督渠道，加强舆论监督，切实发挥社会法治监督作用。

（一）完善权力制约和监督机制

随着贵州改革的深化，社会价值观呈现出多元化倾向，利益结构的分化也逐渐加剧，社会上形形色色的腐朽落后思想同样会侵蚀一些党员干部。这些干部如果思想防线不牢、意志不坚定，就很容易受到腐败病毒的感染，甚至跌入腐败的泥坑。正如英国思想家洛克所说：“权力一旦失去法律的约束，它就会偏离它产生和存在的宗旨，人民遭受暴政之苦便不可避免。”〔1〕这意味着，一个长期执政的政党，要始终保持清正廉洁、经受住各种消极腐败现象的考验是很不容易的，需要付出十分艰辛的努力。贵州各级政府机构坚持科学民主决策，不断完善公众参与、社会监督、专家论证与政府决定相结合的决策机制，凡是关系国计民生的重大决策，凡是涉及人民群众切身利益的重要事项，都要认真听取社会各界和专家学者的意见。贵州许多地方和部门还建立了行政决策问责制、社会公示和听证制。兼听则明，偏听则暗，我们坚信，这些制度和机制的实施定能有效地避免贵州行政决策的盲目性和随意性，预防和减少决策失误发生，在建设服务政府、责任政府、法治政府和廉洁政府方面一定会取得成就。

（二）强化人大、政协、司法的监督职能

强化人大的监督就是代表人民行使权力，同时也必须把监督工作的开展情况置于人民群众的监督之下。这就需要人大及其常委会把监督的内容和重点通过各种不同的形式随时公布于众，广泛听取人民群众的意见和建议以提高监督决策的民主化水平。强化并健全政协民主监督工作机制至少应考虑建

---

〔1〕 参见［英］洛克：《政府论》（下篇），叶启芳、瞿菊农译，商务印书馆1996年版，第123页。

立三方面的制度：一是规范政协参加单位和委员履行民主监督职能的制度；二是支持和保障政协参加单位和委员履行民主监督职能的制度；三是执政党和国家机关吸纳、落实、反馈来自政协意见、批评和建议的制度。由于监督工作涉及监督者和被监督者两个方面，所以，建立政协监督、健全相关制度要在党委的领导下进行。同时，强化司法监督职能是地方人大行使监督权的一项重要内容，尤其是在经济和社会治理结构发生了重大变化的现实情况下，强化地方人大对司法工作的监督对构建和谐社会具有极其重要的作用。因此，完善人大、政协、司法的监督职能也是提升贵州各级政府效能的有效途径。

（三）强化行政复议对行政执法的监督

行政复议作为行政机关内部纠正错误的一种重要监督制度，在保障和监督行政机关依法行使职权，保护公民、法人和其他组织的合法权益等方面发挥着十分重要的作用。以行政复议进行行政执法监督更具有操作性，完善了贵州当前的行政监督手段。通过行政复议加强行政执法监督，促进行政机关依法行政和从严治政，对于建设廉洁、勤政、务实、高效政府具有重要价值。因此，如何充分发挥行政复议的监督职能，促进依法行政水平的提高，便成了各级行政复议机关思考的问题。是简单地审理几件行政复议案件来达到个案监督的目的还是以个案审理为手段，通过审理发现执法中的问题，进而普遍加强行政执法规范工作？对此，贵州各级行政复议机关应该把行政复议工作同行政执法规范、违法执法责任追究结合起来，在充分发挥行政复议的监督职能方面进行探索。只有这样，贵州各级行政机关才能普遍加强行政执法规范工作，才能严格履行行政执法责任，行政复议的监督作用才能得到较好的发挥，行政执法水平和行政复议质量才能提高。

（四）强化审计、监察专项监督

贵州要坚持“依法审计、服务大局、围绕中心、突出重点、求真务实”的工作方针，走“以履行审计监督职责为出发点，以强化审计和审计调查为手段，以提报高层次审计报告和要情为载体，以促进宏观管理与决策为标准，以服务经济社会发展稳定为目标”的审计工作路子，在更高层面和更宽领域发挥审计监督的作用，为贵州省经济社会又好又快、更好更快发展和法治建设提供强有力的保障和高水平的服务，把推进法治、维护民生、促进发展作为审计工作的出发点和落脚点，充分发挥审计的建设性作用，使审计机关真正成为人民群众合法利益的维护者、各级领导科学决策的参谋者、各项工作政策改革的促进者、各种经济违规行为的查处者。同时，加强与纪检监察等部门的联系，提升审计成果利用水平。要建立健全与纪检监察、组织、人事等部门的联系制度，包括定期报告制度、定期沟通制度、定期反馈制度，形成工作合力以加大对审计结果的利用力度和提升审计工作效能。

（五）加强举报制度和网络举报监督

“举报”是公民行使监督权的一种具体形式，因而属于公民基本权利的范畴。构建以“举报法”为主干的权利保障体系应当明确公权力主体的责任以及制定严密的具体制度程序，让举报权救济的渠道畅通无阻。为此，应重点抓好保密、身份重置等预防性保护制度的建设，进一步完善惩治性制度的规定，同时还应该注重社会健康举报观念的培育。目前，贵州要把学习实施新的《行政监察法》作为一项重要任务，切实抓紧、抓好。要加大宣传力度，认真组织学习和培训，进一步提高依法履职的能力，要根据修改的内容完善相关配套制度，进一步完善举报制度，加强对举报人的保护；要健全纠风和政务公开工作机制，不断提高工作水平；要依法推行监察工作信息公开，主动接受监督；要加强对新的《行政监察法》实施情况的检查和指导，确保贯彻落实到位。

同时，网络监督是新闻舆论监督的主要形式之一。网络监督的威慑力和影响力越来越大，网络监督反腐呈现出了井喷式发展态势。网络具有虚拟、开放、互动、及时、高效、便捷和经济等特点。较之于其他监督，网络监督举报的优势更明显：一是网络监督举报更安全；二是网络监督举报更有效；三是网络监督举报抗干扰性更强；四是网络监督举报形式更丰富、说服力更强；五是网络监督举报的线索来源更广泛。依据批评、建议、申诉、控告和检举等监督形式的行使和效应需要，依据媒体监督关涉的不同关系建立、健全网络监督机制必须建立以下制度链接：一是要建立人大代表与选区人民群众的网络联系制度；二是要建立上下互连的省、市（地、州）、县、乡、村、社六级人大网站；三是网络监督与网络媒体自律、行业自律和政府管理的制度链接；四是网络监督与司法监督的制度链接。

（六）加强新闻媒体和社会舆论监督

邓小平同志在《西南区新闻工作会议上的报告》中说过：“报纸真的同实

际、同群众联系好了，报纸办好了，对领导是最大的帮助。”[1]同时，江泽民同志于1996年在视察解放军报社时指出：“我们的报纸办得好，可以对党的路线、方针、政策和任务起到有力的宣传、贯彻作用，对群众起到极大的动员、鼓舞作用，对先进的东西起到积极的倡导弘扬作用，对错误的东西起到及时的制止、纠正作用。”[2]这表明，国家领导人高度重视新闻媒体在整个社会发展中、在整个社会主义改革开放事业中的不可替代作用。正是新闻媒体的重要舆论作用决定了新闻媒体工作者所应担负的社会责任和历史使命，决定了新闻媒体工作者要通过新闻媒体对整个社会主义事业起到积极的推动作用，而不是把事业搞糟、搞乱。现实生活中，我们要更好地发挥新闻媒体的舆论监督作用，对于新闻媒体客观公正的监督批评和意见建议，只要能提出来，党委政府和主管部门就应及时予以纠正。因此，新闻媒体一定要开展批评和自我批评，对错误的东西，对不符合改革开放大方向，不符合人民根本利益，不符合党的路线、政策的东西，要敢于揭露、敢于批评，真正实行舆论监督。贵州在整个经济社会发展建设尤其是“三个建设年”[3]中，应该始终高度重视新闻舆论和社会公众的监督作用，全面、有效地拓宽社会监督渠道，增强党员干部与群众的沟通，使社会监督成为转变机关作风、促进廉政建设的强心剂，成为提升干部素质、加速赶超发展的推动剂，成为增进党群干群关系、维护社会和谐的黏合剂。我们应该做到：一是建立、健全省行政机关内部监督机制，把办事结果与事前、事中民主决策和民主监督结合起来；二是充分发挥全省各级人大的监督作用，将公开内容及时向各级人大报告；三是积极接受上级部门对市（地、州）、县、乡、村、社财政预算决算情况和机关基金、资金收支情况的定期审计；四是设立公布举报电话、意见箱、政务监督信箱、邮箱，对群众反映的问题及时进行调查处理，并迅速将调查结果反馈给监督人。

---

〔1〕 参见《邓小平文选》（第1卷），人民出版社1994年版，第149页。

〔2〕 参见别庆林：“军兵种报纸如何开展舆论监督”，载《军事记者》2004年第6期。

〔3〕 贵州省委、省政府决定从2010年起到2011年底，在全省深入、扎实开展作风建设年、环境建设年、项目建设年活动。目的是通过这样一个抓手，增强全省上下的机遇意识、忧患意识、责任意识和主体意识，以作风建设保障发展，以环境建设促进发展，以项目建设带动发展。

小结

社会治理法治化是以维系社会秩序为核心，通过政府主导、多方参与，规范社会行为、协调社会关系、促进社会认同、秉持社会公正、解决社会问题、化解社会矛盾、维护社会治安、应对社会风险，为人类社会生存和发展创造既有秩序又有活力的基础运行条件和社会环境，以促进社会和谐的活动。当前，贵州的改革、发展、稳定离不开良好的法治环境，实践也强有力地证明，良好的法治环境能更好地促进贵州的改革、发展和稳定。依法治理不仅能改变贵州原有的治安面貌，净化社会风气，而且更能全面提升全省干部群众的法治化管理水平，为贵州经济和社会的健康、协调发展提供有力保障。

贵州应通过全民的积极参与和各部门的齐抓共管形成合力以提升法治化治理水平：一是各级干部、群众的思想观念必须要有根本转变。能够懂得依法行使权力和依法履行义务，学会运用法律武器维护自己的合法权益和同违法犯罪行为做斗争。二是要找准党群、干群关系的结合点。凡事依法办理，考虑问题依法，遇到问题求法，解决问题靠法，应成为干部群众的自觉行为。依据法律想问题办事情，使全省机关与企事业单位、公民的关系越来越融洽。三是必须找到解决热点、难点问题的“金钥匙”。各级干部在处理热点、难点问题时，不仅要注意发挥群众参政议政的作用，更要注重从法律方面寻求解决问题的途径和办法，使问题的解决既有坚实的群众基础，又有可靠的法制保障。这样才能促进贵州的政治安定、社会稳定和经济又好又快、更好更快发展。

贵州法治建设的理念、途径及举措调查

Chapter4

开展法治贵州构建，是贵州省委、省政府从贵州经济社会发展实际出发，在深入推进平安贵州建设的基础上提出的一项战略性任务。法治贵州构建是平安贵州构建发展到一定阶段的必然选择，是对平安贵州构建的升华，有利于巩固平安贵州的建设成果，使平安贵州建设的基础更加牢固。几年来，全省各地、各部门认真贯彻落实省委的部署要求，健全组织机构、突出工作重点、夯实基层基础、深化法制教育、落实法治惠民，摸索出了一套适应贵州经济社会发展和具有自身特点的区域法治建设模式，在虚心学习兄弟省市的法治构建工作经验基础上，取长补短，为我所用，积累了一定的成功经验，取得了一定的成效，得到了贵州人民群众的广泛认可。当前，受国际大环境等因素的影响，贵州各级党委、政府都将经济发展问题作为当前“压倒一切”的头等大事。经济方面一旦出现了大的滑坡就必将带来一系列社会问题，各种不安定、不确定因素将进一步增多，甚至会影响到社会稳定。面对如此复杂的经济社会发展形势，法治贵州构建工作必须服从、服务于党委、政府的工作大局，顺势而为，紧紧围绕当前“保增长、保民生、保稳定”的中心任务，不断调整、拓宽工作思路，确保法治贵州构建的力度不减。

法治贵州构建，是依法治国基本方略在贵州的具体实践，是贵州科学发展、率先发展，建设美好新贵州的重要保障。法治贵州的构建一定要从当前经济形势出发，主动为经济社会发展提供充分的法律服务。其构建的具体措施、活动安排要围绕服务大局来谋划、思考，求真务实，力戒形式主义。要继续坚持法治惠民办实事工程，让群众享受法治；积极创建各类法治中心，让群众看到法治；大力推进法律进机关、进乡村、进社区、进学校、进企业、进单位活动，让群众体验法治；广泛开展执法评议活动，让群众参与法治；不断加强和完善司法救助措施，让群众受惠于法治。要通过一系列的举措和活动，让法治真正走进贵州人民群众的日常生活，充分体现执法为民的社会主义法治的本质要求，让法治真正走进群众生活，让群众亲身感受到法治贵州带来的实惠。展望法治贵州构建的未来，我们要进一步认清形势、提高认识、拓宽思路、改进工作，认真解决影响社会和谐稳定的源头性、根本性和基础性问题，为贵州经济发展方式转变提供有力的法治保障。总之，我们要在实践中探索规律，在实践中总结经验，在实践中推进发展。要深刻领会中央的文件精神，认真研究法治市、法治县（市、区）间的内在关系，了解法治市、法治县（市、区）构建活动中存在的主要问题，明确开展法治市、法治县（市、区）构建活动的具体目标、任务和主要着力点，进而真正做到有的放矢地开展法治贵州构建工作。我们应当抓住机遇管理贵州、发展贵州，这既是切实增强法治贵州建构工作的主动性和自觉性，也是我们面临的一个现实的社会问题。

第一节　法治贵州构建的理念

法治贵州构建是时代发展的必然要求，是人民群众的期待，各级党委要从科学执政、民主执政、依法执政的高度，真正把法治贵州构建作为一项涉及科学发展全局的重大任务，作为一项执政为民的实事列入党委的工作重点，列入经济发展规划，切实担负起构建法治贵州的治理责任。从法治理论看，实现法治贵州需要贯彻基本法治理念。

一、法治贵州的科学内涵

理解法治内涵是界定法治贵州构建内涵的前提。法治，是一个古老而又常新的话题。古希腊思想家亚里士多德认为：“法治是指已成立的法律获得普遍的服从，而大家所服从的法律又应当是制订良好的法律。”根据《牛津法律大辞典》，法治是一个无比重要的，但未被定义，也不是随便就能定义的概念，它意指所有的权威机构、立法、行政、司法及其他机构都要服从于某些原则。这些原则一般被看作是表达了法律的各种特性。[1]从现代意义上讲，法治体现的是一种和谐、安定、协调的社会发展态势，是以人民民主和人民主权为基础而建立起来的治国目标和价值目标，包括立法、守法、执法、司法等诸过程。构建法治贵州，就是贯彻落实社会主义法治的要求，通过健全立法、依法行政、公正司法、依法监督、法制教育等多轨并进，逐步实现政治、经济、文化、社会等各个领域的健康、稳定、有序发展。由此可见，法治是人类社会的一种制度状况，它以人类的尊严和自由为核心价值，以法律和国家权威机构对某些符号自然正义的原则的遵守为基本特征。[2]

所谓“法治贵州”，就是更好、更快、更富创造性地实现贵州在民主和法治方面的基本要求和基本价值。它既包括民主立法、严格执法、公正司法、普遍守法、有效监督等诸多方面的内容，也包括党在宪法和法律规定范围内行使执政的权力。就贵州而言，法治贵州是建设政治文明的价值需求和主要措施，也是经济又好又快、更好更快发展的内在要求和基本保障。故对于法治贵州的基本含义，我们可以从三个方面来理解：就质量而言，法治贵州意味着国家法律的整体价值在贵州得到更好的实现，在贵州形成崇尚民主、信守法律的社会氛围。就时间而言，法治贵州意味着民主法治在贵州的发展应与经济发展同步，力争到贵州基本实现现代化之时，基本实现全省政治、经济、文化、社会生活的法治化。就法治贵州本身而言，法治贵州意味着在全国法制统一的基础上，结合贵州特色，立足制度创新，以加强民主法治建设。

二、法治贵州构建的特征

法治就是将法律思维及其作用贯彻于全社会的政治、经济和文化生活之中。有鉴于此，在全省范围内构建依靠宪法法律来维系社会政治、经济、文化进步和化解社会矛盾的治理机制，是法治贵州构建的核心内涵。其主要特征是：

---

〔1〕 在这里，法律的各种特性是指正义的基本原则、道德原则，公平和合理诉讼是观念，它含有对个人的至高无上的价值观念和尊严的尊重。参见［英］戴维·M. 沃克：《牛津法律大辞典》，北京社会与科学发展研究所组织编译，光明日报出版社 1988 年版，第 790 页。

〔2〕 富勒认为，具备法治品德的法律制度应符合八个要素：一般性、公布或公开、可预期、明确、无内在矛盾、可遵循性、稳定性、同一性。参见［英］富勒：《法律的道德性》（英文版），耶鲁大学出版社 1969 年版，第 46 页。

（一）形成尊重宪法法律的浓厚社会氛围

这是法治社会的本质要求，因为任何法律的遵守和执行，都是建立在国民充分相信法律功效的前提之下。没有对法律的崇拜，法治贵州构建就无从谈起。

（二）实质性操作层面的立法监督

为了遏制行政权、司法权的滥用和空转，通过立法监督来维系行政权、司法权的正确运行，是人民代表大会制度之“权力归一”的应有之意，也是保障公民权利不受行政权、司法权侵害的重要措施。随着贵州区域法治化建设进程的加快，贵州地方立法将步入快车道，清除立法污染，防止立法腐败，确保立法的针对性、前瞻性、公平性和地方性将是一项重要的任务。因而，立法监督的迅速启动和有效运行显得尤为必要。

（三）行政权力得到合理有效的制约

良好的法治状态，在某种层面上来说，就是对行政权力的控制，目的是防止公权力的滥用。之所以要重点控制行政权力的行使，是因为在各种权力体系中，行政权力往往呈现强势之态，且直接关系到当事人的切身权益，关系到社会政治经济的发展与走向，应当在受到适度制衡的轨道下正确运行。

（四）司法权威的明显提升

作为制衡行政权力的主要力量，司法权应当在全社会得到尊重，不然就不能发挥权力制约的政治作用，也不能实现定分止争和权益救济的社会调节功能。无论是在中国的大环境下还是在贵州的小环境下，司法权都更需要一种厚爱和动力支撑。

（五）公民权利受到法律的有效保障

民为邦本，本固则国安业兴。与民争利甚至侵民利益是治国理政之大忌。保护国民利益是衡量法治社会成功与否的重要标志，也是社会文明进步的主要内容。

三、弘扬法治理念以强化依法治省

法治理念是人们关于法治的观点、知识和思想体系的总称。树立良好的法治理念，对于强化依法治省具有重要的基础作用。当前，在构建法治贵州的进程中，结合贵州实际应当注重依法治国、执法为民、公平正义、服务大局、党的领导等五个方面的基本内容。其中，依法治国是社会主义法治的核心内容，执法为民是社会主义法治的本质要求，公平正义是社会主义法治的价值追求，服务大局是社会主义法治的重要使命，党的领导是社会主义法治的根本保证。这五个方面相辅相成，体现了党的领导、人民当家作主和依法治国的有机统一，是我们党对于“建设什么样的法治国家，怎样建设社会主义法治国家”认识的重大深化。社会主义法治理念的提出，对于实施依法治省方略具有重大的指导价值。

作为法治贵州建设重要组成部分和具体实践的法治城市和法治农村建设当然要以社会主义法治理念为根本的指导思想。依法治省，作为贵州社会实现法治化的一种方式，能促进贵州社会在转型过程中的稳定与秩序。依法治理城市和依法治理农村工作的开展，能有力地促进贵州法制宣传教育工作，能加快公民法制观念的形成，能推动法律的实施和维护法律的权威和尊严。面对贵州的普法新形势、新目标、新要求，全省各级、各部门要按照省委、省政府的要求，以贯彻落实新一轮依法治省规划作为新的起点，提高认识，加大力度，改进方法，狠抓落实，从依法治省工作的广度、深度和力度上狠下功夫，努力把法治贵州构建工作提高到一个新的水平，以推动全省经济社会发展和实现全省转型新跨越。

四、社会自治功能的有效发挥

作为社会文明基础和表征的“社会自治”，[1]是指作为社会构成的成员依自己的意志在法律范围内处理自己的事务，任何人或机构、团体均不得加以非法干涉和干预。社会自治意味着自由与自主，既不是对国家法无条件的绝对遵从，也并不意味着与国家的对抗。“法治社会的自治还表现在实行分级治理、各地区、各种社会组织，特别是基层社会组织享有充分的自治权，国家权力所及的只是它们无力解决的问题。”现代法治的前提就是它必须是以社会自治作为其基本社会构造，而社会自治是法治的社会基础与法治是相辅相成的关系。改革开放四十年来，我国政府通过放权让利扩大社会组织的自主权，培育社会中间组织等措施，使得国家与社会合一的传统格局开始解体，市民社会得以初步发展。当然，构建法治贵州的一项重要工作就是要为贵州全省的法治化奠定坚实的社会基础，即在贵州培育社会自治组织和社会自治

〔1〕 参见袁传旭：“论社会自治”，载《书屋》2010年第1期。

意识，充分发挥社会自治的功能，使社会自治趋于理性，社会自治与法治形成良性互动。

五、遵循法律调整的谦抑性规律

英国哲学家边沁认为："温和的法律能使一个民族的生活方式具有人性；政府的精神会在公民中间得到尊重。"这句话是法治之所以要奉行"谦抑性"[1]的法哲学依据。在法治贵州构建的过程中，我们要体现以人为主体的贵州社会和谐发展状态和人的全面而自由发展是法律的重要价值，这要求法律调整要遵循谦抑性规律。而法律调整谦抑性主要表现为法律调整不是万能的，对于一些社会关系，如果用非法律调整方法或手段（如道德、习惯等）去调整或通过市场本身去解决更为有效，就不需要法律调整登场。法律调整不能取代其他社会调整手段而应该给其他调整手段留下必要的空间。譬如，在多民族聚居的贵州，习惯是在主体的生产生活中逐步形成，长期存在于民间，并为某一社区或者整个社会普遍遵从的行为规则的总称。它包括民间习俗、社会风俗和市场惯例等，是一种与法律相分殊的社会规则系统，表达了主体基于客观经济生活而形成的法权要求，具有直接反映主体法权要求的特性，因而能够满足主体的利益需求，引起主体对于这类行为规则的普遍认同。既然如此，我们必须打破法律与习惯之间的矛盾，不要"独尊"国家法而"罢黜"民俗、习惯，不要将贵州社会领域的调整和冲突解决都无一遗漏地纳入国家法律的调控范围，而是要充分利用各自不同的优势和有利条件，提供各种可供选择的法治资源，为贵州社会的各种冲突提供解决机制。

第二节　法治贵州构建的现状及问题

"五五普法"以来，贵州成立了由省委、省人大、省政府、省政协四大班子领导分别担任组长和副组长，省司法厅、省高级人民法院、省人民检察院等省直属有关部门负责人担任成员的依法治省领导工作小组，负责研究、部署、督促、检查普法治理工作。为把依法治省工作落到实处，省委、省政府

[1] 谦抑性，又称必要性，指立法机关只有在该规范确属必不可少——没有可以代替刑罚的其他适当方法存在的条件下——才能将某种违反法秩序的行为设定成犯罪行为。

制定了目标并层层分解任务，把任务落实到基层，落实到人。由此，贵州法治建设已经初见成效，但其所表现出的种种深层次的局限性又不得不让人以冷静的头脑做一番理性思考。

一、法治贵州建构的现状分析

笔者对贵阳市，六盘水市，铜仁地区，安顺地区，黔东南州及其下辖凯里市、台江县、剑河县，黔西南州晴隆县、普安县，黔南州瓮安县，遵义市余庆县的公检法司及政府部门的负责人、企业经理、大专以上文化程度人员、工人、农民、个体户、无业人员和其他常住农村或城市的流动人员进行了问卷调查。此次问卷调查共发出问卷500份，回收问卷450份，回收率为90%，其中有效问卷430份，约占回收问卷总数的87%。笔者对回收的问卷进行了规范的统计分析，得出的数据准确、可靠。通过对问卷调查统计结果的初步分析，我们认为，法治贵州的构建要紧紧抓住法治进程中存在的种种问题，这样我们就找准了贵州法治弱化的根源所在，有利于从宏观的角度把握贵州法治的体系与结构，最终有利于重新构建更加合理的贵州法治之结构。这是本书基于这一基本思路而作出的又一次尝试。

（一）全省高度重视依法治理工作

全省各级领导把普法依法治理工作落实到了领导机构、工作机制、职责分工、经费保障和工作检查指导各个方面的具体措施中，将普法依法治理工作摆上重要位置，纳入党委政府经济社会发展目标考核和部门年度工作目标考核内容，努力健全领导机构，强化经费保障。如六盘水市普法依法治理工作的制度化、规范化建设稳步推进，并逐步形成长效机制，普法载体不断创新，内容不断丰富，覆盖面进一步扩大；依法治理工作不断渗透到各个领域，全社会法治化管理水平逐步提高，为全市“十二五”规划的顺利实施，促进经济社会又好又快、更好更快发展营造了浓厚的法治氛围。黔东南州、县（市）、乡（镇、街道）财政和各级各部门共投入普法经费1650.98万元，台江县把普法经费切实纳入财政预算，从2006年的2.5万元递增到2010年的3万元，到目前还有递增的趋势。此外，各级政府还加强了检查指导，为全省普法的顺利实施提供了重要的组织保障、制度支持和物质保证。

（二）法制宣传教育全面发展

贵阳市加强生态环境保护，率先成立了环保审判庭和环保法庭，积极探索环保案件的管辖机制，创造性地建立了环保审判集中管辖，实行环保刑事、民事、行政和执行案件“四合一”的环境诉讼模式；本着便民、快捷、以人为本的理念，建立了旅游、交通、环保、未成年人及夜间“五个巡回法庭”。贵阳市人力资源和社会保障局还开展了“争做学法守法市民，创建全国文明城市”主题法制宣传周活动，活动期间发放《贵阳市劳动保障监察条例》《劳动合同法》《劳动争议调解仲裁法》《社会保险法》《工伤保险条例》等宣传资料5000余份。黔东南州编印《农村普法读本》《干部学法用法读本》等20万册，征订各种普法书籍达318万册，各个单位印发宣传资料170万册，各种宣传画册40.8万张，普法宣传光碟4000多张，自编各种普法宣传资料636万份，领导干部法治讲座1550场6.5万人次。余庆县各村（居、社区）和示范点实现了有一块法制宣传专栏（橱窗）、有一支法制宣传教育骨干队伍、有一个图书室（角）、有一个固定的法制教育阵地、每户有一个法律明白人、每户有一本《农村村民实用法律手册》。黔东南州行政执法培训1227期，培训执法人员5.6万人次。瓮安县开展了学习宣传宪法和弘扬法治精神活动，活动期间共发放《宪法》《森林法》《消费者权益保护法》《“六五”普法宣传丛书之一送法进乡村》《学法用法倡议书》《法律援助宣传册》《安全生产法》等法制宣传资料23 000余份，发放法制宣传挂历、普法宣传袋等普法宣传品5800件，接待法律咨询群众1000余人次。遵义市组建重点项目法律服务专家团，明确了25个律师事务所分别负责163个市级重点工程项目的对口法律服务。这说明，贵州结合经济社会发展需要和人民群众的法律需求开展的法制宣传教育，宣传场次多、覆盖全、受众广，在应对重大事件时发挥了积极作用，对服务大局、服务民生发挥了积极作用。

（三）全民法律素养的逐步提高

“法律六进”工作重点突出，分类推进，成效明显。如遵义市针对当地部队集中、监狱较多的实际，先后提出了“送法进军营”和“送法进监所”，将“法律六进”延伸为“法律八进”。黔西南州将“法律六进”延伸到“法律进移民区（矿区、工区）”。六盘水市等地结合实际增加了“送法进军营”“送法进家庭”。凯里市开展了“法律进机关、进单位、进领导班子、进乡村、进学校、进企业、进社区”等活动，其中，法律进学校活动112场次，受教育人数达80 000余人，收到了较好的效果。通过一系列活动，领导干部和公务员学法用法更加规范有效。“法律进乡村”工作有许多新突破，如凯里市法律进乡村活动185场次，发放和赠送各类法律书籍1300余册。此外，城市社区法律服务与法制宣传也收到了较好成效，凯里市8600名干部及公职人员进行了年度学法用法考试。瓮安县共开展法律进乡村法制讲座90余场次，为9000余乡村名中小学生讲解传授法律知识，特别是针对青少年学生的法制宣传和帮教挽救工作，得到了中央领导的肯定。另外，瓮安县还建立了法律援助救助资金、争取按照县级不少于20万元、市（州、地）级不少于60万元的标准建立法律援助救助资金，为开展法律援助工作提供了更有力的经费保障，同时，瓮安县送法进企业活动也取得了很好的效果。

（四）以规范化建设推动依法治理深入开展

法治构建工作继续稳妥推进，特别是在规范化建设上独具特色。贵州各地区、各部门坚持制度建设先行，用制度管事，用制度规范依法行政，用制度推进创建活动。如贵阳市建立了公众参与、专家论证和政府决定相结合的行政决策机制，开展了“整治发展软环境，建设服务型机关”活动，制定了《贵阳市党政领导问责办法》等规章制度。台江县公安局出台了《执法规范化建设指导汇编》。瓮安县紧紧围绕《村民自治章程》《村规民约》《村级财务管理制度》《村民议事会规则》《民主评议村干部制度》《村务公开职责》等制度的建立健全，开展“民主法治村”的创建工作，保证开展农村依法治理时有章可循。天柱县以政府令的形式先后发布了《天柱县行政程序规定》《天柱县依法行政工作考评办法（试行）》等。黔东南州制定出台了《法治乡镇、法治机关、依法办事示范单位、诚信守法企业等创建标准及量化考核细则》。兴义市制定了《重大决策程序暂行规定》《兴义市重大行政决策听证暂行办法》《兴义市政府部门行政首长问责暂行办法》三项制度。各项制度措施有效落实，行政监督问责不断强化，有力地促进了法治政府建设。

（五）立足宣传阵地以夯实普法工作

省、市、县、乡、村、社六级为全民学法提供了便利条件，领导干部、青少年等法制教育基地成为工作新亮点。大众传媒在法制宣传中的作用得到了彰显，极大地拓宽和延伸了法制宣传教育的平台。在队伍方面，普法讲师团、法制宣传志愿者队伍不断壮大，如黔东南州、县、乡三级共成立普法宣传团240个，宣讲成员1892人，普法宣讲14.8万场次，受教育人数达691.4万人次等。贵州广泛开展民主法制征文、法制游园、文艺演出等内容丰富、形式多样的群众性法制宣传活动，推动法制宣传教育与人民调解、法律服务、法律援助紧密结合，法制宣传教育工作扎实推进。截至2012年3月，贵州各级人民调解组织共排查纠纷179 504件，调解纠纷183 820件，预防可能因纠纷引发的群体性事件9326件，预防纠纷激化8352件，同比分别增长57%、49%、456%、88%。其中，余庆县探索村民“说事室”等方式化解矛盾纠纷的“余庆经验”，获得了栗战书同志的肯定，并作出了总结、推广“余庆经验”的重要批示。[1]可见，立足宣传阵地以夯实普法工作的作用得到了充分发挥，为贵州普法各项任务的圆满落实提供了重要助力。

二、法治贵州构建方面存在的不足

在取得成绩的同时，我们也要清醒地看到，提升贵州社会法治化管理水平工作中还存在一些困难和问题，省统计局调查数据显示，有15%的人民群众反映法制宣传教育工作落实不力。主要存在以下问题：

（一）法治观念的淡薄

法治观念的淡薄会导致首长决策权、指挥权的过度膨胀。具体表现为：一些地方存在“贤人治国”现象，即一个地方党政领导个人素质的高低，在很大程度上决定了该地方的社会经济发展状况，逢贤者发展势头蓬勃，遇劣者发展水平较低。它实质上体现了个人的巨大作用，没有形成良好的民主决策体制和法治氛围；一些地方的司法机关（即人民法院、人民检察院）被认为是党委或者政府的直属机关，违反了我国宪法关于“一府两院”由人大产生并向人大负责的制度安排与权力制衡设计；一些地方唯长官意志是瞻、唯权力指向是从的官本位观念根深蒂固。

（二）法治建构工作发展不平衡

各地区、各部门对普法、依法治理工作虽然有部署、有安排，但在落实上存在差异。受城乡、部门、行业差异的影响，普法依法治理工作发展不平衡，针对流动人口、非公企业，特别是一些居住分散、交通不便的少数民族地区村寨，普法工作难度较大，法制宣传教育存在盲区和死角。

（三）法制宣传社会责任制落实不力

有些地区和部门没有专门的法制宣传队伍，没有专门的工作机构，特别

---

〔1〕 数据来源于2012年1月全省司法行政工作会议《关于全省司法行政工作会新举措凸显社会管理创新报告》。

是省直属机关甚至连普法依法治理工作属于哪一个部门都不清楚、不明确。即使有法治宣传队伍法治宣传也不够深入，少数职能部门向社会宣传专业法的力度不大，少数乡镇、街道的普法工作图形式，做表面文章。如有个别的领导认为其所在地区虽然地理位置优越，经济较发达，但对企业经营管理人员、企业员工、外来务工人员和流动人员的法治宣传教育仍是普法依法治理工作的难点，对他们的普法教育工作流于形式。同时认为依法治理信息调研工作还比较薄弱，普法教育形式和方法不够创新，还是以传统的上街设台开展咨询、散发传单、悬挂标语等为主，缺乏富有时代气息、寓教于乐、行之有效的普法措施。同时，领导干部学法用法工作抓得不实。譬如，贵阳的清镇市、黔南州的瓮安县、遵义的余庆县，以及黔东南州的剑河县等一些执法部门对干部学法用法工作抓得还是比较好的，但是各级党委部门的干部学法用法工作存在薄弱环节，在落实中心组学法制度、领导干部任前考试制度方面，在把领导干部学法用法与考核、晋级、任职挂钩方面落实不到位。特别是基层村级、乡级干部在处理具体问题时依法办事的能力还有待加强。个别地区的少数行政执法人员和司法人员法治观念不强，有法不依、执法不严、执法不公问题依然存在。此外，普法依法治理领导小组成员单位没有充分发挥作用，在贯彻实施普法、依法治理规划，完成领导小组安排的各项工作任务，参与领导小组组织的各项活动上落实不力，认为普法、依法治理是司法行政机关的事，对普法工作重视不够，安排不到位，缺乏工作积极性，处于应付状态，没有把普法、依法治理工作当成全局性、基础性工作来抓。缺少强有力的推进手段，在一定程度上影响和制约了普法、依法治理的进程。

（四）维护私权利的诉讼效果不佳

维护私权利的诉讼效果不佳导致司法权的萎缩及其公信力的滑落，造成社会矛盾的恶性循环。司法机关的最重要的功能乃是通过居中裁决来化解社会矛盾，达到定分止争的效果。但遗憾的是，由于司法机关自身存在公正性、判决执行力问题，导致出现了一些上访、缠访、聚访现象，使得人们比起司法机关的裁判、决定，更相信上级党政领导的批示、指令。

（五）立法权的过于超然

立法权的过于超然导致权力制衡机制的非正常状态运作和公民利益的损伤。有关单位和部门依然存在部分违法或者滥权行为，造成部门和地方保护主义规章的繁衍，既扩张了行政机关、司法机关的自我授权范围，也侵犯了公民的合法权益，给人有法不依的强烈印象。

（六）普法经费投入与经济发展不相适应

目前仍有部分县的普法经费还在执行几年前的标准，没有随着经济发展而相应提高普法经费保障，进而难以保障普法工作需要。如贵阳市按年人均0.23元，铜仁地区各县（市、特区）按年人均0.2元~0.4元，六盘水市按年人均0.5元的标准将普法经费列入了年度财政预算。钟山区普法依法治理工作经费由过去的人均0.3元调整为人均1.0元，遵义市市级经费由年人均0.1元增加到0.2元。黔东南州认为该州县市较多，普法任务重、战线长，所以依法治理工作经费十分紧缺；凯里市认为普法经费保障不足；台江县认为乡镇普法经费得不到县财政预算的支持；农村普法教育工作经费的缺乏，给开展农村普法宣传教育工作带来了困难。

（七）抓典型示范力度不够

全省各市（州、地）、县（市、区、特区）虽然都有普法示范点，但在指导、总结、交流、创新、推广方面仍有待加强。

结合上述法治贵州构建的现状与不足，笔者认为：贵州在营建推动经济社会发展的法治环境方面的工作，已经积累了一些宝贵经验，取得了一定的成效。但贵州民主与法制建设还有待进一步加强；地方性法规体系框架有待进一步构架；政府行为和行政法规需进一步规范；行业治理和基层治理要进一步开展；法制宣传教育的深度、广度需进一步拓展；司法执法的内外环境需进一步改善；社会稳定、崇尚法治的环境气氛需进一步增强。

第三节　法治贵州构建的途径

法治贵州构建是一项系统的社会政治工程，各级党委、人大和政府必须将其摆上重要位置，凝心聚力、扎扎实实地抓紧、抓好。法治贵州的构建，既是一种理念，也是一种实践，除须进行周密的筹划外，更需要坚持正确的方向和原则，必须积极稳妥、标本兼治、注重实效和把握有效途径。

一、营造法治文化氛围

法治文化是法治社会的内在动力、精神支柱、思想保证、文化支撑。法律制度和法律组织机构是否健全，法律的执行是否严格，法律职业者的法律素质和文化如何，法律的社会化程度如何，公民是否使用法律、信仰法律，公民对行使法律权威的法律机构及法律职业者持何种态度，全体公民守法的自觉程度如何等，都是法治文化的具体体现。当然，构建法治贵州不仅需要内容良好、体系完备的法律法规和完善的立法、执法、司法、法律监督制度，而且还需要与现代法治国家和法治社会相适应的法治文化。

法治文化建设是一项艰巨的系统工程，必须遵循其固有规律积极推进。在社会主义国家，法律是全体人民意志的体现，要使法律真正发挥其应有的作用，就必须深入开展公民法制宣传教育，在全社会确立平等意识、权利意识、守法意识和主权意识。同时，要逐步淡化行业协会、消协等社会中介组织的行政色彩，加强社会中介组织的市场化改造，强化社会利益集团的组织化程度，形成公共领域和公民社会，从而产生与国家权力以及其他相对方和社会群体进行立法、行政与司法博弈的真正力量，形成融民主性、凝聚性、前瞻性和开放性于一体的法治文化，为法治贵州的构建提供精神支柱和内在动力，逐步形成内生型法治，并与政府推进型法治一道合力推进法治贵州建设。

二、地方法治形式的完善

地方法治有内容和形式之分，而地方法治的形式，是指根据地方法治发展目标而建立起来的各法律主体权利义务的实现形式和存在形式。

笔者认为，地方法治的内容及其本质应得到正确的强调，但地方法治的形式应受同等重视。这是因为：第一，形式是内容的外在表现。没有形式的内容是难以捉摸的，形式有欠缺的内容是容易引起误解和争执的。地方法治的存在，不能仅仅要求人们用思想去感受和体会，而且还要让人们的眼睛看得见、双手摸得着。地方法治不仅应当真正存在，而且还要让人们相信它存在。然而，人们只有通过形式，才能看清或确认地方法治内容的客观存在。第二，形式是内容的前提。地方法治的形式是对地方法治内容的一种规范。只有通过地方法治的形式，才能实现地方法治的内容。例如，回避、听证和表决只是法律公正的一种形式，但只有通过这些形式才能保障法律公正的实现。第三，形式比内容更具可行性。地方法治的形式是有限的、易行的和确定的，地方法治的内容是无限的、有难度的和模糊的。譬如，人民当家作主的形式是容易做到的，而当家作主的内容却是不容易做到的。如果连容易做到的都没有做到，那么难以做到的就更难实现了。因此，我们必须首先完善地方法治的形式。

三、沟通渠道的拓展

“合作是一个过程，诚信、创新、发展都在这个过程中表现。”信任有赖于沟通。过程的法治化就是法律程序。法律程序具有可预测性。人们通过法律程序，可以预测他人的意志及其形成过程，从而做好合作的准备。现代法律程序不是单向的，而是双向的，即双方主体的交互作用程序。因此，程序意味着参与。通过参与，可以了解对方主体的内心活动和意志形成过程，并沟通双方的内心活动，达成意思表示的一致和相互信任，消除可能发生的摩擦和冲突，从而使最终结果具有可接受性、公正性、准确性和效率性。20 世纪法治进步基于 19 世纪法治的一个重要成果，即不仅重视法律行为的结果，而且关注该法律行为的形成过程；并不是强制或强迫对方来接受自己的单方面决定，而是要求对方来了解自己的决定过程和参与决定的作出。但在当前的贵州，我们认为，要想实现员工与业主之间的和平合作、信任融洽，在员工的劳动条件和劳动报酬等问题上，就必须有法定的沟通机制。在煤气、电力、交通、教育、卫生、通信、农产品收购和农业生产资料供应等垄断领域，有关服务质量和价格调整等问题上，仅仅依赖地方政府部门的监督是苍白无力的，因而必须有公众的参与机会和法定的沟通途径。

在地方国家机关或地方政府部门之间的公法领域，沟通显得更为重要和迫切。因为，地方国家机关或地方政府部门之间只有相互沟通才能得到公众的信任。现在的沟通主要表现为会议和文件，效果有限。在地方立法方面，法律规范之间的脱节和冲突并非个别现象，地方立法的保护主义严重影响了国家法律的权威性和统一性。在地方决策方面，问题同样存在。例如，“依法治市”“依法治县”“依法治乡”和依法治某某部门，并不是对“依法治省”精神的贯彻，而往往是对“依法治省”的肢解和歪曲。另外，在多民族的贵州，民族与民族、地区与地区之间，也需要加强沟通。

四、价值取向的转变

统一和对立都是利益关系的运动形式。但是，我们在意识形态上不能只强调或过分强调利益关系的斗争性而否认或轻视利益关系的统一性。否则，只能人为地动摇地方政权所赖以存在的社会基础，导致非地方法治的运动治省。法治贵州构建这一治省方略进一步表明，我们的价值取向已经发生转变，因为利益对抗不需要任何法治。

然而，法治贵州构建观念的确立，并不意味着人们都已经树立了法治观念。法治观念的深入人心和全面确立还需要不懈的努力。要使人们间社会联系的观念，从相互间的感情和友谊联系转变到法律联系上来；要把市场经济的观念，从尔虞我诈的竞争经济转变到互利互惠的合作经济上来；要让人们的诉讼观念，从我胜你败的法律对抗转变到沟通与合作的法律和平上来；要把各部门的职责分工，从相互牵制和保持平衡转变到职责分工、相互尊重和团结合作上来；要把地方政府与公众关系，从命令与服从转变到服务与合作、信任与一致上来。

第四节　法治贵州构建的举措

要实现法治贵州构建的宏伟目标，我们必须转变民众的观念，形成整体合力，勇于探索、大胆实践，在全社会树立强烈的宪法思维定势，施行与公权力、私权益相关的社会政治经济之法治运作举措。

一、增强公民的法治意识

以宪法为核心的全民法制宣传教育是增强广大公民尤其是国家机关工作人员的民主法治观念和法律素养的有力工具。普及宪法知识，提高全民的宪法意识是维护宪法尊严和权威的前提。

（一）处理问题具有宪法意识

依法治国，首要的是依宪治国。亦即要依照宪法的规定，健全民主与法治。江泽民同志指出："党领导人民制定宪法和法律，并在宪法和法律范围内活动。宪法是人民意志的体现，也是党的意志的体现，执行宪法就按人民的意愿办事，也是贯彻党的路线、方针和政策的重要保障。"这表明，贵州各级党组织和全体党员、干部、群众都要牢固树立宪法观念。实现宪法至上：一是实现宪法实质上的至上，即社会公众和国家机关必须确实具有宪法至上的价值观念，有浓厚的捍卫宪法至上的意识和行为，对制定宪法、实施宪法和完善宪法有强烈的愿望和行动。二是树立权利科学的社会价值观念。在权力和权利的关系中，权力应以权利为基础和宗旨，只有权利才能使社会公众成为普遍的、自主而理性的社会公民。只有权利科学观念的发达，才能使民众真正认识到宪法的价值和意义。三是正确认识权力与法律的关系。宪法理论和实践的核心在于为了公民权利而科学地控制权力。但广大社会公众由于传统文化观念的影响在很大程度上还处于权力至上的观念中，这就要教育社会公众科学地认识权力和法律的关系，形成法律至上的价值观念。

（二）树立尊重规则意识

所谓规则意识，是指发自内心的、以规则为自己行动准绳的意识。英国分析实证主义法学家哈特强调："如果一个规则体系要用暴力强加于什么人，那就必须有足够的成员自愿接受它；没有他们的自愿合作，这种创制的权威、法律和政府的强制权力就不能建立起来。"积极的守法精神需要使法律规范由外在规则变为内在价值准则，并把个体价值追求纳入已制度化的共同体价值框架中予以整合，把法律视为共同体得以存在和维系、个体获得安全和保障及处理公民间相互关系的根本尺度和规则，进而形成尊崇、信赖、依靠、服从法律的积极守法行动。否则，真正的法治秩序是难以建立起来的。

二、制定和完善适应区域现代化进程的地方性法律法规

贵州省人大常委会始终坚持把提高立法质量摆在第一位，围绕中心、服务大局，为地方经济社会又好又快发展提供支持和法制保障，使地方立法更加充分体现人民意志，科学反映客观规律，妥善协调各方利益，突出地方特色，着力解决本省实际问题，切实增强法规的针对性和可操作性。

（一）完善省委领导地方立法的制度和机制

省委领导地方立法，主要是制定贵州地方立法工作的方针政策，确定重要法规制定的指导思想和基本原则，提出立法建议，审定地方立法规划，讨论需要提交省委审定的重要法规规章草案，研究解决地方立法工作中的重大问题，支持省人大及其常委会依法行使立法权，保证地方立法工作顺利进行。建立由省委提出立法建议制度，对涉及全省改革开放和经济社会发展全局，影响公民、法人和其他组织权利义务的重大决策以及实践证明行之有效的政策措施，适时向省人大或其常委会和省人民政府提出建议和意见，通过法定程序转化为地方性法规、省政府规章，成为具有法律约束力的行为规范。建立健全省委审定立法规划、讨论重要法规规章草案制度。省委讨论重要法规

规章草案，主要是就其中涉及的重大方针、政策和重要制度进行研究。建立地方立法重大事项报告制度，省人大及其常委会在制定地方性法规中遇到的重大问题，省人大及其常委会党组应及时向省委报告。市州、县市区党委关于地方重大事务的决策和主张，凡属于人大及其常委会职权范围内的、需要人民一体遵行的，应向本级人大或其常委会提出建议，由本级人大或其常委会作出决议或决定，使之成为本行政区域内全体人民共同遵守的行为规范。

（二）完善地方立法的利益表达机制

地方立法过程中建立利益表达机制，是从制度层面上保障和规范人民群众利益表达的途径和程序，疏通社会各阶层利益表达的渠道。譬如，贵州省人大常委会制定并审议通过了《森林林木林地流转条例》《酒类生产流通管理条例》《消防条例》《邮政条例等法规》，对《禁毒条例》《旅游条例（草案）》等进行了初审，这正是贵州完善地方立法的利益表达机制和拓宽利益表达空间的具体体现。当然，构建地方立法中的利益表达机制还有待加强。

结合贵州实际，构建地方立法中的利益表达机制的具体措施包括：

首先，拓宽利益表达空间。积极拓宽贵州社会公众在立法过程中的表达空间，建立更加便捷的表达途径和渠道，给不同的社会利益以公平、平等的表达机会，使不同利益和要求有公平竞争的可能，推进社会的有组织、有效表达。“只有普遍地、真实地和全面地公开立法过程，才能更加有效地保障公民参与立法活动，切实保障人民在立法时当家作主。”防止贵州地方立法中的形式主义，使得立法决策真正建立在充分利益表达和有效集中各方面利益要求的基础上，从而实现民主要求。

其次，完善利益表达的反馈机制。应认真对待每一条意见，对征求来的书面意见和听证会上听证人发表的意见进行认真归类，分门别类或逐条逐款地列明不同的意见及其民意比例。对于反对意见，应当给予重点对待，合理的要予以充分采纳，未采纳的，应给予书面答复，阐明理由。通过媒体及时通报意见征求和立法听证的情况，公布详尽的意见征求和立法听证报告，对一些意见为什么采纳，为什么不采纳，进行具有说服力的解释和说明。在修改法规时，对听证意见逐条进行分析，凡是吸收了的都要在审议结果报告中说明，对重要的听证意见即使没有吸收也要在审议结果中说明。

最后，建立人大代表利益表达激励机制。要充分保护人大代表主动表达社情民意的积极性，通过有效的途径来支持人大代表表达社会各阶层人民群众的利益和主张，对不作为、不负责任的代表进行必要制约，对不当表达、恶意表达的予以规制。要切实实行民主选举，保证选举过程的民主化、公开化，让选民能够真正说了算，保证代表在人大活动中的活动能够为他们的选民所知，使选民清楚地知道代表在做些什么，在为谁而做，从而使他们能够清楚地知道自己应该支持还是罢免自己的代表。

（三）完善地方立法推动民族法制建设

近年来，贵州省人大常委会批准了贵阳市和民族自治地方制定的《贵阳市劳动保障监察条例》《贵阳市住宅小区人口和计划生育管理服务规定》《贵阳市燃气管理条例》《贵阳市促进生态文明建设条例》《贵阳市城乡规划条例》《三都水族自治县村寨消防条例》《威宁彝族回族苗族自治县畜牧业发展条例》《黔西南布依族苗族自治州农作物种子管理条例》《松桃苗族自治县农村公路条例》《黔南布依族苗族自治州畜禽防疫条例》《玉屏侗族自治县非物质文化遗产保护条例》。这些地方性法规和单行条例，立足当地实际和需要，着力体现地方特色和需求，在推动当地经济社会发展的同时，更加注重反映民情、改善民生以及对环境和资源的保护，对保障和促进本地区经济持续、快速、健康发展和社会全面进步起到了十分重要的作用。

尽管如此，贵州目前的民族法制建设水平与少数民族和民族地区加快发展的迫切要求和现实需要之间尚存有一定距离，民族立法还有不少亟待完善的地方。为了更好地贯彻落实规划，民族立法要在改变粗线条的立法措施、彰显中国少数民族和民族地区特色、保证有效实施等方面下功夫。首先，要修改民族区域自治法中过于纲领性、原则性的条文，使之更加具体化，以增强民族区域自治法的针对性和可操作性，从而使之得到全面的落实，恰到好处地调整可能出现的各类复杂民族关系。其次，民族立法要尊重和包容少数民族的文化传统、民族心理以及思维特征，保持各民族法律文化的“同一性”，并在此基础上努力促进国家法律与少数民族传统法律文化的交流。再次，民族自治地方的民族立法既要尊重本地区各民族的普遍法律文化，也要包容不同民族的独特法律文化，特别是要在尊重、吸纳自治民族法律文化进入自治条例、单行条例之时，充分照顾到非自治民族的法律文化价值。最后，要加强民族法律法规体系中的规范性法律文件的规范化与系统化建设，民族法的立法主体应提高立法技术，强化立法程序，制定和修改各种形式的民族法律法规，使我国现有民族法律法规成为效力等级分明、结构严谨、协调统一的整体。

三、构建法治诚信服务型政府

通过调查笔者发现，贵州法治政府建设尽管取得了重大成就，但仍然暴露出了一些问题，随着经济社会的进一步发展，这些问题将更为突出。具体表现为：

第一，规范性文件的清理和行政审批制度改革的最终效果不佳。大规模的清理和改革工作引起了一些担忧：某些政府部门在改革工作中出现一定程度的急功近利、矫枉过正等错误倾向。一方面，为了吸引投资、加快经济发展，无原则地降低行政审批门槛和市场监管力度，为国家已经明令淘汰、与产业结构升级目标相背离的产业“开绿灯”，一些部门出台的改革措施甚至与法律强制性规定相违背；另一方面，过分强调规范性文件的清理和行政审批制度改革对经济发展的作用，将“依法行政”和“法治政府建设”片面地理解为促进经济快速发展的手段，忽视依法行政本身所具有的深意。从长期来看，规范性文件清理和行政审批制度改革的最终效果有待检验，需要谨防因过分追求改革速度、片面强调短期效应导致的负面影响。〔1〕

第二，政府信息公开力度不足，透明政府建设速度缓慢。资料显示，贵州信息公开工作在机制构建、覆盖范围等方面还存在一定问题：第一，缺乏完备的工作机制，如缺乏信息公开的专设机构和明确的责任人，对政府信息密级评定和保密审查等问题没有具体规定等。第二，政府信息公开工作覆盖范围有限，向乡（镇）、村、社区延伸不够。第三，公开信息内容有限，政府“有选择”地公开信息，公民知情权无法得到满足，如在已公开的信息中，通知、公告、规章等抽象性文件较多，而具体指导部门如何执行、群众如何办理相关事项的政府信息则较少；事前告知的较多，事后反馈评价的较少等。调查表明，在信息公开方式上，与“主动公开”相比，贵州“依申请公开”相关工作尤其有待完善，主要存在申请渠道不畅、申请程序不明等问题。〔2〕

---

〔1〕 李霞：“2009年中国行政法治”，载中国社会科学院法学研究所编：《中国法治发展报告》，社会科学文献出版社2010年版，第101页。

〔2〕 参见钱昊平等：“政府信息公开没有突破进展”，载《南方周末》2011年9月29日。

第三，基层政府法治建设状况不尽如人意。如贵州法治政府建设水平地区差异大，基层政府法制建设滞后，状况不尽如人意。一方面，贵州经济发展整体水平较低，地方差距大，二元结构差异明显，对于某些欠发达地区来说，法治建设也许还有很长的一段路要走。另一方面，我国法治政府建设具有自上而下推动的性质，在传导过程中，垂直差异明显。存在的问题主要表现为某些基层政府依法行政意识不强，个别工作人员欠缺法律意识和法律素养，同时暴露出了政府工作人员基本法制意识的缺失，受到机制构建、工作条件、重视程度等因素的限制，政府信息公开和行政审批制度改革向乡（镇）延伸不足等。〔1〕

结合贵州实际，我们认为，努力建设一个让人民满意的政府，对加快经济社会发展至关重要。谋求省域经济快速发展的切入点和着力点之一，在于准确把握政府职能定位，全面实现从“管制政府”向“服务政府”的转变，从“权力政府”向“法治政府”的转变，从“信用缺失”向“诚信政府”的转变，变“细职能、大政府”为“宽职能、小政府”，其核心是建设法治、诚信和服务型政府。具体措施表现在：

（一）依法规范行政行为

建设法治贵州的关键在于依法行政。由于行政部门是主要的执法机构，法律赋予公民、法人的权利能否得到实现，在很大程度上取决于政府机关的执法行为。对公民合法权益的侵害能否得到有效制止，也有赖于行政主体采取及时而又得力的措施。如果行政机关能够廉政勤政，严格执法，法治的目标就会成为现实。反之，如果政府机关不严格执法，甚至徇私舞弊、以权谋私，法治秩序便难以建立。依法行政，就是各级行政机关要依据法律规定，按照法定程序，行使行政权力，管理国家和社会事务，同时受到严格监督和控制。建设法治政府、推进依法行政包括三个方面：首先，行政机关应当严格按照法定权限实施行政行为，严禁超越法律行使职权；其次，行政机关在行使法定职权、进行行政活动时，必须严格依法办事，同时遵循程序正当原则；最后，行政机关违法行使职权，应当承担相应的行政责任。

---

〔1〕 调查显示，基层政府的法治建设水平普遍低于省级政府法治建设水平。参见北京大学公众参与研究与支持中心：“2010 年度中国行政透明度报告”，载搜狐网：http://gongyi.sohu.com/s2011/2011zhongguoxingzheng/index.shtml，访问日期：2011 年 10 月 12 日。

(二) 深化行政管理体制改革

加快转变政府职能，推进政企、政资、政事、政府与市场中介组织分开。除法律法规另有规定外，政府各职能部门要逐步将公民、法人和其他组织能够自主解决、市场机制能够自行调节、社会组织通过自律能够解决的事项转移出去，更好地履行经济调节、市场监管、社会管理和公共服务职能。探索实行职能有机统一的大部门体制，完善行政运行机制。合理划分和依法规范省、市、县三级政府的职责和权限，理顺财权、事权关系。稳步推进强县扩权改革，扩大县级经济社会事务管理权限。加快推进政府职责、机构和编制的法制化，建立健全机构编制管理与财政预算、组织人事管理的协调制约机制。深化行政审批制度改革，进一步规范、减少和下放行政审批，推进事业单位分类改革。

(三) 完善行政决策机制

认真执行重大行政决策程序规定，进一步健全、完善各级政府重大行政决策的事项范围和具体操作规则，并向社会公布。完善重大行政决策听证制度，严格执行公开产生听证代表、及时向社会公布意见采纳情况等程序。完善重大行政决策专家咨询论证和风险评估机制，探索建立重大行政决策成本-效益分析制度，严格执行重大行政决策合法性审查制度和集体讨论决定制度。加强对重大决策执行情况的跟踪反馈和责任追究。

(四) 完善行政执法体制和机制

深化行政执法体制改革，推进综合执法，减少行政执法层级，提高基层执法能力。探索完善乡镇行政执法体制，采取依法授权、委托等方式，加快赋予经济发达的城镇建设管理等方面的行政执法权。改革和创新执法方式，坚持管理和服务并重、处置和疏导结合，实现法律效果和社会效果的统一。加强行政执法信息化建设，推进执法流程网上管理，提高执法效率和规范化水平。严格执行行政执法程序，认真落实行政执法调查取证与证据适用规则，健全完善行政裁量权基准制度，严格规范行政裁量权行使。加强行政执法责任追究，完善行政执法公示制、行政执法评议制和执法过错追究制。

(五) 推进政府服务法治化

规范政府服务行为，明确政府服务内容、标准、程序和时限等事项，并将政府服务行为纳入行政电子监察的范畴，加快服务型政府建设。完善政府公共服务平台，加强政务服务中心建设，建立和发展社区服务和社会求助服务平台，建立健全统一的报警服务平台和医疗急救指挥中心系统。推进政府服务公开，编制政府服务项目目录和办事指南。健全完善服务承诺制、限时办结制、首问负责制等制度。减少和规范行政事业性收费，加强公共服务行政事业性收费监管。

（六）创新政府管理方式

充分运用间接管理、动态管理和事后监督管理等手段，采取行政指导、行政规划、行政合同、行政奖励、行政调解等方式管理经济社会事务。建立健全政府信息公开监督和保障机制，重点推进财政预算决算、公共资源配置、重大建设项目批准和实施、社会公益事业建设等领域的政府信息公开。加强电子政务建设，建设好互联网信息服务平台和便民服务网络平台，建立和完善网上审批系统和电子实时监察系统，扩大网上服务项目的范围。加强公共资源交易平台和知识产权交易平台建设，探索建立全省统一招投标平台，依法加强对招投标行业和行为的监管。

四、切实维护司法公正

司法是维护社会正义的最后一道屏障。只有司法公正，才能树立法律的权威，才能维护法律的尊严，才能确保政治安定和社会稳定。

2010年以来，贵州司法行政工作取得了一定成效。一是监狱布局调整取得突破性进展，监所安全保持稳定。比如，完善了以“五项机制”和“四防一体化”[1]为主要内容的安全稳定长效机制，加强了警务督察，维护了监管场所安全稳定。二是律师、公证、司法鉴定工作规范化管理水平明显提高。2011年，全省律师全年办理诉讼案件23 860件，其中刑事案件9273件、民事案件14 156件、行政案件431件，办理非诉法律事务11 017件，义务法律咨询53 182人次。2011年，全省公证机构共为137个大中型重点项目提供公证服务，办理公证74 974件，其中国内公证62 540件，涉台港澳公证1848件，涉外公证10 586件。目前，贵州审核、备案登记的司法鉴定机构共181家、

〔1〕 这里的“五项机制”是指“目标考核管理、技术支持服务、领导联系帮扶、评优争先激励、项目示范带动”的远程教育五项工作机制，目的是使各项工作逐步走上制度化、规范化和科学化轨道。“四防一体化”是省委常委、市委书记李军在加强武警部队建设的书面讲话中指出执勤目标单位要按照人防、物防、技防、联防“四防一体化”建设的要求，加大执勤隐患治理力度，提高目标安全系数，推动整个社会面的安全稳定。

司法鉴定人2002名。2011年共完成司法鉴定检案15 111件，其中法医、物证、声像资料“三大类”检案14 925件，检案采信率达98%以上。三是法律援助重心下移，服务保障改善民生取得新进展。2011年，贵州全省办理法律援助案件17 118件，接待咨询74 074人次，回访受援人1919人，满意率达99.7%。四是预防、化解社会矛盾，人民调解、法制宣传取得新成效。2011年，人民调解组织共排查矛盾纠纷114 821件，调处矛盾纠纷122 772件，分别比上年上升了30.2%和38.6%，调解成功率达97.1%。卓有成效的人民调解工作把大量矛盾纠纷化解在了基层和初始状态。五是安置帮教、社区矫正工作信息化、制度化水平明显提高以及司法行政管理体制和工作机制改革进一步深化。2011年，全省99%的县（市、区）、乡（镇、街道）成立了社区矫正工作委员会及办公室，82%的县级司法局设立了社区矫正工作机构。2011年累计接收社区服刑人员11 225人，累计解除矫正2314人，在册8911人；全年新增刑释解教人员25 492人，安置22 131人，安置率为86.8%，帮教24 389人次，帮教率为95.6%。尽管如此，笔者认为，这仅仅是构建法治贵州的端倪，在切实维护司法公正方面贵州还要加大力度，寻求完善的维护司法公正的体制、机制。

（一）深化司法体制和工作机制改革

2010年4月，贵州省委政法委时任书记崔亚东在省委政法委第一次全体委员会议上对2010年全省司法体制和工作机制改革的项目进行了责任分解，省委政法委及省高级人民法院、省人民检察院、省公安厅、省国家安全厅和省司法厅等单位均提出了明确的工作任务。2011年11月14日，省委政法委时任书记崔亚东又详细了解了瓮安县司法体制和工作机制改革开展情况以及取得的成功经验。这表明，省委已经把贯彻落实司法体制和工作机制改革工作与加强社会管理创新工作结合起来，在加强社会管理创新工作中推进司法体制和工作机制改革，在推进司法体制和工作机制改革工作中加强社会管理创新，使二者相互促进、相互影响、相互产生积极作用。当然，在认真落实深化司法体制机制改革的各项部署，优化司法职权配置的同时，我们还要进一步健全、完善司法职权结构和组织体系；完善、贯彻落实宽严相济刑事政策的制度和措施；完善司法队伍管理制度，加强司法职业保障；建立健全司法经费保障体制；完善司法救助制度和刑事赔偿制度；进一步规范和完善人民陪审员、人民监督员制度，以扩大司法参与。

（二）保障司法机关依法行使职权

全省各级党委要带头维护司法权威，各级人大及其常委会要依法实施监督，各级行政机关要依法参与诉讼活动、认真履行协助义务、自觉履行生效裁判。对重大行政诉讼案件，行政机关负责人要主动出庭应诉。加强司法保障机制建设，建立对非法干预司法活动进行备案登记、查处的责任追究制度，坚决排除地方保护主义和本位主义对司法活动的干扰，依法规范新闻媒体对司法机关正在办理的案件的报道，保障司法机关依法独立、公正地行使职权。加强司法公信力建设，着力解决人民群众反映强烈的司法不公问题，健全司法纠错机制。加大生效裁判的执行力度，建立健全执行联动威慑机制，有效解决执行难问题。

（三）全面推进阳光司法

完善全省审判公开、检务公开、警务公开、狱务公开制度，扩大公开范围，拓宽公开渠道，创新公开形式，以司法公开促进司法公正廉洁。除依法不能公开的外，法律依据、司法程序、办案各个环节和结果都要向社会公开。完善司法听证、新闻发布以及当事人权利义务告知、群众旁听庭审、裁判文书上网、诉讼档案查询等制度。推进司法信息化建设，加大数字法庭建设力度，建立案件信息查询系统，推行庭审同步录音录像、同步记录、同步显示和重要案件庭审的电视或网络直播。增强公开意识，扩大公开范围，创新公开方式，以公开促公正，以公开保廉洁。

（四）加强司法规范化建设

以程序公正为基础，制定科学合理的司法工作规范，明确司法各个环节的办案要求和操作规则，形成权责明确、行为规范、监督有效的司法工作机制。规范证据的收集、审查、认证和采信程序，严格贯彻执行刑事、民事、行政证据规则，全面落实和完善讯问犯罪嫌疑人全程同步录音录像制度。加强对民事案件执行、涉案款物处置、执法办案安全防范等程序的规范。全面规范自由裁量权，推进量刑规范化改革，加强案例指导，统一裁判和执法尺度。严格执行案件办理期限制度，积极探索繁简分流和速裁机制，研究建立轻微刑事案件快速审理制度，提高司法效率，降低诉讼成本。

（五）强化诉讼活动法律监督

加强对贵州司法工作人员渎职违法犯罪行为的监督，防止和纠正徇私舞弊、枉法裁判等行为。加强对诉讼程序严重违法，侵害公民、法人、其他组织合法权益和社会公共利益行为的监督，防止和纠正有案不立，违法立案，刑讯逼供，违法取证，违法查封、扣押、冻结、处理款物，在执行判决、裁定活动中严重不负责任或滥用职权致使公民、法人、其他组织合法权益和社会公共利益遭受损害等问题。加强对认定事实、适用法律严重错误案件的监督，着力纠正定性明显错误或处理严重不公，损害公民、法人、其他组织合法权益和社会公共利益等问题。加大对刑罚执行和监管活动的监督，促进监管场所依法管理。探索开展对民事执行活动的监督。

五、开展多层次多领域的依法治理

“六五”普法的基础在“普”，重点在“治”。应坚持法制教育与法治实践相结合，着力提高全社会的法治化管理水平，通过法制教育和法治实践，强化法律学习，提高法律素质，推进“法治贵州”建设。注重坚持党在组织统揽全局、协调各方的领导核心作用，在总结推广法治城市、法治县（市、区）创建活动经验的基础上，准确把握新时期法治建设的趋势和方向，建立健全制度机制，不断提高普法、依法治理水平。

（一）加强基层群众性自治组织建设

在贵州实施“城镇化带动战略”的大背景下，基层群众性自治组织的建立能弥补基层组织功能调整后社会化服务缺乏组织载体的空缺，为农村与城市经济组织成为市场经济主体提供了社会条件，满足了市场经济对农村与城市经济组织的主体要求。更为关键的是，它在基层政权与农村与城市经济组织之间建立了缓冲带。一方面，可以在一定程度和范围内防止基层政权直接干涉农村与城市经济组织的经营管理；另一方面，还可以帮助农村与城市经济组织建立应有的自主，摆脱对政府的盲目依赖。基层群众性自治组织，[1]通过群众自治能从事许多基层社区的服务工作，能减轻基层政权服务职能的负担，并为基层政权进行社会管理创造良好的社会条件，还可为基层政权的民主建设打下坚实的社会基础。

1. 大力推进基层城镇社区的依法治理。新的形势给城镇社区依法治理工

---

〔1〕 此处的“群众性自治组织”形成的条件可以理解为：经济利益与民主实践之间的关联越紧，民主政治作为一种新的价值观念和行为规范在民众中生根、成长的可能性就越大。参见王旭：“乡村中国的基层民主：国家与社会的权力互强”，载《二十一世纪》1997 年第 4 期。

作提出了新的任务和新的问题，政府需要对这项工作做认真的调查和深入的思考，努力寻求工作新思路，开拓工作新局面：

第一，加强社区管理的需要。只有搞好依法治理，社区管理才能够真正得到加强。尤其是随着改革的深化，过去由政府或所在单位包揽的就业、医疗、保险、养老等社会保障事务逐步由社区承担，社区日益成为市民生活的重要舞台和社会管理的主要领域。通过开展依法治理，用法律手段为社区管理服务，规范保障社区各项事业的发展，是社区管理的根本要求和重要原则。

第二，是维护社会稳定的需要。伴随着社会人员结构的重大变化和大规模的城市建设，大量离退休人员、个体工商户、私营业主、下岗待业人员、外来流动人员以及新迁居民涌入社区，汇成数量庞大、身份复杂、流动性强的“社区人”群体。“社区人”个体思想观念、生活方式、工作职业的差异，使得日常社区管理中出现了多种矛盾纠纷，如普遍存在的下岗再就业、最低生活保障费的发放、垃圾费的收缴、房屋拆迁、禁毒禁赌等问题，以及因空调噪音、滴水，车辆进出停放等原因而产生的邻里矛盾，城镇社区由此成了社情民意的综合反映地和各种矛盾、问题的汇聚地。过去那种城镇干部、居委会主任上门做工作的简单方式已不能适应现实的需要，只有加强依法治理，用法律手段进行管理，才能够顺应民情，妥善解决矛盾、纠纷，确保社区的稳定。

第三，深化基层民主政治建设的需要。社区管理的一项重要内容就是保障群众依法享有的民主权利得以充分实现。实现的途径就是实施依法治理，通过加强城镇社区基层组织建设和干部队伍建设，按照党的要求和宪法、法律的规定，把社区群众组织起来，广泛开展“自治”活动，切实把民主选举、民主管理、民主监督落到实处。只有这样才能逐步实现推进基层民主政治建设和城区法治化的目标。

第四，提高市民生活质量的需要。在人们生活水平普遍得到提高，物质要求基本得到满足的情况下，人们对精神文化生活有了更高的要求。城镇社区为居民办实事，就是要整合力量，实施依法治理，采取建章立制，整治违章违法，推动法律、医疗、文化等服务进社区，实现社区居所安全、秩序良好、环境优美、文化生活丰富多彩，确保居民安居乐业。

2. 认真组织居（村）委会换届选举。民主选举是村（居）民自治的基础。搞好村（居）委会换届选举，真正把思想作风好、公道正派、能够带领群众致富的人选进村（居）委会班子，有利于巩固贵州城乡基层政权，加强贵州各级基层自治组织建设。做好村（居）委会换届选举工作，党的领导是关键，依法选举是保障。譬如，笔者在调研过程中进一步了解到，在当前及以后的换届选举工作中，贵州要继续严格执行《村委会组织法》《居委会组织法》《贵州省村民委员会选举办法》《中共中央办公厅国务院办公厅关于加强和改进村民委员会换届选举工作的通知》等法律、法规和有关政策，确保广大人民群众可以直接行使民主权利。任何组织和个人都必须严格依法选举。每次换届选举的要求都有所不同，面临的情况也是不完全一样，各县市（区）、各乡镇（街道）党委、政府务必要从落实科学发展观，推进农村改革、发展、稳定的战略高度，充分认识换届选举工作的重要性，把思想统一到全省的部署上来，以加强基层自治组织建设和基层民主政治建设为目标，精心组织、周密部署，切实增强政治责任感，通过换届选举实现“选好一班人，带好一个村”，更好地带动农村发展，带领农民发家致富。

当前，贵州选举工作仍面临一些不容忽视的问题：一是有的基层干部对村委会民主选举认识不到位，重视不够，对可能出现的新情况、新问题估计不足，存有麻痹、松懈思想。二是外出务工的村民不断增多，有的务工村民多年不归，从而造成选民资格难以认定，选民无满意人选推选，给村级换届选举增加了难度。三是村干部报酬仍然偏低，村干部职位对农村年富力强的人缺乏吸引力，候选人素质难以提升。四是一些选民民主观念、法制意识淡薄，参与选举的积极性不高。五是一些村还存在可能影响和干扰换届选举的不利因素，如土地征用、安置补偿、集体资产处置等矛盾仍然比较突出，家族、宗派势力较为严重等。六是一些地方对农民民主权利重视不足。对于这些问题，我们要有清醒的认识和足够的估计，准确掌握村情民意，制定周全的选举工作方案，最大限度地减少可能出现的不利影响，确保贵州各级换届选举工作的顺利进行。

3. 积极推进基层行政管理体制改革。为了更好地统筹贵州城乡党建资源配置和推行基层行政管理体制改革，我们要紧紧抓住村社合并、基层社区建设的机遇，将统筹城乡党建工作纳入到城乡一体化发展大局中进行谋划和推进，组织开展一个社区一名大学生村官、一个社区一个部门帮扶、一个社区一个企业支持、一个社区一套规划发展、一个社区一个政策扶持等活动，推动城市优质资源向基层村延伸、城市公共设施向基层覆盖、城市现代文明向基层辐射。

科学设置基层社区党组织为统筹城乡发展创造条件。笔者了解并分析到，贵州应该按照“合大合强、合稳合顺、先合组织后并村”的原则，采取村企联建、村居联建、村村联建“三种模式”，优化设置贵州基层党支部，将原行政村或行政社区党支部全部改为党小组。制定《社区建设工作规范》，实现社区工作制度化、规范化。选优配强基层社区党支部书记，培养推动科学发展的骨干力量。打破城乡二元结构和地域、身份、职业界限，采取“两推一选”或“两推直选”的办法，[1]重点从致富能人，区、县、乡机关退职干部中选拔基层社区支部书记。开展“基层社区支部书记培训年”活动，每季组织一次社区支部书记培训班，半年召开一次座谈会，每年组织基层社区支部书记到先进地区进行培训。同时，制定《基层社区支部书记考核奖惩办法》，细化考核内容，明确考核标准，激发基层社区支部书记的内在动力，完善延伸“星级化”管理制度，充分激发广大社区干部干事的创业热情，完善“基层财政统筹、以绩定星、以星定酬”的报酬发放机制，将上级转移支付资金和补助资金全部用于社区干部待遇，为基层社区党组织书记和现任党小组长的原基层支部书记办理养老保险。每年评选一次“十佳”基层社区支部书记，将符合条件的优先推选为“两代表一委员”；县乡在对重大问题进行决策时，应邀请“十佳”或高星级支部书记参加；对连续3年被评选为全县“十佳”支部书记的，择优选拔进入基层政府机关工作。

（二）拓展和规范市（地、州）县乡村社的法律服务

社会转型时期经济的快速发展、利益群体的多元化导致了法律服务需求的旺盛和多样化，这就要求我们要构建满足不同人群、不同层次需求的法律服务体系。笔者通过调研分析，仅以黔东南州剑河县干警法律服务活动为例说明之。2010年以来，剑河县全县共有人口24 065万人，227名政法干警人均走访群众20户以上，共走访群众4551户，为412户1456人解决了生产生活困难问题，为弱势群体提供法律援助15件，排查出不稳定因素168起，调解矛盾纠纷146起，其中成功调解140起，解决群体性械斗事件2起33人，

[1] 此处的“两推一选”，即村党组织换届时，采取“党员推荐、群众推荐、党内选举”的办法进行选举。“两推直选”，即村党组织换届时，采取“党员推荐、群众推荐、党内直选”的办法进行选举。

制止群体性上访 2 起 24 人，开展法治讲座 56 场，散发法律宣传资料 50 000 份，接受群众法律咨询 2023 人次，协调相关部门为群众办实事 30 件。这说明，贵州构建主体明确、市场规范、管理科学、功能完备、运作合理的现代法律服务体系既是适应新形势、新任务，提高司法行政管理水平的迫切需要，又是推进法律服务健康发展的重要内容。“积极拓展与规范法律服务”是对贵州司法行政部门提出的新要求，法律服务领域的拓展与秩序的规范需要一个方方面面协同努力的过程。只要我们明确自身责任与使命，按照法律服务的特点遵循市场经济的规律，勇于实践、积极探索、大胆创新，一定能够建立起一个适应贵州经济社会发展的法律服务体系。

1. 完善基层法律服务体系。基层法律服务对于促进城乡经济社会的和谐发展、推进基层法治现代化、维护群众合法权益发挥了不可替代的重要作用。完善基层法律服务体系的路径有：

第一，构建整个法律服务体系的多层次、多样化的服务态势。由于地域、历史、文化等多方面的原因，城乡之间法律服务失衡的状态将延续相当长的一段时期。在现有条件下，政府如果限制基层法律服务所，那么中低收入群体便将得不到有效的法律服务，甚至没有法律服务。因此，现阶段必须承认法律服务市场存在不同层次供需的现实，通过明确基层法律工作者和普通律师各自拥有不同的服务范围和出庭权限，为法律人才进入落后地区，根本解决落后地区法律服务资源短缺和服务水平、服务质量偏低的问题搭建体制平台，构造全方位、多层次、多角度的法律服务体系。

第二，完善相关立法。明确基层法律服务工作者的合法身份及其权利职责范围。贵州基层社会纠纷解决体系中各主体职能的混沌状态，来源于社会发展的较低层次和相应简单、低廉的社会需求。但必须强调的是，农村地区与城市地区所需求的法律服务的差异，绝不是简单的层次高低之分，而是有类型和方式上的重大差异。建议将基层法律工作者统称为基层律师，明确基层律师的法律地位、权利义务、服务领域、法律限定等，明确其合法身份，使其接受《律师法》的统一规范，调动其积极性。

第三，完善乡镇法律服务所的构建，为基层农村法律服务提供组织保障。其一，加强乡镇法律服务是开展法律服务的立足点；其二，推进“法律进农村”工作，引导群众通过合法途径解决矛盾纠纷；其三，对现有基层法律工作者要给出路，同时鼓励家在基层的高等院校毕业生报考“基层律师”，在政策上予以扶持。

第四，设立基层律师协会，理顺管理体制。设立“基层律师协会”，实行自我管理是基层法律服务机构有序发展的保证。建议尽快明确基层法律服务机构和人员的管理归属，充分发挥司法行政机关与行业协会管理的优势，提高管理水平。

第五，抓住重点，规范管理。规范市场竞争主体，重点是实施法律服务市场准入制；规范市场竞争行为，重点要完善信用制度体系；规范法律服务管理行为，重点是赋予法律服务管理部门相应的管理权限；优化法律服务发展环境，重点是为法律服务主体平等参与竞争创造公平的法制环境、政策环境和市场环境；拓展法律服务市场，关键是正确引导基层法律服务。〔1〕

2. 拓展法律服务领域、方式及功能。实践证明，基层法律服务工作是满足城乡广大群众法律服务需求的重要渠道。要积极引导法律服务主体探索网络经营和连锁服务方式，运用现代科技成果延伸法律服务的市场空间，扩大法律服务的覆盖面。基层法律服务工作要以村镇为依托，面向基层、面向社区、面向群众，提供公益性、非营利性法律服务。应制订措施，鼓励律师事务所在正常开展业务的同时，定向为一个或多个乡镇提供法律服务，加大司法救助的扶持力度，倡导律师每年承办一定数量的法律援助案件，组织实习律师为社区提供公益性法律服务，并将此作为考核其能否转为正式律师的重要内容。加强基层法律服务工作，要注重实现法律服务工作的政治效果、社会效果和法律效果的有机统一。贵州司法行政部门应采取科学手段及时掌握和预测社会管理型服务、市场经营型服务、民众生活型服务的发展空间和增长比例，积极引导和协调律师、公证、基层法律服务、法律援助的发展布局和发展方向，广泛开辟法律服务主体为经济改革发展服务、为政府依法管理服务、为基层社会和群众生活服务的渠道。同时，进一步扩大法律服务合作范围，拓宽合作方式，从而使基层法律服务工作顺应时代发展的要求。

3. 规范和健全法律服务市场。制定统一的法律服务市场竞争规范，重点是做好法律服务市场秩序监管、准入、退出等方面的规定，加强对法律服务机构的经营监督管理，完善税收、审计制度。同时，要加强法律服务机构和执业人员保障制度建设，提高抵御风险的能力。实施以主体要素、机构规模、

---

〔1〕 参见王秀鹏：“论完善农村基层法律服务体系”，载《西部科教论坛》2010年第7期。

业务限制、执业权利为主要内容的准入制度，是规范法律服务市场的首要环节。要依法确立法律服务市场的主体，对不具备法律服务市场主体资格的机构和个人，限期清理出法律服务市场，树立服务质量就是效益、服务质量就是信誉、服务质量就是竞争力的现代服务理念。建立一套完善的法律服务信用评估、信用风险预警、风险管理及风险转嫁制度，从源头上遏制失信行为的发生。要及早出台一些相关的法规或规章，加强对信用行为的法律保护。要继续深化完善以律师信用评估标准为核心的信用工程，将行政管理机关、行业协会、新闻舆论媒体、社会专门评测机构、人民群众意向等多种评价方式结合起来，通过不同形式的监督和评议，促进法律服务行业改进作风，树立严格执法、热情服务的职业形象。全面完善法律服务执业保险、医疗保险、养老保险、责任保险等风险机制。健全法律服务市场的重点是为法律服务主体平等参与竞争创造公平的法制环境、政策环境和市场环境。司法行政部门要积极转变职能，减少行政审批事项，简化手续，努力为法律服务的发展创造更为优越的环境平台。

4. 完善市（地、州）、县、乡、村、社法律顾问制度。充分发挥律师在市（地、州）、县、乡、村、社法律顾问中的重大作用，是实现依法治省的必要之举。

为了有效地提高律师工作的积极性，首先必须从基层法律顾问工作的本质出发，充分尊重律师，加强与律师的合作与沟通，增进相互之间的理解和支持。从主观上充分重视律师法律顾问工作，确保律师执业所应有的权利和地位得到保障。其次，还必须加大市（地、州）、县、乡、村、社法律顾问律师的参与力度。适应建设“法治市（地、州）、县、乡、村、社”的需要，针对市（地、州）、县、乡、村、社基层依法行政过程中所涉及的法律事项提供相应的法律服务。让律师不仅仅只为政府提供简单的法律咨询、民事诉讼等法律事项，而是多角度、全方位地介入市（地、州）、县、乡、村、社基层行政单位的日常工作。建立“市（地、州）、县、乡、村、社基层法律顾问团”，以律师为主，同时吸收法律教学、法律研究等专业领域的法律人才，使其参与到市（地、州）、县、乡、村、社基层法律顾问工作之中，共同为市（地、州）、县、乡、村、社基层提供优质、高效的法律服务。为了加强基层专职律师的管理，基层政府可建立“基层政府专职律师管理制度”，明确其权利与义务。市（地、州）、县、乡、村、社顾问律师参与基层法律顾问工作，不仅应得到政府的有力配合，还应享有一定的查阅、询问、取证等权利，以有效地保障基层法律顾问工作的顺利进行。为了有效提高市（地、州）、县、乡、村、社基层律师工作的积极性、保证工作的质量和效率，可建立市（地、州）、县、乡、村、社基层法律顾问激励考核机制，以最大限度地发挥市（地、州）、县、乡、村、社基层顾问律师的作用。此外，还应建立市（地、州）、县、乡、村、社基层法律顾问经费制度，以保障基层法律顾问工作的顺利开展。律师参与市（地、州）、县、乡、村、社基层法律顾问工作，为市（地、州）、县、乡、村、社基层群众提供各项法律服务，可以有效地提高基层政府管理行为的法律水平，增强基层市（地、州）、县、乡、村、社基层干部群众的法律意识。

（三）加强市、（地、州）、县、乡、村、社经济法治建设

加强经济法治〔1〕建设需要用系统论的科学方法来分析和构建经济法治的科学体系，只有着眼该科学体系的整体效应，才能完整地把握经济法治的内涵及其实践环节。贵州所有经济活动的参加者（包括政府官员和每个公民）只有具有了经济法治观念，才能适应现代市场经济有序发展的需要。经济法治观念包括效益与合法性相统一的观念，效率与公平兼顾的观念，平等、公开、公正的观念，宏观调控与微观调节法律一体化观念，政府职能有限观念，公民和法人权利保障观念，经济运行规则性观念，市场中心和适度计划观念，法律保障智力劳动成果价值观念等。强烈的经济法治观念对于企业家和经济管理者、领导者来说尤为重要。他们必须崇尚法律并熟悉有关法律规定，以法律作为其行为选择以及决策的重要依据，善于依靠法律来组织、管理经济，尊重和维护企业的合法权益。同时，他们可凭借法律的导向和预测功能，科学制定和正确实施企业的发展战略，避免和排除企业发展中的暗礁和阻力。不过，笔者通过调研发现，贵州目前经济法治乏力与软弱的主要原因是经济，即相当部分企业（特别是大中型企业）的产权主体缺位，导致缺乏真正的所有者强制与约束法律介入到市场经济活动中并公正地发挥作用。所以，目前加快贵州经济法治建设和增强经济法治力度最主要、最重要的措施仍然是企

〔1〕此处的“经济法治”是指国家通过制定法律、法规，调整经济关系，规范经济行为，指导经济运行，维护经济秩序，使整个经济逐步按照法律预定的方式快速、健康、持续有序地发展。从系统的观点来看，经济法治至少应包括经济法治观念、经济法治制度、经济法治秩序、经济法治环境。

业的产权（特别是大中型企业的产权）迅速到位。随着产权问题的最终解决，贵州市场经济运行中追求公平交易的经济力量一定会逐步强大，进而达成贵州经济与地方法治的协调发展与健康运行的目标。

1. 树立经济法治理念。经济法治意识和观念〔1〕、规范和制度的作用与实行都要落脚到维护和发展良好的经济法治秩序上，以保障和促进经济的发展和繁荣。良好的经济法治秩序来自良好的经济法治效果，即每个经济主体权利的充分享有和权益的实现，义务的切实履行和承担，各经济部门和环节都高效而有序地运转。其既可以保证生产效率和经济效益，体现社会公平和公正，同时还可有效地预防和控制经济违法犯罪，从而充分调动和发挥劳动者的积极性和创造精神以及经济单位的潜力和活力。社会主义市场经济秩序的建立除了要靠国内市场规则外还要靠国际市场规则形成的一体化效应，这样才能实现资源的优化配置，最大限度地利用人力、物力、财力。只有以现代市场经济为坐标模式，以法治经济为价值取向，努力加强贵州经济法治系统工程的建设，才能够为贵州经济的又好又快、更好更快发展提供有效的法律保障。

2. 依法规范市场经济秩序。经济法治包括完善的经济立法、执法及司法体制，以及良好的守法、护法机制和环境。就建设贵州经济法治制度而言：一是必须建立和完善一整套经济法规体系，以确立各类市场主体的法律地位，界定各种生产要素商品化的资格，规范所有市场活动和行为，维护市场关系和秩序，规范宏观调控和保障社会分配，使市场经济的各个领域都有法可依、有章可循，从而稳定和调整各种市场经济制度〔2〕，衔接和协调政府、市场和企业的关系，规范企业的经营管理，这就应把加强经济立法工作提到首要地位，健全经济立法体系。二是必须完善经济执法和经济司法，使得无论是政府执法还是经济检察、经济审判以及行政审判，都能严格依照法律的规定和程序进行。为此，我们必须按照为市场经济服务的要求大力加强经济执法、

〔1〕 从学理上讲，人们已经形成了市场经济是法治经济的共识，但我国市场经济的法治现状总体而言并不尽如人意，以至于在一定程度上影响了我国市场经济的健康运行与发展。面对我国这一并不乐观的经济法治的状况，人们从各个角度进行了有益的探索，并从广泛的角度进行了原因分析，相应地提出了许多对策，有些对策也切实可行且取得了一定成效。但总体上讲，效果并不明显。参见章谦凡：《市场经济的法律调控》，中国法制出版社 2008 年版，第 239 页。

〔2〕 此处的市场经济制度包括市场体系、产权关系、市场组织和结构、市场运行机制、市场调控手段与方式、市场行为约束和保障及投资收益与分配等。

经济检察和经济审判，并改革和完善执法和司法体制，充实薄弱环节，消除其中的漏洞和弊病，维护法律的尊严，树立法治的权威。同时，解决好权与法的斗争以及钱与法的较量问题，反对以权代法、严禁贪赃枉法和权钱交易，制止假借法律保护本地区、本部门狭隘利益的行为，并认真落实经济案件的执行。三是须强化经济法治监督体系，加强经济法治的宣传教育，努力提高贵州广大干部和群众懂、用、护、守经济法治的能力和自觉性。

3. 完善和补充经济立法、执法和司法。马克思在其光辉著作《哲学的贫困》中精辟地指出："只有毫无历史知识的人才不知道，君主在任何时候都不得不服从经济条件，并且从来不能向经济条件发号施令。无论是政治的立法或市民的立法，都只是表明和记载经济关系的要求而已，立法者应该把自己看作一个自然科学家。他不是在制造法律，不是在发明法律，而仅仅是在表述法律。"〔1〕恩格斯曾指出："民法准则只是以法律形式表现了社会的经济生活条件。"〔2〕可见，立法者必须以社会客观事实为基础，以事物的必然性为依据。经济立法要同贵州经济状况相适应，要以经济关系为出发点，完善经济立法的价值取向，为推动经济的发展进行经济立法。

目前，经济立法以建构理性为主，带有强制性制度变迁的色彩，作为推动社会变迁工具的经济立法不是对传统与现实习惯法的总结与提炼，也不是对现实社会习惯的制度化，而是理性建构的制度化过程，因此强行性规则较多。一方面，贵州目前的经济法规不多，有些经济立法已难以适应现代市场经济的要求，难以起到推动经济发展的作用。因此，我们需要对现有的经济法律制度进行全面、细致的完善。另一方面，要完善、补充经济执法和经济司法。贵州经济行政执法情况虽然有所改善，但是仍然存在着不少突出的问题，已成为行政法治和廉政建设的一个薄弱环节。所以，重视和加强经济行政执法工作，对发展贵州改革开放的大好形势，促进贵州的法治建设是非常必要的。同时，完善贵州"经济司法"〔3〕，一方面可对国家机关、企业、事业单位、社会团体和国家工作人员的经济活动的合法性进行法律监督；另一方面可以适应新形势下经济检察和经济审判的需要，加强检察院和法院的内

---

〔1〕 参见《马克思恩格斯全集》（第4卷），人民出版社1972年版，第121~122页。

〔2〕 参见《马克思恩格斯选集》（第4卷），人民出版社1972年版，第249页。

〔3〕 此处的经济司法是指人民法院、人民检察院依法对经济纠纷案件和经济犯罪案件进行审判和检察的活动。经济司法包括经济审判制度和经济检察制度两个方面。

部改革和建设，改善执法活动，提高执法水平，抵制非法干预，从严制院，保持内部的清正廉洁，提高检察人员和审判人员的政治素质、业务素质、真正做到有法可依、有法必依、执法必严、违法必究。

4. 强化经济法治监督体系。近年来，贵州在经济法治监督体系方面相继出台了大量相关的意见与办法，其目的是规范经济法治监督活动。但是，可以看到，贵州目前的经济法治监督工作的状况还很不尽如人意。从法律位阶上来看，贵州目前并没有很多经济法治监督方面的地方性法规，只能以其他相关部门法中的相关法条来间接指导经济法治监督行为。譬如，《行政诉讼法》《行政处罚法》《行政复议法》《行政监察法》等。而经济法治监督方面大量依据的仍然是党和政府的政策和行政文件，而这些政策文件具有很强的主观性和不确定性。经济法规的缺失，造成了贵州目前经济行政无法可依的尴尬局面。贵州已形成了一套监督管理网络，但目前来看，这套网络仍然是比较粗糙的。贵州监督机构和监督人员没有独立地位，监督权的设置混同于一般的行政职能。为此，需要进行经济法治监督机制的改革。其中最重要的是进一步划分行政管理权和经济法治监督权，将行政管理职能和经济法治监督职能进一步分离，即将行政管理机关和行政监督机关分别设置，组成相对独立的、综合监督的专门机构，使其在职能上从行政管理日常活动中脱离出来。贵州现行的监督法规不仅不健全，而且有一些监督法规在某些环节因缺乏相配套的实施细则而难以操作。因此，我们需尽快制定一套符合地方实际的法律监督体系，为经济法治监督提供可靠的法律保障。结合贵州的实际情况，这套监督体系应包括：监督体制、监督机关及其职责权限、监督原则、监督的内容和形式、监督程序以及相关的法律责任。通过制定统一的监督体系法，我们可以进一步理顺经济法治监督体制、明确经济法治监督主体的职责权限、规范经济法治监督的程序、强化经济法治监督的手段，使经济法治监督全面步入法治化的管理轨道。

（四）健全法律监督体系，强化监督实效

法国思想家孟德斯鸠指出：“从事物的性质来说，要防止滥用权力，就必须以权力约束权力。我们可以有一种政制，不强迫人去做法律所不强制他做的事，也不禁止任何人做法律所许可的事。”同时，他认为，无论是谁，“他越是有权力，就越是拼命想取得权力；正是因为他已经有了许多，所以要求

占有一切”。[1]这表明，要防止权力的扩张，必须以另一种权力加以制约。为此，需要完善贵州省权力制约和监督机制，综合运用各种监督形式以增强监督合力和实效，真正做到有权必有责、用权受监督、违法要追究。强化人大、政协、司法的监督职能，进一步加强行政执法监督、行政复议监督等层级监督和审计、监察等专项监督；强化对重要部门、重大事项和重要岗位的监督，实行严格的决策责任追究和绩效评估制度，确保各级行政部门依法严格履行职责。同时，贵州应着力健全司法救济功能，依法保障公民诉讼权利，重点解决人民群众反映强烈的有罪不究、违法办案、裁判不公等问题。惩防腐败体系的领导体制和工作机制完善，领导干部述职述廉制度和重大事项报告制度以及党风廉政建设责任制落实，党政班子民主测评中，反腐倡廉工作评价等次达到优秀；未发生造成恶劣影响的违法违规办案事件，群众对党风廉政满意度高。应健全举报制度和举报网络，加强信访工作进一步畅通群众监督渠道，加强舆论监督切实发挥社会法治监督作用。

1. 完善权力制约和监督机制。正如英国思想家洛克所说：“权力一旦失去法律的约束，它就会偏离它产生和存在的宗旨，人民遭受暴政之苦便不可避免。”[2]这意味着一个长期执政的政党，要始终保持清正廉洁、经受住各种消极腐败现象的考验是很不容易的，需要付出十分艰辛的努力。随着贵州的改革深化，社会价值观呈现出多元化倾向，利益结构的分化也逐渐加剧，社会上形形色色的腐朽落后思想同样会侵蚀一些党员干部。如果思想防线不牢、意志不坚定，就很容易受到腐败病毒的感染，甚至跌入腐败的泥坑。贵州各级政府机构坚持科学民主决策，不断完善公众参与、社会监督、专家论证与政府决定相结合的决策机制，凡是关系国计民生的重大决策，凡是涉及人民群众切身利益的重要事项，都认真听取社会各界和专家学者的意见。贵州的许多地方和部门还建立了行政决策问责制、社会公示和听证制度，兼听则明，偏听则暗。我们坚信，这些制度和机制的实施定能有效地避免贵州行政决策的盲目性和随意性，预防和减少决策失误的发生，在建设服务政府、责任政府、法治政府和廉洁政府方面一定会取得成就。

2. 强化人大、政协、司法的监督职能。强化人大的监督就是代表人民行

---

〔1〕 参见［法］孟德斯鸠：《论法的精神》（上册），张雁深译，商务印书馆1997年版，第154页。

〔2〕 参见［英］洛克：《政府论》（下篇），叶启芳、瞿菊农译，商务印书馆1996年版，第123页。

使权力，同时也必须把监督工作的开展情况置于人民群众的监督之下。这就需要人大及其常委会把监督的内容和重点通过各种不同的形式随时公布于众，广泛听取人民群众的意见和建议，以提高监督决策的民主化水平。强化并健全政协民主监督工作机制至少应考虑建立三方面的制度：一是规范政协参加单位和委员履行民主监督职能的制度；二是支持和保障政协参加单位和委员履行民主监督职能的制度；三是执政党和国家机关吸纳、落实、反馈来自政协意见、批评和建议的制度。由于监督工作涉及监督者和被监督者两个方面，所以建立政协监督、健全相关制度要在党委的领导下进行。同时，强化司法监督职能是地方人大行使监督权的一项重要内容，尤其是在随着经济和社会治理结构发生了重大变化的现实情况下，强化地方人大对司法工作的监督对构建和谐社会具有极其重要的作用。因此，完善人大、政协、司法的监督职能也是提升贵州各级政府效能的有效途径。

3. 强化行政复议对行政执法的监督。行政复议作为行政机关内部纠正错误的一种重要监督制度，在保障和监督行政机关依法行使职权，保护公民、法人和其他组织的合法权益等方面发挥着十分重要的作用。以行政复议进行行政执法监督更具有操作性，可以完善贵州当前的行政监督手段。通过行政复议加强行政执法监督，促进行政机关依法行政和从严治政，建设廉洁、勤政、务实、高效政府具有重要价值。那么，如何充分发挥行政复议的监督职能，促进依法行政水平的提高，便成了各级行政复议机关思考的问题。是简单地审理几件行政复议案件来达到个案监督的目的，还是以个案审理为手段，通过审理发现执法中的问题，进而普遍加强行政执法规范工作，是值得思考的问题。对此，贵州各级行政复议机关应该将行政复议工作同行政执法规范、违法执法责任追究结合起来，在充分发挥行政复议的监督职能方面进行探索。只有这样，全省各级行政机关才能普遍加强行政执法规范工作，严格行政执法责任，行政复议的监督作用也才能得到较好的发挥，行政执法水平和行政复议质量才能提高。

4. 强化审计、监察专项监督。加强与纪检监察等部门的联系，提升审计成果利用水平，要建立健全与纪检监察、组织、人事等部门的联系制度，包括定期报告制度、定期沟通制度、定期反馈制度，形成工作合力以加大对审计结果的利用力度和提升审计工作效能。当前，贵州要坚持“依法审计、服务大局、围绕中心、突出重点、求真务实”的工作方针，走“以履行审计监督职责为出发点，以强化审计和审计调查为手段，以提报高层次审计报告和要情为载体，以促进宏观管理与决策为标准，以服务经济社会发展稳定为目标”的审计工作路子，在更高层面和更宽领域发挥审计监督作用，为贵州经济社会又好又快、更好更快发展和法治建设提供强有力的保障和高水平的服务，把推进法治、维护民生、促进发展作为审计工作的出发点和落脚点，充分发挥审计的建设性作用，使审计机关真正成为人民群众合法利益的维护者、各级领导科学决策的参谋者、各项工作政策改革的促进者、各种经济违规行为的查处者。

5. 加强举报制度和网络举报监督。“举报”是公民行使监督权的一种具体形式，因而属于公民基本权利的范畴。构建以“举报法”为主干的权利保障体系应当明确公权力主体的责任并制定严密的具体制度程序，让举报权救济的渠道畅通无阻。为此，应重点抓好保密、身份重置等预防性保护制度的建设，进一步完善惩治性制度的规定，同时还应该注重社会健康举报观念的培育。目前，贵州要把学习实施新的行政监察法作为一项重要任务，切实抓紧抓好；要加大宣传力度，认真组织学习和培训，进一步提高依法履职的能力；要根据修改的内容完善相关配套制度，进一步完善举报制度，加强对举报人的保护；要健全纠风和政务公开工作机制，不断提高工作水平；要依法推行监察工作信息公开主动接受监督；要加强对新的《行政监察法》实施情况的检查和指导，确保其被贯彻落实到位。同时，网络监督是新闻舆论监督的主要形式，网络监督的威慑力和影响力越来越大，网络监督反腐呈现出井喷式发展新局面。网络具有虚拟、开放、互动、及时、高效、便捷和经济等特点，较之其他监督网络监督举报的优势更明显：一是网络监督举报更安全；二是网络监督举报更有效；三是网络监督举报抗干扰性更强；四是网络监督举报形式更丰富、说服力更强；五是网络监督举报的线索来源更广泛。依据批评、建议、申诉、控告和检举等监督形式的行使和效应需要，依据媒体监督关涉的不同关系建立健全网络监督机制必须建立以下制度链接：一是要建立人大代表与选区人民群众的网络联系制度；二是要建立上下互连的省、市（地、州）、县、乡、村、社六级人大网站；三是网络监督与网络媒体自律、行业自律和政府管理的制度链接；四是网络监督与司法监督的制度链接。

6. 加强新闻媒体和社会舆论监督。江泽民同志于1996年在视察解放军报社时指出：“我们的报纸办得好，可以对党的路线、方针、政策和任务起到有力的宣传、贯彻作用，对群众起到极大的动员、鼓舞作用，对先进的东西起到积极的倡导弘扬作用，对错误的东西起到及时的制止、纠正作用。”[1]这表明，党和国家领导人高度重视新闻媒体在整个社会发展中，在整个社会主义改革开放事业中的不可替代作用。同时，邓小平同志曾说过：“报纸真的同实际、同群众联系好了，报纸办好了，对领导是最大的帮助。”[2]正是新闻媒体的重要舆论作用决定了新闻媒体工作者所应担负的社会责任和历史使命，决定了新闻媒体工作者要通过新闻媒体对整个社会主义事业起到积极的推动作用，而不是把事业搞糟、搞乱。现实生活中，我们要更好地发挥新闻媒体的舆论监督作用，对于新闻媒体客观公正的监督批评和意见建议，只要能提出来，党委、政府和主管部门就应及时予以纠正。因此，新闻媒体一定要开展批评和自我批评，对错误的东西，对不符合改革开放大方向，不符合人民根本利益，不符合党的路线、政策的东西要敢于揭露、敢于批评，真正实行舆论监督。贵州在整个经济社会发展建设尤其是“三个建设年”[3]中，应该始终高度重视新闻舆论和社会公众的监督作用，全面、有效地拓宽社会监督渠道，增强党员干部与群众的沟通，使社会监督成为转变机关作风、促进廉政建设的强心剂，成为提升干部素质、加速赶超发展的推动剂，成为增进党群干群关系、维护社会和谐的黏合剂。我们应该做到：一是充分发挥全省各级人大的监督作用，将公开内容及时向各级人大报告；二是建立健全省行政机关内部监督机制，把办事结果与事前、事中民主决策和民主监督结合起来；三是设立公布举报电话、意见箱、政务监督信箱、邮箱，对群众反映的问题及时进行调查处理，并迅速将调查结果反馈给监督人；四是积极接受上级部门对市（地、州）、县、乡、村、社财政预算决算情况，机关基金、资金收支情况的定期审计。

六、推进社会法治建设

当前和今后的一段时期，是贵州经济社会发展的关键时期，贵州的经济

〔1〕参见别庆林：“军兵种报纸如何开展舆论监督”，载《军事记者》2004年第6期。

〔2〕参见《邓小平文选》（第1卷），人民出版社1994年版，第149页。

〔3〕此处贵州省委、省政府决定从2010年起到2011年底，在全省深入扎实开展作风建设年、环境建设年、项目建设年活动。目的是通过这样一个抓手，增强全省上下的机遇意识、忧患意识、责任意识和主体意识，以作风建设保障发展，以环境建设促进发展，以项目建设带动发展。

体制、利益格局、思想文化、社会结构都将发生深刻变化，社会治理工作与人民群众日益增长的需求相比、与经济社会加速发展的形势相比，还有不相适应的地方。因此，推进贵州社会治理还面临一系列挑战和问题。

（一）创新社会管理体制

社会管理体制的创新对于法治贵州建设的意义是显而易见的。因为社会管理的根本目标是建立一个开放、自由、民主、公平、平等、和谐的社会，而创新社会管理体制，是维护贵州社会和谐稳定的源头性、根本性、基础性工作。基于此，贵州应进一步完善公共治理结构，完善党委领导、政府负责、社会协同、公众参与的社会管理格局；强化政府社会管理职能，创新社会管理方式，更加注重运用法律手段调节社会关系，平衡社会利益，解决社会矛盾，促进社会和谐。

社会管理体制创新的路径存在于政府、市场与社会三者的合作与共识之中。具体说来就是，社会管理主体从国家一元转向多元，走向政府、社会组织、社区组织、公众等多元主体共同管理；社会管理方式从“命令-服从”的单向度统治行为转向各个主体之间的协商决策、合作管理、透明化管理、法治化管理；社会管理手段从以行政手段为主转向综合运用行政手段、法律手段、市场机制以及社会自助和互助等多种手段；社会管理资源投入和服务产出主体由政府一元走向政府、企业、民间组织、社区等多元主体共同承担；社会管理方式从以行政管制为主转向以提供社会性公共服务为主；社会秩序从以强制性秩序为主转向强制性秩序与自治自律所形成的自发性秩序并重；社会管理中的权力配置格局从政府集中管理转向给社会放权和为公民增权；社会管理重心从单位转向社区；社会政策制定从封闭、神秘方式走向公众参与、多方协商和透明化决策。推进贵州基层社会管理体制改革，加强城乡社区建设，探索“社区管理社会化”，推进社区公共服务事项准入制度，加强流动人口管理和服务，加强特殊人群帮教管理，全面推行社区矫正[1]，以及加

〔1〕 这里的“社区矫正”（Community correction）是一种不使罪犯与社会隔离并利用社区资源教育改造罪犯的方法，是所有在社区环境中管理教育罪犯方式的总称。简单地说，就是让符合法定条件的罪犯在社区中执行刑罚。国外较常见的包括缓刑、假释、社区服务、暂时释放、中途之家、工作释放、学习释放等。中国的“社区矫正”，是指将符合社区矫正条件的罪犯置于社区内，由专门的国家机关，在相关社会团体和民间组织以及社会志愿者的协助下，在判决、裁定或决定确定的期限内，矫正其犯罪心理和行为恶习，并促进其顺利回归社会的非监禁刑罚执行活动。

强和完善信息网络管理及对虚拟社会的管理等一系列问题表明，具有贵州特色的社会管理体制创新工作，任务艰巨、责任重大、意义深远。

（二）发展和规范社会组织

贵州应依法加强对社会组织[1]的监管，健全监管体制，创新监管方式，制定社会组织行为规范和活动准则；建立政府向社会组织购买服务制度；实行社会组织信息公开和评估制度；引导社会组织建立行业规范，完善内部治理结构，强化社会责任，完善诚信自律机制；提高自律性。鼓励发展社会志愿者组织，建立健全志愿服务制度，规范志愿服务行为等。

应大力培育和扶持社会组织发展，建立起与贵州经济社会发展相适应、布局合理、结构优化、功能到位、作用明显的社会组织体系，充分发挥其提供服务、反映诉求、规范行为的作用。比如，2010 年，贵州省安顺市登记在册的 490 个社会组织中，党组织数已从 2008 年的 4 个上升到了 30 个，共发展党员 26 名、培养入党积极分子 136 名，党员人数从 63 名上升到了 498 名。安顺市按照“五个更加注重”[2]的要求，坚持培育发展与引导监督并重，大力推进社会组织领域党的建设，形成了党建与业务相促进、同发展的良好格局。

（三）畅通社情民意表达渠道

贵州必须充分畅通党政领导了解社情民意的渠道，搭起民意表达、社会监督和对话协商的平台，立足于矛盾问题“第一时间、第一现场”处置，真正从源头上预防和降低社会风险。其具体措施：一是充分畅通信访诉求渠道。完善领导接访、干部下访、信访代理等制度，多渠道倾听群众诉求，第一时间掌握社情民意，深入细致地做好工作，扎实推进信访积案化解，努力实现案结事了。二是积极拓宽多种形式的社情民意表达渠道。譬如，2011 年，贵州省湄潭县纪委在深入调研的基础上，出台了《湄潭县村民集中诉求会议制度》，旨在使村民“话有地方说，理有地方讲，困有组织帮，惑有政府解”。贵州全省目前正在扩建县级市民服务热线、开通民生网，从而形成规范的民

---

〔1〕“社会组织”（social organization）在社会科学中社会组织有广义、狭义之分。广义的社会组织是指人们从事共同活动的所有群体形式，包括氏族、家庭、秘密团体、政府、军队和学校等。狭义的社会组织是为了实现特定的目标而有意识地组合起来的社会群体，如企业、政府、学校、医院、社会团体等。它只是指人类的组织形式中的一部分，是人们为了特定目的而组建的稳定的合作形式。

〔2〕这里的“五个更加注重”是指更加注重收入质量，确保完成全年税收任务；更加注重队伍建设，树立良好国税部门形象；更加注重专业化管理，不断提高税源控管能力；更加注重方法创新，不断增强国税工作活力；更加注重效能建设，不断提升国税机关执行力。

意对话、协商和处理机制，以打造政民互动的信息平台。三是狠抓问题解决和落实。在拓宽渠道的同时，要综合运用政策、法律、经济、行政等手段和教育、协商、调解等方法，确保群众反映的问题在第一关口、第一时间得到落实。[1]除此之外，笔者认为，贵州还应进一步健全完善公众参与、诉求表达机制，确保不同职业身份、不同利益群体，特别是弱势群体和利益相关方充分发表意见。发挥人大、政协、人民团体、社会组织以及大众传媒的社会利益表达功能，推行公共决策公示、听证、咨询论证等制度。建立社会协商对话机制，积极主动回应社会关切的热点问题，促进政府与公众之间的良性互动。建立社会心理预测、预警机制和社会情绪疏导机制，培育奋发进取、理性平和、开放包容的社会心态。

（四）健全公民权益保障和利益协调机制

贵州在坚持以人为本，执政为民，依法保障人民群众经济、政治、文化、社会等各项权益方面，在着力保障和改善民生，认真实施就业增收、社会保障、素质提升、全民健康、安居宜居、畅通、安全、解困八大民生工程方面，在依法保障公民就业、社会保障、教育、医疗等各项民生权利方面尽管取得了一定的成绩，但还有进一步提高的空间。比如，健全党委和政府主导的维护群众权益机制，正确反映和兼顾不同方面群众的利益；逐步建立以公正的利益分配、有效的利益调控、畅通的利益诉求表达、有力的利益约束、合理的利益补偿为重点的利益协调机制；公民在行使自由和权利的时候，不得损害国家、社会、集体的利益和其他公民的合法的自由和权利；依法逐步建立以权利公平、机会公平、规则公平、分配公平为主要内容的社会公平保障体系，重点做好妇女、未成年人、老年人、残疾人、进城务工人员、下岗困难职工等社会群体的权益保障工作，保证全体社会成员共享改革发展的成果。

（五）健全完善多元化的矛盾纠纷解决机制

当前，贵州正处于社会转型期，各类社会矛盾纠纷突显，已成为影响社会稳定的因素。我们应正确认识和把握新形势下社会矛盾纠纷的特点和规律，将矛盾和冲突控制在可以掌握的范围内。靠单一的矛盾纠纷解决途径已经无法满足贵州各领域纠纷解决的需要。

---

〔1〕贾国湘："建立社情民意表达机制，切实提升社会管理水平"，载中国吉林网：http://www.chinajilin.com.cn/2012zhuanti/content/2012-04/25/content_2517036.htm，访问日期：2016年10月25日。

相关数据显示，在2010年1月至10月，贵州人民调解机构共调解纠纷9.25万余起，一审民事案件调撤率达69.81%，公安机关调解治安纠纷14.19万余起，预防和化解群体性事件1472起，公安机关接警数比2009年同期少了30万起。因此，建立和完善立足于基层的多元化矛盾纠纷解决机制，使纠纷得以及时、便捷、公正、妥善解决，对于贵州的社会稳定、促进经济与社会的协调发展意义重大。与此同时，我们还要加强人民调解工作，大力拓展工作领域，健全组织网络，完善工作制度，推动人民调解走上法治化、规范化轨道；完善人民调解、行政调解、司法调解“三调联动”工作体系，推广建立医疗纠纷、交通事故等各类专业性、行业性调解组织，及时有效地化解矛盾纠纷；以案结事了为目标，把调解优先原则贯穿于执法办案中，积极推行刑事自诉、轻微刑事、民事诉讼、行政诉讼等案件的和解解决模式；畅通行政复议申请渠道，创新行政复议体制机制，探索开展相对集中行政复议审理和行政复议委员会试点工作，充分发挥行政复议在解决矛盾纠纷中的作用；大力发展仲裁事业，依法加强仲裁体系建设，创新仲裁工作机制，努力扩大仲裁覆盖面，依法规范信访行为，促进信访与诉讼、复议、仲裁、执法监督相配合，积极引导信访当事人通过法律途径解决矛盾纠纷；加强社会矛盾纠纷排查，全面推行贵州社会稳定风险评估，健全群体性事件应急处置机制。

（六）加强和完善社会治安防控体系

完善防控体系是建设贵州社会治安防控体系的重要保证。贵州各级公安机关必须整合各方资源，充分挖掘潜力，把警力、民力、科技装备等各种战斗力要素置于防控责任区中，并使之有机整合起来，追求防控效能的最大化，形成全民参与、全警参战的整体防控局面，以巩固和完善治安防控体系。2012年，贵州省时任省长赵克志在政府工作报告中讲到，我们要以平安贵州创建为载体，完善社会治安防控体系。[1]为了全面提升贵州社会治安防控能力，贵州公安机关在党委、政府统一的领导下，逐渐为形成多警联动、点线面相结合、人防物防技防相结合的社会治安防控体系而努力。其具体措施：一是治安防控体系中防控网络的建立。首先，要立足社区，整体防面，编织社区治安防控网络；其次，布建严密的治安巡逻网，建立街面巡逻防控网络；再次，科学合理地设置防控点，建立卡口治安防控网络；最后，严密阵地控

---

〔1〕 引自2012年2月16日时任贵州省省长赵克志所作之政府工作报告。

制，建立单位内部防控网络。二是治安防控体系中警务运行机制的建设。首先，建立预警性的情报网络，强化预警机制；其次，强化整体作战机制，加强各警种协同作战的能力；再次，实行勤务制度改革，强化勤务运作机制和坚持正确导向，建立科学的绩效考核机制；最后，强化实战功能，进一步完善以110指挥中心为龙头的快速反应机制。

七、组织领导和保障措施

贵州省委对建设法治贵州实施集中统一领导。各地区、各部门要认真贯彻落实纲要，统筹规划、整体推进、分步实施。各级党委要把法治建设列入重要议事日程，定期听取汇报，分析形势，研究解决问题，促进各项工作的落实，充分发挥依法治省领导小组的职能作用。依法治省领导小组要围绕省委关于建设法治贵州的部署，制定近期工作规划和年度实施要点，协调、指导、推进依法治省、建设法治贵州工作。依法治省领导小组办公室是领导小组的办事机构，要认真开展调查研究，加强督促检查，强化分类指导，推动工作落实。各级党委要建立相应的组织机构，并提供必要的保障。

应健全全社会协调互动、合力推进的工作机制。各级人大、政府、政协和法院、检察院以及群众团体要高度重视建设法治贵州工作，充分发挥各自的职能作用，形成党委统一领导、全社会齐抓共管、人民群众广泛参与的工作格局。坚持"条块结合、以块为主"和谁主管谁负责的原则，把依法治省、建设法治贵州工作延伸到各个领域和基层。同时，加强法治贵州建设的理论研究和工作研究，积极创新工作载体。加快推进法治化城市建设，发挥中心城市的示范、辐射和带动作用，加快推进区域法治化进程。为适应建设法治贵州工作需要，应大力开展省际区域协作。应建立健全覆盖全省的建设法治贵州的分级部署、分工实施的责任体制。依法治省领导小组要根据本纲要，统筹协调、分步推进、分工落实。应认真研究加快推进依法治省、全面建设法治贵州的重点、难点和人民群众关心的热点问题，找准工作切入点，提出阶段性、区域性的工作目标与要求，加强分类指导。应切实抓好区域、行业和基层依法治理，以点带面，分层推进。各级各部门要按照部署和要求，制定实施意见，并报依法治省领导小组办公室备案。

小　结

社会治理法治化管理是以维系社会秩序为核心，通过政府主导、多方参与，规范社会行为、协调社会关系、促进社会认同、秉持社会公正、解决社会问题、化解社会矛盾、维护社会治安、应对社会风险，为人类社会生存和发展创造既有秩序又有活力的基础运行条件和社会环境，以促进社会和谐的活动。当前，贵州的改革、发展、稳定离不开良好的法治环境，实践也强有力地证明，良好的法治环境能更好地促进贵州的改革、发展和稳定。依法治理不仅能改变贵州原有的治安面貌，净化社会风气，而且更能全面提升干部群众的法治化管理水平，为经济和社会的健康、协调发展提供有力保障。

通过全民的积极参与和各部门齐抓共管形成合力以促进贵州省法治化治理水平：一是各级干部、群众的思想观念必须要有根本转变，能够懂得依法行使权力和依法履行义务，学会运用法律武器维护自己的合法权益和同违法犯罪行为做斗争。二是要找准党群、干群关系的结合点。凡事依法办理，使考虑问题依法，遇到问题求法，解决问题靠法，日益成为干部群众的自觉行为。依据法律想问题办事情，使全省机关与企事业单位、公民的关系越来越融洽。三是必须找到解决热点、难点问题的“金钥匙”。各级干部在处理热点、难点问题时，不仅要注意发挥群众参政议政的作用，更要注重从法律方面寻求解决问题的途径和办法，使问题的解决既有坚实的群众基础，又有可靠的法制保障。这样才能促进贵州的政治安定、社会稳定和经济的又好又快、更好更快发展。

贵州生态环境纠纷多元解决机制调查

Chapter5

新形势下，贵州省委、省政府在召开全省生态文明建设大会时强调，要深入贯彻党的十八大，十八届二中、三中、四中全会，十九大和习近平总书记系列重要指示精神，让守住发展和生态两条思想底线落地生根，突出加强生态建设、调整产业结构、发展循环经济、全面深化改革，加快建设生态文明先行示范区，奋力走向生态文明新时代。生态文明建设既是发展问题，也是民生问题，要通过制度保障来推进生态文明建设，要强化生态执法监督管理，着力解决生态保护责任不落实、守法成本高、违法成本低等问题，坚持政府主导、公众参与和司法保障。

贵州省委、省政府强调，构建贵州生态环境纠纷多元解决机制，一是要整合贵州各级组织和社会各界的力量，促进各种纠纷解决方式相互配合、相互协调和全面发展，形成化解环境纠纷的整体合力；二是要强化调解在解决矛盾纠纷中的作用，采取委托调解、独立调解员调解、中立评估、司法确认等方式来化解环境纠纷；三是要鼓励和引导人民群众通过仲裁、行政调处、人民调解、商事调解、行业调解以及其他非诉讼纠纷解决方式化解矛盾；四是要建立健全诉讼与非诉讼相衔接的矛盾纠纷解决机制，指导各种纠纷解决机制的组织和程序制度建设，确保司法政策适用的统一性和协调性，努力使每一个案件都能得到公正、妥善的解决。

（一）研究目的

时代变迁，社会生活日新月异，随之而来的是矛盾纠纷类型的多样化，单一的纠纷解决机制很难解决多样化的矛盾纠纷，因此，如何建立一套适应贵州社会和谐发展且符合社会公平正义的纠纷解决机制，是建设法治贵州的重大课题。“解纷依据的多元化，是和谐社会中构建多元纠纷解决机制的必然要求。社会的不同发展阶段都存在社会治理的多元化规范体系，并规制和调控各个层次和各个方面的社会矛盾。”[1]学者沈德咏认为：“社会发展不平衡是我国仍未走出社会主义初级阶段的重要特征，这种不平衡也使得不同地区、不同人文样态和不同经济发展水平影响下的不同地区的人民对司法的需求也不同，甚至存在很大差异。我国在保持司法制度统一的前提下对其进行不断的创新和完善，努力将普遍性与特殊性相结合，允许并尊重各地因地制宜探索适合当地特色的司法模式。”[2]司法制度的革新和发展也会不可避免地影响到纠纷解决机制的选择，本书旨在研究贵州生态环境纠纷多元解决机制的构建，深入分析该地区现行纠纷解决机制的现状，从宏观和微观两个层面论证各类纠纷解决方式的利弊并提出建议。

（二）研究范围

本章的研究范围为贵州省所辖的9个地级行政区划单位（其中：6个地级市、3个自治州），88个县级行政区划单位（其中：13个市辖区、7个县级市、56个县、11个自治县、1个特区）。故笔者重点对清镇市生态环保法庭进行了调研，结合贵州省内相关生态环境纠纷情况，极尽注意各个区域当前的纠纷类型与多元纠纷解决机制，详细分析了这些因素与纠纷形成和解纷方式之间的关系。

（三）研究对象

关于具有少数民族特点的贵州生态环境纠纷多元解决机制的研究，相关资料显示，现有的研究成果大多集中在对单一民族或较小地区的研究，研究对象多是贵州生态文明建设、我国的生态环境纠纷多元解决机制、西部民族地区生态环境纠纷多元解决机制等，也有少数学者对贵州城市或农村的纠纷多元解决机制做过研究，但是专门以某省为研究对象的文献则很少见。仅见贵州省政府发展研究中心肖进源在《贵州环境生态文明建设分析研究》中有过相关数据分析。就笔者所掌握的文献而言，以单一省份作为对象来研究并论述生态环境纠纷多元解决机制构建的文献几乎没有。

（四）研究内容

任何一种纠纷解决机制的发展都不是一成不变的，而是顺应时代、自然、

〔1〕 于语和主编：《民间法》，复旦大学出版社2008年版，第8~9页。

〔2〕 沈德咏主编：《秋菊故乡新说法：能动主义司法模式理论与实践》，法律出版社2010年版，序言第2页。

地理、宗教等人文因素而处于不断的变化与完善的过程之中的。因此，对特定地区纠纷解决机制的研究就应当深入到该地区去考察，并进行客观、详实的论证。《易经》中的讼卦对纠纷的产生进行了描述。讼卦的体象："下体坎陷，上体乾健，两种不同的形态在一起，必然会产生不和，引起矛盾，形成争讼。从讼卦中可以看出，纠纷的产生就是由于两种事务在形态和特征上差异太大，所以产生不和、形成矛盾和纠纷。"[1]由此可见，矛盾、纠纷是客观存在且不会消失的因子，我们只能通过相应的解决机制来化解纠纷的消极影响，实现社会的安定，这就是纠纷解决机制产生的初衷。相关文献多是通过对某一地区纠纷类型进行概括，再分析其具体纠纷解决机制形成的原因。本章借鉴了这种研究模式，先概括了贵州各个地区的纠纷解决类型，进而介绍了相应论述解决机制的形成原因，最后提出了构建多元纠纷解决机制的对策与建议，并运用归纳法得出了相关学术性理论。

（五）论证主线

相关研究多是通过两条主线来论证：一条是通过纠纷的多样性，引出纠纷解决机制多元化的必要性，另一条是通过大传统与小传统的博弈，得出纠纷解决机制多元化的必然性。本书也运用了这两条写作主线展开论述，由于研究对象所涉现有文献较少，对各地区纠纷解决机制实践部分的论述资料多来源于对贵州省贵阳市清镇生态法庭的调研，民族地方志、民风民俗的研究，网络资料及政府内部文件。

（六）研究方法

本章主要采用以下方法：(1)文献研究与实地调研相结合的方法：本章立足于对贵阳市、昆明市、无锡市、重庆市等地生态环境纠纷多元解决机制的实地调查研究，通过问卷调查、访谈、会议等方式获取第一手资料和信息。同时，本章还将结合对国内外大量文献的学习、借鉴与思考，在此基础上提出相关的对策建议。(2)定性与定量相结合分析的方法：既进行其环境、经济、社会发展等的数量分析，又根据数量分析与个案调查，对其进行定性研究，以具体地制定出解决方案。(3)共性与个性相结合分析的方法：针对我国各地域生态环境纠纷多元解决机制的现状，分别对其进行整体及个别的研究，

[1] 参见陈金全、王世荣编：《中国传统司法与司法传统》，陕西师范大学出版社2009年版，第496~498页。

使一般研究与个别研究相结合，总结出其发展的共同点与特殊性。(4)横向、纵向比较分析的方法：既注意与其过去进行纵向比较，又注重与世界其他国家的生态环境纠纷多元解决机制进行横向比较。(5)“成本-收益”比较分析的方法：在评价贵州生态环境纠纷多元解决机制的效果时，具体计量其成本与收益或投入与产出，进而研究方案的可操作性。

(七) 创新之处

创新之处表现在两个方面：(1)本章运用系统分析的方法，通过多层次、多地域的实证调查，分别评价各地生态环境纠纷多元解决机制的差异性、有效性、难点与障碍，并进行综合比较，形成全面推动贵州生态环境纠纷多元解决机制问题的建议。(2)本章将从系统思维角度去认识和把握贵州生态环境纠纷的复杂性与差异性，以满足不同社会主体对生态环境纠纷多元解决方式多样性的需求，提出针对构建贵州生态环境纠纷多元解决机制的若干对策建议。

第一节　纠纷多元解决机制的内涵

当前，我国的纠纷多元解决机制以诉讼解决机制为主导，以非诉解决机制为补充，相互配合，共同发挥作用。

一、纠纷多元解决机制的概述

根据纠纷多元解决机制研究专家范愉教授所作的定义，所谓纠纷多元解决机制是指“一个社会中多重的纠纷解决方式以其特定的功能和特点相互合作，并在此基础上形成的一种互补的、满足社会主体多样需求的程序体系和动态的调整系统”。[1]因此，纠纷多元解决机制是由各种纠纷解决方式所组成的系统，包括诉讼解决机制和非诉解决机制两大分支。

诉讼解决机制是运用国家公权力保障社会纠纷得到解决的一种机制，它在争议双方主体的参与下，由特定的国家机关执行。[2]非诉解决机制的概念起源于美国，最初是指于20世纪逐步发展起来的各种诉讼外纠纷解决方式，

〔1〕 范愉：《非诉讼纠纷解决机制研究》，中国人民大学出版社2002年版，第17页。

〔2〕 江伟主编：《民事诉讼法学原理》，中国人民大学出版社1999年版，第14页。

现已引申为对世界各国普遍存在着的、民事诉讼制度以外的非诉讼解决程序和机制的总称。[1]

二、纠纷多元解决机制的方式

现实中的纠纷是多种多样的，纠纷的起因是纷繁复杂的，因此与之相对应，纠纷的解决机制也应该是多元化的。多元化纠纷解决机制包含诉讼机制和非诉机制两大分支，而非诉机制又包含协商、调解、仲裁和行政处理等方式。这些方法具有程序上的简易性和灵活性、解决纠纷的成本较低，有的还具有当事人的合意等优势。

协商是指在纠纷发生以后，不需要第三方的介入，双方当事人通过平等协商的方式来解决纠纷。调解是指纠纷的双方当事人在中立的第三方的主持下，秉持客观、公正的态度，促使双方当事人就纠纷解决意见达成一致。调解可分为人民调解委员会的调解和法院的司法调解。仲裁是指民事纠纷双方当事人在民事纠纷发生前或者在民事纠纷发生后达成协议或者根据有关法律规定，将纠纷交给中立的组织机构审理，并作出有法律约束力的裁决。[2]行政处理包括行政调解、行政仲裁、行政裁决。环境纠纷的行政调解是指根据当事人的请求，由环保行政主管部门或其他依照法律规定行使环境监督管理权的部门对当事人之间的环境纠纷进行调解。[3]行政仲裁是指纠纷的双方当事人在纠纷发生之后达成协议，由行政仲裁机构作为中立的第三方进行仲裁，促使纠纷的解决。行政裁决是指行政机关依纠纷当事人的申请或者依职权，对发生纠纷的相关事项作出裁决，要求纠纷的当事人承担某项义务或终止某项活动。

第二节　贵州生态环境状况及纠纷多元解决机制的现状

贵州是我国西部高原山地的一部分，地处云贵高原的东斜坡地带，恰处于中国地势第二大梯级（西部高原山地）向第一大梯级（东部丘陵平原）的

〔1〕 范愉：《非诉讼纠纷解决机制研究》，中国人民大学出版社 2002 年版，第 10 页。

〔2〕 邵明：《民事诉讼法理研究》，中国人民大学出版社 2004 年版，第 50 页。

〔3〕 高莉："调解在环境纠纷中的适用"，载《环境导报》2003 年第 19 期。

过渡部位。境内地势起伏、高差较大，最高海拔达 2901 米，最低则仅为 148 米，全省平均海拔 1110 米。

一、贵州生态环境状况

贵州具有得天独厚的生态环境和实现“绿色崛起”的后发优势，但典型的喀斯特地貌导致其生态环境十分脆弱。贵州的大部分地区在古生代及中生代均为海相沉积区，新生代以来转为上升，碳酸盐类岩石广泛分布，出露面积占全省总面积的 61.9%。贵州位于世界上最大的喀斯特地貌区——华南喀斯特区——的中心部位，是我国喀斯特地貌最显著的省份之一。贵州的喀斯特地貌形态齐全，类型多样，几乎包括了除冰川喀斯特以外的所有类型。由于第四纪冰川未大面积波及贵州，低热的河谷便成了生物界的避难所，这使得贵州现代生物界古遗物种丰富，区系成分复杂，物种类型繁多。

贵州地表自然形态数据库显示：贵州平均坡度值为 17.78%，6°以下平缓地仅占全省总面积的 13.5%，15°以上的陡坡占全省总面积的 59.6%。全省平均海拔为 1110 米，海拔 500 米以下的地面仅占全省总面积的 4.57%，全省山丘面积比重大，占全省总面积的 92.5%，山间平地仅占 7.5%，是全国唯一一个没有平原支撑的省份。由于喀斯特面积所占比重大，贵州大部分地区河网密度均不足 500 米/平方千米，大大低于周边邻省地区。贵州是东亚喀斯特地貌发育的中心，其出露面积占全省总面积的 61.9%，在全国独一无二，是典型的喀斯特“博物馆”。这是一种环境承载能力低下、生态系统敏感脆弱、地形破碎崎岖的自然环境，这样复杂、脆弱的地理环境给贵州带来了挑战。

二、贵州生态环境纠纷多元解决机制的现状

2012 年《国务院关于进一步促进贵州经济社会又好又快发展的若干意见》（国发［2012］2 号）的颁布实施，为贵州送来了跨越发展的“黄金机遇”。但日益严峻的环境形势使得贵州的环境纠纷呈逐年递增的态势，这给法院工作带来了新的挑战。

（一）诉讼解决机制状况考察

1. 成立专门的环保法庭以解决生态环境纠纷。2007 年 11 月 20 日，贵阳市中级人民法院和清镇市人民法院成立了专门的环保法庭。作为全国首家环保法庭，贵阳市环保“两庭”（环境保护法庭、审判庭）的设立具有重要意

义，这不仅是对环境问题司法化进行的有益的、能动的探索，也是在诉讼措施、生态环境的恢复措施方面进行的大刀阔斧的改革。相关措施不断地推陈出新，对贵州省环境纠纷的高效处理，对生态资源的及时恢复起到了积极的作用。其在全国范围内引起了巨大反响，也对国内其他地区环境问题的解决作出了积极的示范作用。相关资料显示，依托全国首家环保“两庭”，该院创新性地采取“三诉合一、三管齐下”模式，创建环保专家咨询委员会、专家陪审员、专家顾问组和公益诉讼制度，强化案前、案中、案后、案内、案外“全方位”环境司法保护，推动环境纠纷多元化解机制。目前，“两庭”已同全市 12 家环保部门建立协作机制，借助全国性环保公益组织、环保志愿组织等第三方力量参与解决环保纠纷，成功调处了“中华环保联合会诉修文县好一多乳业环境污染案”，为加快贵阳市生态文明建设提供了有力保障。“两庭”成立至今已受理环保案件 589 件，审结 582 件，结案率为 98.81%，且呈现出了“三升两降”的效果，与“两庭”成立之初相比，行政诉讼案件、行政非诉执行案件、民事案件均上升，刑事案件下降了 39.68%、执行案件下降了 44.44%，有效实现了依法保障经济持续、快速发展与生态质量明显改善的“双赢”。[1]

笔者等一行在清镇市环保法庭的调研中了解到，环保法庭对辖区内与环境纠纷相关的刑事、民事、行政案件实行三审合一，进行集中专属管辖。环保法庭对相关诉讼措施的有益探索主要体现在以下几个方面：环保法庭贯彻恢复性司法的理念，不仅强调对被告的刑事、经济处罚，更要求其用实际行动恢复生态环境。在审判程序上更为专业化，且强调能动司法。因为环境权益属于公权益，对于当事人不主张的事实，如果事关对公共利益的保护，法院也应进行审理，对双方自认的事实也要进行审查，对原告放弃诉讼请求、承认对方请求、和解、撤诉等诉讼行为进行严格限制。[2]在证据的判断方面，环保法庭可召集环保审判专家组成咨询委员会对纠纷中涉及的相关专业性问题，如是否存在因果关系、损害结果等进行充分论证并提出环境问题专家意见，法院对其应予充分听取并依法采信，依法作出判决。环境问题具有突发

〔1〕 朱诗瑶：“贵阳环保‘两庭’促进生态文明建设”，载人民法院网：http://www.chinapeace.gov.cn/2012-12/22/content_ 6109566.htm，访问日期：2015 年 8 月 6 日。

〔2〕 肖建国：“环保审判的贵阳模式”，载《人民法院报》2011 年 7 月 7 日。

性，经调研，贵阳市环保“两庭”在诉讼中进行的证据保全，在贵州生态纠纷的处理过程中起到了积极作用。

清镇环保法庭在生态环境纠纷案件判决方面，从切实解决生态环境问题着手，实行刑事处罚、经济制裁、生态环境恢复多管齐下的制度。一改之前民事案件判决的那种要求“停止侵害、排除妨碍、消除危险”，不考虑判决能否被执行的做法。贵州的生态环境脆弱，恢复困难。如果涉案的个人或单位不具备相关专业知识和技能，要求其恢复原状最终可能致使判决的执行陷入僵局，使生态环境纠纷得不到解决，使被破坏的生态环境得不到恢复。对此，贵阳市环保“两庭”切实以解决环境纠纷，恢复生态环境作为出发点和落脚点，从创新审判理念的角度出发，为提高判决结果的可执行性，聘请了相关的环境保护专家制定技术方案，环保法庭可以环保专家的技术方案为内容作出判决。为了防止被告方不履行判决，环保法庭引入了代履行机制。代履行机制即指法院可以委托第三方按照环保专家制定的技术方案履行，履行产生的相关费用由被告一方承担。这一创新对贵州生态环境的恢复起到了重要作用，得到了最高人民法院的肯定，并在全国范围内被加以推广。2015 年 1 月 7 日起施行的《最高人民法院关于审理环境民事公益诉讼案件适用法律若干问题的解释》第 20 条第 2 款“人民法院可以在判决被告修复生态环境的同时，确定被告不履行修复义务时应承担的生态环境修复费用；也可以直接判决被告承担生态环境修复费用”的规定即是对这一做法的肯定。在判决的执行方面，环保法庭实行执行回访制度，执行局随时对判决的执行程度、阶段进行跟踪，能够及时地了解判决执行的情况及生态环境恢复的效果，提高纠纷化解的效果。执行回访制度的适用体现了法律效果和社会效果的统一。对于判决要求恢复原状的，法院应适时引入环境质量标准等具体标准，对于统一司法具有重要作用。环保法庭还应实行司法提前介入、发布诉前禁令制度，对于正在发生的环境污染，环保法庭出于对社会公共利益的维护，有权要求实施环境污染或侵害的单位或个人停止侵害行为。

2. 环境公益诉讼不断发展。清镇环保法庭成立后受理的第一案便是以公益诉讼的形式提起的。2007 年，贵阳市“两湖一库”管理局诉贵州天峰化工公司，要求其停止侵害、排除妨碍、消除危险。该案最终以被告的败诉告终。通过法庭的判决及被告的后续执行，红枫湖的受污染状况得到了很大的改善，生态环境也得到了有效的恢复。[1]

贵州在环境公益诉讼方面，进行了有益的探索。对于原告资格进行了拓宽，规定检察机关、环保行政机关、环保组织、公民个人等均有权提起环境公益诉讼。实行举证责任倒置制度，在环境纠纷案件中，被告往往资金、技术实力雄厚，掌握着更多的资源，将举证责任交给被告更能体现公平原则。环境公益诉讼的不断完善、发展，不仅有利于公众的监督，也有利于对公共环境的维护。

3. 公益诉讼和解协议在网上进行公示。环境权益是公权益，为了保障社会公众的参与权、监督权，避免生态环境纠纷的双方当事人为自身利益而损害社会公共利益，清镇环保法庭将生态环境纠纷案件的案情、调解协议、生态环境恢复的技术方案在法院网站和中华环保联合会网站上进行了为期 30 天的公示。公示期满之后，根据社会公众的反映及所收到的建议和意见进行整改，再行公示。若社会公众无意见，则可以正式下达调解书。

4. 相关的诉讼措施不断出台。2010 年，贵阳市中级人民法院依据相关法律、法规及《贵阳市促进生态文明建设条例》出台了《关于大力推进环境公益诉讼、促进生态文明建设的实施意见》。该意见的诸多措施均对环境纠纷的迅速解决具有重要作用。首先，对提起公益诉讼的主体进行了规定，特定的国家机关、组织或者个人都可以提起环境公益诉讼，环境公益诉讼的原告资格从而得到了确定。其次，在国务院出台的《诉讼费用交纳办法》的基础上，贵州根据本省的生态环境纠纷现状及特点进行了制度创新，规定环保法庭可以根据案件的具体情况确定是否予以免交或者缓交诉讼费用。被告败诉的，诉讼费用由被告承担，原告败诉的，则可免缴诉讼费。对于环境公益诉讼原告申请财产保全的，可以免收诉讼费用。此外，还规定了对提起公益诉讼的公民、法人等可以提供法律援助，对在公益诉讼中进行调查取证、检测鉴定等存在经济困难的，可以由基金会提供资金帮助。贵阳市中级人民法院出台的上述举措既赋予了公民、组织原告资格，又对相关诉讼费用进行了减免，这对于提高公民在环境纠纷案件中的诉讼积极性具有重要作用，对生态环境纠纷的及时解决意义重大。再次，依照该意见，环保法院可以聘请环保专家，

---

〔1〕朱诗瑶："贵阳环保'两庭'促进生态文明建设"，载人民法院网：http://www.chinapeace.gov.cn/2012-12/22/content_ 6109566.htm，访问日期：2015 年 8 月 6 日。

对环境类的相关专业性问题进行咨询，专家可以对污染程度、因果关系等形成专家意见，供法院采纳。

2012年，贵阳市中级人民法院出台了《环保司法诉前禁令试行办法》，创设了诉前禁令，将传统的财产保全扩大到行为保全，即在法院判决之前不得实施相关行为，避免在判决结果下达前整个诉讼过程中的持续损害。诉前禁令是环保法庭运用司法力量维护生态环境，制止生态环境持续遭受损害所作的有益尝试，是司法能动性的体现。另外，贵阳市中级人民法院出台的《重大、群众性环境纠纷协调工作机制》规定，法院可提前介入纠纷的化解程序，使得纠纷的解决方式更为灵活。[1]

贵州在环保法庭的基础上，继续加大对生态环境类纠纷的解决力度，相应的配套措施也不断完善，成立了“三局”。即在贵阳市人民检察院和清镇市人民检察院分别设立生态保护监察局，负责对涉及生态环境的刑事案件提起公诉、对审判过程实行监督。在贵阳市公安局设立生态保护分局，对生态环境纠纷的刑事案件进行侦查，对生态环境进行管理，对森林公安的业务进行指导。

（二）非诉解决机制状况考察

1. 贵州目前已初步构建了一个以调解和解为主，与行政机关处理、仲裁相结合的一整套诉讼外的纠纷解决机制。以非诉方式解决环境纠纷既可以避免诉讼方式固有的局限性，又可以充分利用非诉解决机制的优势。

贵州地形崎岖，交通不便，纠纷的当事人通过和解的方式化解纠纷不仅可以节省诉讼费、交通费、食宿费等，也可以节约纠纷处理的时间，因此在纠纷的处理上更为快捷。被誉为“东方经验”的调解，在贵州生态环境纠纷的处理过程中也具有重要作用。与诉讼的刚性和程序性相比，通过调解方式化解纠纷更显得柔和，在调解过程中更容易照顾到双方的情绪，使之能心平气和地达成协议。长期以来，中国人一直“以和为贵”，且调解具有社会性、地域性的特点。运用调解方式解决环境纠纷可以充分利用人民调解员的威望以及其对当地环境状况、风土人情的熟悉，在考虑生态环境社会公益的同时，协调环境污染对个人的人身、财产损失的私益，抛开诉讼程序规范性的限制，

[1] 吕忠梅：“环境友好型社会中的环境纠纷解决机制论纲”，载《中国地质大学学报（社会科学版）》2008年第3期。

脱离法律条文的束缚，使双方利益达成平衡，从而促使环境纠纷问题得到解决。近年来，仲裁机构在贵州实现了全面覆盖，不少环境纠纷均开始适用仲裁方式进行解决，仲裁制度在贵州环境纠纷的解决方面起到了重要作用。行政处理方式是贵州重要的环境纠纷解决方式。同时，行政处理方式因其自身的特点，在环境纠纷解决机制中占据重要地位。环保行政主管部门对环境问题的专业性，是其处理环境纠纷时的一大优势。环境纠纷往往会涉及专业性很强的环境科学知识，而环保行政主管部门承担环境保护行政管理职能，熟悉与环境保护相关的法律法规，熟悉本辖区内的环境状况。[1]经调研，贵阳市的各个环保局均拥有先进的环保科技，各个环保局均有专门的环境检测和环境监察机构，并拥有丰富的环境信息资料。当环境遭受污染之后，环保局可派出专业技术人员对环境污染的状况进行分析、化验，确定污染源、因果关系、损害程度、受害者范围、污染者的责任与不可抗力之间的比例，及时化解纠纷。

以专业知识、技术为支撑，可以更准确地划分当事人的责任范围，对赔偿金额的确定也更为准确，在环境纠纷的解决上也更为有效。环境纠纷具有牵涉范围广、纠纷复杂、环境纠纷责任认定对纠纷的双方权益影响巨大、损失难以确定等特点。行政方式在处理环境纠纷时可以灵活进行，环保行政机关可以依申请或依职权介入环境纠纷，从维护公共利益的立场出发，行使行政管理职权，对环境纠纷的处理作出裁决；环保行政机关亦可充当中立的第三方，积极促成纠纷双方达成行政调解。行政处理不像诉讼那样要求具有严格的举证期间、举证责任制度，在适用规范和程序上更为简便、灵活，可以节省诉讼费用和时间，从而便于环境纠纷的及时化解。行政处理的优势还表现为：行政处理可以集事中救济与事后救济的优越性为一体，在行政处理过程中，及时制止加害人对生态环境的继续侵害，及早对被破坏的生态环境进行恢复。同时，环境行政主管部门可以附带行使行政管理职权，对破坏生态环境的一方作出行政处罚，制止对生态环境的侵害。环境纠纷在运用行政方式进行处理时，在该实践过程中往往会收集到相关的环境信息。这些环境信息通常须调配专门的人员，花费一定的物力才会收集到。因此，从一定程度上来说，环境纠纷行政方式处理不但可以化解环境纠纷，而且可以节约行政

〔1〕 吴勇："关于我国环境纠纷行政仲裁的反思与重构"，载《兰州学刊》2005年第4期。

管理成本。

2. 环境习惯法在环境纠纷的解决过程中发挥重要作用。贵州省地形崎岖，交通不便，少数民族众多，习惯法大量存在，起着补充国家法实施的作用。习惯法的存在不仅可以对当地人们的日常行为起到约束规范作用，而且对纠纷的及时化解也作用显著。有效的纠纷解决机制不仅需要国家法的大力支持，还需要与习惯法的良性互动。

贵州省与环境保护相关的习惯法对其规定主要分为事前预防和事后救济两种。对于事前预防，主要是通过制定相关的村规民约、环保禁忌为主。例如，凯里市三棵树镇南花村《村规民约》第7条规定："凡是乱砍滥伐风景树、杉木、经济幼林，每棵处以5元以上罚款"；第3条规定："盗窃林产品(桐籽，茶籽)、水果，按市场价处以10倍罚款"。[1]又如，凯里市三棵树镇南花村榔规规定："偷砍他人林木的，按所盗林木的价值予以罚款，情节严重或数量较大的还将另罚偷盗者拾粪、修桥、补路。"[2]纠纷形成后的事后救济机制，通过理老对其罚款、纠纷的双方进行协商、第三者从中调解抑或以其他方式进行。以调解为例，苗族该地区将其称之为"讲理"，由熟悉习惯法、精明事理的理老在纠纷发生后进行调解，主要采用说服的办法使得双方让步达成协议。与环境保护和纠纷处理有关的习惯法是最能体现地区特色的，也最符合当地人们的认知和信仰，根深蒂固地存在于当地人们的脑海中，在实践中得到了很好的支持和遵守，对生态环境的保护和纠纷的及时化解均具有重要的作用。

三、贵州生态环境纠纷多元解决机制存在的缺陷

贵州目前正在构建一个以诉讼为核心的生态环境纠纷多元解决机制。但是，初期构建起的多元纠纷解决机制在复杂的环境纠纷的解纷实践中暴露出了很多缺陷，有的是机制尚未真正建立起来，有的是效果不尽如人意。下面，笔者将从诉讼机制和非诉讼机制两方面来考察贵州现有生态环境纠纷解决机制中存在的缺陷。

---

〔1〕 徐晓光等：《苗族习惯法研究》，华夏文化艺术出版社2000年版，第76页。

〔2〕 沈堂江："贵州苗族习惯法的历史、现状及发展"，载《贵州民族学院学报（哲学社会科学版）》2000年第S2期。

（一）生态环境纠纷诉讼解决机制存在缺陷

除了现行诉讼机制普遍存在的缺陷（如诉讼迟延、法院难以独立判案、执行难等以外），贵州生态环境纠纷诉讼机制还存在自己独特的困难：

1. 贵州在环境损害的评估鉴定方面尚没有形成完整的评估鉴定体系，迄今为止还没有一家权威的环境损害鉴定评估机构，这使得对于环境损害程度的认定、量化出现了困难。生态环境案件本身比较复杂，如果没有环境损害程度的统一标准，就会出现各地判决不一致的现象，对于纠纷的当事人来说很难具有说服力，也会影响法院判决的权威。这非但不利于环境纠纷的解决，反而可能因法院对环境损害程度的认定不客观而滋生出新的纠纷。

2. 环保法庭的配置有限，法官的水平有限。由于环保法庭的法官多数是法学专业出身，环境专业知识没有经过系统的学习，平时所接触的案件也很少能涉及环境纠纷案件，对于生态环境纠纷案件没有审判经验，因此造成环保法庭的法官难以全面、深入地分析案情，并准确地作出判决。

3. 生态环境法律错位，解决纠纷效果不明显。我国现有的保护生态环境方面的法律法规有《环境保护法》《水法》《森林法》《海洋法》等，但是纵观我国的环境保护立法，主要是对监督管理、污染防治等方面进行了规定，法律责任只是一小部分，能够为环境司法提供的资源更是屈指可数。因此，我国的环境保护相关立法应属于行政管理法范畴。另外，据统计，最高人民法院迄今为止共颁布的3400多条司法解释中，与环境案件审判有关的司法解释仅有不到20条，约占总数的5‰，且主要针对环境刑事案件，有关环境民事案件和环境行政案件的司法解释数量极少，在环境纠纷的处理过程中，所发挥的作用有限。

4. 案件执行难，监督更难。环境纠纷案件与其他普通案件判决结果的执行相比，执行周期更长，这是由生态环境本身的特点所决定的。生态环境易受损害、难恢复的特点使得执行的过程被拉长，因此，对它的监督难度也更大。

目前，贵州的环保法庭虽然引入了执行回访制度，但是由于法院执行局法官的数量有限，精力也有限，而环境纠纷类案件的执行周期又很长，导致对判决结果的监督效果也受到了限制。

5. 诉讼程序设置的相关倾向性不明显。从以往的案例来看，生态环境纠纷所涉及的双方当事人实力、地位往往相差悬殊。一方往往是经济实力雄厚的企业或怠于履行环保行政职责的行政机关，另一方则是环境权益或相关财产权益受到侵害的普通公民。如果依旧平等地设置诉讼规则，那将不利于对作为弱势群体的受害者一方利益的保护。

（二）生态环境纠纷非诉解决机制不健全

贵州现行生态环境纠纷非诉讼解决机制主要包括以下几种方式和程序：协商、调解、仲裁、行政复议、信访。这些方法具有程序上的简易性和灵活性、解决纠纷的成本低，有的还具有当事人的合意等优势。但是，生态环境纠纷非诉讼解决机制在贵州并不健全。

1. 人民调解。人民调解委员会组成人员的素质有限，专业性程度不高，面对复杂、专业性强的环境纠纷，不能及时、有效地进行处理。

2. 行政处理机构。贵州的环境行政主管内部缺乏相应的纠纷处理机构。贵州的环境行政主管部门内部并没有就环境纠纷的处理设立专门的纠纷处理机构和配备专门人员，通常只是由环保行政主管部门在环境纠纷中充当纠纷解决的第三人，在环保部门主要工作之外附带进行解决。但这无论是对生态环境纠纷的化解抑或是对生态环境纠纷行政解决机制的构建均有很大的影响。一方面，行政机关在纠纷的处理过程中职权不清晰，行政职能与纠纷处理职能不分，危及了行政机关在纠纷处理中的中立地位，容易侵犯当事人合意，造成纠纷处理不公。同时，由于职责不明，行政机关处理纠纷的积极性不高，不愿意因为附带性的纠纷处理行为而冒承担行政责任的风险。[1]另一方面，没有专门的纠纷解决机构和人员，势必会影响环境纠纷处理的效率和专业性。

3. 仲裁协议达成难度较大。仲裁协议是争议得以提交仲裁解决的前提和基础，既是取得仲裁管辖权并排斥司法管辖权的依据，也是仲裁裁决得以作出和执行的依据。[2]其对现有仲裁协议制度局限性的改善具有重要意义。

根据我国相关法律的规定，如果用仲裁方式解决纠纷，需要当事人在纠纷发生前或纠纷发生后达成仲裁协议。就生态环境纠纷而言，在纠纷发生前，纠纷是否会发生还无法确定，且没有现实存在的受害人，而缺少协议的一方当事人，便不可能在纠纷发生前达成仲裁协议。而在纠纷发生后，加害一方又往往会千方百计地逃脱责任，受害一方通常人数众多，对是否适用仲裁也

〔1〕 李敏："我国诉讼外环境纠纷解决机制的构建"，中国政法大学2005年硕士学位论文。

〔2〕 江伟主编：《仲裁法》，中国人民大学出版社2012年版，第205页。

很难达成一致意见。因此，在环境纠纷发生之后，仲裁协议达成的难度较大。

（三）生态环境纠纷解决机制之间衔接不合理

现行的生态环境诉讼机制普遍存在缺陷，这既有体制上的因素，也有法律上的因素，是贵州法治发展要逐渐解决的议题。笔者在这里仅就环境纠纷解决机制之间的衔接问题谈谈自己的愚见。

纠纷多元解决机制在我国兴起较晚，但在国家政策的大力支持之下发展非常迅速，在很大程度上促进了纠纷的更好解决。随着贵州生态文明建设的不断加快、生态环境建设的不断发展，在出现环境纠纷案件以后，通过诉讼和非诉的方式来解决纠纷，能够更好地做到有机统一、相互配合。但是从目前的发展情况来看，我们依然需要进一步探索两者之间的关系，使之能够更加和谐，更有利于纠纷的解决。

纠纷多元解决机制顾名思义就是多种解决纠纷的方式相互结合，力图通过最适合的方式来解决发生在当事人之间的纠纷。学者刘晓芬和范愉在《当代中国非诉讼纠纷解决机制的完善和发展》中对于纠纷多元解决机制的概念以及纠纷多元解决机制的完善作了详细的介绍。在具体的实施过程中，我们可以发现纠纷多元解决机制主要存在以下几个需要进一步完善的地方：首先是立法不完善，依据很不充分，这便使得纠纷多元解决机制存在很大的不确定性。其中，《最高人民法院关于人民法院民事调解工作若干问题的规定》仅对民事调解进行了规定，但是难以解决日益复杂的社会矛盾。我们不应仅仅满足于现状，应该更多地去进行实地调查，制定一套切合实际情况的实施办法。其次，没有有效地衔接诉讼方式和非诉方式，没有发挥法院的主导作用，导致浪费了众多司法资源。很多纠纷并未得到很好的解决，其中最主要的表现是非诉讼的解决方法没有能够得到很好的利用，很多方式没有发挥出其应有的作用。法院作为解决纠纷的一个主要机构，其主导作用未能发挥出来，而且一些基层的调解组织和行政机关在通过非诉讼的方式解决纠纷时也缺乏一个相对正规的处理渠道。最后，纠纷多元解决机制在结构上较为单一。贵州当地存在着的纠纷多元解决机制主要是诉讼和调解，这种体系在处理纠纷方面效率较为低下，存在诸多问题。

贵州作为最早设立环保法庭的省份，在生态环境纠纷解决机制的建立及完善方面存在着诸多的不合理因素，亟待进一步改善。贵州应在当前国家政策和方针的引导下，立足于当地具体的实际发展状况，建立一套比较完备的纠纷多元解决机制，避免只通过诉讼的方式解决发生的环境纠纷，进而使环境纠纷得到更好的解决，同时促进贵州当地生态环境的建设。

第三节 国外生态环境纠纷多元解决机制及启示

实现生态文明、人与自然和谐共处，是近现代人类文明发展的一个新目标，对未来的发展具有深远意义。在工业文明的余晖下，许多国家渐渐意识到在发展工业的同时必须要保障生态的发展。在生态文明这一社会形态中，最为重要的就是生态环境问题，而生态环境纠纷是生态环境问题的社会化表现。对于出现生态环境纠纷应如何处理，许多国家都制定了相关的生态环境纠纷多元解决机制，“其中美国、德国、日本等国的生态环境纠纷多元解决机制较为完善”。[1]这对于我国生态环境纠纷的解决具有重要的启示作用环境纠纷多元解决机制时对好的制度可以进行借鉴。下面，笔者将对美国、德国和日本的生态环境纠纷多元解决机制进行论述。

一、国外生态环境纠纷多元解决机制

（一）美国生态环境纠纷多元解决机制的体系及运作

恩格斯在经典著作《自然辩证法》中有过这样的论断：“我们最先进的工业国家已经降服了自然力，迫使它为人们服务。”[2]19世纪的美国在工业革命的驱使下疯狂挖掘自然环境的价值，促使美国的工业和经济迅猛发展，但与此同时也造成了美国国内必须承担污染的治理和由此引发的纠纷等负担。20世纪70年代以前，美国虽然在生态环境治理方面取得了一些成果，但成果比较少且没有受到足够重视，直到20世纪70年代以后，美国才真正意识到保护生态环境的重要性，才初步构建生态环境纠纷多元解决机制。随着时间的推进和经验的不断积累，现在的美国已经建立起了一套较为完备的生态环境纠纷多元解决机制。其主要包括两个方面：生态环境纠纷法律解决机制、生态环境纠纷行政管理机制。

---

〔1〕 世界环境与发展委员会编：《我们共同的未来》，王之佳、柯金良译，吉林人民出版社1997年版，第430~431页。

〔2〕《马克思恩格斯选集》（第4卷），人民出版社2012年版，第324页。

1. 生态环境纠纷法律解决机制。美国作为英美法系的代表性国家，主要以判例法为基础组成其本国的法律体系。然而，在生态环境的保护和生态环境纠纷的解决方面，美国却以制定法为主。这充分表明，美国对生态环境的保护是持慎重态度的。19世纪90年代，美国成了工业化国家的代表，工业化和城市化逐步形成。同时，大量的人口聚集在美国城市，废气的排放呈增长趋势，噪音、污水等环境问题首次从影响民众居住地扩展到影响整个环境质量。以教堂为首，社会工作者和改革者联合组织了社会福音运动，以清除贫民窟。这场运动导致了美国最初的城市改良和建立清洁地区运动，并且创建了以法律控制污染为手段的新制度。[1]美国生态环境保护法律体系包括美国国会制定的生态保护相关法律、美国环保局和其他生态保护相关部门制定的规章、总统行政命令和国际条约。美国在本领域中的重要法律资源为《宪法》和《国家环境政策法》。《国家环境政策法》作为美国生态环境保护法律体系的基础法，是在尼克松总统的主持下制定和修改的。其在1969年颁布，于1970年正式实施，规定“美国各级政府的法律、条例必须与《国家环境政策法》相一致”。[2]此法的颁布标志着美国环境治理进入了新的阶段。在美国，《宪法》作为根本大法确立了“公民环境诉讼制度”。这一制度在宪法中的确立提高了公民在环境诉讼和行政管理中的法律地位。由国会制定的生态法律、由美国行政机关制定的部门规章、总统行政命令、国际条约等指导美国行政机关管理生态环境事务。通过订立法律，美国的生态环境治理工作具有了政治可行性。法律的存在为美国治理生态环境提供了理论和保障。在法律的运作方面，执法措施会因执行对象的不同而有所不同。美国联邦环境保护局制定了不同的执法措施以应对各种环境问题，公民可以基于法律的规定提起公民环境诉讼。

公民诉讼在美国环境法中占据了重要位置，其突出体现了环境保护公众参与制。公民诉讼中的公民指因为环境遭受污染而直接遭受损害的人。公民诉讼的前提是国家的不作为。公民通过诉讼的方式阻止造成环境污染的行为，或监督行政机关积极执法以保障自己或他人的权益。美国的公民环境诉讼又可以分为环境民事公益诉讼和环境行政公益诉讼。美国法律规定，保护别人

---

〔1〕 汪劲：《环境法律的理念与价值追求：环境立法目的论》，法律出版社2000年版，第262页。

〔2〕 彭守约、孙尚明、陈汉光：《环境保护法资料选编》，武汉大学出版社1985年版，第231页。

权益的案件，也可以美利坚合众国的名义提起。这从程序法上为公益诉讼架桥开路，提供了切实、可靠的保障。集团诉讼，指与申诉事项存在利害关系的人均可以向法院提起诉讼。美国的集团诉讼制度相对来说比较宽松，其主体不仅限于有诉讼权利的人。集团诉讼出现的本意是为了保护公民的权益，一般情况下，公民个人在生态纠纷中受损都较小，集团诉讼正是积累了多数公民个人的诉求和损害进行的生态诉讼。美国的集团诉讼特点鲜明，主要表现为集团诉讼的代表人可以行使一切权利（如撤诉、和解等），集团诉讼的效力当然地及于每一个集团诉讼成员，不论该成员是参与诉讼者、未参与诉讼者，还是未参与且无意愿参与诉讼者。集团诉讼的这些特点致使其在生态环境纠纷中备受青睐。

检察机关代表公益参与民事行政诉讼。检察机关可以在行政机关侵害了公民权益和社会公共权益的情况下，代表公益参与民事行政诉讼。这一制度扩大了美国生态公益环境诉讼的主体和受案范围，同时也更有利于保障生态环境纠纷得到合理、有效的解决，以达到救济公民权益和社会权益的目的。

2. 生态环境纠纷行政管理机制。生态环境纠纷行政管理机制是指不通过诉讼等程序而通过行政机关依职权解决生态纠纷，生态环境纠纷行政管理方式是指通过行政机关的行政执法解决生态环境纠纷。美国处理生态环境纠纷的机关大致分为两类：联邦政府机关和州政府机关。联邦政府机关包括联邦环保局、联邦环境质量委员会、总统可持续发展委员会、内政部及其所属机构、能源部及其所属机构、农业部及其所属机构；州政府机关包括各州环保局和环境质量委员会，一些州还设立了可持续发展委员会。

联邦政府将生态管理权力分散于各机关，各机关通过协调合作，有效地解决生态环境纠纷。联邦政府机关中最重要的机关是国家环保局，其是在《1970年政府改组计划第三号令》颁布后，整合分散于各个部门中关于环境保护的下属部门而得以设立的。国家环保局的宗旨是保护人类健康与环境。其主要职能：一是制定工业排污等环境技术标准；二是对工业企业及其他排污个体进行监督和处罚；三是工业排污的许可制度的制定和监管；四是国家环境检测系统的运行和维护；五是破坏环境的恢复工作的实施或督促责任主体实施。美国州政府下属的生态保护机关主要是联邦法律的执行者和权利实施者，其还可依据州法律享有执行和实施权。美国的行政机关在处理生态环境纠纷时，可以对纠纷当事人进行调解或作出不同于法院裁判的“行政裁决”。美国的行政裁决有狭义、广义之分，狭义上的行政裁决指行政机构根据联邦行政程序法规定的审判式听证程序对特定争议或事项作出处理，即行政机关运用准司法程序裁断行政争议和民事争议的活动。〔1〕这一机制在美国社会中的运用十分广泛，在成本和效率方面具有优势。此外，美国公民可以以私力救济的方式解决生态环境产生的纠纷，如纠纷当事人借助第三方的中介自行达成和解等。

（二）德国生态环境纠纷多元解决机制的体系及运作

德国的生态环境纠纷解决机制，是目前世界上较为完备的环境法体系。其治理模式成熟、高效，一直以来备受称道。德国的生态环境纠纷解决机制可分为诉讼解决和非讼解决，其所依据的是在世界范围内都较为先进的德国环境法。德国是环境法最完备的国家之一，这得益于其一百多年的治理经验。德国约有9000个环境相关法律文本，内容极其庞杂。依据今天的法律分类，其内容中的中世纪单项文本，亦被认为是环境法。德国的环境法发展大致可以被分为三个阶段：19世纪，德国经济极速发展，同时，环境法的发展也得到了相应的保证。第二次世界大战以后，德国主要关注其国内经济复苏，导致环境法的发展停滞不前。20世纪70年代以后，德国的环境法得到恢复及发展。德国的环境法渊源包括德国国内法和国际法等。德国作为欧盟成员国，对于欧盟制定的部分法律可以直接适用，部分则需要转化成国内法适用。由此德国环境法律体系依托于欧盟制定的法律而变得更加健全。

环境法的主要内容包括《水利法》《垃圾法》《土壤保护法》《环境信息法》等。〔2〕《垃圾法》《土壤保护法》《水利法》等规定了政府在环境保护中的职责，从制度上规定了德国环境保护的要求，从源头上防止了环境纠纷的产生。而《环境信息法》的立法目的则是增加环境信息透明度，保证每个人都有权向负有信息披露义务的机关索取关于环境方面的信息。基于此，各州也制定了州的环保信息披露法律。〔3〕当然，德国的生态环境纠纷多元解决机制不仅仅体现于德国环境法之中，其在刑法等法律或其他制度中亦有所体现。德国行政法中关于环境诉讼的规定同样是德国环境纠纷的一种重要解决方式。

---

〔1〕胡建森：《比较行政法——20国行政法评述》，法律出版社1998年版，第58页。

〔2〕胡岩：“德国的环境保护法律体系”，载《人民法院报》2013年8月2日。

〔3〕胡岩：“法律视野下的德国环境保护”，载《法律适用》2014年第2期。

环境行政诉讼中，德国行政法院会依据其所建立的双重卷宗制、案件区分审理制，解决德国的环境纠纷。德国民事法律中亦有关于环境方面的规定，如德国团体诉讼，其也是法律解决环境纠纷的一种。德国的环境保护法律规范可以被分为两大类：一类是保护社会权利的规范；一类是保护个人权利的规范。保护社会权利的规范（如自然保护规范），即当违反了这类规范时，可以由团体提起环境诉讼。保护个人权利的规范（如二氧化碳排放标准、废水排放标准等），即当违反了这类规范时，一般由受害人个人提起环境诉讼。但是，现行德国法律明确规定个人不享有诉权，因此，能够作为诉讼主体的只能是团体。从以上内容我们可以看出，团体诉讼指环保组织基于社会的权利而非个人的权利来主张诉讼。按照《德国基本法》第 20 条的规定，环境权利在德国受保护的法益中具有很高的位阶。同时，德国还按照欧盟指令的规定，制定了相应的环境刑法规定。欧盟要求刑罚有效、罪责相适应、有足够的震慑力，且必须是刑事处罚而非行政处罚。环境刑法是在《第十八次刑法修正法》中制定的，在《德国刑法典》的第 29 章中予以规定。〔1〕

前述德国的公法规范在一般情况下是以预防为主的。德国公法规范的救济机制是私权救济以行政优先为原则，如单行法中的刑法和民法就规定了行政从属原则。德国刑法要求环境法以环境行政法为前提，如《德国刑法典》第 204 条强调违法性行为的定义是未经授权的行为，且必须是行政授权。这一授权的基础是法律的规定、法院的裁定或可以执行的行政行为，或者是行政行为可以执行的义务，还有公法合同的约定。〔2〕德国民法同样要求环境法以环境行政法为前提。如果当事人没有参与相应的行政程序（如公众听证程序），便则不能依据《民法典》第 1004 条的规定享有排除妨碍的防御性请求权，其基于《民法典》第 823、826 条和《环境责任法》第 1 条所享有的损害赔偿请求权也会受到限制。〔3〕德国的生态环境纠纷解决机制当然地包括非诉解决，如公民可以基于合同关系进行和解或调解。德国的非讼解决亦是生态环境纠纷解决机制中的重要部分。德国对于生态环境这部分的纠纷解决机制和美国是相似的，诉讼解决、非诉解决所依据的也是上述介绍的相关本国

〔1〕《德国刑法典》，冯军译，中国政法大学出版社 2000 年版，第 216 页。
〔2〕胡岩：“德国的环境保护法律体系”，载《人民法院报》2013 年 8 月 2 日。
〔3〕胡岩：“德国的环境保护法律体系”，载《人民法院报》2013 年 8 月 2 日。

法律。

（三）日本生态环境纠纷多元解决机制的体系及运作

公害是日本生态环境中较为重要的概念。《日本公害对策基本法》给它的定义是："伴随着工业及人类其他活动在相当范围内产生的大气污染、水质污染、土壤污染、噪声、振动、地面沉降及恶臭所引起的与人体健康或者生活环境有关的危害。"[1]日本环境法的发展就是公害这一概念发展成为环境问题的阶段。

日本环境法发展大致可以被分为三个阶段：无公害法的和解时期、20世纪60年代行政介入的公害诉讼时期、90年代公害裁判的和解时期。在法律的制定上，1972年制定的《自然环境保全法》体现了日本自然环境保全的基本理念及原则，当时其与另一并列的《公害对策基本法》组成了《公害环境法》的基本框架。20世纪80年代中后期，在联合国里约环境与发展大会的推动下，日本制定了《环境基本法》，促进了日本民众环保意识的全面提高。《环境基本法》将《公害对策基本法》和《公害环境法》统一起来，由此，环境法的基本理念和性质在日本逐步形成和发展起来。

日本公害环境纠纷处理制度可以被分为三个方面：环境纠纷的司法审判制、调解委员会处理制、受害者救济制。环境纠纷司法审判制是环境纠纷中救济公民私权和自然环境权的重要途径。司法审判制中一些问题与解决环境纠纷休憩相关，如提出诉讼请求的原告适格问题、人数众多的当事人的诉讼形式问题。对原告是否适格进行审查是每一具体案件审判的首要问题。环境权利的非私人性，导致法院对提起诉讼的具体原告适格问题的审查，不再是传统的消极审查，而是改为了积极审查。日本学者就此问题提出的理论有：纷争管理权说、每一争点的当事人适格论、任意诉讼担当说、集团利益认知说以及随审判程序变动的原告适格说。[2]虽然日本民事诉讼法中有选定当事人制度，可以调整和缓解人数众多的当事人诉讼问题，但在大规模环境诉讼中，目前尚无适用该诉讼制度的先例。究其原因，一是该诉讼制度并不完善；二是法律的不完善使得环境诉讼异常艰难。因此，为了取得环境诉讼的胜利，

---

〔1〕 包茂宏："日本环境公害及其治理的经验教训"，载《中国党政干部论坛》2002年第10期。

〔2〕 杨素娟："日本公害·环境纠纷的处理机制及其公害·环境诉讼（讲课提纲）"，载《律师环境法律实务培训班教程》，2001年10月。

实现司法救济，吸引社会的广泛关注，受害人们往往会选择团结一致，组成原告团，以共同被告的身份参加诉讼。[1]依据日本国内实际情况，调解委员会处理制实际上应当包括两个机关：全国性的调解委员会和都道府县的审查会。调解委员会处理制又被称为行政处理，具体包括斡旋、调解、仲裁和裁定。其中，斡旋是指调解委员会以中介人的身份介入纠纷当事人间的自主协商，从侧面予以协调；调解是指调解委员会积极介入当事人间的协商进行劝说，基于当事人间的互让实现纠纷的解决；[2]仲裁是指不适用审判权，纠纷当事人委托仲裁委员会进行纠纷解决并依照仲裁委员会的判断达成合意；裁定是1972年修改法律时添加的，是一种准司法的程序，类似于法院裁判，通过强化纠纷处理机关的权限提高纠纷处理的效率。

二、国外生态环境纠纷多元解决机制的启示

我国现存的生态环境纠纷解决机制包括当事人和解、行政调解、民事诉讼等。但这些纠纷解决机制已经无法满足当前我国公正、高效的解决纠纷的需要。因此，我国需要借鉴外国的经验，从外国的制度中得到一些启发，以改善我国的生态环境纠纷解决机制。首先，笔者将对美国、德国以及日本的生态环境纠纷解决机制进行对比分析，然后提出一些建议。

前文已经详细论述了美国和德国的生态环境纠纷解决机制，笔者在这里将论述一下二者的不同点：一是德国公民个人不享有环境诉讼权，而美国公民个人有权以个人名义提起环境诉讼；二是德国在民法、刑法中均有关于环境纠纷解决的明确规定，美国则规定各级政府法律必须与《国家环境政策法》相一致，且并不当然在重要法典设置有关环境纠纷的明确规定；三是美国的环境纠纷救济制度地位平等，且平等适用，德国的环境纠纷救济制度则以行政优先为原则。美国和德国的纠纷解决机制各有其特点，且均是根据其国内具体情况制定的，贵州的生态纠纷多元解决机制尽管有自身的特点，但是仍然可以借鉴、吸收国外的一些经验。

---

〔1〕 杨素娟："日本公害·环境纠纷的处理机制及其公害·环境诉讼（讲课提纲）"，载《律师环境法律实务培训班教程》，2001年10月。

〔2〕 王彬辉："日本公害纠纷处理机制与我国之借鉴——以日本丰岛产业废弃物调解案为例"，载《行政与法》2008年第12期。

（一）提倡公民集团诉讼

虽然我国存在代表人诉讼制度，但对诉讼主体资格的规定仍然比较严格，这造成了公民起诉不易、不能的局面。集团诉讼正好可以弥补这一缺陷。集团诉讼的裁判结果自然地对不确定的集团成员有效，除非成员方明示将自己排除于集团之外。在现有的法律环境下，公民个人提起环境纠纷诉讼的胜率是比较低的，故而可以将个人诉讼的主体与类似或同一案件的其他主体组成集团诉讼，这样不仅可以节约司法资源，同时也更容易达到胜诉的目的，从而更有效地保障公民的权益。

（二）扩大提起行政公益诉讼的资格主体

在新行政法规定出台之前，我国的行政公益诉讼受案处于僵局之中，法院在处理类似案件时态度模糊不清。许多国家都将行政诉讼受案范围扩大到公益诉讼这一领域。我国目前环境问题急剧增长，纠纷数量也呈高增长趋势，如果仅仅依靠民事诉讼是远远不够的。将行政公益诉讼纳入行政诉讼的受案范围，公民个人和群体可以监督行政机关在生态领域滥用职权或不作为的行为，这正是我国法治建设亟待解决的一个问题。

为了适应发展，我国现行《行政诉讼法》做出了新的规定。我国现行《行政诉讼法》第 12 条规定："人民法院受理公民、法人或其他组织提起的下列诉讼：……（六）申请行政机关履行保护人身权、财产权等合法权益的法定职责，行政机关拒绝履行或者不予答复的。……"这样就把行政公益诉讼纳入到了人民法院的受案范围之内。但是，在我国能够提起行政公益诉讼的主体只有检察机关。检察机关作为公益诉讼主体具有公民和团体诉讼不具备的优势，检察机关提起诉讼的条件是出于保护公益的目的，这样有利于切实保障公共利益。公民个人的公益诉讼一是不容易胜诉，二是在一些情况下公民胜诉，但如果公民个人利益与公共利益发生冲突，公共利益不一定能够得到很好的保障。再者，无论是从诉讼成本还是从诉讼地位来看，检察机关都具有优势。我国目前处于快速发展阶段，尽管已经在行政公益诉讼方面做出了改进，但是如果仅仅将主体限定在检察机关，那么行政公益诉讼仍然难有大幅度的进步。从 2015 年年初开始，贵州 3 个县级人民检察院仅仅提起过 3 起环境行政公益诉讼。

法律应当赋予当事人提起公益诉讼的权利。如江伟教授所说："当事人一经提起诉讼，其原告资格即因起诉行为而得以确定，至于是否属于正当原告则在所不问。”所以，为保证行政公益诉讼制度的有效性并最大限度地发挥其功能，其起诉主体应是多元的，具体为公民、法人及其他组织，包括个人、组织、团体、国家机关。基本原则是权利的广泛性和行使的法制性相结合，赋予国家机关、有关组织、公民个人诉权，使之分别发挥各自的优势，弥补不足之处，形成强大的诉讼合力，充分保障违反公益的行为受到法律追究。〔1〕

（三）完善生态管理机构，建立健全生态管理机制

解决生态环境纠纷是生态发展中不可避免的问题。目前，我国缺乏具有较高权限的生态环境纠纷协调机构。在1988年的机构改革中，国家环保总局收编了一些相关机构，但是由于生态问题具有广泛性、复杂性和跨地域性，导致国家环保总局缺乏有效管理、协调各部门和机构的能力，且国家环保总局作为协调部门也缺乏法律依据，其协调机能难以稳定、有效。

我国应建立专门性的法定咨询机构。日本在各级环境管理机构中都设立了由专家学者、退休官员、市民代表等组成的“审议会”。其成员代表着不同阶层的利益，可以促使各级环境管理部门综合考虑不同的意见，从而作出更全面、更科学的决策。〔2〕相较而言，我国的咨询机构建设略显滞后，应当借鉴日本的现有经验。

（四）借鉴国外的非诉讼解决机制，完善我国生态纠纷解决机制

人民调解制是我国独有的民间纠纷解决机制，其在我国社会生活中起着举足轻重的作用，但是，该制度在生态环境纠纷解决方面并没有得到足够的重视和运用。为了完善这一制度在我国生态纠纷中的运用，我们应当结合我国实际情况参照国外相类似的丰富经验。如在法律上明确人民调解在我国生态环境纠纷中的职责和范围，注重培养人民调解员调解生态纠纷的能力，引导和鼓励生态纠纷中人民调解的优先适用等。

（五）借鉴国外先进的生态环境解决机制

国外的案件管理制度、诉讼费用补偿制度、惩罚机制和法律援助机制等制度具有一定的先进性。法院对案件的分配管理，可以促使当事人采取非诉

〔1〕参见找法网：http://china.findlaw.cn/info/xzss/gyss/114671_6.html，访问时间：2015年7月24日。

〔2〕李蔚军：“美、日、英三国环境治理比较研究及其对中国的启示——体制、政策与行动”，复旦大学2008年硕士学位论文。

解决机制。法院可以依据案件的具体情况赋予当事人选择适用不同的解决纠纷方式的权利，同时，法院可以主动释明适用非诉解决方式的优越性，如果案件适用非诉解决程序更高效便利，而当事人却不适用，那么法院可以在裁判后对当事人以诉讼费用的形式给予一定的惩罚，而如果当事人适用了非诉解决机制，法院则可以在诉讼费用中给予一定的补偿。我国目前法律规定的法律援助只适用于诉讼当事人，这对于某些需要法律援助而又可以通过非诉解决机制解决纠纷的当事人而言，显然是不利的，并且也不利于非诉解决机制的推行，因此，应当扩大法律援助的适用范围，将其适用于非诉解决程序。〔1〕

三、贵州生态环境纠纷多元解决机制的发展趋势

贵州亟待完善多元生态文明纠纷解决机制，以解决贵州经济发展所带来的一系列生态问题。目前，贵州生态环境纠纷多元解决机制与我国目前的总体情况大致相同，即包括人民调解、行政调解、民事诉讼等。贵州是一个多民族聚居的地区，境内少数民族的习惯法在环境方面亦有涉猎，如贵州苗族的环保榔规、环保禁忌、环保村规民约等。但是，少数民族习惯法的不同导致各地区的生态纠纷解决机制存在一定的差异。

贵州生态环境纠纷多元解决机制与我国整体的生态环境纠纷多元解决机制的发展趋势基本保持同等步调，只是在一些细微方面稍有不同。我国生态环境纠纷多元解决机制的发展趋势大致为：将环境公益行政诉讼纳入法院的受案范围、环境纠纷救济以行政优先为原则。我国正处于经济快速发展阶段，伴随出现的环境问题也越来越多，所以不可避免地会出现公民的个人权益受到侵害的情形，或者出现环境纠纷。为了更好地保障公民的个人权益，理应把公民纳入行政诉讼的主体范围。我国是重调解的国家，调解制度占据了很重要的位置，而行政调解则是其中十分重要的一种。该制度放诸贵州乃至整个中国都是适宜的，且可以高效地解决生态环境纠纷。贵州在制定地方规章和地方法规时，应当充分考虑自身情况，在行政优先原则的基础上，制定针对行政机关主动调解等行为的奖惩制度。

---

〔1〕 刘华义、董莹莹："英国的环境纠纷解决机制"，载《中国海洋大学学报（社会科学版）》2007 年第 4 期。

第四节　贵州生态环境纠纷多元解决机制的对策建议

贵州省当前环境纠纷多发，案件复杂。建设和谐贵州要求我们要进一步完善贵州生态环境纠纷解决机制。当前，贵州无论是环境纠纷诉讼解决机制还是非诉解决机制都存有明显的缺陷，宜有针对性地对它们进行完善。

一、完善贵州生态环境纠纷诉讼解决机制

诉讼以国家强制力为后盾，是最具权威性的纠纷解决方式。因此，完善贵州的诉讼机制，对生态环境纠纷问题的解决具有重要意义。基于此，笔者提出了以下几点建议：

（一）建立环境损害鉴定评估机构

鉴于环境纠纷案件牵涉范围具有广泛性，环境损害的结果具有潜伏性、迁移性的特点，笔者认为，贵州应尽快开设环境损害鉴定评估机构，接受环境纠纷案件当事人的委托并就当事人提交的鉴定事项提出鉴定意见。环境损害鉴定评估机构的设立对于统一司法具有重要作用。另外，笔者建议贵州建立环境污染救济基金制度。由于生态环境的恢复期间往往较长，所需费用巨大，实施生态环境加害行为的个人或厂矿企业的经济实力一般很难担负起生态环境恢复的费用。因此，笔者认为，应建立环境污染救济基金制度，将对污染环境的企业、个人进行的经济制裁罚款纳入环境污染救济基金库，以供不时之需。

（二）完善贵州省的生态保护法庭建设

贵阳市设立了贵阳市中级人民法院环境保护审判庭和清镇市人民法院环境保护法庭，对涉环保案件实行民事、刑事和行政诉讼“三诉合一”的集中管辖，逐步探索出了一套“贵阳模式”。

1. 完善生态保护法庭内部机构设置。生态环境纠纷的频发性、复杂性，以及牵涉范围的广泛性，使得我们必须不断创设新的纠纷解决方法。成立专门的生态保护法院的作用十分明显，解决力度更大，因此，专门的生态保护法院的建立具有积极的作用。关于生态保护法院内部机构设置的完善问题，笔者认为，可以参考现有规定，并在此基础上进行创新。现阶段，贵州所设立的生态保护法庭实行“三审合一”，即凡是与生态环境纠纷相关的刑事、民

事、行政案件均由生态保护法庭进行审理。同时，生态保护法庭还负责对判决结果的执行情况进行监督。因此，笔者建议，在成立专门的生态保护法院的基础上，司法机关还须对内部组织机构进行细化，可根据生态环境纠纷案件的类型设立刑事庭、民事庭、行政庭；根据受保护的对象设立矿产资源保护庭、水资源保护庭、森林资源保护庭等。为了使判决结果得到很好的执行，司法机关还应加大执行局的工作力度，对判决的执行情况进行监督。建立专门的生态保护法院，完善内部的机构设置，可以最大限度地发挥司法对生态环境保护的作用，实现环境司法的专门化。

2. 生态环境纠纷案件实行合议制度。我国现有的法律并未对处理生态环境纠纷案件时适用合议制还是独任制作出规定。但鉴于生态环境纠纷的复杂性、特殊性，笔者认为，对现行法律进行修订，强制适用合议制度。合议制度是指由3名以上的单数审判人员组成审判集体，对案件进行审理并作出裁判。生态环境纠纷往往比较复杂，因此，适用合议制度可以充分发挥集体的智慧，防止因审判人员个人认识偏差、能力不足而影响案件审理的效果。

同时，我国《民事诉讼法》规定第一审案件可以有人民陪审员参加。生态环境纠纷案件涉及较强的专业性、技术性问题，因此，生态保护法庭可以确定由具有相关专业知识和经验的人员作为人民陪审员参加诉讼，有助于提高审判效率，及时解决纠纷。

3. 建立巡回法庭制度。在生态资源丰富、生态问题突出的地方设立专门的生态保护法庭（院）对于生态纠纷的及时处理、生态环境的及时恢复具有重要作用。但从我国生态保护法庭（院）的设立现状来看，其在数量上仍然很少。对于没有设立生态保护法庭（院）的地方，可以通过巡回法庭的方式及时、快捷地处理纠纷。因此，巡回法庭制度的建设具有重要意义。

所谓巡回法庭，就是人民法院委派并轮换训练有素的法官定期、定点地到辖区内各地巡回执法，及时、高效地受理并调解或裁决一般的民事纠纷，为最广大的群众提供司法救济和法律服务的一种审判组织形式。[1]目前，我国很多省市均已设立环保巡回法庭。2004年，大连市沙河口区成立环保巡回法庭，每周四都有法官到巡回法庭审理环保案件。对于贵州来说，该项机制

〔1〕王海南、孙鹤：“如何在我国农村有效界定、保护和实施产权——关于建立乡镇‘巡回法庭’的设想”，载《辽宁师范大学学报（社会科学版）》2005年第6期。

还较新，仍处于探索阶段。但不可忽视的是，这种模式有着显著的优势：第一，巡回法庭的法官并不固定，法官的流动性较强，相互之间并没有固定的搭配组合，这样可以保证巡回法庭法官客观、公正地审理案件。第二，巡回法庭在不同的地点巡回审判，与普通地方法院的法庭相比，受地方党政的影响较少，更能能保证案件审理的质量。第三，巡回法庭可以集中各个法院精通生态环境问题的法官，最有效地利用审判资源。建立巡回法庭，不仅可以减少人员、财务的投入，也可以相对统一司法的尺度，更加有利于公正。笔者建议，贵州应在参照其他省市巡回法庭制度建设的基础上，建立自己的巡回法庭制度。

4. 完善诉讼程序设置的相关倾向性问题。从以往的案例来看，生态环境纠纷双方当事人的实力、地位大都悬殊。一方往往是经济实力雄厚的企业或拥有行政权力的行政机关，另一方则是普通公民。如果依旧平等地设置诉讼规则，那将不利于对受害者一方利益的保护。因此，笔者认为，贵州在诉讼程序的设置上应对受害者一方利益予以倾斜，以实现审判结果实质的公平。贵阳市人大于 2010 年出台的《关于大力推进环境公益诉讼，促进生态环境建设的实施意见》确立了财产保全、证据保全、无过错责任、法律援助等制度。该意见系对相对弱势的受害者一方进行的特殊保护。笔者认为，在此基础上贵州应继续加强保护力度，如延长诉讼时效、因果关系推定等。《环境保护法》第 66 条规定：“提起环境损害赔偿诉讼的时效期间为三年，从当事人知道或者应当知道其受到损害时起计算。”从生态环境纠纷案件的特点来看，诉讼时效的期间较短，应予适当延长。而在因果关系推定方面，法院在审理生态环境纠纷案件时，应首先推定被告一方与环境损害结果之间具有因果关系，以在一定程度上保护弱势方利益。

在此，或许会有人质疑对受害者一方进行特殊保护，在诉讼程序设置上进行倾斜的公平性。对此，笔者认为，相关的法律、法规对处于弱势地位的一方进行特殊保护正是基于实质公平的考虑，否则，弱势一方将根本无法与强势一方抗衡。

5. 完善贵州生态保护法庭法官的录用制度。在生态保护法庭法官的录用制度方面，可以规定更为严格的条件。可以要求法官不仅应通过司法考试，还应取得环境类资格证书（如环境影响评价工程师、注册环保工程师等），或者具有相关的环境类学习、工作经历，从具有生态环境类相关知识的法官中择优录取。生态环境纠纷案件一般比较复杂，需要相关的社会生活经验，基于此，法院可以从其他法庭选择审判经验丰富、熟悉各种类型案件审判规则的法官，将其调入环保庭工作。

6. 健全生态环境纠纷代表人诉讼制度。《最高人民法院关于适用〈中华人民共和国民事诉讼法〉若干问题的意见》指出，提起代表诉讼时，起诉人数应在 10 人以上。对此，笔者认为应当予以适当放宽。根据新修订的《环境保护法》第 66 条规定，提起环境损害赔偿诉讼的时效期间为 3 年。但该条仅针对“环境损害”的情况，而一般的生态环境纠纷的诉讼时效依旧是 2 年。在诉讼时效的期间内，各个权益受到侵害的主体可以随时提起诉讼，由于权益受侵害的主体可能比较分散，难以进行有效的沟通，可能导致各个主体难以在同一时间提起诉讼。笔者认为，司法机关不能单纯以起诉时人数的多少判断是否可以适用代表人诉讼，而应该以受害人权益的保护为重、以纠纷的及时有效解决为基础。因此，笔者在此建议，应该将起诉人数的限制尽可能地放低。当开启代表人诉讼之后，笔者建议，法院应该予以公告，尽可能让其他权益受损的人员一并参加到诉讼中来。这一方面有利于使受到侵害的权益及时得到救济，另一方面有利于避免同一事项的重复诉讼，提高司法审判的效率。

（三）完善贵州环境公益诉讼制度

贵州省贵阳市清镇市人民法院生态环保法庭始终坚持探索创新。在环境污染案件中，往往会出现污染问题客观存在，但又没有具体受害人的情况。对于如何通过法律手段解决这一问题，理论界、司法实务界都有人提出过解决方案，即可引入环境公益诉讼制度，利用环境公益诉讼来促进被告采取措施、承担民事责任。

1. 完善检察机关提起环境公益诉讼制度。全国检察业务专家夏黎阳教授在发表于《人民检察》的《构建我国有限的民事公益诉讼制度探讨》一文中指出，为维护社会公平正义，促进构建和谐社会，法律应赋予检察机关提起和参与民事公益诉讼的职权。而民事法律关系的私权属性和检察机关法律监督的本质属性，则决定了检察机关提起或参与民事公益诉讼的有限性，并提出了检察机关提起和参与民事公益诉讼的四个原则：公益原则、有限干预原则、最后与最佳救济原则和刑事附带优先原则。公益原则是指检察机关只有在涉及国家利益、社会公共利益等公益时才能谨慎地提起或参与诉讼。有限干预原则是指检察机关必须立足于其法律监督的职能，不能随意扩大干预的范围。最后与最佳救济原则是指检察机关应支持适格主体起诉，只有在穷尽其他救济手段的前提下，才考虑由检察机关提起公益诉讼。刑事附带优先原则是基于《刑事诉讼法》的规定，从检察院法律监督的性质出发维护公共利益。

2010 年 3 月 1 日起施行的《贵阳市促进生态文明建设条例》第 23 条赋予了检察机关起诉权，解决了检察机关在环境公益诉讼中的原告资格问题。检察机关是作为环境公益的权利主体的代表者来参加民事诉讼的，因此，应当遵循民事诉讼的相关规则。其主要包括两个方面：第一，当事人地位平等原则。当事人地位平等原则是民事诉讼的基本原则。在司法实践过程中，必须保证诉讼手段的平等，为了保证诉讼结果的真实合法性，对于检察机关利用刑侦手段获取的民事公益诉讼证据，应当予以排除。检察机关是作为环境公益诉讼的原告来参加诉讼的，因此享有和普通的原告一样的权利义务和法律地位，不得以国家机关的身份来影响案件的判决。第二，审判主导原则。在案件的审理过程中，应当保证审判独立，检察机关不得干预，并应遵循法庭纪律，保障庭审过程有序进行。

2. 实行激励原告政策。由于生态环境纠纷具有复杂性，使得在诉讼过程中，原告体力和时间的消耗都比其他诉讼要多，并且诉讼过程中产生的误工费、食宿费、交通费等都不容忽视。对此，笔者建议，在报销起诉主体合理费用的基础上，还应对原告进行相应的奖励，以激励公众维权的积极性。对于该费用的来源问题，笔者建议应由社会公众募集或由从对破坏生态环境的企业进行的经济制裁或所罚款项中提取一部分设立的环境公益诉讼基金中提取。对原告进行经济上的奖励，可以在一定程度上遏制生态环境侵权行为。同时，可激励民众为了维护环境权益而提起诉讼。

3. 完善环境行政公益诉讼制度。我国现阶段已初步规定了环境公益诉讼的相关制度，依据不同的标准，我们可以将环境公益诉讼划分为不同的种类。如果依被诉的对象和事由的不同，我们可以将环境公益诉讼划分为环境民事公益诉讼和环境行政公益诉讼。目前，对环境民事公益诉讼的规定较全面，适用也较多。相比之下，环境行政公益诉讼仍需加强。

环境行政公益诉讼是指行政机关及其工作人员有对环境造成侵害或侵害之虞的行为或不作为时，公民或组织可以对上述机关及人员提起诉讼。目前贵州虽然没有相应的行政法规、地方性法规对其进行规范，但环境行政公益诉讼却客观存在。2009 年，中华环保联合会就清镇市国土资源局作出的转让百花湖风景区部分土地使用权的决定向清镇市人民法院提起诉讼，这是典型的环境行政公益诉讼。百花湖是贵州省级风景名胜区，1994 年，清镇市国土资源管理局未经百花湖风景名胜区管理机构的同意，将百花湖 800 平方米的国有土地使用权出让给了位于百花湖的一家冷饮厅用于修建冷饮厅及职工宿舍。在超过了合同期限的情况下，国土资源局也一直未收回，且经调查该建筑物对百花湖的环境造成潜在危害。中华环保联合会就此向清镇市人民法院提起行政诉讼，要求国土资源管理局收回出让的土地。最终，因被告撤回有潜在环境污染危险的土地使用权决定，中华环保协会撤诉。为了更好地发挥环境行政公益诉讼的价值，笔者建议，贵州应出台相应的法律对环境行政公益诉讼进行规范。

二、健全贵州生态环境纠纷非诉解决机制

（一）加强人民调解制度的建设

我国目前尚无关于人民调解的正式立法，由于缺少法律的支持和保护，人民调解组织的作用尚未得到充分发挥，致使在面对较为复杂的环境纠纷时人民调解往往难以发挥作用。基于此，我们应该做到：

1. 提高调解队伍的业务能力。进行人民调解，发挥人民调解制度的优越性都是通过调解员来实现的。调解员的业务能力与纠纷的处理结果有着直接的关联。因此，为保证人民调解员的素质，就要从源头上把关。在人民调解员的选拔上，要选择文化程度高、心理素质好、口头表达能力强、具备法律知识和环境专业相关知识的人员。在人民调解员入职之后，仍应加强对调解员的培训。调解员应定期到开设环境保护课程的高校或到法官培训中心接受培训，司法机关也可以对人民调解员进行业务指导。培训应注重加强人民调解员同双方当事人沟通的技巧、甄别纠纷双方利益的平衡点，除了注重对调解员技巧的培训外，还应学习环境学、生态学以及与环境保护相关的法律、法规。人民调解委员会还应当吸收一些相关领域的专家或长期从事环境保护工作的人员，或者聘请有关专家作为调解委员会的顾问，以便在遇到专业问题时及时咨询，保证人民调解委员会处理环境纠纷的专业性和权威性。

2. 完善环境信息公开制度。2008 年 5 月 1 日起施行的《环境信息公开办

法（试行）》按不同的类别要求企业强制公开或自愿公开企业环境信息。但实际上，企业为了自己的社会声誉和利益，往往选择不公开环境信息或公开失实的环境信息。

生态环境纠纷调解必须建立在双方信息相对称的基础上。对于完善环境信息的公开，笔者提出如下建议：第一，贵州应进一步细化《环境信息公开办法（试行）》，明确信息企业必须公开，哪些信息企业可以选择公开；第二，对于在信息公开过程中作假的企业予以罚款并进行通报批评；第三，对于排放不达标的企业，应积极督促其整改。

（二）健全生态环境纠纷行政解决机制

根据我国《行政复议法》的规定，行政相对人认为环境行政机关的具体行政行为侵犯了其合法权益可以申请行政复议。

1. 健全生态环境纠纷行政调解制度。由于环境纠纷涉及的人数多、范围广、区域大，需要环境行政机关充分利用国家机关的协调性来跨部门甚至跨区域解决纠纷。[1]对于生态环境纠纷的行政调解，笔者提出了以下几点建议：

（1）健全行政调解的管辖。管辖分为级别管辖和地域管辖两个部分。为了更加明确行政机关的调解范围，应在管辖上进行细化。笔者认为，该部分可借鉴《民事诉讼法》中关于管辖的若干规定。一般而言，行政调解可由生态环境纠纷发生地的县级以上的环境保护主管部门进行，如果该纠纷是跨区域的，则可由其共同上级环境保护主管部门进行管辖。

（2）选择适当的方式进行调解。调解最重要的特点是程序简单、方便灵活。对于行政调解而言，可以选择当事人更易于接受、对纠纷处理更有效的方式。进行行政调解时，可向社会公开调解过程和结果，也可依当事人申请不向外界公开。行政调解既可以由环境保护主管部门主导，也可以和其他法律规定的负有环境保护监督管理职责的部门和机关联合进行。既可以在纠纷双方当事人均在场的情况下当面调解，也可以行政机关从中斡旋的方式，对双方单独进行调解。

（3）规范调解的期限。在行政调解过程中，环境保护主管部门既要积极促成当事人达成调解协议，又要尊重当事人意愿，对达不成调解协议的，允

〔1〕 曹明德、毛涛："我国环境争端非诉讼解决方式存在的问题及对策"，载《中国地质大学学报（社会科学版）》2009年第2期。

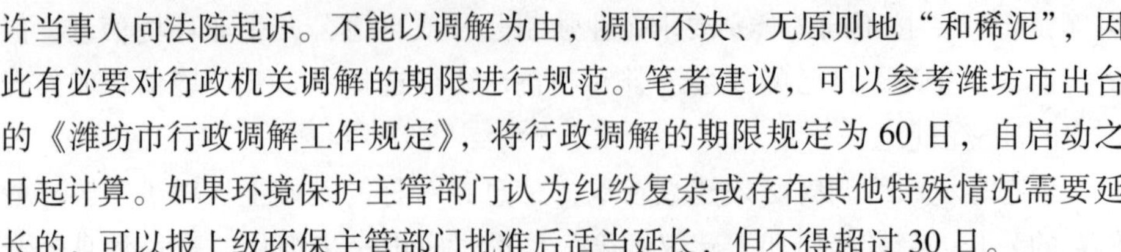

许当事人向法院起诉。不能以调解为由，调而不决、无原则地“和稀泥”，因此有必要对行政机关调解的期限进行规范。笔者建议，可以参考潍坊市出台的《潍坊市行政调解工作规定》，将行政调解的期限规定为60日，自启动之日起计算。如果环境保护主管部门认为纠纷复杂或存在其他特殊情况需要延长的，可以报上级环保主管部门批准后适当延长，但不得超过30日。

（4）规范环境纠纷行政调解中所应遵循的原则。行政调解制度得以发挥作用须有明确、规范的原则作为指引。在环境纠纷进行调解的过程中应遵循合法、自愿原则。合法原则要求行政机关对环境纠纷进行调解时应依法进行，既要符合实体法的相关规定，又要符合程序法的规定。实体合法要求行政机关在调解过程中应遵循法律的相关规定，经调解达成的调解协议应符合法律规定、符合公序良俗。程序合法要求行政机关在对环境纠纷进行调解的过程中，应符合调解程序的相关要求，行政机关应保持中立地位，对涉案的相关事实信息和法律信息的掌握应客观、准确，使调解建立在客观、公正的基础之上。自愿原则应分为两部分，对环境纠纷发生后是否适用调解应遵循自愿原则，只有当事人申请调解的，调解程序才可以启动，行政机关不得主动调解。当行政调解程序启动后，行政机关也应保持中立地位，不得利用行政管理职权对调解进行干预，调解协议的达成也应遵循当事人自愿原则，尊重双方当事人对自身权利义务的处分。

2. 健全生态环境纠纷行政解决法律制度。我国现有的保护生态环境的法律法规有《环境保护法》《水法》《森林法》《海洋法》等。这些法律法规在生态环境的保护方面具有重要意义，但原则性、综合性、概括性的条款居多，具体的程序方面的规定较少。贵州作为全国范围内的生态环境大省，有必要根据本省情况制定切合自身实际的地方性法规、地方政府规章，不断完善生态环境纠纷行政解决机制。立法内容应当包括生态环境纠纷行政解决机制的受案范围、处理机构、管辖原则、处理基本原则、处理方式及程序、处理结果及效力、法律责任等内容，从而体现实用性、高效性、程序性和公正保障性等特点，为环境纠纷行政解决的实践提供基本的法律保障。

3. 保证纠纷解决人员的业务素质。生态环境纠纷具有专业性、复杂性等特点，对纠纷解决人员的专业水平和业务素质提出了更高的要求。《公务员法》第101条第1款规定：“机关聘任公务员可以参照公务员考试录用的程序进行公开招聘，也可以从符合条件的人员中直接选聘。”因此，对于专业性很强，现实纠纷又很复杂的生态问题来说，笔者建议，可以从贵州省的环境保护专家队伍中进行聘任。对于纠纷的解决程序，笔者建议，可以参照仲裁程序中选定仲裁员相关规定，由当事人在专家组成员中自行选择并确定最终的纠纷解决人员。纠纷解决人员的专业知识在很大程度上能确保纠纷处理结果的公正性，允许当事人自主选择处理人员更利于其接受纠纷的处理结果。

4. 健全生态环境纠纷行政解决的配套措施。以行政手段处理生态环境纠纷要想发挥最大的作用，还需要与其他措施相互配合。对此，笔者提出了以下建议：首先，环保行政主管部门应建立健全生态环境纠纷举报制度。各级环保行政主管部门都应开通便捷的环境污染投诉渠道，任何公民、组织发现其他单位、个人有实施破坏生态环境的行为，都有权向当地的环保行政部门举报。接到举报之后，环保部门应及时对有关事项进行调查、核实。对于一些较小的纠纷，应及时予以化解，对于一些重大、复杂的纠纷，应予以高度重视，并交由生态环境纠纷行政解决机构进行处理。在此过程中如发现违法情况，应及时进行纠正。其次，应完善鉴定评估机构的建设。在生态环境纠纷案件中，争议的焦点往往是当事方的行为是否破坏生态环境、损失的大小等。如果没有专业的鉴定机构对争议问题进行权威性鉴定，势必会影响案件处理结果的公正性，并在一定程度上激化原有的矛盾。笔者建议，贵州应至少保证每个较大的市都有环境损害鉴定评估机构。上级评估机构应监督下级评估机构的评估结果，一旦评估不实，可撤销评估结果。为保证评估结果的独立和客观，评估机构应实行财产和人事独立。

（三）健全贵州生态环境纠纷仲裁解决机制

仲裁具有法律所赋予的权威性和终局性，在程序上又具有便利、灵活、经济的特点，有利于及时、公平地解决纠纷。

1. 健全生态环境纠纷的仲裁立法。笔者认为，可以针对生态环境纠纷问题的特点制定专门的《生态环境纠纷仲裁法》，利用仲裁方式解决纠纷既可以避免诉讼方式固有的一些缺陷，又可以充分发挥仲裁制度本身的优势。仲裁的适用具有保密性，实施仲裁的过程及结果不必向社会公开，进而使当事人不必担心相关的技术信息、技术秘密在纠纷的调查、解决过程中被泄露。仲裁制度还具有权威性、专业性的特点，当事人可自主选定具备环境保护方面专业知识、具有生态环境纠纷处理经验且具有仲裁员资格的人员组成仲裁庭。这样可保证纠纷处理结果的权威性、专业性。

2. 健全生态环境纠纷的仲裁管辖。我国《仲裁法》第6条第2款规定："仲裁不实行级别管辖和地域管辖。"但是，对于生态环境纠纷而言地域管辖却是最为恰当的。理由如下：第一，生态环境纠纷具有很强的地域性，由于各地的环境标准不同，因此对同一主体的环境侵权行为的判断在不同的地区往往会得到不同的认定结果；第二，生态环境纠纷具有复杂性、特殊性，仲裁员对纠纷进行处理时，必须要到生态环境纠纷的发生地点进行调查取证。如果双方选定的仲裁地和纠纷发生地相距较远，势必会对纠纷的调查产生影响，最终影响的是纠纷处理结果的客观公正。由此，仲裁的意义将会丧失。因此，笔者建议生态环境纠纷的仲裁应实行地域管辖。

3. 健全生态环境纠纷的仲裁协议制度。仲裁协议是争议得以提交仲裁解决的前提和基础。其既是取得仲裁管辖权并排斥司法管辖权的依据，也是仲裁裁决得以作出和执行的依据。[1]基于仲裁协议的重要作用，对现有仲裁协议制度缺陷的改善变得尤为重要。我国法律规定，如果用仲裁方式解决纠纷，需要当事人在纠纷发生前或纠纷发生后达成仲裁协议。对于生态环境纠纷而言，由于在纠纷发生前纠纷并不一定会发生，且没有现实存在的受害人，缺少协议的一方当事人，因此，不可能在纠纷发生前达成仲裁协议。在纠纷发生后，加害一方往往会千方百计地逃脱责任，而受害一方通常人数众多，对是否适用仲裁内部也很难达成一致意见。

基于生态环境纠纷仲裁协议达成难的问题，笔者认为，我们不应该拘泥于现有的仲裁法律制度的规定。为了充分发挥仲裁制度的优越性，加大生态环境纠纷案件解决的力度，我们应该在现有制度的基础上进行创新。笔者建议，可以由与双方均无利害关系的第三方（如环保公益组织）出面进行协调，促使生态环境纠纷的双方达成仲裁协议，从而使纠纷得到解决。抑或是改变现有法律的规定，只要受害的一方向仲裁机构提起仲裁，事实清楚、理由恰当，仲裁机构就应予以受理。

三、构建贵州生态环境纠纷多元解决机制之间的衔接机制

新时期的环境纠纷更为复杂，环境纠纷产生的原因多种多样。单纯依靠诉讼解决机制或者单纯依靠非诉解决机制都不能使环境纠纷得到有效的解决，

〔1〕江伟主编：《仲裁法》，中国人民大学出版社2012年版，第206页。

我们在对这两种纠纷解决机制分别进行完善的同时，还应注重两者之间的衔接，进而形成科学的纠纷解决体系。2008 年 8 月，最高人民法院出台了《关于建立健全诉讼与非诉讼相衔接的矛盾纠纷解决机制的若干意见》，这对于贵州生态环境纠纷多元解决机制之间的衔接具有重要的启示作用。基于此，笔者将从以下三个方面提出完善建议：

（一）加强部门协作以及时化解纠纷

对于生态环境纠纷的环境问题，我国《刑法》分则专门规定了破坏环境资源保护的系列罪名，将对生态环境破坏严重的行为划归到刑法领域进行评价。但刑法调整的范围有限，因此在处理生态环境纠纷案件时，行政部门应与司法部门进行协作。如果构成犯罪，则进入刑法领域进行犯罪评价；如果只是轻微的违法，那么具有监管职责的环境保护主管部门可以用行政处理的方式解决纠纷。此外，加害人一方对他人造成损害的，还应承担民事赔偿责任，从而形成刑事、民事、行政责任多管齐下的纠纷解决机制。

（二）建立司法机关和环保执法部门的联动机制

司法机关应定期与环保执法部门进行交流，利用环保部门的人才和信息优势，多了解生态环境纠纷案件的相关信息，为日后的审判积累经验。司法机关可以成立生态环境纠纷专项问题调研组，深入到环保局、国土资源局等环保行政部门收集有关的政策法规、执法情况等；也可以在全省范围内收集典型案例，并对其进行归纳分析；也可以到生态环境矛盾较凸显的地方，听取一线法官关于生态环境纠纷案件处理的建议和意见。此外，司法机关还可以在综合上述材料的基础上，向政府提出司法建议和意见。

（三）建立公众参与机制

应提高公民生态环境保护的意识，营造一种和谐健康的生态环境保护氛围，从而构建全民参与的生态环境保护机制。因为环境污染和生态破坏所涉及的不仅是单个人的利益，由其产生的纠纷也是涉及面较广的社会层面的问题。动员广大民众参与到生态环境纠纷的案件中来，亲自参加并实行监督，是生态环境纠纷案件处理民主化的体现。为了激发公众参与的热情，并规范其参与行为，贵州应加大环境和生态环境保护的宣传工作，提高公众环保意识。同时，在法律上赋予公民相应的权利，鼓励公民积极参加生态环境纠纷的各种诉讼，积极参加环境公益组织的活动，提高公众维护生态环境的热情。

小 结

无论是国家法还是民间法，一旦脱离了社会实际，便不能达到立法当初预想的效果，这也符合哈耶克“自生自发秩序”的观点。

贵州民族杂居区的居民在生活习惯、文化氛围上都有自己的特色，加之贵州自身具有独特的地理环境使得全省各地区的差异性十分明显。在这种前提下，如果坚持适用统一的国家法来解决各地纠纷，难免会遇到水土不服的情况。因此，贵州应当充分考虑自身特点，分析纠纷的成因，构建更为合适的生态环境纠纷多元解决机制。在平衡国家法与当地习惯法适用的时候，不应当一味将国家正式法放在第一位，也不应当毫无选择地适用民间法来解决纠纷。应当正确审视不同纠纷解决机制的法律效果与社会效果，并洞察不同纠纷解决机制在实践中所引发的问题，寻求解决问题的途径，力求构建出科学、合理的生态环境纠纷多元解决机制，实现调整和平衡社会多元利益的功能。

法治贵州创建视域下的社会治理创新调查

Chapter6

当前，我国的社会治理创新工作是在依法治国，建设社会主义法治国家的历史大背景下展开的。我们认为，做到依法行政、依法办事，在中国共产党的领导下建成法治国家，就是最大的社会治理创新。各种社会治理创新的具体举措，都应当在法治的框架下展开，因为只有在法治的框架内完成的社会治理创新，才是真正的创新，才会有持久的生命力。胡锦涛同志在中央党校省部级主要领导干部社会治理及其创新专题研讨班开班式上强调："加强社会治理的基本任务包括协调社会关系、规范社会行为、解决社会问题、化解社会矛盾、促进社会公正、应对社会风险、保持社会稳定等方面，正确把握国内外形势新变化、新特点，针对当前社会治理中的突出问题，着重研究加强和创新社会治理、做好新形势下群众工作的思路和举措，实现'十三五'时期经济社会发展目标任务凝聚强大力量。"这表明，社会治理创新与法治有着紧密的联系，社会治理创新的过程实际上也是法治化治理的过程，要推进社会治理创新健康发展，确保社会治理创新的实效性和持续性，就必须切实致力于相关法律规范和制度的完善，从而彰显社会治理创新与法治及其发展的良性互动。

改革开放以来，我国经济社会取得了长足性发展和历史性进步，经济总量跃居世界第二，科学技术水平飞速发展，教育、医疗、卫生、交通等民生设施不断健全。但是，我们维护社会稳定的任务却仍然十分艰巨，超过了改革开放以来的任何时期。为了对维稳工作面临的挑战作出积极回应，调整社会生产关系以使其适应生产力的发展要求，党的十八届三中全会通过的《中共中央关于全面深化改革若干重大问题的决定》提出要"坚持依法治理，加强法治保障，运用法治思维和法治方式化解社会矛盾"，"完善和发展中国特色社会主义制度，推进国家治理体系和治理能力现代化”。党的十八届四中全会通过的《关于全面推进依法治国若干重大问题的决定》指出“依法治国，是坚持和发展中国特色社会主义的本质要求和重要保障，是实现国家治理体系和治理能力现代化的必然要求”。“我国正处于社会主义初级阶段，全面建成小康社会进入决定性阶段，改革进入攻坚期和深水区，国际形势复杂多变，我们党面对的改革发展稳定任务之重前所未有、矛盾风险挑战之多前所未有，依法治国在党和国家工作全局中的地位更加突出、作用更加重大。”由此可见，法治是国家治理的重要形式，是治理能力现代化的主要标志，也是解决当前改革发展稳定任务的主要路径。

第一节 社会治理的内涵以及治理能力现代化的标准

追根溯源，“治理”（governance）概念源自古典拉丁文或古希腊语的“引领导航”（steering）一词，原意是控制、引导和操纵，指的是在特定范围内行使权威。它隐含着一个政治进程，即在众多不同利益共同发挥作用的领域建立一致或取得认同，以便实施某项计划。〔1〕随着全球对公共治理的关注程度日益提高，对于这一概念的界定出现了多种说法，直到现在，治理仍是一个相对模糊和复杂的概念。〔2〕治理理论的兴起，绝非是人为地制造出的一种“政治时髦”，而是各国政府对日益纷繁复杂的经济、政治以及文化思想变化所作出的理论和方法上的回应。在该背景下，以奥斯特罗姆为代表的制度分析学派提出了多中心治理理论。〔3〕多中心治理理论不仅具有极高的理论研究

〔1〕 俞可平主编：《治理与善治》，社会科学文献出版社 2000 年版，第 16~17 页。

〔2〕 在治理的各种定义中，全球治理委员会的表述具有很大的代表性和权威性。该委员会于 1995 年对治理作出如下界定：治理是或公或私的个人和机构经营管理相同事务的诸多方式的总和。它是使相互冲突或不同的利益得以调和并且采取联合行动的持续的过程。它包括有权迫使人们服从的正式机构和规章制度，以及种种非正式安排。而凡此种种均由人民和机构或者同意，或者认为符合他们的利益而授予其权力。参见俞可平主编：《治理与善治》，社会科学文献出版社 2000 年版，第 270~271 页。

〔3〕 这里的“多中心”有着经济学的血统，但这并不是唯一的理论来源，随着社会科学的不断发展，“多中心”得到了越来越多的阐释和认同。文森特·奥斯特罗姆等研究者，将“多中心”从经济领域引入公共领域，在公共领域讨论“多中心性”的问题，并在社会治理模式问题上产生了深刻的影响。奥斯特罗姆学派对“多中心”的研究阐述了他们对人们以相互建构起来的秩序处理公共事务的看法，他们深知“凡是属于多数人的公共事物常常是最少受人照顾的事物”，利维坦和私有化都不是完美的公共事物的治理之道，人们借助于既不同于国家也不同于市场的制度安排却常常对某些公共事物进行

价值，而且在实证研究领域中也对各国的治道变革有指导作用，其核心理念是在纯粹的市场化与单一的政府主导之间构建起一种政府、市场和社会多中心的治理模式。

治理理论之所以能够充分发展，是因为存在一个深厚的政治根基，那就是民主和法治思想，民主、法治和治理构成了"三位一体"的现代国家政治理念。综上，社会治理作为社会建设的重大任务，是国家治理的重要内容，[1]系指政府、社会组织和公民个人，以民主和法治精神为指引，对社会事务进行高效处理，最终实现利益平衡和社会安定的过程。十八届三中全会公报指出："全面深化改革的总目标是完善和发展中国特色社会主义制度，推进国家治理体系和治理能力现代化。"《关于全面推进依法治国若干重大问题的决定》又指出"推进多层次多领域依法治理，坚持系统治理、依法治理、综合治理、源头治理，提高社会治理法治化水平"，强调"国家治理"而非"国家统治"，强调"社会治理"而非"社会管理"，这不是政治用语的简单变化，而是治国方针的重大变化。这表明，我们党对社会政治发展规律有了新认识和新把握，是马克思主义国家理论的重要创新。

社会治理主要由两个部分组成：社会治理体系和社会治理能力。社会治理体系，是在党领导下政府、社会组织、公民管理社会事务的制度体系，包括经济、政治、文化、社会、生态文明和党的建设等各领域的体制机制、法律法规的有机统一体。[2]其本质和核心是运用公权力和社会力量调整社会关系，配置社会利益，化解矛盾纠纷、维护大局安定有序，实现政治、经济、文化、社会的协调发展。而社会治理能力，是指政府、社会组织、公民在社会治理体系内运用经济、政治、文化、社会、生态等制度治理社会各方面事务的水平和能力。社会治理体系和社会治理能力是一个社会制度和制度执行

(接上页) 了适度治理。如前所述，奥斯特罗姆的"多中心"反对利维坦，但也绝不主张无政府主义，把政府包含在内，视之为与公民平等的社会治理行为主体，这是对政府作为权力中心，操纵一切边缘行动者的"中心-边缘"模式的解构，是从政府到社会的社会治理理念重心的转移。可以说，博兰尼的"多中心"是一种社会秩序的思想，而奥斯特罗姆的"多中心"则已经发展为一种社会治理理论。李明强、王一方："多中心治理：内涵、逻辑和结构"，载《中共四川省委省级机关党校学报》2013年第6期。

〔1〕"习近平系列重要讲话读本：让老百姓过上好日子"，载《人民日报》2014年7月10日。

〔2〕李树林："推进国家治理体系与治理能力的现代化"，载《内蒙古日报》2013年12月20日。

能力的集中体现，[1]两者相辅相成，社会治理制度的现代化能够保障制度文明的先进性，治理制度执行能力的现代化能够保障制度文明的有效性。[2]

社会治理体系和治理能力现代化的衡量标准主要有：一是治理制度体系健全。健全制度是治理有效运转的前提，要完善依法治理、源头治理、综合治理制度，健全切实可行的公众参与制度等。二是治理主体多元化。要改变政府“单打独斗”的局面，社会组织和公民个人要充分参与。当然，还要营造培育社会组织的良好环境和建立各种社会组织。三是治理过程符合民主法治精神。即使宪法和法律成为社会治理的根本依据，不允许任何组织和个人有超越宪法和法律的特权。治理过程中强调平等和协商，当然也会有强制，但不会占主导地位。四是治理运行方向强调自下而上。要改变传统“统治”和“管理”自上而下的权力运行方式，厘清政府与市场、社会的先后关系，社会事务应先由“私人”处理，解决不了的问题才交给政府。五是治理效果明显：低成本、高效率。成本和效率是衡量创新治理方式成功与否的关键，当然，最终的治理结果是社会利益得到合理分配，大局秩序稳定。

第二节　贵州社会治理创新的主要经验

近年来，贵州各地区、各部门积极创新社会治理方式，着眼于维护人民群众合法权益，最大限度地增加和谐因素，增强社会发展活力，努力建设平安贵州。在创新社会治理工作中，各市（州）、县（区）结合自身实际，探索出了一些较为成功的经验和做法。

一、铜仁风险评估经验

2008年11月，铜仁地区出台了《关于开展社会稳定风险评估工作意见》，是贵州率先建立社会稳定风险评估工作制度的地区之一。“徒法不足自

---

〔1〕“《习近平总书记系列重要讲话读本》连载之四”，载《光明日报》2014年7月4日。

〔2〕参见姜晓萍：“国家治理现代化进程中的社会治理体制创新”，载《中国行政管理》2014年第2期。

行”，再好的制度也需一支“精良”的队伍去贯彻执行。由于一些领导对该项制度重视不够，以致2009年2月8日（元宵节前夕）在德江县发生了因县政府改变传统舞龙路线而引发群众不满聚集冲击县政府的重大群体性事件，即德江“2·8”事件。德江“2·8”事件发生后，铜仁地委举一反三，深刻反思，并于2009年3月30日制定了《关于开展社会稳定风险评估工作的意见》，强化了各级党委、政府切实做好重大决策、重大项目风险评估的举措。具体的经验做法是：[1]

（一）重要保障：四个纳入

加快推进风险评估工作常态化、制度化、规范化进程，设立重大决策社会稳定风险评估工作办公室，明确专人负责，制定《重大项目风险评估编制大纲》，进一步规范重大项目风险评估程序。切实做到“四纳入”：一是将风险评估纳入到现有的决策程序。凡重大决策，无风险预测不上会，风险点不查清不决策。明确要求各级领导干部在做决策时认真查找风险点，并逐一明确责任人，注意落实防范化解措施，把风险点的等级程度作为决策的重要依据。[2]二是将风险评估纳入部门工作职责。全市有关部门要切实加强社会稳定风险评估事项的管理，定期梳理、动态调整需要开展的评估事项，建立专门的工作台账，明确风险评估的责任单位、参与单位、负责领导、工作要求等事项。三是将风险评估的关键环节有机纳入到现有的审批体系中。享有审批权限的职能部门，审批重大事项必须同步审查社会稳定的风险预测、风险防范、风险化解等三个风险评估报告。四是风险评估纳入绩效目标管理。各级党委、政府和省直属有关单位要切实加强风险评估工作的监督检查，把建立健全社会稳定风险评估机制、推行评估工作情况纳入各级党委、政府（部门）的年度考核之中，以考核结果作为党政领导班子综合评价的重要依据。

（二）基本要求：五个同步

坚持将项目选址与征地拆迁、项目规划与人员安置、产业布局与促进就业、城镇化推进与社会保障、经济建设与生态建设同步考虑，将建设用地尽

---

[1] 参见《规范机制拓展领域　打造风险评估升级版》，铜仁市维护稳定工作领导小组办公室2014年5月在全省“双强化双化解”暨社会稳定风险评估经验推进会上的发言。

[2] “社会稳定风险评估的‘铜仁经验’观察”，载《金黔在线-贵州日报》2012年11月1日。

可能确定在农用地相对较少、拆迁量小、交通便利、资源配置较好、群众积极性较高和成本较低的区域；将制度设计和政策协调结合起来，统筹解决失地农民住房安置、转移就业、社会保障等问题；将项目建设与环境保护结合起来，坚决不上对环境资源破坏大的项目，守住生态底线，以实现经济发展、民生改善和生态效益的共生共赢。

（三）主要内容：六类风险点

把民生问题、社会管理问题、资金链问题、干部能力问题、舆论炒作问题以及诱发性问题等“六类风险”作为风险评估的必评内容，重点审查决策是否损害群众根本利益，是否带来社会治安、公共安全、环境污染等问题，是否会因项目资金链断裂诱发工程不能继续、财政负担过重等问题，是否会因干部作风不实、能力不足等诱发不稳定因素、激化社会矛盾，是否存在引发舆论风波、媒体恶性炒作的可能性，是否会因风险消除不力演变成如强揽工程、地方黑恶势力、群体性案（事）件等深层次风险。

（四）必经程序：七步工作法

把风险评估固化为七个环节分步推进：一是按照“谁决策、谁评估”原则明确评估主体，制定评估方案。二是全面摸底排查，征求群众意见。三是预测潜在风险，建好风险台账。四是制定防范预案，明确化解措施。五是全面分析论证，兼顾发展稳定。六是确定风险等级，作出评估结论。七是运用评估结论。决策主体将评估结论作为下定决策或调整决策的依据。〔1〕

二、解决基层矛盾纠纷化解难题的余庆经验

在打造“平安余庆”的长期实践中，余庆县始终坚持科学发展、实事求是、以人为本、执政为民的理念，以预防和化解社会矛盾为主线，以保障和改善民生为重点，以创新社会管理为抓手，以夯实基层一线为突破口，在矛盾凸显期中探索创造了“小事不出村、大事不出镇、难事不出县、矛盾不上交”的“余庆经验”。

（一）完善风险评估机制

余庆县早在2005年就制定了余庆县社会稳定风险评估机制和余庆县重大

〔1〕 参见《规范机制拓展领域　打造风险评估升级版》，铜仁市维护稳定工作领导小组办公室2014年5月在全省“双强化双化解”暨社会稳定风险评估经验推进会上的发言。

决策专家咨询制度和听证制度，将社会稳定风险评估制度作为各级党委、政府和部门民主决策、科学管理的一项重要内容，确保重大工程、重大决策“零矛盾”“零风险”。[1]

（二）完善群众诉求机制

余庆县开辟了“民声通道”，严格落实领导接访下访、村级“说事”、网上信访、联合接访、法律援助、现场调解、代理信访、心理疏导等新型群众诉求表达机制，并积极开展“领导干部接待日活动”。《乌江论坛》的网页上，每天都会有几十上百条代表群众意见的留言。县委书记、县长通过电话、博客等形式直接和群众交流互动，第一时间掌握维护社会稳定的突出问题。[2]

（三）完善排查调处机制

余庆县建立了矛盾纠纷排查工作月例会和“四查四报”制度，按照“谁主管、谁负责”“属地管理”的原则，以属地牵头，部门配合，全面排查、梳理出了矛盾纠纷的重点地区、领域和群体，加以重点防范；针对已经发生的矛盾纠纷，详查基本情况、诱发原因、性质类型、表现形式、危害程度、化解难度等；对梳理、排查出的各类不稳定因素和矛盾纠纷详细进行包案分解，落实责任人，做到“底数清、情况明”，形成“事事有人管、件件有人抓”的良好局面。[3]

（四）完善责任落实机制

余庆县将副县级以上领导干部分成5个领导小组，与县直机关单位组成挂帮工作组，分别承包全县10个乡镇5个片区的维稳工作。工作组挂帮要在年底排名评比，需要工作组领导成员在平时就要主动走进挂帮辖区，掌握问题，化解矛盾。同时，充分发动老专家、老教师、老干部、老军人、老模范

---

〔1〕杨胜卫、蔡辅兵：“‘小事不出村，大事不出镇，难事不出县，矛盾不上交’——余庆县基层矛盾化解典型经验”，载《法制生活报》2011年4月18日；“专家认为‘余庆经验’在中西部贫困地区具有借鉴意义”，载新华网贵州频道2014年4月1日。

〔2〕杨胜卫、蔡辅兵：“‘小事不出村，大事不出镇，难事不出县，矛盾不上交’——余庆县基层矛盾化解典型经验”，载《法制生活报》2011年4月18日；“专家认为‘余庆经验’在中西部贫困地区具有借鉴意义”，载新华网贵州频道2014年4月1日。

〔3〕杨胜卫、蔡辅兵：“‘小事不出村，大事不出镇，难事不出县，矛盾不上交’——余庆县基层矛盾化解典型经验”，载《法制生活报》2011年4月18日；“专家认为‘余庆经验’在中西部贫困地区具有借鉴意义”，载新华网贵州频道2014年4月1日。

等“五老”人员，进村入户，察民情、听民意、释民惑、解民忧。[1]

（五）上下合力，完善“三调”机制

余庆县实施调解“网底工程”，健全了乡镇、村（居、社区、企业）、组三级调解组织，成立了人民调解中心和医患纠纷、交通事故、劳动关系、婚姻关系等专业调解组织，在乡镇派出所建立警民联调室，积极发挥各种调解组织“为政府分忧、为信访分流、为公安减压、为法院减负、为群众解难”作用，形成了诉调对接、检调对接、公调对接、访调对接、政调对接的“大调解”格局。[2]

三、特殊人群服务管理的“瓮安经验”

2008年6月28日，瓮安县因一名女中学生非正常死亡而引发了震惊全国的群体性事件，由此，如何稳妥处理涉事的青少年，成了瓮安“6·28”事件后续处置工作中最大的重点和难点。[3]既要保证法律规范的权威性，又要对参与事件的青少年作出适当的宽大和包容，实现犯罪青少年平稳回归社会。

（一）未成年人违法及轻罪犯罪记录消除工作

在省领导的关心支持下，2009年，瓮安县委出台了《关于对“6·28”事件涉案未成年人违法及轻罪犯罪记录消除的指导意见》，[4]县委政法委迅速转发了县司法机关制定的《瓮安县“6·28”事件涉案未成年人违法及轻罪犯罪记录消除试行办法》。根据该办法的规定，瓮安县共有178名违法青少年被消除了违法及轻罪记录，其中“6·28”事件涉案的未成年人94名，延伸

---

〔1〕杨胜卫、蔡辅兵：“‘小事不出村，大事不出镇，难事不出县，矛盾不上交’——余庆县基层矛盾化解典型经验”，载《法制生活报》2011年4月18日；“专家认为‘余庆经验’在中西部贫困地区具有借鉴意义”，载新华网贵州频道2014年4月1日。

〔2〕杨胜卫、蔡辅兵：“‘小事不出村，大事不出镇，难事不出县，矛盾不上交’——余庆县基层矛盾化解典型经验”，载《法制生活报》2011年4月18日；“专家认为‘余庆经验’在中西部贫困地区具有借鉴意义”，载新华网贵州频道2014年4月1日。

〔3〕崔亚东：“通过对贵州瓮安‘6·28’事件中的违法犯罪青少年的帮教看推进社会管理创新——对瓮安‘6·28’事件的再反思之四”，载《公安教育》2010年第9期；崔亚东：“从贵州瓮安‘6·28’事件看对违法青少年帮教 推进社会管理创新”，载《中共贵州省委党校学报》2011年第1期。

〔4〕崔亚东：“通过对贵州瓮安‘6·28’事件中的违法犯罪青少年的帮教看推进社会管理创新——对瓮安‘6·28’事件的再反思之四”，载《公安教育》2010年第9期；崔亚东：“从贵州瓮安‘6·28’事件看对违法青少年帮教 推进社会管理创新”，载《中共贵州省委党校学报》2011年第1期。

拓展对象 84 人。[1]

（二）心理咨询，消除心理阴影的开展

虽然涉案未成年人的违法及轻罪犯罪记录已被消除，但是由于青少年的心智正处于发育期，如果不及时消除他们的心理障碍，势必使帮教效果大打折扣，治标不治本。对此，瓮安县引进了 9 名专职心理医生，借助帮教工作的平台，对 104 名涉案青少年全部进行了心理咨询和心理辅导。这项工程的实施，让涉案青少年的心灵得到了洗礼和净化，达到了身心健康的回归。自工作开展以来，据不完全统计，心理咨询辅导达 3500 余人次，其中学生 3200 余人次、家长 182 人次、教师 112 人次、团体辅导 21 人次。

（三）建立“三位一体”的帮教工作机制

为了最大限度地帮教、挽救违法犯罪青少年，瓮安县全面建立了学校、社会、家庭“三位一体”的帮教工作体系和工作机制。瓮安县帮教领导小组和各乡镇（村、社区）、学校（班级）、家长层层签订帮教责任书，将 104 名帮教对象落实给 59 名县乡领导干部、62 名班主任和帮教对象的家长；全力为生活困难的帮教对象协调就读学校，使 87 名涉案青少年重新回到学校；按照“一人一策”的原则，分别填报《帮扶对象个人信息采集表》，制定和实施个性化的帮扶措施；为了让家长熟悉掌握家庭教育方法，政府还多次举办了家长座谈会、培训会和法制教育会等。[2]

（四）青少年帮教工作教常态化

为了拓展延伸“6·28”事件涉案青少年帮教工作，巩固和扩大帮教成果，2009 年 5 月，瓮安县委、县政府印发了《瓮安县青少年帮教延伸工作方案》，同时将“瓮安县‘6·28’事件违法青少年帮教工作领导小组”更名为“瓮安县青少年帮教工作领导小组”，逐步建立起青少年帮教常态化工作机制。2009 年 5 月，县委将帮教领导小组组长由政法委书记调整为县委副书记，并将县帮教办设置为常设机构，领导小组办公室从县政法委、教育局、司法局、关工委等部门抽调人员组成。辖区 23 个乡镇相继建立了由党委书记任组长、相关部门主要领导为成员的帮教领导小组，全面开展帮教工作。

---

〔1〕 参见《破解社会管理难题：贵州省社会管理创新的探索与实践》［黔新出 2013 年一次性内资准字（省批）第 16 号］，第 56~57 页。

〔2〕 参见《破解社会管理难题：贵州省社会管理创新的探索与实践》［黔新出 2013 年一次性内资准字（省批）第 16 号］，第 43~44 页。

四、“两严一降”专项斗争经验

2012年，贵阳市共立刑事案件55 000余起，占全省刑事发案的1/3，其中，刑事发案中“两抢一盗”案件占刑事发案的85%。市委、市政府针对严峻的治安形势，先后提出了以两个“十个一”[1]为抓手，深入开展“两严一降”。[2]

（一）落实“十个一”

市委政法委把落实“十个一”作为工作的主抓手，充分发挥组织、牵头、协调作用，迅速建立指挥部，统筹推进“十个一”工作的落实；市综治委各成员单位充分发挥职能优势，社会各界积极参与，积极落实“两严一降”各项要求；各区（市、县）党委、政府高度重视，主要领导亲自动员部署、亲自指挥调度、亲自督促检查，切实解决工作中遇到的困难和问题，在人、财、物上给予大力保障；按照“属地管理”原则，组织层层签订责任书，层层建立工作台账，建立了党政领导分片包保责任制，对排查出的治安重点区域，均由区（市、县）领导包保整治。

（二）重点打防

充分发挥政法公安机关主力军作用，始终保持严打高压态势，组织开展“雷霆行动”“禁毒专项行动”等一系列严打专项行动，整治了一批治安重点地区，破获了一大批影响群众安全感的案件，收戒了一批吸毒人员，净化了社会环境。大力加强社会面巡逻防控，在城区主干道投入200台巡逻警车，设立武装卡点和检查站点，形成点、线、面结合的街面防控网络。加强楼群院落和停车场守护，建立完善楼群院落基础台账，在无人值守院落建立值班室，配备保安人员。同时，整合安装监控探头近两万个，安装更换单元防盗门、“平安E家”防盗报警电话、社区报警点、超B级防盗锁芯等。

（三）基层基础

以创建“平安社区”为契机，做实新型社区政法综治组织，加强居委会

---

〔1〕参见贵阳市委政法委书记庞鸿2014年1月12日在贵阳市“两严一降”推进会上的工作情况通报。

〔2〕2013年9月29日，贵阳市召开“两严一降”动员大会，市委书记陈刚提出了第一个“十个一”，2014年1月12日，在全市“两严一降”推进大会上，陈刚书记提出了第二个“十个一”的工作思路。参见“贵阳召开‘两严一降’推进大会：在全省做好表率”，载《贵阳日报》2014年1月13日。

建设，充分发挥居委会在“两严一降”工作中的“网底”作用。大力实施社区警务战略，落实基层民警、社区、居委会工作人员、治安积极分子、物业保安等力量，提高自防自治能力。

（四）宣传发动

市“两严一降”指挥部成立了舆论宣传工作专班，组织电视、报纸、网络等媒体，大力宣传“两严一降”工作；召开新闻通气会、市民恳谈会，向市民介绍“两严一降”工作情况；开通“两严一降”热线电话、邮箱，开展“我为治安防范支招”有奖征集活动，征求群众意见，营造“人人都是‘两严一降’参与者、人人都是平安建设者”的浓厚氛围。

五、法治毕节建设“创”“控”“新”经验

法学家西塞罗认为：“人民的福祉是最高的法律。”这表明，法治要想真正有效地推行，必须深深植根于人民对于法律的信仰，植根于法治精神的普及。因而，贵州省委书记陈敏尔指出，按照《“法治毕节”创建工作总体方案》开展“法治毕节”建设工作，就是要深化拓展毕节试验区“开发扶贫、生态建设、人口控制”三大主题，统筹抓好科学立法、严格执法、公正司法、全民守法，推进法治贵州建设在毕节的实践，这是毕节科学发展、后发赶超的必然要求。

（一）法治毕节“创”之所向

近年来，法治毕节创建工作由小到大，由弱变强，不断发展壮大。“十三五”是“法治毕节”建设迎来的一个大有作为的历史机遇期。为此，毕节市坚持问题导向、标本兼治、综合治理，围绕省委“法治毕节”创建工作总体方案和指标体系的要求，以实施“六大工程”[1]为统领，提升毕节社会治理能力和社会发展水平。

“法治毕节”创建工作提出后，省委政法委、省政府法制办、毕节市委等

〔1〕包括实施法治政府建设工程，推动政府依法规范履职、完善政府信息公开制度；实施公正司法天平工程，支持司法机关依法、独立、公正行使司法权，推进严格公正司法；实施全民守法宣教工程，深入开展农村思想政治教育、增强全民法治意识；实施法治惠民服务工程，建立社会治安防控体系和特殊人群服务管理体系，解决留守儿童、空巢老人、残疾人、失地农民等特殊群体民生保障；实施生态文明法治工程，健全生态文明建设体制机制、全力推动绿色发展、循环发展、低碳发展；实施法治监督检查工程。

部门出谋划策，集思广益，进行了法律法规的清理工作，一些过时的、有违国家法律基本原则的法规被废除或修改，有力加快了毕节的法治进程。“法治毕节”建设是一项规模恢宏、体系庞大、任务艰巨、继往开来、影响深远的伟大事业，但这不是一朝一夕能完成的，涉及法律制度建设、规范执法行为、普及法律知识等诸多方面的内容，由此便形成了“创新内部治理-增添活力动力-推动法治工作创新”的良好势态。毕节的《“法治毕节”创建工作总体方案》的出台像只“无形的手”，囊括了包括地方“一把手”在内的所有工作人员。政府工作人员的工作作风和办公时效都有了改变。而今，毕节市政府各部门之间有章可循，依章办事，减少了很多人为扯皮，相互之间的人力、物力消耗，促进了“两型”[1]社会的建设，做到了用电子政务规范政府便民服务。截至目前，全市259个乡（镇、街道）都已设立了便民利民服务中心、259个便民服务站、3563个便民代办点，实现了便民服务体系全覆盖。各级便民工作站为群众办理事项71 260件，为群众代办事项35 630件，村民组长代办30 000余件。用严格考核检验了法治成果，用刚性标准规范了行政权力运行，这不能不说是个创举。正如推开小窗方得阳光，打开小门方见蓝天，走出束缚方现燎原，“法治毕节”创建工作不因“新”之细微而不“创”。

（二）法治毕节“控”之所求

既为“控”，便要把握“控”的精髓。毕节踏上法治之路后，就要按照《“法治毕节”创建工作总体方案》和《“法治毕节”建设指标体系及评价标准》的要求，力求法治毕节创建工作显“控”之本色。

1. 地方立法改进。积极推动落实毕节市获得立法权；按照立法权限和立法程序，建立健全党委领导、人大主导、各方协同、公众参与的工作机制；健全人大主导立法工作体制机制，加强和改进政府立法制度建设，完善公众参与政府立法；积极支持威宁彝族回族苗族自治县依照《宪法》《民族区域自治法》和其他法律规定的权限行使自治权，推进依法科学自治。

2. 法治政府建设。依法完善行政组织和行政程序法律制度，建立和完善

---

〔1〕两型社会指的是“资源节约型社会、环境友好型社会”。资源节约型社会是指整个社会经济建立在节约资源的基础上，建设节约型社会的核心是节约资源，即在生产、流通、消费等各领域各环节，通过采取技术和管理等综合措施，厉行节约，不断提高资源利用效率，尽可能地减少资源消耗和环境代价满足人们日益增长的物质文化需求的发展模式。环境友好型社会是一种人与自然和谐共生的社会形态，其核心内涵是人类的生产和消费活动与自然生态系统协调可持续发展。

依法行政工作考核机制，加强依法行政，推进依法决策，积极推行政府法律顾问制度，依法全面履行政府职能；改革行政执法体制机制，合理配置执法力量，推进综合执法，严格规范公正文明执法；依法化解行政争议，畅通行政复议渠道，建立行政争议导入司法诉讼的程序和制度；形成科学有效的权力运行制约和监督体系，决策公开、执行公开、管理公开、服务公开、结果公开。

3. 公正司法保证。着力推进司法体制改革，加快落实司法人员分类管理制度、完善司法责任制、健全司法人员职业保障制度，优化审判、检察机关办案组织。执行好检察机关提起公益诉讼制度，积极支持法院、检察院依法独立、公正行使审判权、检察权。落实领导干部干预司法活动、插手具体案件处理的记录、通报和责任追究制度。建立健全司法人员履行法定职责保护机制，完善主审法官、合议庭、主任检察官和主办侦查员办案责任制，落实“谁办案、谁负责”制度。实行办案质量终身负责制和错案责任倒查问责制，构建开放、动态、透明、便民的阳光司法机制。强化对司法活动的监督，建立司法工作人员廉政档案制度。

4. 法制宣传公开。建立健全分类普法宣传教育制度；完善国家工作人员学法用法制度，强化领导干部尊法、学法、守法、用法；完善青少年法治教育途径；引导全民自觉守法、遇事找法、解决问题靠法和自觉履行法定义务、社会责任、家庭责任；健全普法宣传教育机制，深入开展法律“六进”活动，实行“谁执法、谁普法”普法责任制，建立以案释法制度；开展群众性法治文化活动，建立健全媒体公益普法制度；完善守法诚信褒奖机制和违法失信行为惩戒机制。

5. 法治队伍建设。加强立法、行政执法、司法、政府法制队伍建设，探索建立领导干部思想道德素质测评机制，建立健全挂职锻炼和轮岗交流制度，有序推进分级分类全员法治培训。严格执行全国统一法律职业资格考试制度和法律职业人员统一任职前培训制度，加强民族地区法治专门队伍和双语法律人才队伍建设，加强法律服务队伍建设，构建社会律师、公职律师、企业律师等优势互补、结构合理的律师队伍，发展公证员、基层法律服务工作者、人民调解员队伍。创新法治人才培养机制，抓好法治骨干队伍建设，建立法治人才库。完善法治人才引进、培养、使用和管理制度。

6. 党对法治工作的领导。健全依法治市的领导制度和工作机制，加强党内法规制度建设和执行，运用党内法规制度把党要管党、从严治党落到实处。党政主要负责人要切实履行推进法治建设第一责任人职责，完善依法决策机制，带头依法办事，保障宪法法律的正确、统一实施。提高党员干部法治思维和依法办事能力，严格在法律范围内按照法定程序行使权力，不得违法行使权力。

（三）法治毕节“新”之所在

“满眼生机转化钧，天工人巧日争新。”“新”亦有层出不穷，亦有优胜劣汰。让法治毕节创建工作做到“新新（欣欣）向荣”，必须把握“新”的所在，做到“新”有所属。省委政法委、省政府法制办、毕节市委等各个部门均把法治毕节创建工作作为阶梯来攀登，一步一个台阶。贵州省委、省政府相继制定和出台了《法治贵州建设纲要》和《“法治毕节”创建工作总体方案》等，这些文件的制定和出台，为毕节法治环境的营造起到了积极的保障作用。

1. “立法参与”的推行。毕节立基于公民立法参与的理念，建立了社会各方对立法中涉及的重大利益的调整论证咨询机制。拓宽了公民有序参与立法的途径，健全了法规草案公开征求意见和公众意见采纳情况反馈机制。公布的地方性法规、自治条例、单行条例、地方政府规章应当在公开媒体上刊载或在政府公报、政府门户网站上公开。通过听证、座谈会等方式，集结全社会智慧参与立法。总之，没有创新就没有社会的进步，我们相信，毕节创新法治建设的举措会对和谐稳定和经济社会的发展发挥更好的作用。

2. “便民警务”的建立。毕节市公安机关通过阳光警务执法办案查询系统，公开办理刑事、行政案件进度及结果，报警人和受害人可以通过案件编号、手机、身份证号码等了解民警是否作为，促进了民警更好地履职、尽职。如自 2013 年 9 月正式启动社会治理集成创新工作以来，毕节探索建立了以村、社区为治理框架，以村民组、楼群院落为单元的基层社会治理体系，创造性地提出了以法制建设为保障有序推进社会治理的“六零六好”整体原则[1]，此举受到了中央领导和贵州省委、省政府领导的充分肯定。

3. “阳光司法”的开展。毕节市司法机关依据《“法治毕节”创建工作

---

〔1〕 这里的“六零六好”原则是指：零距离解决群众诉求，把困难问题处理好；零回避化解矛盾纠纷，把和谐社会构建好；零干预引导村民自治，把民主法治建设好；零缝隙织牢基层网底，把服务基础夯实好；零延迟服务群众，把民生事项落实好；零缺位破解发展难题，把美丽乡村创建好。

总体方案》，紧紧围绕保障群众和当事人的知情权、表达权、监督权、参与权，积极扩大公开范围，拓宽公开渠道，推行“阳光司法”，以司法公开促进司法公正廉洁，扩展了接受监督的广度和深度，增强了毕节地区的司法公信力。

“法治毕节”的创建工作虽然已经走了很长一段路，但还有更长的路要走。但“法治毕节”的提出，标志着法治贵州建设进入了一个新阶段。

六、从法律监督看促进法治毕节创建的经验

继依法治省建设取得了一定成效后，贵州省结合“十三五”发展规划，为“法治毕节”建设谋划了清晰的行动路线，重点明确了法律监督是法治毕节创建的题中之意。为此，通过法律监督职能的有效发挥来促进法治毕节创建，不但是贵州依法治省建设的特色彰显，还是一个推进法治毕节创建的对策建议。

1. 培育法律监督意识。在法治毕节的创建进程中，为了更好地履行法律监督职能，法律监督意识是前提，是推进法律监督工作的精神支撑。

（1）培育民众具有法律监督的自信意识。开展以宪法为根本的各项法律法规宣传，注重民众对法律监督的理念、法律监督思维和法律监督信仰的培育，使民众相信法律、能自觉运用法律，养成遇事寻求法律、处理问题靠法律的良好习惯。同时，向民众宣传与法律监督有关联的经典案例，唤起毕节乃至贵州区域内民众对法治毕节建设的认同与尊重，让他们从法治毕节创建的旁观者自觉地成为法律监督意识的践行者。[1]通过法律程序明确地方政府权力的运行和职能边界，保障普通民众基本权利的实现。

（2）强化检察机关履行法律监督的行动意识。相关资料显示，有些检察机关行使法律监督权力的主动性不强，归根结底，是没有树立起法律监督的行动意识。当前，省内各级检察机关应认真研究新修订的《刑事诉讼法》和《民事诉讼法》对检察机关法律监督权力的新规定，“努力让人民群众从每一次执法活动中、在每一个司法案件中都感受到公平正义，从而发自内心地敬畏法律、信任法律和遵从法律”[2]。这表明：“一次不公的裁判比多次不平

---

〔1〕 付子堂、张善根：“地方法治建设评估机制的全面探索”，载《法制日报》2012年8月8日。

〔2〕 李超民、吴建雄：“法治湖南建设中的检察职能及其实现”，载《湖南社会科学》2012年第3期。

的举动为祸尤烈。因为这些不平的举动不过弄脏了水流，而不公的裁判则把水源败坏了。”[1]因此，必须让检察机关的法律监督工作处在有效的监督之中。

2. 规范法律监督程序。正如德国学者托马斯·莱塞尔所言，所谓法律监督权，最关键的任务就是对制裁机构进行监督。具体表现在两个方面：“一方面，我们必须限制其采取侵犯行为的可能性，防止权力的滥用；另一方面，我们应该保证它们的配备，使它们拥有足够的制裁能力。这主要取决于：应该通过制裁法规来规范其行为，并在紧急情况下借助次级制裁予以限制。”[2]通过法律法规规范检察权的行使和公民对检察权行使的监督，应该是毕节市依法推进法治毕节建设的基本前提。就毕节市开展法律监督工作而言，要结合新形势下新修改的《刑事诉讼法》和《民事诉讼法》的相关内容，探索如何保障公民合法权益、如何规范执法行为，进而完善地方性法律监督程序，为正确履行法律监督职责依法提供程序保障。

3. 改进法律监督方式。在法律监督的过程中，要注意法律监督与执法司法工作的衔接，检察机关和社会监督之间要达成共识，形成工作合力。要发挥检察机关和社会监督组织建议的作用，在各种案件中，如果发现监督工作存在瑕疵、存在矛盾隐患或监督管理的漏洞，我们便要分析产生该问题的原因并提出建设性的对策建议，狠抓监督意见的跟踪调查和具体落实，在法治毕节建设实践中，维护区域社会和谐稳定的大局。

4. 整合法律监督力量。调研发现，毕节市人大监督、纪委监察监督、司法监督、行政机关督查监督、审计监督、舆论监督以及社会监督等之间缺乏协调与联动，监督合力很难形成。因此，要优化法治毕节创建进程中法律监督协调机制，整合各方监督力量。我们认为，在确立市人大监督的主导地位的同时，毕节市还需要明确并细化其他监督主体的具体工作职责和工作手段，同时建立健全各主体行使监督的责任追究方式，最终形成各监督主体之间分工负责、彼此制约的多元格局。

5. 健全法律监督机制。检察监督系统和社会监督系统是整体法律监督系

---

〔1〕［英］培根：《培根论说文集》，水天同译，商务印书馆1983年版，第193页。

〔2〕［德］托马斯·莱塞尔：《法社会学导论》（第5版），高旭军等译，上海人民出版社2011年版，第208页。

统运行的子系统。贵州亟须建立健全法律监督的长效机制，形成法律监督内外各系统间相互支撑、相互促进的局面，共同推动法治毕节创建的进程。具体做法：一要健全检察监督机关与党委、政府等的互动机制，为检察监督机关履行法律监督职责营造良好的执法环境氛围，保障检察监督机关依法独立、公正行使法律监督权；〔1〕二要正确处理检察机关同社会监督组织之间协调配合与监督制约的关系，坚持监督与被监督并重，建立常态化的联系与沟通机制。

第三节　贵州社会治理创新面临的问题

虽然在贵州省委、省政府的坚强领导下，各市（地、州）、县坚持“发展是硬道理、是第一要务，稳定是硬任务、是第一责任”的执政理念，全面开展维护社会稳定工作，妥善处置各类群体性事件及突发事件，为实现全省经济“又好又快、更好更快”发展营造了安定有序的社会环境，但是在治理能力现代化进程中，贵州社会治理创新工作还面临治理能力弱化等因素的制约，亟须创新社会治理模式，以适应社会生产关系的发展。

一、治理主体单一，社会参与程度低

随着经济社会的高速发展，市场活动日趋频繁，人们的社会交往错综复杂，利益需求各式各样，政府不可能包揽所有的社会管理事务，计划和安排所有的微宏观经济行为，社会治理亟须打破单一的管理模式，需要多元治理主体的广泛参与。但是，目前贵州的社会组织还不很发达、公众参与社会治理的程度还很低。

二、重视社会控制，忽视法治方法

政府在社会治理过程中，还是以传统的权力型维稳为主，只注重社会控制和强制，法治意识比较淡薄。一是执法理念有偏差。主要体现为现有的执法办案人员执法观念淡薄，就案办案，简单化、机械化执法。开阳县的“金中事件”就是典型。2003 年，开阳县委、县政府根据金中矿区人多地少，生

〔1〕　曹建明：“牢固树立正确的发展理念和执法理念　坚定不移走中国特色社会主义检察事业发展道路”，载《求是》2012 年第 6 期。

态严重破坏的严峻形势，启动了金中大水工业园区搬迁工作，共搬迁1575户5775人。由于在搬迁过程中一些基层干部法治意识淡薄，没有严格执行补偿标准，使得当地政府未能在较短时间内依法处理群众的诉求，致使矛盾纠纷频发，上访多达277起2392人次，在社会上造成了恶劣影响。二是运用法治方法有差距。为了追求“不出事”的目标，基层机关为了尽快息事宁人，一方面，不惜代价，甚至粗暴稳控，违法稳控，动用一切措施和手段将重点人稳控在当地，有时实质上是在非法限制人身自由；另一方面，不计成本，甚至委曲求全，作出无原则的让步和妥协，突破法律底线。追求一时一事的所谓“彻底解决”，不仅损害了法治的权威，也助长了“信访不信法”的歪风邪气。

三、法律制度缺失，考核导向错位〔1〕

从目前维稳工作的制度设计来看，法律制度还不健全，无法完全做到“有法可依”；在责任落实上存在重“属地”，轻“部门”的倾向。一是法律法规不健全。处理群体性事件和突发事件时，党委、政府和公安机关主要领导均要第一时间赶赴现场，但真正需要调用警力处置现场的决定权在政法委书记或是维稳办领导人的手中，因为其他领导不是这方面的“专家”，无法精准把握事态的发展。而且，在情况紧急之时，政法委工作人员还需亲自“动手”解决。问题是当前法律制度并没有赋予政法机关及工作人员处置群体性事件的权力，政法委的工作职责仅仅是组织、协调公检法司工作，当好党委的领导参谋。二是考核制度未体现“权责一致”。条块结合上过分强调“属地管理”，导致属地维稳任务繁重，由省市主体引发的涉稳案件交由基层政府和维稳机构处理，既与“权责相一致”的法治精神相违背，也不利于案件的化解。

四、“信访不信法”日益凸显

近年来，信访维稳案件中普遍存在的一个问题是，许多群众都存在“大闹大解决，小闹小解决”的心理。一是以上访为要挟获取非法利益。有的信访人抓住了地方政府怕缠访、闹访的心理，遇见矛盾纠纷从不考虑走司法程

〔1〕 健全法律法规可参见本章第二节关于“强化法律在化解矛盾中的权威地位”的相关论述。

序，直接就到各级党委和政府上访，有的信访人还会精心策划、扩大声势，引起社会和上级部门的关注，便于获得更大的、无法定依据的利益。[1]二是原来的合法诉求得到解决后，又不停提出新的要求。有的信访人开始的诉求只有一个，当信访人看到上级部门给辖区政府施加压力时，就会变本加厉，不但追加金额，还会提出解决子女就业或工作调动等无关、无理的要求。

第四节　贵州社会治理创新的协调与沟通

社会治理创新是法治的具体化，法治是社会治理创新的保障。社会治理及其创新应当在法治的规范之下进行，社会治理需要法治化，法治需要丰富社会治理的内容。可见，二者具有紧密的联系。统筹社会资源进行社会治理，是我们社会主义社会治理的一大特色和优势。要加强党委领导，发挥政府主导作用，鼓励、支持社会各方的参与，坚持系统治理、依法治理、源头治理“三结合”，做到标本兼治，实现政府治理和社会自我调节、居民自治良性互动，形成社会治理合力，全面维护国家安全和社会的安定、有序。[2]

一、健全利益诉求机制

事实上，剖析当今中国诸多矛盾冲突事件之根源，往往是利益表达机制、利益解决机制、利益维护机制的缺失。从这个角度看，切实维护宪法法律赋予公民的权利，是解决社会稳定问题的治本之道。所以说，维权是维稳的核心，维权才能维稳。

（一）信息公开机制

信息公开是公民知情权的前提：公众有阅览卷宗、参与听证等权利。只有信息公开、透明、充分、真实，公众才能及时了解事关自身利益的公共事务，才能在第一时间保护自身的权益。信息不公开，必然缺乏公信力，[3]暗箱操作往往会为权力腐败提供可能。

---

〔1〕 中共贵州省委政法委员会研究室编：《2011年政法调研文集》，2011年版，第91页。

〔2〕 习近平同志2014年1月7日在中央政法工作会议上的讲话。

〔3〕 清华大学社会学系社会发展研究课题组：“利益表达制度化，实现长治久安——维稳新思路”，载《南方周末》2010年4月15日。

（二）诉求表达机制

在涉及重大民生和重大社会利益的问题上，要充分听取民意，以听证、登报、座谈会等方式为公众提供表达意见的机会。同时，还要设置相关渠道，使利益各方均可以通过报纸、信件、邮件等方式充分表达各自的诉求。

（三）利益协商机制

对于与公权力无关的社会问题，在利益诉求明确表达的基础上，矛盾各方有不能达成一致之虞。由社会组织牵头搭建谈判协商的平台，通过第三方调解或仲裁解决，或者由争议双方按照行业规则，解决其利益矛盾，社会便可初步实现自我管理，政府无需事事介入。这样既可减轻行政负担，也可降低社会成本。〔1〕

二、引导涉法涉诉案件司法化〔2〕

随着越来越多的社会矛盾以案件形式进入司法领域，诉讼与信访交织、法内处理与法外解决并存的状况也相继出现，导致少数群众“信访不信法”甚至导致“弃法转访”“以访压法”等问题比较突出，严重损害司法权威，影响正常的涉法涉诉信访秩序。〔3〕把涉法涉诉案件纳入法治轨道解决，是建设法治中国的必然要求，对国家的长治久安具有重大意义。

（一）完善诉访分离的运行机制

应紧紧依托各级群众工作中心，执行好涉法涉诉信访事项办理流程，按照诉与访分离的甄别标准，把涉及民商事、行政、刑事等诉讼权利救济的信访事项从普通信访体制中分离出来，纳入法制轨道，由政法机关依法按程序处理。各级政法机关要及时审查涉法涉诉信访事项，符合法律规定的，依法转入相应法律程序办理；不符合法律规定的，做好解释说明工作。〔4〕

（二）建立健全依法终结制度

涉法涉诉信访的终结是信访群众较为关心的问题。一些信访事项终而不

---

〔1〕 相关内容还可以参见第二节中关于“强化法律在化解矛盾中的权威地位”之论述。

〔2〕 相关内容还可以参见第二节中关于“强化法律在化解矛盾中的权威地位”之论述。

〔3〕“全面推动涉法涉诉信访改革——中央司法体制改革领导小组办公室负责人答记者问”，载《人民日报》2014年3月20日。

〔4〕“对正常上访，杜绝一切‘拦卡堵截’——中央司法体制改革领导小组办公室负责人就《关于依法处理涉法涉诉信访问题的意见》答记者问”，载新华网：http://news.xinhuanet.com/2014-03/19/c_119849505.htm，访问日期：2016年10月20日。

结、无限申诉，反复启动法律处理程序，一直是困扰政法机关的一个难题，不仅耗费了大量司法资源和行政资源，也加重了信访人自身的负担。[1]对此，对涉法涉诉信访事项，已经穷尽法律程序的，应以依法作出的判决、裁定为终结决定。办案机关、当事人都要自觉接受和维护依法作出的处理结论。对于反复缠访、缠诉的，经过审查、评查，由中央或省级政法机关审核，认定其反映问题已经得到公正处理的，除有法律规定的情形外，依法不再启动复查程序，各级有关部门不再统计、交办、通报，重点是做好对信访人的解释、疏导工作。地方党委和政府及其基层组织要落实好教育帮扶和矛盾化解工作，使信访人息诉、息访，回归正常的生产生活。[2]

三、建立健全公众参与机制

维护社会和谐稳定，要发挥人民团体、群众组织、企事业单位、社会组织的积极作用，最大限度地调动社会各方力量参与社会治理的积极性。[3]由此可见，要想搞好法治贵州建设进程中的社会治理创新，群众是根本，各级领导干部一方面一定要相信群众，另一方面一定要依靠群众，把旧传统中的“管群众”转变为新形势下的“群众管”。这才是搞好法治贵州建设的血脉和灵魂。

（一）强化公众参与基层民主管理

历史唯物主义告诉我们：“人民群众是历史的创造者。”在社会治理创新方面，高度重视人民群众的主体作用可以更好地调动人民群众的积极性，让人民群众参与到贵州社会治理的创新之中，同时，我们还要高度重视人民群众的创造性精神，勤于到人民群众中间，勤于倾听人民群众的呼声，结合贵州实际，制定反映人民群众主体意愿的制度措施等。重视群众的实践主体地位，把制定出的相应制度和措施放到群众之中，接受群众的实践检验。否则，贵州社会治理创新必将难以取得人们所需要的实际效果，如果不把群众的呼

〔1〕“全面推动涉法涉诉信访改革”，载新华网：http://news.xinhuanet.com/2014-03/19/c_119849505.htm，访问日期：2016年10月20日。

〔2〕“全面推动涉法涉诉信访改革”，载新华网：http://news.xinhuanet.com/2014-03/19/c_119849505.htm，访问日期：2016年10月20日。

〔3〕“政法机关发动群众依靠群众深化平安中国建设 维护和谐稳定是亿万人民自己的事业”，载《法制日报》2014年5月7日。

声作为社会管理创新的重点和突破口，贵州社会治理创新必将步入歧途。如果不把贵州省社会治理创新成果放到群众的实践中接受群众的检验，必将会使依法治省工作的得失失去客观标准。

按照《居民委员会组织法》《村民委员会组织法》的规定，凡是涉及多数村（居）民利益的事项，均应当通过村（居）民会议或村（居）民代表会议协商决策。加强调查研究，畅通沟通渠道，全面掌握社情民意；按照有关规定，对涉及辖区群众利益、群众普遍关心的事项进行公开，接受群众查询和监督。

（二）加强公众参与企事业单位民主管理

引导公有制企业公开重大决策、生产经营、劳动合同、领导班子建设和廉政建设等事项；引导非公有制企业公开工资发放、保险缴纳、劳动安全措施、合同签订和履行情况，以及涉及职工权益的其他事项；引导企事业单位完善职工代表大会民主管理制度，确保企业改组、改制和破产时职工的安置方案，职工工资调整、奖金分配方案及其他重要规章制度需经过职代会审议通过。

（三）建立公众参与公共决策机制

引导公众参与党委、政府规范性文件的制定。向社会发布征求意见公告，广泛征求群众代表、利益各方意见，必要时应征求有关专家学者和人大代表、政协委员意见，及时向公众反馈意见建议采纳情况及理由；引导公众参与重大决策的论证或听证。畅通民意表达渠道，通过“百姓-书记市长交流台”“12319公共服务热线”、门户网站等各类平台引导公众对党委、政府及其工作部门就公共事务提出意见和建议。[1]相关资料显示，河南省安阳市殷墟区李南沈书记认为：“群众不听我们的，是因为我们没听群众的。群众要上访，是他们的利益没有得到保证。”为此，他们结合群众意见并提出了“放权于民、还权于民、恢复群众的主人翁地位”的做法。殷墟区开门搞党建，在基层组织内实施了“四个60%”：一是发展党员，群众赞成票低于60%不发展；二是评议党员，60%群众不满意就视为不合格党员；三是干部考核时，群众满意度低于60%的，便为不合格干部；四是党支部换届时，群众信任票低于60%，不列入意向人选。殷墟区在抓经济、搞城市管理、处理信访和落实低

[1] 参见《贵阳市公众参与社会管理办法（试行）》。

保方面同样依靠群众参与，多听群众意见，极大地调动了群众的积极性和主动性，促进各项工作取得明显进展，得到了群众的好评。

四、增强维稳机制的科学性

维稳工作的导向主要涉及两方面：考核导向和社会导向。目前，贵州虽然有“条块结合”的“属地管理”“谁主管、谁负责”的原则，但考核导向片面侧重属地管理，案件的排查、化解、稳控、处置等工作大多交由属地党委和政府处理，不但不能从源头上减少矛盾纠纷，而且主管单位的维稳意识也很难得到强化。另外，社会舆论为了哗众取宠，吸人眼球，报道内容不客观、不真实，有时甚至被听众“绑架”，尽量满足听众的胃口。

（一）考核导向机制的调整

考核导向决定工作方向，考核指标决定工作目标。一方面，不仅要考核属地管理，更应该强调“谁主管，谁负责；谁引发，谁负责”，才能有效减少案件增量。“少惹事”，才能从源头上减少矛盾纠纷发生，推动风险评估落到实处。同时，也利于增强涉事单位的责任感，化解矛盾。另一方面，考核要问“青红皂白”，不要“不问是非，只要结果”。在群体性事件处理中，既要考核是非处置是否得当，也要考核引发责任，还要考核群体诉求的合理性、合法性，从而“分责而究”；在“非访”案件通报中，既要考核稳控化解主体责任，也要考核非访人诉求的合理性、合法性；对无理缠访、闹访的，不追究稳控化解责任，在信访人中形成正确的导向。

（二）社会导向机制的转变

一些媒体特别是网络等新媒体过分渲染一些信访、维稳案（事）件，片面引导社会民众仇官、仇富，形成了社会舆论一边倒的负效应。这种社会导向应该被加以修正，务必坚持法治精神，以社会主义核心价值为指南，传递社会正能量。党的十八大提出，倡导富强、民主、文明、和谐，倡导自由、平等、公正、法治，倡导爱国、敬业、诚信、友善，积极培育和践行社会主义核心价值观，体现了社会主义意识形态的本质要求。新闻舆论是思想文化传播的重要渠道，巩固壮大积极健康向上的主流舆论是社会主义文化建设的重要任务。[1]

当下，解决贵州社会治理现代化进程中的问题之道，在于以习近平总书

〔1〕“《习近平总书记系列重要讲话读本》连载之七”，载《光明日报》2014年7月9日。

记关于社会治理的论述为指导，提高运用法治思维和法治方法深化改革、推动发展、化解矛盾、维护稳定的能力。贵州将进一步夯实维护社会和谐稳定的根基，提高驾驭社会治安的能力和水平，不断改进社会治安综合治理方式，突出抓好立体化治安防控体系、公共安全体系、有效预防化解社会矛盾体系、流动人口特殊人群服务管理体系的建设，进一步增加社会和谐因素，增强社会治安良性循环能力，推进贵州社会治安治理体系和治理能力现代化，实现长治久安。[1]

小 结

社会治理创新与法治贵州建设如一枚硬币的两面，对于法治贵州建设来说，社会治理创新既是法治贵州建设发展的新课题，也是法治贵州发展的新机遇，应当将其纳入法治贵州建设的系统工程。对于社会治理创新来说，法治贵州建设既是保障，也是手段，只有在法治贵州建设与社会治理创新的互动下，贵州才能走出一条符合中国国情、体现时代特征、与社会主义市场经济体制相适应的社会建设和社会治理的创新之路。要推进社会治理创新健康发展，确保社会治理创新的实效性和持续性，就必须切实致力于制定和理清相关地方性法律规范、完善相关制度，解决好贵州区域经济社会发展进程中权、责、利的统一问题，用法律规范和制度规范来引导和促进保障社会治理创新。要充分发挥具有多民族特色的贵州基层的创造力，搞好社会治理创新综合试点，注重法文化观念的转变、法律制度的创新、社会治理机制的整合、社会要素的集成、依法治省方式方法的改进，努力实现社会治理的科学化、系统化、信息化和法治化，充分体现出党和国家试图建构国家整体法治型、区域法治型社会治理创新模式的基本导向。

要在贵州内尤其是基层开展法制宣传教育，形成让公民自觉学法、守法、用法的社会氛围以弘扬法治精神。这里的“法治精神”是社会主体对法以及法治的理性认知和价值确信，是法治价值观。它是法律意识、法制观念、法律素质、法律信仰等的集合形态，是法治实践的指导思想和精神源泉，也是尊崇法治和尊重法律权威的一种理性精神状态。有关人士在全国社会治安综

〔1〕“贵州推进社会治理七大工作体系建设”，载《法制日报》2014年11月29日。

合治理工作会议上提出，要把依法治国基本方略落实到社会治理的各领域、全过程。毫无疑问，在社会建设和社会治理中充分运用法律的手段既是依法治国基本方略的要求，也是社会治理创新的现实需要。在社会治理创新的新形势下，贵州必须树立与之相适应的“现代法治精神”——“弘扬法治精神，实质上就是弘扬法治的善治精神、民主精神、人权精神、公正精神、理性精神与和谐精神等”。创新贵州社会治理，首先要充分尊重和保障人民群众的知情权、表达权、参与权和监督权。真正的“创新”要通过人民群众的知情和表达，体现维护创新贵州社会治理的公正性；通过人民群众的参与和监督，维护贵州社会治理创新的合法性。

第七章 法治贵州建设与评价指标体系设计

Chapter7

建立科学的贵州依法治省评价指标体系，须贯彻落实党的十八届四中全会与贵州省委十一届五次全会精神，以建设“法治贵州”的任务和要求为落脚点和出发点，按照省委全面深化改革领导小组第九次全体会议要求，遵循客观规律，充分借鉴外省先进经验，通过文献资料查阅、与社会各界座谈、省内外实地调研等多种形式，组织开展专题调查研究。在此基础上，掌握贵州省法治建设状况，曾经适用及正在适用的区域，行业、部门法治建设的评价指标和标准。逐步完善地方在科学立法、依法行政、严格执法、公正司法方面以及法治社会建设、人才队伍建设、法治建设组织领导、生态文明法治化、法治宣传教育等方面的核心要素指标，增强群众对法治建设满意度、支持度和公信度。

法治指标在指导法治理论研究、地区法治实践等方面无疑具有重要价值，但目前国内的法治指标在标准合理性论证、指标权重确定以及数据处理方法方面还有待健全和完善。要建立科学合理的法治指标体系，就必须有比较充分的理论或现实性论证。从目前我国既有的法治指标体系的内容上看来，我们还是有很多的功课要努力去做。本章试图在“补课”的基础上，综合中国的“法治发展模式”、〔1〕合理吸收国内外法治指标并反映我国法治实践特征、

〔1〕 法治指标体系的主要功能在于衡量国家或地区法治建设的基本现状，而后者又主要取决于本国的法治发展模式与路径选择。苏力教授在《道路通向城市——转型中国的法治》一书中认为，一个社会的法治或法制如果能够建立或形成，最根本的原因是这种法治或法制大致满足了社会的需要，而不是因为它承袭了先前的制度。但是，法治的形成或制度安排以及对其正当性的表达可以借鉴甚至套用先前的成果，先前的法治成果是作为智识的资源而被制度创建者运用的。尽管如此，历史的承袭并不构成自然科学意义上的因果关系。否则的话，这种话语就无法容纳人的能动性。参见苏力：《道路通向城市——转型中国的法治》法律出版社 2004 年版，第 6 页。

目标追求的相关内容，达成理论意义与实践价值的“双效合一”。笔者深信：在尊重贵州依法治省核心内涵的普遍规律基础上，融合法治评价指标体系的基本标准，坚持在符合贵州省法治发展道路的实践之间寻找某种微妙的平衡，既能体现具有多民族特色的贵州法治指标体系，又能使其区别于国内外既有的评价指标框架。但囿于贵州依法治省的动态性和复杂性，我们的法治指标体系要想实现上述目标，还需要在客观反映贵州法治建设现状的基础上和在具体实施过程中不断完善。为此，开展贵州依法治省评价指标体系的创建，是构建法治贵州的基础和前提，但是如何评价贵州省依法治省状况却是一个难题。

（一）研究背景

从现有公开出版的资料来看，截止到2015年4月，中国期刊网（CNKI）收录的与法治评价体系研究相关的成果有两种情况：第一，尽管国内部分学者作了法治评价体系的专项研究，但对具体省份依法治理评价体系的研究数量极少乃至空白。如钱弘道所著《法治评价及其中国应用》；尹奎杰所著《法治评价指标体系的“能”与“不能”——对法治概念和地方法治评价体系的理论反思》；周尚君所著《可量化的正义：地方法治指数评价体系研究报告》；戢浩飞所著《法治政府指标评价体系研究》；杜明远所著《城市法治量化评价研究》；王朝霞所著《法治评价与法治创新——基于浙江余杭实践的讨论》；李朝所著《中国法治评价指标体系的价值基准》。这些科研成果是我国对法治评价体系研究的突破性成果，但它们仅是法治环境评价体系研究的部分内容，没有注意到具体省份依法治省评价指标体系的设计问题，就贵州依法治理对整体依法治国的辅助性而言具有一定的局限性。第二，虽然个别学者意识到了依法治省评价体系研究的重要性（如陈筠丰所著《区域法治建设评价指标体系建设》），但中国期刊网（CNKI）上仅有1篇文章，其内容涉及区域法治评价体系建构的原则、标准和内容，不过仅立足于宏观领域研究。第三，关于贵州省内学者专门立足贵州省从事依法治省评价指标体系的研究成果，目前在中国期刊网（CNKI）中仍属空白领域。因此，本章的内容无论是从理论意义来看还是从实践意义来看都是十分有价值的。

从理论上来说，作为客观存在的社会现象——法治建设——我们可以运用各种方式和方法对这一客观存在的社会现象加以观察和量化评价。实际上，笔者在相关文献资料中已经发现，法律经济学、法律社会学等学科已经开始了对这方面的研究。近年来，法律实务界也逐渐关注这一领域，例如北京、上海、杭州、甘肃、四川、广州、湖南、江苏、深圳等省市都先后出台了本地区的法治指标体系或法治政府考核标准。如2008年8月，浙江余杭地区公布的余杭领域法治指标指数在全国引起了很大反响，南京、昆明、成都等城市也都正在讨论自己的法治指标。在此背景之下，贵州提出建立一套依法治省的指标体系，是具有非常重要的理论和现实意义的。

（二）研究目的

1. 通过对贵州依法治省评价指标体系的内容设计，为全国或民族地区法治建设尽一份绵薄之力；

2. 结合贵州民族区域实际，对指标体系内容材料进行梳理，以此来指导贵州省委、省政府立法、行政、司法等实务部门加强依法治省；

3. 能够将该研究成果转化为教学资源，转变教师的教学方式并提高学生关于依法治省的学习实践能力。

（三）研究思路

通过对贵州具有代表不同民族特色的地域（如贵阳、凯里、遵义、铜仁、兴义等地）进行田野实证调研，获取大量与贵州依法治省相关评价指标体系的材料。笔者将在贵州法治“本土资源”与深刻理解“法治环境”这一命题的基础上，对评价指标体系材料从定性和定量两方面进行量化分解，建构一套合理的、符合贵州当地特色的依法治省评价指标体系。

（四）研究方法

近年来，法学研究领域开始注重实证研究和学科交叉，这为我国法学学术研究的发展提供了一个新的突破口。作为贵州依法治省评价指标更客观的量化方式，评价指标研究是法学学术跨学科研究的一个成果。

1. 实地调研法。选择贵阳、凯里、遵义、铜仁、兴义等具有不同民族特色的地区，通过发放问卷的方式进行参与性调查，这是本章使用的基本方法。

2. 量的研究和质的研究相结合。为了充分展现贵州不同地方在立法、行政、司法、法律监督等方面认识的差异性，以及其实践表现等状况，本章既要进行量的统计分析又要进行质的具体呈现。

3. 文献阅读法。由于本章有对依法治省价指标体系的内涵界定和运用该体系的社会价值所需相关内容，因此只能借鉴其他权威专家学者定论来辅佐，从而提炼自己的看法。

（五）研究价值取向

本章的研究价值主要体现在两个方面：

1. 学术价值。笔者试图打破片面重视对整体性法治化规律的探求，而忽视对区域性法治化建设的研究；打破绝大多数法学研究者坐在书斋中苦思冥想，不问时间领域、空间地域以及历史传统等因素，使用他人的材料归纳规律，忽视法律在社会上实际起作用的调查研究。因此，通过对贵州具体依法治省工作的量化评价来设计贵州依法治省评价指标体系并不断完善和“试错”，以提高学术研究的指向性和研究水准，有助于弘扬贵州法治精神，推进贵州民族和谐和民族社会经济的发展。

2. 应用价值。从社会秩序形成的角度而言，贵州很多的依法治省内容都是对依法治国整体法治建设的补充。与已有的研究成果比较，是符合贵州社会治理建设的特色的，它将逐步实现贵州依法治省评价指标体系的规范化、系统化和制度化，并作为贵州省在新形势下进行法治建设的新增长点，以推动民族区域对具体法治环境建设的实现。

（六）研究的创新点

本章的研究目的是弥补贵州法治问题研究必定是国家整体法治问题研究不可分割的重要内容的不足。从研究方法看，本章采取实地调研法、问卷调查法以及量的研究和质的研究相结合等方法对贵州法治环境评价指标体系设计进行专门、全面的研究。对调查的内容进行描述和分析，为贵州依法治省法治环境建设的研究提供翔实的、较全面的评价指标资料。因此，本章的特色与创新点是研究方法与技术注重定量分析、定性分析与评价指标体系的构建结合。

第一节　贵州依法治省评价指标体系的内涵

全面开展依法治省工作，这是区域法治化建设工作的进一步深化，是促进区域性法治建设、提高区域性经济社会各项事业法治化治理水平的重要实践。

一、依法治省评价指标体系的概述

（一）依法治省的含义

对于依法治省，我们应该从三个方面来理解：其一，就质量内涵而言，依法治省意味着在某个省形成信守法律、崇尚民主的社会氛围，同时还得与国家治理的整体价值观实现同步；其二，就时间内涵而言，依法治省意味着应该与某省社会经济发展同步，到现代化基本实现时，力争在某省的政治、经济、法治、文化、科技等领域基本实现社会治理法治化；其三，就依法治省本身内涵而言，依法治省意味着在结合某省实际与立足“理性规则之治”制度创新基础上，加强地方民主法治建设。

（二）“依法治省评价指标体系”释义

“依法治省评价指标体系”这一概念，就是要求我们必须对其内在的逻辑结构和评价指标的组合进行合理的、符合规律的和科学的研究。作为依法治省评价指标体系，就是要求我们在理解某省法治建设“软实力”的基础上，将法治建设的“软实力”改造为法治建设的“硬指标”；就是要求我们结合法治环境生成的内在构成要件和要求，逐步将其分解为能让人们看得见摸得着的、具体的、可测量和可考评的指标。[1]而立足某省实际，就是将某省在法治建设过程中，能够有法律依据的各个指标，通过定性、定量分析，组成一套指标群和“操作系统”。同时，依法治省评价指标体系作为某省经济社会发展的软实力，本应该与地方立法、行政、司法及其工作人员的实绩考核、奖励惩处、干部任免和晋升晋级等挂钩而构成具有内在结构的有机整体。

二、贵州依法治省评价指标体系的理论基础

所谓“理论基础”，实质上是一门为应用研究提供理论指导的学问，这门学问主要是研究经济社会发展的一般规律。结合对该概念的理解，我们认为，当前依法治省评价指标体系的理论基础可以确定为地方治理理论和相关分析理论。

（一）地方治理理论

20世纪90年代初，世界银行发行了《治理与发展》一文，其主要目的是将治理模式和善治作为推动人类社会可持续发展的重要途径。该报告对不同国家的地方社会治理进行了多视角研究，把合法性、透明性、责任性、法治等作为衡量一国善治水平的原则性标准。此后中国学者们从政治学、公共行政学、社会学、法学、经济学等大量的翻译中接受了“地方治理理论”。迄今为止，学者们立足于地方治理理论，渐渐从多个维度对我国地方社区法治化治理、参与式治理、社会网络法治化治理以及地方法治化建设治理制度进

〔1〕 张军平：“地方法治建设考评指标设置原则探讨”，载《中国司法》2008年第6期。

行了分析，从经济分析角度进行了研究。当然，这对研究依法治省评价指标体系也有指导作用。

（二）相关分析理论

“相关分析理论”是定量和定性分析的重要统计方法。相关分析理论中最基本的概念是“相关关系”[1]。这种关系的基本任务就是确定法治生成构成要件的变量之间是否存在相互必然的联系，再结合他们之间联系的构成形式和变动的方向作出符合实际的理性判断，从而测定他们结构之间联系的密切程度，最终检验他们对经济社会发展的有效性。总之，在经济社会发展进程中，某区域法治水平的高低，都会受某区域内地方立法、地方执法、地方司法、公民权利如何得到完全保障等多因素的影响。[2]而这样的影响关系主要表现为各事物间内在因果关联的互动，如某区域公民法治意识的增强会直接推动当地政法部门工作水平的提升等。与此同时，法律事务各部门立法、执法和司法水平的提升也会直接带动某区域公民对法律意识感知或领悟程度的增强。

三、贵州依法治省评价指标体系设计的必要性

就贵州依法治省评价指标体系的设计而言，由于对其在国家法治建设中的地位和地方社会法治化治理中的作用认识存在不足，因此，探讨确立贵州依法治省评价指标体系的设计，肯定有其存在的必要性。

（一）贵州依法治省评价指标体系研究空间所需

通过对贵州省依法治省评价指标体系研究文献的查询，笔者发现，当前，法学界专门对该主题进行研究的几乎没有。不过，在贵州省，依法治省评价指标的提法在贵州省委省政府关于贵州社会发展评价指标和政府廉洁评价指标体系的会议报道中零星可见，而作为科学合理评价贵州依法治省的社会治理能力法治指标体系的系统性和相对独立性却没有得到具体的体现。如贵州市（自治州）、县（自治县）、乡（民族乡）等地方的法治化建设缺乏量化的、具有可操作性的具体指标体系，大多是对现有法治化建设规划的一些修补和整合，没有对当地实际情况进行深入、充分的调查和分析。贵州依法治省

---

〔1〕 此关系又称联想关系、非等级关系或类缘关系，是指类目之间或检索词之间除等同关系和等级关系以外的其他各种关系。

〔2〕 汤梅、申来津：“法治政府测评指标设计及其操作实务”，载《湖北社会科学》2009年第4期。

评价指标体系的设计以民为本的观念不强，缺乏对统计学、社会学民族学等重要手段运用，使得设计出来的指标具有一定的片面性和重复性。

（二）贵州省法治化进程中的特定诉求

相关调研材料显示：近年来，贵州省委、省政府经过努力，在法治贵州建设从注重法律数量到提高质量、从不完善到完善、从初级向高级发展的过程中逐步形成了以宪法为核心、以法律为主干的地方法治化体系。但是，我们还应当清醒地认识到，贵州省的民主制度还不够健全；有法不依、执法不严、违法不究的现象依然存在；对权力运行进行制约和监督的有效机制有待健全；考核官员政绩、评价政府绩效的政绩观较为浓厚，以民为本的人民满意度考核观尚未树立。

（三）科学发展观的本质要求

作为推动贵州经济社会发展，推进贵州经济社会现代化建设而长期坚持的科学发展观，是贵州地方法治建设必须坚持的重要指导思想。[1]因此，我们要站在新的依法治省的高度，对法治贵州建设的指标体系进行深入的研究与思考。因为尽快建立并抓紧实施贵州依法治省评价指标体系是法治贵州建设践行科学发展观的创造性体现，从该意义而言，它更能彰显法治贵州建设的科学发展导向。

第二节　贵州依法治省评价指标体系设计的步骤、方法和权数

设计贵州依法治省评价指标体系的步骤、方法和权数是贵州区域法治建设进程中一项重要的系统工程。笔者认为，作为新型的依法治省评价指标体系系统工程，我们要结合贵州实际情况，包括如何选取指标项目和如何厘定指标间的构造关系，同时，要理解核心法治化指标的内容时，实现定性分析和定量分析的有机结合。

一、贵州依法治省评价各级指标的步骤

为了准确、科学地测定贵州依法治省评价指标体系，我们需要经过充分的了解和认真的调查研究、提炼指标、比较分析、分类定量定性、确定指标

---

〔1〕陈海燕、张庆旭："社会主义法治评价指标量化研究"，载《科学社会主义》2009年第4期。

权重和论证调校等步骤，因为任何步骤的缺失都会影响到最终的考评结果。

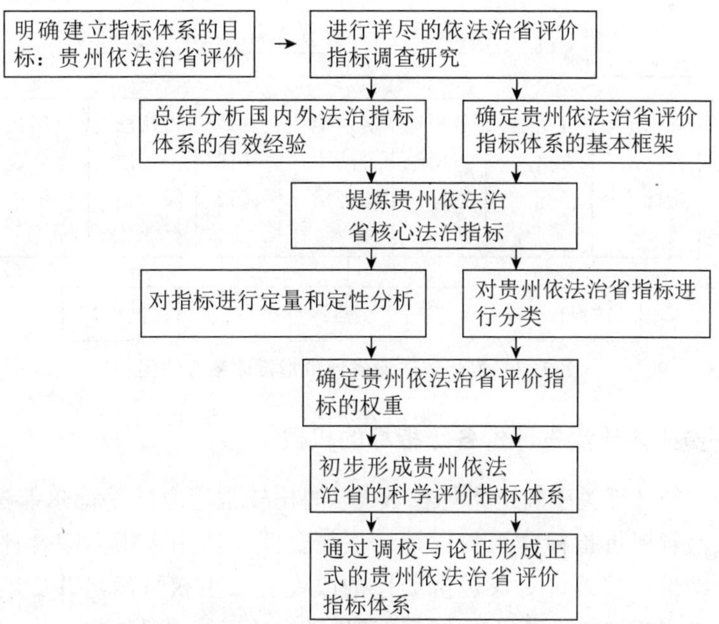

图 7-1　贵州依法治省评价指标体系设计的基本步骤图

二、贵州依法治省评价各级指标的方法

20 世纪 70 年代，美国运筹学家、匹茨堡大学教授萨蒂曾经提出过一种层次权重决策分析方法〔1〕。该分析法是对多指标系统方案进行分析的一种层次化、结构化决策方法，它将决策者对复杂系统的决策思维过程模型化、数量化。这表明，萨蒂教授提出的这个方法主要采用了多目标综合评价方法。〔2〕为此，

〔1〕 Mark David Agrast ed al.，"The World Justice Project Rule of Law Index：Measuring Adherence to the Rule of Law around the World"，*Presented at the World Justice Forum Vienna*，Austria 3，July 2008.

〔2〕 应用这种方法，决策者将复杂问题分解为若干层次和若干因素，在各因素之间进行简单的比较和计算，就可以得出不同方案的权重，为最佳方案的选择提供依据。故我们可以采用这种方法将法治贵州构建的各个因素按照不同性质自上而下地分解成若干指标，同一指标的诸因素从属于上一指标的因素或对上一指标因素有影响，同时又支配下一指标的因素或受到下一指标因素的影响。最上一指标层为目标层，通常只有 1 个因素，最下一指标层通常为方案或对象层，中间可以有一个或几个指标层，通常为分析相关评估体系的准则。这种方法的特点是在对复杂的决策问题的本质、影响因素及其内在关系等进行深入分析的基础上，利用较少的定量信息使决策的思维过程数学化，从而为多目标、多准则或无结构特性的复杂决策问题提供简便的决策方法，尤其是适合于对决策结果难于直接准确计量的场合。

我们认为，这个方法符合贵州依法治省的基本要求。

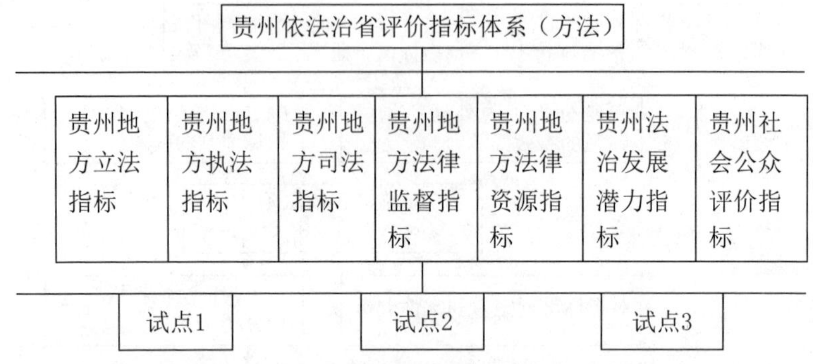

图 7-2 贵州依法治省评价指标体系方法图

三、贵州依法治省评价各级指标的权数

目前，统计界关于确定指标权数〔1〕的比较常用方法是德尔菲法。〔2〕对贵州依法治省评价指标体系的设计，往往会涉及适用多指标综合评价体系，由于评价结果和被评价对象优劣顺序的改变直接由权数确定并影响，因此，科学地确定指标权数是贵州依法治省评价指标适用的重要环节。

（一）德尔菲法的特征

概而言之，德尔菲法的基本特征具体体现在四个方面：一是对专家提出意见的权威性的认定。亦即，我们在设置贵州依法治省评价指标时，所参与的预测必须要与专家的经验和学识相结合。二是关于发函的咨询。考评专家之间在考评法治评价指标时要互不接触，要给予专家们较充裕的时间对各项

---

〔1〕 所谓“权数”，是用某种数量形式对比、权衡被评价事物总体的诸多因素相对重要程度的量值。Daniel Kaufmann, Aart Kraay and Massimo Mastruzzi, “Governance Matters Ⅷ: Aggregate and Individual Governance Indicators (1996~2008)”, *Policy Research Working Paper*.

〔2〕 德尔菲法就是以不记名的方式征询专家对某类问题的看法，并对专家意见进行统计整理，再将经过整理的调查结果反馈给各位专家，让他们重新考虑后再次提出自己的看法，并特别要求那些持极端看法的专家详细说明自己的理由。经过几次反馈，使大多数专家的意见趋向集中。1964 年，美国兰德公司的戈登和海尔默发表了《长远预测研究报告》，首次将德尔菲法用于技术预测之中，以后便迅速地应用于美国和其他国家。目前，该方法除了在科技领域应用之外，还可以用于其他领域的预测，如军事预测、人口预测、医疗保健预测、经营和需求预测、教育预测等。此外，它还可用来进行评价、决策和规划，在长远规划者和决策者心目中拥有很高的可信度。我国自 20 世纪 80 年代以来，也陆续采用德尔菲法对许多项目进行了预测、决策分析和编制规划。刘学毅：“德尔菲法在交叉学科研究评价中的运用”，载《西南交通大学学报（社会科学版）》2007 年第 2 期。

指标进行独立思考和认定，不过，在专家合议时各个专家对不同专家所提出的问题可以畅所欲言，并自由发表评论，不受任何会议气氛或情面以及场外因素的干扰。三是多轮咨询与反馈。对每一轮专家咨询的结果，都要进行认真总结和整理，从而提出与专家认定不同的问题，再将该问题反馈给每一位专家，以便专家据此进行深入的判断。在通过数轮反馈意见后，专家最后才能形成综合意见。四是定性评估的定量化。对专家意见，要通过表格、符号、数字等方式进行量化处理，使最终结果可以进行统计分析。

（二）德尔菲法的实施程序

一般而言，德尔菲法实施的程序主要包括：一是由 10 人~15 人组成专家小组。该专家小组一方面按照课题所需要的知识范围确定，另一方面根据课题的大小和涉及面而定。二是提供专家所需的背景材料。此外，专家还可以要求笔者提供其他相关材料。三是专家提出预测值。在分析理解与问题有关材料的基础上，各个专家根据自己的专业判断，提出预测意见或评估值，同时说明主要赋值理由。四是专家交换意见。专家交换意见的实质是将专家第一次判断的意见通过列图表的形式进行汇总、对比和分析，将汇总专家们第一次认定的意见反馈给各位专家，各专家又将自己认定的意见同其他专家认定的意见进行对比分析，进而完善各自第一次的认定意见和判断。五是逐轮收集专家的认定意见并进行信息反馈。研究者在收集好所有的专家修改意见后，要再次对收集的意见进行判断和分析，然后将整理好的意见反馈给各位专家。五是专家在进行意见认定信息反馈的时候只给出各种意见，但对自己的真实姓名需要保密。一般而言，对这种意见认定的收集和信息的反馈要经过 2 轮~3 轮，直到每一个专家完全不再改变自己认定的意见为止。下面，笔者将以第一轮专家对贵州省依法治省评价指标征询程序的征询表为例说明：

表 7-1　第一轮专家对贵州依法治省评价指标的征询表

贵州依法治省中立法科学	非常了解（9 分）	
	熟悉（7 分）	
	有所了解（5 分）	
	了解较少（3 分）	
	不了解（1 分）	

续表

贵州依法治省中依法行政力度	非常了解（9分）	
	熟悉（7分）	
	有所了解（5分）	
	了解较少（3分）	
	不了解（1分）	
贵州依法治省中行政执法公正有效度	非常了解（9分）	
	熟悉（7分）	
	有所了解（5分）	
	了解较少（3分）	
	不了解（1分）	
贵州依法治省中司法公正、司法资源充分体现	非常了解（9分）	
	熟悉（7分）	
	有所了解（5分）	
	了解较少（3分）	
	不了解（1分）	
贵州依法治省中民众学法用法，法治意识增强度	非常了解（9分）	
	熟悉（7分）	
	有所了解（5分）	
	了解较少（3分）	
	不了解（1分）	
贵州依法治省中组织保障效果	非常了解（9分）	
	熟悉（7分）	
	有所了解（5分）	
	了解较少（3分）	
	不了解（1分）	
贵州依法治省社会监督问责效果	非常了解（9分）	
	熟悉（7分）	
	有所了解（5分）	
	了解较少（3分）	
	不了解（1分）	

续表

贵州依法治省社会秩序安定和谐、法治效果良好	非常了解（9分）	
	熟悉（7分）	
	有所了解（5分）	
	了解较少（3分）	
	不了解（1分）	

注：您对依法治省评估指标的认知情况（在对应部分打“√”）

（三）第一轮征询结果处理

在回收上述征询表以后，测评小组应根据专家的指标认识分值，计算出第一轮贵州依法治省评价指标的加权权重。计算公式是：贵州依法治省评价指标权重=A/B。其中，A为某专家评估值即（9、7、5、3、1），B为总分值比，故贵州依法治省评价指标权重就是某专家对各指标的赋值与总分值比。若专家1认为指标“地方立法内容科学”应当赋值20分，由于总分值为200分，则20/200=0.1。如专家2认为该指标应当赋值40分，则40/200=0.2。为了更好地理解，我们假设有5位专家进行了贵州依法治省评价指标权重评估。进而可以测算出经过不同专家认知分值加权平均后的指标分值及权重。

第三节　贵州依法治省评价指标体系的内容设计

贵州依法治省评价指标体系设计的关键在于对贵州依法治省调研材料数据的提炼。[1]在提炼的过程中要有法律事实作为支撑，否则会出现与法律依据相关的指标材料过多而直接影响评价效果的情况。

结合省外其他依法治省评价指标实际，贵州依法治省评价指标，一般而言，应分为一、二、三等三个指标级。指标级之间是层层涵盖、逐渐递进的关系，能够系统化地反映出贵州各司法行政部门所能够提供的法律资源。每个二级法治化建设指标下同样又细分为三级指标，以此类推。[2]经过对调研材料的整理，笔者认为，统领贵州依法治省评价指标体系的一级指标的主要

〔1〕根据指标的功能可将其划分为肯定性指标、中立性指标、否定性指标；根据指标的作用不同，可以划分为描述性指标和评价性指标。因此，不同领域的指标材料需要在不同范围提炼。

〔2〕张宁生：“地方性法规立项论证问题探讨”，载《中国人大》2005年第9期。

内容应该涵盖八个领域。

一、贵州地方立法科学民主评价指标体系

随着我国整体法治建设的不断进步，区域法治建设逐渐受到理论界和实务界的关注，各种理论都在逐步完善，实践措施也在不断提出。贵州应结合《贵州省人民代表大会常务委员会关于提高地方立法质量有关事项的决定》和《贵州省人民代表大会常务委员会公开征集地方立法选题和立法建议办法》的规定，并向贵州全省公开公布每年的立法计划，同时到期审查、评估上年度立法计划的实施情况。为此，贵州省委、省政府要建立起一套内容详尽、完备、合理，可适用于贵州的涉及地方性法规、地方政府规章、人大常委会讨论决定重大事项机制、地方政府重大决策程序的评估指标体系。〔1〕

关于贵州地方立法科学和民主指标的选择，笔者通过对调研材料的整理分析，认为该评价指标主要应当包括贵州地方立法的具体内容和地方立法的具体程序两部分，亦即前者是对贵州地方立法数量、领域结构、科学立法、地方特色法规、地方法规的可适用性等问题进行重点考察〔2〕；而后者，根据地方立法的不同阶段，应分别从立项、审批、起草、听证、公布、评估等方面对贵州地方立法予以考察。其中，针对起草、听证、公布、评估等方面的具体指标，学者张宁生在《地方性法规立项论证问题探讨》一文中认为，这些指标可以被适用于讨论决定贵州重大事项和贵州地方政府重大决策的程序评估。〔3〕

---

〔1〕 金维、沈法："构建审判质量效率评估体系"，载《江苏法制报》2005年2月1日。

〔2〕《立法法》第73条规定："地方性法规可以就下列事项作出规定：（一）为执行法律、行政法规的规定，需要根据本行政区域的实际情况作具体规定的事项；（二）属于地方性事务需要制定地方性法规的事项。除本法第八条规定的事项外，其他事项国家尚未制定法律或者行政法规的，省、自治区、直辖市和较大的市根据本地方的具体情况和实际需要，可以先制定地方性法规。在国家制定的法律或者行政法规生效后，地方性法规同法律或者行政法规相抵触的规定无效，制定机关应当及时予以修改或者废止。"《立法法》第74条规定："经济特区所在地的省、市的人民代表大会及其常务委员会根据全国人民代表大会的授权决定，制定法规，在经济特区范围内实施。"《立法法》第82条规定："省、自治区、直辖市和较大的市的人民政府，可以根据法律、行政法规和本省、自治区、直辖市的地方性法规，制定规章。地方政府规章可以就下列事项作出规定：（一）为执行法律、行政法规、地方性法规的规定需要制定规章的事项；（二）属于本行政区域的具体行政管理事项。"

〔3〕 张宁生："地方性法规立项论证问题探讨"，载《中国人大》2005年第9期。

表 7-2

一级指标	二级指标（7 个）	三级指标（26 个）	权重
贵州地方立法科学民主 12%	1. 立法体制完善	（1）党委应对地方立法工作中重大问题决策程序进行完善，保证人大主导立法工作的体制、机制有效运行	2
		（2）地方立法规划报批制度、涉及重大体制和重大政策调整报经决定制度、重大问题报告制度、备案审查制度要不断健全和落实	
		（3）减少或避免制发带有立法性质的文件	
	2. 科学民主立法	（1）地方立法项目征集、论证和协商制度健全，地方性法规草案公开征求意见和公众意见采纳情况反馈机制完善	3
		（2）人大常委会委员中具有法治实践经验的专职常委比例合理，人大代表列席人大常委会会议制度完善，立法专家顾问制度建立健全	
		（3）地方立法内容的科学性：①原则上地方立法与上位法具有统一性；②地方立法要内容清晰、适用标准明确；③地方立法与上位法的重复率度	
		（4）体现贵州多民族地方特色的规定：①展现贵州多民族地方立法特色规定的正当性；②做到多民族地方的特色规定与上位法不冲突[1]	
		（5）地方性法规的可适用性：①地方立法、行政的适用次数率；②地方立法、司法的适用次数率	
	3. 重点领域立法	（1）地方立法要适应地方经济社会的发展，按期完成立法计划	2
		（2）地方社会领域的重大改革要于法有据	
		（3）创新立法有一定数量	

---

〔1〕 我国《立法法》第 87、88、81、90、91 条规定立法效力等级以解决立法冲突问题，通过地方立法冲突无效制度保证地方立法对中央的遵从。此外《立法法》第 72、78 条规定较大市人大及常委会制定的地方性法规以及第 75 条规定了自治条例和单行条例的报批制度、第 98 条规定了备案制度、第 95 条规定了立法冲突裁决机制、第 99 条对立法审查主体和程序进行了规定。

续表

一级指标	二级指标（7个）	三级指标（27个）	权重
	4. 立法的立项	（1）地方立法的立项申请：①立法项目申报的结构和来源；②立项申请的必要性与合理性说明	2
		（2）地方立法的立项审批：①地方各级人大要有科学、合理的审批流程；②立项标准具有可操作性；③向社会公开立项审批结果；④立法项目申请数与获审批数的年度比率；⑤规范立法项目按期完成的比例；⑥立法计划的年度变动率	
	5. 立法的起草与听证	（1）地方立法草案起草程序：①起草的不同主体生成；②草案委托专家次数；③学者起草的次数；④草案调研次数；⑤草案结论的详细说明；⑥草案对专家采纳度；⑦草案对学者意见的采纳情况	2
		（2）立法听证程序：①公众权利的听证程序；②草案涉及的群体听证参与人；③听证表决程序公正、有效；④草案对各种听证意见的详细说明；⑤草案对各种听证意见采纳情况的说明	
	6. 立法审议与公布	（1）地方立法审议：①立法程序的严格遵循；②审议协调机制顺畅；③主动公开地方立法审议过程；④允许公众旁听地方立法审议过程情况	1
		（2）①在公报、媒体、网络上对地方立法情况的公布；②公众对地方法律法规的知情度和满意度；③公众对地方法律法规提出意见的召回制度。	
	7. 立法实施后评估〔1〕	（1）有明确的评估对象标准与说明	2
		（2）评估主体的专业性和评估主体的参与性	
		（3）评估的内容合理	

〔1〕实际上，国务院从2006年起已经对部分行政法规试行立法后评估工作，2006年试行的评估对象包括《艾滋病防治条例》《信访条例》《蓄滞洪区运用补偿暂行办法》《个人存款账户实名制规定》《劳动保障监察条例》和《特种设备安全监察条例》6个行政法规。在对这6个行政法规评估完结基础上，国务院法制办又选择了《地方志工作条例》《民用爆炸物品安全管理条例》《血吸虫病防治条例》《储蓄管理条例》《铁路运输安全保护条例》《放射性同位素与射线装置安全和防护条例》6个条例和"行政复议审理制度""城市管理领域推行相对集中行政处罚权制度建设情况"两项法律制度进行立法后评估。在这些评估工作经验基础上，国务院法制办制定了《关于行政法规、规章立法后评估的指导意见》草案稿，目前该草案稿正在专家学者征求意见过程中。此外，国务院交通运输部在2009年曾发文要求全国各地交通运输管理部门开展交通法律、行政法规、规章及规范性文件的立法后评估，并详细制定了评估指标体系和评估程序。参见《关于开展交通理发后评估工作的指导意见》（交体法发［2009］33号）。

续表

一级指标	二级指标（7个）	三级指标（27个）	权重
		（4）评估标准要明确、可操作性强	
		（5）评估过程结合地方实际情形	
		（6）科学的评估方法能有效获得立法实施后的信息	
		（7）完善评估过程的监督体制的设置	
		（8）评估报告详细、具体和可操作性	
		（9）制定有合理的评估操作程序	

二、贵州地方法治政府评价指标体系

（一）贵州地方法治政府建设指标

基于国务院《全面推进依法行政实施纲要》中关于不断加快推进依法行政、法治政府建设的要求[1]，笔者结合贵州依法治省实际，以贵州地方法治政府建设评价指标作为一级指标，在该指标下设计了依法履行政府职能、依法决策政府机制、行政执法严格规范公正文明、行政权力制约监督有效、政务公开全面推进、行政争议依法解决等六个二级指标构成。

表 7-3

一级指标	二级指标（8个）	三级指标（33个）	权重
贵州地方法治政府建设17%	1. 依法全面履行政府职能	（1）严格执行行政组织和行政程序法律制度，逐步形成精干高效的政府组织体系	2
		（2）政府行政权力清单管理办法落实	
		（3）行政审批制度完善，不违法违规设定管理、收费、罚款项目	

〔1〕理论界相关指标建议很多，可以参考肖金明："法治政府指标：适度政府与统一政府"，载《中国行政管理》2004年第10期；申来津、朱勤尚："法治政府评估指标体系的设计与运作"，载《行政与法》2008年第2期；黄思铭、王汉水："地方政府依法行政考核评价指标体系研究"，载《昆明理工大学学报（社会科学版）》2008年第9期；耿玉基："基层法治政府指标体系研究"，载《行政与法》2009年第3期；王忠国："论法治政府指标体系的具体建构"，载《中国商界（上半月）》2010年第3期。

续表

一级指标	二级指标（8 个）	三级指标（33 个）	权重
贵州地方法治政府建设17%		（4）法治政府建设满意率至少达到 90%	
	2. 健全政府依法决策机制	（1）重大决策实施后评估机制全面落实	2
		（2）政府法律顾问制度全面实行	
		（3）重大决策终身责任追究制度健全	
		（4）重大决策终身责任倒查机制健全	
		（5）政府规章及规范性文件编制计划、制定程序和公众参与机制完善	
		（6）政府规章、规范性文件在定期清理的同时要及时对社会公众公布，另外，规范性文件报备率、规范率、及时率要严格达到法定的要求	
	3. 行政执法严格规范公正文明	（1）行政执法机制改革各项任务落实，行政执法与刑事司法衔接机制健全、平台完善、落实到位	3
		（2）重点领域综合执法改革目标任务按期完成	
		（3）加大与群众切身利益有关的重大执法力度，及时查处违规行为	
		（4）完善执法程序，明确操作流程	
		（5）建立健全行政执法制度	
	4. 行政权力制约监督有效	（1）行政权力运行制约和监督体系要科学有效，政府内部层级监督强化、专门监督到位	1
		（2）纠错问责机制落实	
	5. 政务公开全面推进	（1）政府信息依法依规及时公开，依申请公开制度进一步完善	2
		（2）行政权力网上公开透明运行深入推进	
		（3）省、市、县、乡四级政务服务体系全面建立，互联网政务信息数据服务平台和便民服务平台全面建立	
	6. 行政争议依法解决	（1）行政复议委员会工作机制健全	2
		（2）重大行政复议案件出席率达 95%以上	
		（3）参与支持行政诉讼机制健全	
		（4）行政诉讼出庭率达 90%以上	
		（5）全面履行行政机关为被执行人的民事、行政案件生效裁判	

续表

一级指标	二级指标（8个）	三级指标（33个）	权重
	7. 政务服务便民、高效	（1）政府信息公开工作机制完善：①政府信息主动公开、依法受理、依法答复政府信息的公开申请；②依法保障公民、法人和其他社会组织获取政府信息的权利；③逐步落实新闻发言人制度	3
		（2）政府政务服务管理制度完善：①政务服务项目规范透明，服务措施到位；②政府推行办事公开制度并接受社会监督	
		（3）政务服务高效：①自治区、市、县（市、区）、乡（镇、街道办）、村（社区）服务体系完善；②乡、镇（街道办）民生服务规范化；③村（社区）为民服务规范、高效	
		（4）公共资源交易平台基础设施健全：①政府依法进行招标投标；②公共资源交易行为体现公正	
	8. 法治政府效果明显	（1）政府权力清单和责任清单公开率均达到90%以上	2
		（2）社会公众对公共服务满意度均达到80%以上	
		（3）社会公众对政府信息公开工作满意度达到80%以上	
		（4）社会公众对政府政务服务满意度达到80%以上	

（二）贵州地方行政立法评估指标

习近平主席在中共中央政治局第四次集体学习上提出，要“完善立法规划，突出立法重点，坚持立改废并举”。并进一步强调：“要抓紧制定和修改与法律相配套的行政法规和地方性法规，保证宪法和法律得到有效实施。”[1]为此，贵州地方行政立法或重大行政决策作为依法行政的重要内容之一，需要通过相应指标予以考核。不过，这里的行政立法和重大行政决策主要包括起草、听证、公布、立法后评估等程序，与贵州省人大立法程序中的相应部

〔1〕 2013年2月23日习近平同志在主持中央政治局全面推进依法治国第四次集体学习时发表的题为《奉法者强则国强》的讲话。参见新华网：http://www.zj.xinhuanet.com/adnews/2014-10/22/c_1112925077.htm，访问日期：2016年10月25日。

分并无本质区别。因此，贵州地方立法评估指标体系中的起草、听证、公布、立法后评估程序可以完全适用于贵州地方行政立法及重大行政决策程序。贵州地方行政立法考核指标已经明确了这一点。

表 7-4

贵州地方行政立法评估指标体系（一级指标，涵盖 5 个二级指标）				
二级指标	二级指标	二级指标	二级指标	二级指标
贵州地方行政立法科学合理性和可适用性强度（含 3 个三级指标）	贵州地方行政立法的项目立项（含 2 个三级指标）	贵州地方行政立法的起草与听证工作（含 2 个三级指标）	贵州地方行政立法审议与公布（含 2 个三级指标）	贵州地方行政立法实施后评估（含 10 个三级指标）
（1）地方行政立法内容的科学性定位	（1）地方行政立法的项目申请	（1）地方行政立法草案起草程序	（1）地方行政立法审议	（1）评估对象选择有明确的标准与说明
①地方行政立法与上位法在原则上的统一性	①地方行政立法项目申报的来源及结构	①草案起草的不同主体及结构生成	①地方立行政法审议严格遵循立法程序	（2）评估主体的专业性与广泛参与性
②地方行政立法力求内容清晰、适用标准明确	②地方行政立法立项申请要附有必要性与合理性说明	②草案委托专家学者起草的次数	②审议协调机制顺畅	（3）评估内容的完整性与合理性
③地方行政立法与上位法的重复率度	（2）地方行政立法的立项审批	③草案调研次数、范围与结论的详细说明	③地方行政立法审议过程是否主动公开	（4）评估标准明确、具有可操作性
（2）体现贵州多民族地方特色的规定	①地方政府要确定合理的审批程序	④对草案专家学者意见的采纳度	④地方行政立法审议过程能否允许公众旁听审议过程	（5）评估过程是否结合地方实际情形
①多民族贵州地方特色规定的正当性	②立项标准的思路清晰，具有可操作性	（2）地方行政立法听证程序	（2）地方行政立法公布	（6）评估过程的监督体制设置

续表

二级指标	二级指标	二级指标	二级指标	二级指标
②多民族地方特色的规定与上位法不冲突的避免	③立项审批结果具有社会公开性	①涉及公众权利的立法草案应有听证程序	①地方行政立法是否在媒体、网络上公布	(7) 评估方法科学、能有效获得立法实施后主要信息
(3) 地方性法律法规的可适用性	④以年为单位确定行政立法项目及审批数比率	②听证参与人能普遍代表草案涉及的群体	②公众对地方法规的知情程度反馈	(8) 制定有详细、合理的评估操作程序
①地方行政立法与行政适用的次数率	⑤行政立法项目按期完成与否的比例	③听证表决程序的公正与有效	③公众对地方法律法规的满意程度	(9) 评估报告详细、具体，完善建议具有可操作性
②地方行政立法与司法适用的次数率	⑥年度行政立法计划的变动率包括计划增加或减少的项目或计划项目数	④草案对各种听证意见及采纳情况有详细说明	④公众对地方法规提出意见的召回制度	(10) 评估报告的存档备案情况

三、贵州地方依法执政评价指标体系

(一) 贵州地方依法执政评价指标

针对贵州依法行政考核指标的选择，我们从整体上考评了贵州社会治理法治化建设现状，相关指标既能充分涵盖《贵州省 2012 年度依法行政考核指标体系》[1]，又能简洁、合理地适用于贵州整个社会治理法治化环境指标体系。具体而言，对于贵州依法行政指标评价体系的构建，结合贵州的实际，我们分别对省内各级政府、各部门行政机构与职权法治化、行政执法法治化、行政监督法治化、干部选任导向正确、党风廉政建设责任落实、依法执政制度建立完善、党内法规制定规范、党委决策程序规范八个方面的相应指标进行了分析，并形成了贵州依法执政指标体系的逻辑框架。

---

〔1〕“国务院办公厅《关于推行法治政府建设指标体系的指导意见（讨论稿）》”，载新华网：http://fzzx.gansudaily.com.cn/system/2009/12/10/011384875.shtml，访问日期：2015 年 7 月 7 日。

表 7-5

一级指标	二级指标（8个）	三级指标（23个）	权重
贵州地方行政执法评价14%	1. 行政机构和职权法治化	（1）行政机构设置合法、合理：①依照规定权限和程序设立、撤销和调整行政机构；②提供行政机构设立、撤销和调整的科学论证报告	2
		（2）行政机构职权协调性程度高：①除法定保密外机构职权公开；②行政机构职权划分合理，不存在交叉、错位或缺位情形；③行政机构职权有合理的调整程序；④法定程序解决行政职权的争议	
		（3）依法建构行政机构人员管理制度：①行政机构有规范合理的人员编制管理机制；②行政机构人员调整要有法定的程序；③行政机构人员调整结果应当公开；④行政机构人员的录用、奖励、处罚及辞退要遵循法定程序	
	2. 行政执法法治化	（1）行政执法公开：①公开执法主体资格、执法依据和执行程序；②告知行政执法结果的救济程序；③依法公开重大政府信息	2
		（2）行政执法的公正性：①行政执法严格依法进行；②行政执法应当平等对待相对人；③定期评估执法裁量权标准；④建立民众意见收集与反馈机制	
		（3）行政执法高效便民性：①在规定时间内完结行政执法程序；②不支持民众支付额外相关费用；③定期评估行政执法的工作效率	
	3. 行政监督法治化	（1）行政监督程序公正性：①行政复议程序公开；②参加行政诉讼程序并履行法院判决；③定期开展行政机关内部检查、监察与审计监督；④依法处理行政投诉案件；⑤向社会公布行政投诉案件的结果；⑥公开接受社会监督制度；⑦向社会公布社会监督案件的处理程序和结果；⑧定期向人大、政协汇报行政执法工作并接受监督	2
		（2）行政监督实施有效：①行政复议案件纠错率；②行政执法过错被追究责任的人员比；③确认行政诉讼被告违法率	

续表

一级指标	二级指标（8个）	三级指标（23个）	权重
贵州地方行政执法评价14%	4. 干部选任导向正确	（1）严格执行好干部的选用标准[1]	1
		（2）注重选拔用法治思维和法治方式解决问题的干部，同时建立领导干部法治档案	
	5. 党风廉政建设责任落实	（1）落实领导干部个人有关事项的报告制度，领导班子成员违法违纪案件为零	2
		（2）实现地方全覆盖的巡视制度	
		（3）协调解决党风廉政建设的具体问题	
	6. 依法执政制度建立完善	（1）党政内设机构权责职能配置科学合理	2
		（2）党内民主生活经常化、制度化	
		（3）科学立法、依法行政、公正司法的制度健全	
	7. 党内法规制定规范化	（1）党内规范性文件备案审查与地方法律法规备案审查衔接联动机制建立健全	2
		（2）党内法规草案须征求群众意见	
		（3）对党内法规和规范性文件进行定期清理	
		（4）组织起草部门和单位适时对有关党内法规执行情况、实施效果开展评估	
	8. 党委决策程序规范化	（1）省、市（自治州）、县（自治县）、乡（民族乡）等各级党委需建立法律顾问制度、设立党务公开制度	1
		（2）决策失误纠错及责任追究机制建立健全	
		（3）党委作出的重大决策和出台的重要政策要按照合法程序审核	

（二）贵州地方行政执法评估指标

法令行则国治，法令弛则国乱。法律的生命力在于实施，法律的权威也

[1]《党政领导干部选拔任用工作条例》。

在于实施。笔者认为，我国国务院和地方各级人民政府作为国家权力机关的执行机关，作为国家行政机关，负有严格贯彻实施宪法和法律的重要职责，要规范政府行为，切实做到严格规范公正文明执法。针对贵州地方行政执法考核指标的选择，我们充分借鉴了国内外既有的相关行政执法考核评估指标体系。

笔者认为，我们应从行政机构与职权法治化、行政执法法治化和行政监督法治化三个方面关注贵州各级政府行政执法指标体系的设计。在此基础上，指定相应行政执法指标，进而促成贵州行政执法的基本逻辑框架。

表 7-6

贵州地方执法评估指标体系（一级指标，涵盖 3 个二级指标）		
二级指标	二级指标	二级指标
机构和职权法治化（含 3 个三级指标）	行政执法法治化（含 3 个三级指标）	行政监督法治化（含 2 个三级指标）
（1）机构设置合法性与合理性	（1）行政执法的公开度	（1）行政监督程序公正度
①机构的设立、撤销和调整必须依照规定权限和程序进行	①告知公开执法主体资格、执法依据和执行程序	①行政复议程序公开，复议案件依法处理并积极履行
②机构的设立、撤销和调整应有科学的论证报告	②告知行政执法包括申诉、复议、诉讼等的结果与救济程序	②依法参加行政诉讼程序并积极履行法院判决
（2）机构职权的明确性，有效协调性程度较高	③依法及时公开重大事项和应当公开的政府信息	③定期开展行政机关内部检查、监察与审计监督并落实改进措施
①除法定保密外，机构职权应当公开	（2）行政执法公正	④行政投诉程序公开、投诉案件严格依法处理
②机构职权明确合理性划分，不存在明显冲突或交叉、错位或缺位的情形	①行政执法严格依法进行	⑤行政投诉案件的处理程序和结果向社会公布

续表

贵州地方执法评估指标体系（一级指标，涵盖3个二级指标）		
③机构职权相对稳定并有合理的调整程序	②行政执法应当平等对待相对人	⑥行政机关制定并公开接受社会监督的制度
④职权争议时依照法定调解与法定程序解决	③执法裁量权标准细化并定期评估	⑦社会监督案件的处理程序和结果向社会公布
(3) 机构人员依法管理制度的建构	④建立并有效施行民众意见收集与反馈机制	⑧定期向人大、政协及上级部门汇报行政执法工作并接受监督
①机构有规范合理的人员编制管理体制机制	(3) 行政执法高效便民	(2) 行政监督实施有效
②机构人员编制及其调整要有科学的论证程序	①行政执法程序在规定时间内完成	①行政复议案件纠错率
③机构人员调整结果应当公平、公正与公开	②民众无需支付额外相关费用	②行政执法过错被行政机关追究责任的人员比例
④机构人员的录用、奖励、处罚及辞退依照法定程序	③定期组织评估行政执法的工作效率	③行政诉讼被告确认违法率

(三) 贵州地方行政监督评估指标

结合贵州当前的实际，贵州政府依法行政监督评估指标体系的设置，与市（自治州）、县（自治县）、乡（民族乡）三级政府依法行政监督考核指标体系的设置基本相同，有所不同的是某些专项考核评价的指标不能用于政府部门，故应删去并重新权重分值。经过调查分析，作为一级指标体系的地方行政监督评估指标体系应包含 11 个二级指标体系。笔者在此对这 11 个二级指标体系具体规定了相应的考评指标体系标准。

表 7–7

	贵州地方行政监督评估指标体系	（一级指标，涵盖 11 个二级指标）
一级指标	二级指标	考评标准（加分或其他方式）
行政监督	1. 依法履行行政复议职责	（1）应当受理而不受理的
		（2）违反法定程序和期限的
		（3）不按时提交行政复议书面答复的
		（4）不提交作出具体行政行为的证据，依据和有关材料的
	2. 行政复议案件合法、适当	（1）行政复议案件无被撤销或变更原行政决定的
		（2）行政决定被撤销、变更或不履行复议决定的
	3. 公布投诉和举报途径和方式，对投诉和举报及时调查处理	公布途径和方式、及时调查处理投诉和举报的
	4. 建立并执行重大或有影响的行政诉讼案件行政机关法定代表人出庭应诉制度	（1）建立并执行该项制度的
		（2）不建立并执行该项制度的
	5. 严格执行行政赔偿和行政补偿制度：保护公民、法人和其他组织获得应得的行政赔偿；保护公民、法人和其他组织获得应得的行政补偿	（1）依法办理行政赔偿请求案的
		（2）未依法办理行政赔偿请求案的
		（3）无行政赔偿请求案的
		（4）依法办理行政补偿请求案的
		（5）未依法办理行政补偿请求案的
		（6）无行政补偿请求案的
	6. 接受人大监督和质询、向其报告工作；接受政协监督，听取对政府工作的意见和建议	（1）两项都接受的
		（2）有规章制定权的政府依法报备规章的
	7. 依法办理信访案件	（1）信访案件办结率 90%以上的
		（2）信访案件办结率 70%~89%以上的
		（3）信访案件办结率 69%以下的
	8. 开展执法案卷评查工作	（1）开展的覆盖率达 100%的
		（2）开展的覆盖率达 70%~89%的
		（3）开展的覆盖率达 69%以下的

续表

	贵州地方行政监督评估指标体系	（一级指标，涵盖 11 个二级指标）
一级指标	二级指标	考评标准（加分或其他方式）
	9. 对本级行政执法部门和下级政府的行政执法情况进行有效监督	（1）进行有效监督
		（2）出现行政执法突出问题未及时依法调查处理
	10. 执行人民法院对行政案件已经生效的判决、裁定	（1）执行人民法院对行政案件已经生效的判决、裁定的
		（2）不执行人民法院对行政案件已经生效的判决、裁定的
	11. 及时做好行政复议等依法行政方面的报表填报工作	（1）及时做好行政复议等依法行政方面的报表填报工作
		（2）未及时做好行政复议等依法行政方面的报表填报工作

（四）贵州地方依法行政效果评估指标

对贵州依法行政效果评估指标体系的考察，应该主要关注社会秩序、公众法治意识、对法律信仰等因素直接带来的社会效果。同时，这种效果应该是民众能够直接感受到的、相对稳定的状态，而不是考核对象只要通过短期的突击式运动就能达到的。因此，诸如“普法教育学习的次数和人数参加率”“普法学习考核成绩达标率”等指标似乎不太具有评估价值。因此，贵州依法行政效果评估指标体系需要对行政法治化实践效果进行考察，但这离不开对考核指标的科学、合理化选择。由此，贵州依法行政效果评估指标体系最终应达到紧随贵州社会发展的形势，紧随时代的步伐，让贵州地方行政法律法规体系随时代和实践而不断发展的社会效果。

表 7-8

贵州法治效果评估指标体系（2 个一级指标，涵盖 14 个二级指标）	
一级指标	一级指标
贵州社会秩序（含 7 个二级指标）	贵州民众对法治的满意度（含 7 个二级指标）
（1）贵州重大社会治安案件数量	（1）对政府依法行政的满意率
（2）警察暴力执法案件发生数量	（2）对地方性法规和地方规章公正性的满意度

续表

贵州法治效果评估指标体系（2个一级指标，涵盖14个二级指标）	
（3）城市、农村治安案件的发生率	（3）对城市、农村行政机关执法的满意率
（4）城市、农村青少年违反治安管理条例情况	（4）对治安管理条例修改和完善情况的满意率
（5）治安申诉、信访案件数量	（5）对法治市、县、乡、村、社的创建满意度
（6）公众对贵州全省社会安全状况的满意率	（6）对拓展和规范法律服务满意度
（7）未成年人、留守儿童犯罪情况	（7）对警示教育的满意率

从上述地方政府依法行政过程中行政立法、行政执法、行政监督和依法行政效果评估指标体系的内容我们可以看出，我们在不同情形下需要提炼不同的指标，提炼时要根据不同的需要有所侧重。由此可见，地方政府依法行政的整个指标体系需要完成的重要内容就是在设计过程中对核心指标进行提炼，设计或提炼不当，将会直接影响依法行政系统中某些指标体系的评估效果。

四、贵州地方司法评价指标体系

经调查，贵州目前各市（自治州）、县（自治县）基本上都已制定或正在完善区域案件质量评价指标体系。贵州省高级人民法院在总结省内外评价经验的基础上，积极研究并研发了案件审判质效评估软件，[1]这些经验无疑会对贵州司法指标的创建具有重要的指导价值。当然，我们在关注区域案件质量评价指标体系的同时，还要关注律师事务所、法律援助站等在诉讼代理过程中各项法定权利的实施情况，这也是目前贵州法学理论界与实务界共同关注的焦点[2]。

---

〔1〕 金维、沈法："构建审判质量效率评估体系"，载《江苏法制报》2005年2月1日。

〔2〕 指标对此主要采取主观测评的办法，这就能揭示贵州目前司法代理过程中各项法定代理权利的实际运行现状，为贵州法律职业者提供一个良好的执业氛围，这对于完善贵州司法现状，实现区域法治是非常重要的。根据我国《宪法》等法律的规定，我国的司法机关主要是指人民法院和人民检察院，因此从理论上说，我国司法领域评估指标还包括人民检察院系统的评价指标。并且实际上，最高人民检察院在2010年1月确实印发了《最高人民检察院考核评价各省、自治区、直辖市检察业务工作实施意见（试行）》和《最高人民检察院考核评价各省、自治区、直辖市检察业务工作项目及计分细则》，并规定自2010年起对各省、自治区、直辖市检察业务工作进行统一考评。但基于两方面的原因，笔者在此处没有详细介绍最高人民检察院这一指标：一是目前国内外司法领域指标主要关注司法资源分配（国外）和司法审判程序，法院系统的评估指标更有代表性；二是最高人民检察院的指标体系主要是业务评分系统，主要进行业务专业指导和监督，缺乏程序、效率、满意度等方面考核。

表 7-9

一级指标	二级指标（7 个）	三级指标（25 个）	权重
贵州地方司法评价指标体系 10%	1. 地方司法公正、高效	(1) 地方司法程序公正。①司法机关独立行使司法监督权；②当事人平等对待、司法权力得到保护；③当事人在司法程序中（包括诉讼与执行）无需支付额外的费用；④一审案件陪审率；⑤司法权的内容、期限及行使方式告知当事人	3
		(2) 地方司法结果公正。①对错误案件的纠正率；②审判机关关于司法的赔偿率；③民众对调解结案满意度；④司法不公的投诉度；⑤小额经济诉讼案件比重	
		(3) 地方司法高效。①法定审限内结案率；②平均未执结时间与执行期限比率；③结案均衡度考核；④法定期限内执行完结率；⑤平均执行时间指数；⑥审限内平均审理时间和平均未审结的审限比率	
		(4) 依法独立公正行使司法权。①建立和落实领导干部插手具体案件及责任追究制度；②健全司法工作人员法定职责保护制度	
		(5) 建立司法工作人员错案责任倒查和问责制度	
	2. 地方司法人员胜任与管理规范	(1) 司法人员胜任度。①司法人员与地区人口比率；②司法人员学历结构比率；③通过国家司法考试人数的比例；④从事司法工作的时间	1
		(2) 司法管理规范。①司法人员的绩效考核机制合理；②对地区司法部门经费合法保证；③司法部门办公条件有效保障；④司法部门办公设施有效保障；⑤司法人员行为规范制度；⑥司法人员失职行为受到处罚；⑦司法人员的学习制度	
		(3) 切实维护阳光司法。①深化司法体制改革；②保障司法机关依法行使职权；③推进阳光司法；④强化诉讼程序法律监督；⑤拓展司法工作机制改革	
	3. 地方司法资源充分并合理分配	(1) 律师代理有效。①地区律师与人口比率；②地区律师平均代理案件数量；③一审案件中，有律师代理与无律师代理案件比率；④律师平均收费与地区人均收入比率；⑤律师各项权利得到有效保障	2

续表

一级指标	二级指标（7个）	三级指标（25个）	权重
		（2）地区法律援助资源充分。①法律援助站（服务所）的数量；②法律援助站（服务所）办公条件和专项经费的落实；③法律援助站（服务所）的收费标准；④法律援助站（服务所）人员数量及学历结构；⑤法律援助站（服务所）年代理案件数量；⑥法律援助站（服务所）代理过程中合法权利有效保障	
		（3）规范基层法律服务。①完善基层法律服务体系；②拓展基层法律服务市场、明确基层法律服务方式及服务功能；③完善基层法律顾问制度；④补充基层经济立法、执法和司法制度；⑤完善基层行政机关权力制约和权力监督机制	
	4. 司法职权优化配置	（1）司法改革重点任务按期完成，司法权力运行机制健全	1
		（2）立案登记制度、刑事诉讼中认罪认罚从宽制度、公益诉讼制度、查办职务犯罪案件协助配合机制建立健全	
		（3）有效落实法官合议庭制度和主任检察官、主办侦查员办案责任追究制度	
	5. 保障人民群众参与司法活动	（1）保障并健全群众参与司法听证、调解、信访等活动	1
		（2）人民陪审员[1]制度完善，公众有序参与旁听庭审	
		（3）司法公开全面落实，阳光司法机制健全	
	6. 人权司法保障制度有效落实	（1）诉讼过程中各项权利的制度保障得到强化，罪刑法定、疑罪从无原则和非法证据排除规则全面落实，冤假错案防范纠正机制健全，不发生重大影响的冤假错案	2

[1] 关于人民陪审员制度，全国人大常委会、最高人民法院、司法部等各机关都先后出台一系列制度进行完善，全国人大常委会2004年通过《关于完善人民陪审员制度的决定》，随后最高人民法院、司法部就出台了《关于人民陪审员选任、培训、考核工作的实施意见》，2005年1月最高人民法院又印发了《最高人民法院关于人民陪审员管理办法（试行）》，2009年11月最高人民法院又出台了《关于人民陪审员参加审判活动若干问题的规定》。

续表

一级指标	二级指标（7 个）	三级指标（25 个）	权重
		（2）健全通过限制人身自由非法取证源头预防机制	
		（3）健全并落实终审和诉讼终结制度，诉访分离机制	
		（4）司法救助体制全面落实，国家赔偿及时兑现	
		（5）查封、扣押、冻结、处理涉案财物的司法程序规范，胜诉当事人权益得到保障	
	7. 司法活动监督到位	（1）检察机关法律监督制度落实，人民监督员制度完善 （2）司法机关内部各层级监督制约机制健全，司法机关内部人员过问案件的记录制度和责任追究制度落实，规范司法人员与诉讼参与人的接触、交往行为的制度健全	1
		（3）案件评查扎实有效，办案质量不断提升	

五、贵州学法用法评价指标体系

推进贵州依法治省社会治理法治指标的构建，普法必须先行。结合相关调研材料，笔者认为，在贵州依法治省社会治理法治指标体系中，“学法用法”部分应该包括领导干部尊法学法守法用法、法律“五进”的深入推进、法治文化繁荣发展、普法工作责任明确、诚信守法形成氛围等 5 个二级指标。此外，贵州依法治省社会治理法治指标体系对学法用法的规定还应注重机制的建立健全，以使其成为依法治省的长效机制。

表 7-10

一级指标	二级指标（5 个）	三级指标（20 个）	权重
贵州学法用法评价指标 7%	1. 领导干部尊法学法守法用法	（1）领导干部尊法、学法、用法、述法、考法制度落实，遵守法律、依法办事作为考察干部的重要内容	1
		（2）严肃查处领导干部违法犯罪案件	
	2. 法律五进制度的推进	（1）法律进学校。法制教育列入中小学校、中等职业学校和高等学校教学计划	2
		（2）加大法律进法律进县、乡、村、社区力度。①乡（民族乡）村、社区基层法制宣传机制完善；②对残疾人、城市流动人口、失地农民、失业人员的法制宣传	
		（3）法律进寺庙。建立健全教职人员学法制度	
		（4）法律进省级各级机关部门。①健全并落实各级领导干部学法制度；②全面推行公职人员法律培训考核	1
		（5）法律进企事业单位。企事业单位经营管理人员学法用法制度建立健全	
	3. 法治文化繁荣发展	（1）扶持法治文化发展的政策落实，法治文化设施建设城乡全覆盖	1
		（2）鼓励并加强科研院所、高等学校、法学研究机构和行业协会、学会等开展法治项目申报并研究	
		（3）法治文化活动形成长效机制，法治文化精品力作不断呈现，群众参与面不断扩大	
		（4）法制宣传教育与法治实践相结合的法律服务平台建立完善	
	4. 普法工作责任明确	（1）法制宣传教育工作机构建立健全，监督考核严格	1
		（2）法制宣传联席会议制度建立健全	
		（3）宣传教育规划和年度普法计划的措施具体、责任明确	
	5. 诚信守法形成氛围	（1）国家机关“谁执行谁普法”的普法责任制落实，“谁执法、谁普法”工作纳入依法行政考核重要内容	2
		（2）普法讲师团和普法志愿者队伍作用有效发挥，法治队伍以案释法制度、媒体公益普法制度逐步建立	
		（3）执法部门日常宣传和集中宣传相结合、执法办案和普法宣传相结合、属地管理和上下联动相结合的工作机制建立健全，普法任务详实明确，工作措施齐全到位，协作机制结构完善	
		（4）法治教育纳入国民教育体系、纳入精神文明创建内容、纳入党委（党组）中心组学习内容	

续表

<table>
<tr><th>一级指标</th><th>二级指标（5个）</th><th>三级指标（20个）</th><th>权重</th></tr>
<tr><td rowspan="2"></td><td rowspan="2"></td><td>（5）社会主体信用信息基础数据全面建立，失信惩戒、守信受益机制健全</td><td rowspan="2"></td></tr>
<tr><td>（6）政府公信力逐步提高，依法依规查处公职人员违反公序良俗行为</td></tr>
</table>

六、贵州社会法治评价指标体系

就贵州如何做好依法治理工作而言，笔者认为，贵州在建立依法治省法治指标体系方面应坚持问题导向，在解决问题上下功夫。在社会法治评价指标上，目前要在形成系统治理格局、大力推进依法治理、源头治理机制健全、依法维权和化解纠纷机制健全、基层自治有效落实、民族宗教事务依法治理、法律服务便捷有效、社会治安综合治理绩效提高、食品药品安全监管有力、生产安全治理有序、网络监管机制完善、突发事件处置有效、基层平安建设效果明显、社会征信体系构建完善等14个方面推进法治创建力度。

表 7-11

<table>
<tr><th>一级指标</th><th>二级指标（14个）</th><th>三级指标（45个）</th><th>权重</th></tr>
<tr><td rowspan="7">贵州社会法治评价指标16%</td><td rowspan="2">1. 系统治理格局形成</td><td>（1）政府治理和社会自我调节、居民自治良性互动机制建立健全</td><td rowspan="2">1</td></tr>
<tr><td>（2）全社会齐抓共管的新型社会治理格局基本形成</td></tr>
<tr><td rowspan="5">2. 大力推进依法治理</td><td>（1）“政社互动”全面推行，积极发挥社会规范在社会治理中的作用</td><td rowspan="5"></td></tr>
<tr><td>（2）村（居）民委员会依法自治达标率分别达97%、92%，省级民主法治示范村（社区）创建达到省定要求</td></tr>
<tr><td>（3）社会组织发展达到省定标准，管理规范有序，有效承接政府部门转移职能，纳入政府购买服务内容</td></tr>
<tr><td>（4）企业依法经营管理，社会责任积极履行</td></tr>
<tr><td>（5）民族宗教事务依法管理，宗教活动场所民主管理机制健全，信教群众学法守法。</td></tr>
</table>

续表

一级指标	二级指标（14 个）	三级指标（45 个）	权重
	3. 源头治理机制健全	（1）全覆盖社会稳定风险评估制度	2
		（2）党政主导的网格化服务管理工作全面推进，群众诉求第一时间得到反映和解决	
		（3）完善“诉非衔接”和“检调对接”机制	
	4. 依法维权和化解纠纷机制健全	（1）人民调解组织健全，民转刑案件比例逐步下降，依法维权和矛盾纠纷多元化解决机制有效发挥	1
		（2）信访程序规范，群众信访依法及时受理办理，非正常上访逐步下降	
		（3）不发生重大群体性事件	
	5. 基层自治有效落实	（1）基层群众自治组织办公有场所、工作有制度、运行有台账、经费有保障	1
		（2）村（民族村）民会议或代表大会制度有效落实，村（民族村）务监督委员会等组织完善	
		（3）村（民族村）务公开、民主评议等制度落实	
	6. 民族宗教事务依法治理	（1）民族地区法治进程深入推进，地方性民族法制体系建立健全，发展、民生、稳定得到法治保障	1
		（2）培养公众具有维护祖国统一、民族团结意识	
		（3）宗教事务依法管理、宗教活动场所民主管理和社会管理长效机制基本形成，藏传佛教和谐寺庙创建活动广泛深入、持续有效开展	
	7. 法律服务便捷有效	（1）法律服务资源有效整合，法律服务体系健全	1
		（2）公共法律服务纳入地方经济发展规划和政府公共服务范围	
		（3）健全行政管理与行业自律相结合的管理体制	
		（4）法律服务业健康发展，援助流程规范，便民服务举措得到落实，应援尽援得到实现，司法鉴定管理体制完善	
		（5）引导律师事务所走专业化、规模化、国际化道路	
		（6）民族地区法律人才尤其是“双语”人才得到重点培养和足额储备	

续表

一级指标	二级指标（14个）	三级指标（45个）	权重
	8.社会治安综合治理绩效提高	（1）推进立体化、现代化社会治安防控体系	1
		（2）八类严重刑事案件[1]发案比例逐步下降	
		（3）流动人口、特殊人群服务管理制度健全落实，刑释人员、社区服刑人员重新犯罪率不超过控制指标	
		（4）安全生产事故和公共安全事故有效压降，公众安全感90%以上	
	9.食品药品安全监管有力	（1）食品、药品、食用农产品安全监管制度健全	1
		（2）食品原产地可追溯制度和质量标识制度建立	
		（3）食品药品安全案件查处信息及时公布	
		（4）严格问责重大食品药品安全事故	
	10.生产安全治理有序	（1）隐患排查治理和安全预防控制得到加强，安全生产法规、技术标准制定完善	1
		（2）重点行业领域的安全专项治理及时开展，生产安全事故依法追责	
	11.网络监管机制完善	（1）互联网管理资源有效整合，互联网管理领导体制健全	1
		（2）大网络大舆情全媒体工作格局基本形成，网络和信息安全各项工作落实	
	12.突发事件处置有效	（1）预警应急及舆情应对工作专门机构设置到位，专业人员按规定配备，管理制度和应急预案建立健全	1
		（2）及时有效对自然灾害、事故灾难、公共卫生事件和社会安全事件等预警和应急处置	
	13.基层平安建设效果明显	（1）平安和谐网络、和谐村（社区）、和谐乡镇（街道）“三联创”活动[2]和行业平安创建活动广泛开展	1

〔1〕按照《刑法》第17条规定，已满16周岁的人犯罪，应当负刑事责任。已满14周岁不满16周岁的人，犯故意杀人、故意伤害致人重伤或者死亡、强奸、抢劫、贩卖毒品、放火、爆炸、投放危险物质罪的，应当负刑事责任。

〔2〕“三联创”活动就是镇（街道）、村（居）、小组三级联创，即镇级要创先进镇（街道）计生协会，村级要创建合格村（居）计生协会、争创一流村（居）计生协会，小组要创五好协会小组。三级互联、互动、互促，有利于促进计生协会整体水平的提高。“三联创”的提出为协会自身建设提出了明确的要求及标准，使我们工作目标更加明确，努力有了方向。同时，通过争创达标，学先进、赶先进、创先进，促进协会工作平衡发展。

续表

一级指标	二级指标（14个）	三级指标（45个）	权重
		（2）流动人口服务管理工作机制健全，特殊人群服务管理制度完善	
		（3）社会治安整体联动防控体系完善各类违法犯罪活动得到有效打击，治安混乱复杂地区和场所得到有效整治	
	14. 社会征信体系的完善	（1）重点将产品质量、金融、合同履约、纳税、生效裁判执行等作为信用记录	1
		（2）各类商会、协会促进行业守信自律的作用有效发挥，诚信企业评选规范开展，企业信用自律机制和信用风险防范机制完善	
		（3）全社会信用奖惩联动机制和制度建立健全	

七、贵州法治建设组织保障的评价指标

贵州依法治省评价指标是一项系统性工程，因此，笔者经过对调研资料的分析，认为贵州省依法治省评价指标体系在设立组织保障的部分包括组织体系、机制推进、考核机制、示范创建、队伍建设等5个方面的指标，从而为贵州依法治省提供坚强的组织保障。

表 7-12

一级指标	二级指标（8个）	三级指标内容（27个）	权重
贵州法治建设组织保障指标体系12%	1. 组织体系建立健全	（1）党委（党组）书记担任依法治理工作领导小组组长、副书记（未设副书记的为分管领导）任常务副组长、领导小组办公室具体负责领导机制的建立与健全	1
		（2）出台实施意见，制定工作要点，目标、任务、责任、完成时限明确	
		（3）督查机制健全，每年督查依法治理工作不少于3次	
	2. 依法行政水平不断提高	（1）党委科学民主依法决策机制完善，领导干部法治思维和依法办事能力不断增强	2
		（2）落实政法系统各部门向党委报告重大事项制度	
		（3）有效发挥各级人大、政府、政协、司法机关遵宪守法的作用	

续表

一级指标	二级指标（8个）	三级指标内容（27个）	权重
		（4）党内法规制度建设加强，配套完善的党内法规制度形成，党内法规的执行力度提高，党风廉政建设责任制的有效落实，党内规范性文件报备率、及时率、合法率达到规定要求	
	3. 推进机制建立健全	（1）党委统揽、系统推进、部门各司其职的统筹协调机制建立健全	1
		（2）重点突破，推进工作整体提升	
		（3）依法治理工作人员、场地、经费等落实到位，依法治理工作评价问责机制建立健全	
	4. 人大监督不断加强	（1）法律事实监督制度健全，法律监督、工作监督有力，财政预决算审查、政府规章和规范性文件备案审查等监督权依法有效行使，宪法宣誓制度落实	1
		（2）代表议案、建议办理满意率力争达90%以上	
	5. 示范创建统筹开展	（1）省依法治省领导小组统一领导，省、市（自治州）、县（自治县）三级共同推进，各级依法治理办公室统筹管理，各有关部门具体负责的工作推进机制建立健全	1
		（2）党委（党组）每年专题研究部署创建工作不少于2次~3次，工作经费列入财政预算并按时足额到位	
	6. 政协职能有效发挥	（1）政协对法律实施的民主监督得到加强	1
		（2）委员提案办理满意率达到90%以上	
	7. 法治建设目标任务有效落实	（1）党委领导依法治省领导小组及其办公室部署、指导、检查，推动工作落实的职能有效发挥	3
		（2）各级各部门党政主要负责人第一责任人职责切实履行	
		（3）基层法治结构、法治队伍和法治装备设施建设不断加强	
		（4）法治建设作为衡量领导班子和领导干部工作实绩的考核内容	
		（5）依法治理工作纳入党委、政府绩效目标考核	
		（6）法治创建全面覆盖，80%的市（自治州）、县（自治县）创成法治先进	
	8. 队伍建设落实	（1）立法队伍、行政执法队伍、司法队伍的法律培训机制健全	2
		（2）建立健全法官、检察官、警察业务能力考核评价机制	

续表

一级指标	二级指标（8个）	三级指标内容（27个）	权重
		（3）注重重点领域基层执法人员配置比例与监管业务相适应	
		（4）建立健全法律服务队伍职业道德、能力、权利保障及失信惩戒等机制	
		（5）增强普法队伍力量和基层政法力量	

八、贵州监督问责效果的评价指标体系

要想加强和完善监督执纪问责机制，我们必须推动纪检监察机关转变职能、作风和方式，注重能力素质培养、基层组织的“三项建设”。为此，贵州省委、省政府把“厉行法治”作为治省的基本方略，同时制定并落实了“两个责任”的实施意见，层层签订责任书，积极协调并及时解决党风廉政建设和反腐败斗争中的重大问题，做党风廉政建设的推动人、领导人、执行人。笔者认为，应该在贵州省依法治省指标评价体系“监督问责”体制下设立党风廉政法治化建设、人大监督增强实效、全面落实问责制度等7项指标，制定出监督职能如何在法律的框架下开展的“路线图”和目标细化的“度量衡”。

表7-13

一级指标	二级指标（8个）	三级指标内容（26个）	权重
贵州监督问责效果的评价指标体系9%	1. 增强人大监督实效	（1）完善各级政府、法院、检察院由人大产生、对人大负责机制	2
		（2）询问、质询和罢免制度的实行	
		（3）及时听取和审议国民经济和社会发展的相关规划以及有关的审计工作、政府重大决策、厉行节约反对浪费工作以及其他专项的工作报告等	
		（4）加强对于一般公共预算资金、政府性的基金预算、国有资本经营的预算、社会保险基金预算按规定审查批准制度的有效监督，并对预算执行情况实施有力监督	
		（5）对法律法规实施、依法治理和普法决议决定的贯彻落实等情况进行监督检查	

续表

一级指标	二级指标（8 个）	三级指标内容（26 个）	权重
		（6）逐步建立和完善行政规范性文件的备案审查制度	
	2. 增进党风廉政建设的法治化	（1）建立一套惩治和预防腐败的有关体制并加以完善 （2）落实纪委有关的监督责任，协助党委（党组）增强党风廉政建设和组织协调反腐败工作的能力	1
		（3）依法实施纪律监督和作风督查组织工作，依法依纪查办相关案件	
		（4）完成有关党的纪律检查体制改革任务，保证建立行政权力监察平台并使其有效运行	
		（5）开展理想信念、宗旨观念、法治理念、廉洁自律教育和警示教育	
	3. 行政监督高效规范	（1）依法及时开展政府内部层级监督、专门监督和行政监察	1
		（2）财政收支审计、经济责任审计和政府投资审计依法及时进行	
	4. 人大监督不断加强	（1）法律事实监督制度健全，全面落实法律监督、工作监督有力，财政预决算审查、政府规章和规范性文件备案审查等监督权依法有效行使，宪法宣誓制度	1
		（2）代表议案、建议办理满意率力争达 100%	
	5. 政协监督有序推进	（1）有效开展以立法协商、行政协商、民主协商、参政协商、社会协商等多种形式的监督，使协商内容广泛，协商形式和程序规范	1
		（2）对法律法规实施、依法治理情境开展充分的调研视察和广泛的参政协商，提出意见和针对性的建议	
	6. 司法监督严格到位	（1）加大惩治和预防职务犯罪的力度	1
		（2）引导公民、法人依法进行民事活动，促进全民遵守法律	
		（3）检察院对诉讼活动实现全程动态监督	
	7. 社会监督广泛体现	（1）加快完善群众举报投诉、批评建议受理、处理相关制度规定，适时公布相关处理情况	1
		（2）建立健全民主党派、工商联、无党派人士和工会、共青团、妇联等人民团体进行民主监督的机制和体制	
		（3）发挥新闻媒体的监督作用	

续表

一级指标	二级指标（8个）	三级指标内容（26个）	权重
	8. 全面落实问责制度	（1）推行各级党政机关及其工作人员工作责任制和责任追究制度	1
		（2）确保监察、审计、行政复议等专门监督机关独立开展监督工作，确实发挥问责的效力	
		（3）建立健全关于问责跟踪的监督制度	

九、贵州法治效果评价指标体系

笔者认为，贵州依法治省评价指标体系要对法治效果进行考察，密切关注贵州全省社会治理法治化建设进程中的诸多问题，如全省各领域的社会秩序的规范度、全省民众法治意识的提升度、全省公众对法律信仰的保持度等。因为这些问题会直接给贵州依法治理带来积极的社会实践效果。这种积极的社会实践效果应该是民众能直接感知到的，并在人民的思维中烙上相对稳定的印记，而不是考核对象通过短期的“突击式运动”就能达到的。因此，贵州依法治省评价指标体系，需要对法治实践效果进行考察，但考核指标的选择要科学合理。[1]

表 7-14

贵州地方法治效果评价指标体系（一级指标，涵盖2个二级指标）		总权重	4
二级指标	权重	二级指标	权重
地区社会秩序（含7个三级指标）		民众对法治的满意度[2]（含7个三级指标）	

〔1〕 郭星华：“走向法治化的中国社会——我国城市居民法治意识与法律行为的实证研究”，载《江苏社会科学》2003年第1期。

〔2〕 近年来，从中央到地方各级法院都将“群众满意”作为我国司法体制完善的重要目标，并开展一系列“让人民满意法院”活动。具体可以参见《江苏法制报》电子版：http://jsfzb.xhby.net/html/2009-08/11/content_42738.htm，访问日期：2009年8月11日；“让人民满意是司法体制和工作机制改革的方向”，载中国法院网：http://www.chinacourt.org/html/article/201004/29/406809.shtml，访问日期：2010年4月29日；“人民满意是法院司法改革的最终落脚点”，载中国法院网：http://www.chinacourt.org/html/article/201006/18/414521.shtml，访问日期：2010年6月18日。

续表

二级指标	权重	二级指标	权重
（1）贵州重大社会治安案件数量	0.30	（1）对政府依法行政的满意率	0.26
（2）警察暴力执法案件发生数量	0.30	（2）对地方性法规和规章公正性的满意度	0.28
（3）城市农村刑释解教人员重新犯罪率	0.30	（3）对司法机关公正司法的满意率	0.25
（4）城市农村青少年犯罪率	0.30	（4）对国家机关诚信的满意率	0.30
（5）涉黑组织的犯罪数量	0.26	（5）对国家机关工作人员廉政状况的满意率	0.29
（6）治安申诉、信访案件数量	0.30	（6）对法治市、县、乡、村、社的创建满意度	0.32
（7）公众对社会安全状况的满意率	0.30	（7）对拓展和规范法律服务满意度	0.24

第四节　贵州依法治省评价指标体系的运用及价值

整体而言，贵州依法治省评价指标体系的设计，具有一定的科学合理性和可操作性。笔者相信，该体系出台后，贵州依法治省的治理工作定能被落到实处，当然，在兼顾运用评价指标体系的同时，我们还必须明确该指标体系可以作为一面镜子，真实地反映出贵州依法治省工作的法治化进程，这具有非常重要的理论和实践价值。

一、贵州依法治省评价指标体系的运用

贵州依法治省法治评价指标体系的构建，既是对全国整体法治化建设的回应，也是我国区域法治化建设竞争的产物。在营造人民满意的法治环境成为基本共识的前提下，依法治省法治评价体系所具有的工具理性特色与民族区域内“政府主导型”的法治化建构模式具有天然的亲和性。从一定意义上讲，在一定范围内，贵州依法治省评价指标体系能伴随我国区域法治建设的深度推进而得到积极推广和广泛应用。

在实践探索中，2015 年 2 月，民建贵州省委建议制定依法治省评价指标体系，建议全省各级政府、各部门都要围绕科学立法、依法行政、公正司法、全民法治观念、法治工作队伍建设、党对法治工作的领导、督查考核、组织保障八个方面，确立相应的依法治省法治评价体系的具体指标，建立省、市、县三级政府部门权力清单。基于此，贵州省、市、县各级司法行政部门虽然也相应地构建了依法治理评价指标，但不同部门的依法治理评价指标并不统一（如遵义市、六盘水市、清镇市、毕节市、铜仁市、黔东南州、黔南州和黔西南州的法治指标选择都有很大的差别）、指标的考核权重也不一致（不同指标选择的赋值差异很大，甚至同为贵州依法行政考核标准，省政府和市州政府采用同一评价指标，但评分标准却并不相同），由此造成全省各级政府、各部门间的法治指数无法进行横向比较，进而影响了依法治省评价指标体系的实际效果。

二、贵州依法治省评价指标体系的运用价值

（一）实现贵州法治化建设的题中之意

调研资料显示，贵州省委、政府通过省委十一届五次全会全面落实并推进了依法治省战略方针。在重点营造浓厚的法治环境，用浓厚的法治环境培育贵州的加速发展的同时，渐渐增强了立法、司法、执法、守法等重点领域的工作。初步形成了比较完善的地方法律法规体系，为贵州省经济社会的长治久安以及和谐稳定夯实了法文化基础。但是，在以经济发展为中心思想的影响下，为发展经济而牺牲法治的情形时有发生。有法不依、执法不严等状况在省内一些地方还比较普遍，这对于法治贵州建设来说是一个巨大的负面冲击。通过依法治省评价指标体系设计及考核标准，将贵州地方各级政府法治建设工作任务进行详实的分解，结合一定的奖惩措施，对于提升法治贵州建设的规范性、有效落实法治贵州的各项目标任务具有指导性价值。

（二）贵州社会治理能力现代化的重要途径

在深化司法行政体制改革的新形势下，贵州省在治理体系和治理能力现代化方面，都需要借助于依法治省评价指标体系设计及考核标准建设，引领贵州地方政府法治建设的方向，实现贵州社会法治的公平与正义。在新的形势下，贵州社会治理应采取以行业内依法治理为支柱、以地方依法治理为主体、以基层依法治理为基础的依法治省理念，逐步增强贵州各级领导干部的

依法执政能力，充分运用法治思维和法治方式完善民族自治地方立法工作、加强地方法治政府的建设、增强司法权威性和公信力、稳步地推进基层民主法治建设，不断地提高贵州法治化治理能力与水平。

（三）贵州社会治理是维护社会和谐稳定所需

贵州要加强依法治省，必须要运用好人民群众赋予的权利，以维护和实现好民众的切身利益，从而进一步化解社会矛盾。当前，贵州省在依法治理法治化建设领域还存在一些不透明、不公开和不公平的情况，进而在一定程度上激化了贵州潜在的或现实存在的各种社会矛盾。在此种状况下，贵州必须通过不断的构建和完善依法治省评价指标体系的设计及考核标准，发挥出指标体系对地方政府的监督与规范作用，以确保各级司法、行政部门在地方法治建设中始终按照正义、公平和高效的要求，不断提升自身公信力，给贵州社会的和谐稳定注入更多的正能量。

综上，贵州依法治省法治评价指标体系构建活动为贵州省区域法学研究成果应用于实践提供了新思路。随着法治贵州建设目标的确立，如何有效推进法治贵州建设成了区域学术界研究的焦点。地方依法治省法治评价指标体系构建为区域学术研究理论成果的应用提供了绝佳的平台。随着贵州依法治省法治评价指标体系的不断完善和“试错”，地方区域学术研究与实践操作之间的互动有助于提高区域学术研究的指向性和研究水准。

小　结

本章结合法治贵州绩效评价体系构想的特点和发展阶段，分析了法治贵州绩效评估指标体系这一粗略的考评评估设计，这对我国地方法治发展考评评估指标体系的构建具有现实的启示作用。现代社会法治发展考评评估指标体系的运用是我国各级政府社会治理能力考评的关键。尽管我国各地对法治发展考评评估指标体系的认识有所提升，但仍存在政府对社会治理能力的评估指标体系显得比较单一、模糊，主观性和随意性较强等问题。

笔者在讨论和设计贵州依法治省评价指标体系时，也曾一度受困于指标数据来源的科学性与有效性问题：公众的意见非常重要，但适用范围有限；专家的意见受主观影响较大，并且很难保持相对稳定；第二手数据的科学性可能受到质疑；案例研究同样受到主观性和非稳定性影响；等等。笔者在经过一系列的研究讨论后得出结论：指标数据主要依据政府部门的统计数据，同时辅以问卷调查方法。笔者的选择主要基于以下考虑：政府部门的统计数据准确性较高，并且具有较强的稳定性，不仅可以有效地衡量考核年度的法治发展现状，还可以进行跨年度的数据比较。同时，政府部门的统计方法基本一致，因而可以实现不同地区的数据比较；问卷调查可以对特定问题（例如法治社会效果评价、法治资源分配有效性等）进行综合评价。在此认识的基础上，法治指标的选择以客观统计数据为主，辅以相关问卷调查数据。在适用过程中，在获得相应的数据以后，依照前述德尔菲法确定各指标的权重和相应分值，通过数值加总就可以获得考核地区的法治实践的最后分值。

需要指出的是，由于法治建设的持续性与动态性特征，法治考核指标体系也应随之不断发展和完善，这需要法学学术理论界与实务界的持续、共同努力。

全面小康社会语境下的法治贵州建设调查

Chapter8

胡锦涛同志在党的十八大报告中强调："解放思想，改革开放，凝聚力量，攻坚克难，……为全面建成小康社会而奋斗。"[1]这表明，十八大报告突出和明确了"确保到2020年实现全面建成小康社会宏伟目标"的时间表和路线图。贵州省委、省政府结合十八大精神，从贵州经济社会的发展实际出发，在深入推进法治、和谐、平安、幸福贵州建设的基础上，义无反顾地提出了"贵州与全国同步全面建成小康社会"的战略性任务。正如贵州省时任省委书记赵克志在回答记者提问时谈到的，搞好贵州同步实现小康工作，需要从贵州的实际出发，增强信心，抢抓机遇，加速发展，转型发展，逐步缩小与全国的差距；同时，又要稳扎稳打，扎实推进，不急于求成，不盲目攀比，重在基础设施建设和人力资源素质的提高。这既需要我们自己努力，也需要国家和全国各地给予大力支持。时任省长陈敏尔在回答记者提问时说，贵州同步小康进程中的主要矛盾是慢，同步小康的"时间表"倒逼我们要加快发展、把发展的速度拉起来。保护好贵州的青山绿水，倒逼我们要转型发展，更加注重质量和效益。我们要通过特色化发展、集聚化发展、绿色化发展，做到跨越发展、转型发展，实现百姓富、企业强、生态美。贵州的小康进程是一份沉甸甸的责任，我们的信心也是沉甸甸的。我们既要看到艰巨性，更要坚定信心，不断激活内力、借助外力，不断释放资源红利、生态红利、劳动力红利、政策红利和改革开放的红利，统筹做好各项工作，确保2020年与全国

[1] 胡锦涛同志2012年11月8日在中国共产党第十八次全国代表大会上的报告。参见新华网：http://www.xj.xinhuanet.com，访问日期：2016年9月20日。

全面建成小康社会，不拖后腿、不掉队。[1]这是贵州经济社会发展到一定阶段的必然选择，是贵州人民的期盼，是时代赋予我们的光荣使命，有利于巩固平安贵州、幸福贵州的建设成果。

当前，贵州全面建成小康社会已进入决战期。贵州省委、省政府围绕“加速发展、加快转型、推动跨越”的主基调，围绕“工业强省战略、城镇化带动战略”的目标和任务，结合“国发2号文件”的精神与全面推进“贵州和全国同步全面建成小康社会”这一宏伟目标，认真总结十八大报告提出的全面建成小康社会的基本内涵，明确和谋划实现小康社会的时间表和路线图。与此同时，还描绘了全面建成小康社会的法治蓝图，勾画出了未来一个时期法治发展的新目标和新愿景：“依法治国基本方略全面落实，法治政府基本建成，司法公信力不断提高，人权得到切实尊重和保障。”[2]由此可见，小康社会的全面建成既是一个与经济发展指标、人民群众生活水平提高、生态环境改善密切相关的社会概念，同时也是一个包括法治要素在内的综合性概念。这就明确了法治与全面建成小康社会之间的辩证关系，即“法治既是小康社会的重要组成部分，也是全面建成小康社会的切实保障。法治是全面建成小康社会的制度保障，离开了法治，全面建成小康社会就失去了可靠的制度基础”。[3]

亦即，法治建设状况是小康社会能否全面建成的一项重要指标，“法治小康”也必将成为建成小康社会的一个重要目标。所以，贵州必须狠抓法治建设，为贵州在全面建成小康社会创造安全、稳定的社会环境，清廉公正、稳定有序、公平正义的良好法治环境和优质高效的服务环境。为了实现贵州全面建成小康社会的“贵州梦”，我们必须充分发挥依法治省在开创贵州新局面中的重要作用，用法律和制度促进并保障战略目标和任务的实现，使普法与法治实践工作向纵深发展，扎实开展“法治贵州”构建活动，促进社会管理创新，扎实推进依法治理。我们要继续坚持法治惠民办实事工程，让群众享受法治；积极创建各类法治中心，让群众看到法治；大力推进法律进机关、进乡村、进社区、进学校、进企业、进单位活动，让群众体验法治；广泛开展执法评议活动，让群众参与法治；不断加强和完善司法救助措施，让群众

---

〔1〕 赵克志、陈敏尔等同志2013年3月13日在十二届全国人大一次会议举行贵州代表团专场记者会上的答记者问。参见新华网：http://www.gzgov.gov.cn，访问日期：2016年9月20日。

〔2〕 周晓军：“法治：全面小康社会的重要标志”，载《宁夏日报》2013年1月9日。

〔3〕 周晓军：“法治：全面小康社会的重要标志”，载《宁夏日报》2013年1月9日。

受惠于法治。我们要通过一系列的举措和活动，让贵州在全面建成小康社会的各项工作都在法治的轨道上正常、有序地进行，让法治真正走进全省人民群众的日常生活，充分体现执法为民的社会主义法治的本质要求，让法治真正走进群众的生活，让群众亲身感受到“小康社会”带给人们的实惠。贵州要进一步认清形势、提高认识、拓宽思路、改进工作，认真解决影响社会和谐稳定的源头性、根本性和基础性问题，为贵州与全国同步全面建成小康社会提供有力的法治保障。依法治理是依法治国基本方略在贵州的具体实践，是贵州科学发展、率先发展，建设美好新贵州的重要保障，是贵州实现全面建成小康社会的法治蓝图。

第一节　全面小康社会的基本内涵

党的十八大报告明确提出为全面建成小康社会而奋斗。与党的十六大、十七大报告相较，党的十八大报告将“全面建设小康社会”改为了“全面建成小康社会”。这一字之差，内涵深刻，意味着党对建设小康社会的目标更明确，要求更严格，对未来发展的信心更充足。当然，立足于法治保障的视角，小康社会必然是法治社会。法治保障对于全面建成小康社会的宏伟目标的要求可以被理解为是小康社会要达到的法治的标准。

一、小康社会之源流简析

“小康”是仅次于“大同”的理想社会模式。其早在战国末年或秦汉时候成书的《礼记·礼运》一书中就得到了比较系统的描绘：“今大道既隐，天下为家。各亲其亲，各子其子，货力为己。大人世及（贵族世袭）以为礼，城郭沟池以为固。礼义以为纪，以正君臣，以笃父子，以睦兄弟，以和夫妇，以设制度，以立（设置）田里……是谓小康。”这里描绘的是在夏禹，商汤，周代的文王、武王、成王、周公的治理下出现的盛世。从朱熹在《诗经集传》中《诗·大雅·民劳》中的“民亦劳止，汔可小康”[1]，到康有为著作《大同书》中“升平者，小康也”[2]的社会构想，都表明了“小康”一词一直是

〔1〕（宋）朱熹：《诗经集传》，上海古籍出版社 1987 年版，第 56 页。
〔2〕（清）康有为：《大同书》，上海古籍出版社 2009 年版，第 123 页。

我国老百姓的社会理想。考究《辞海》对小康的解释，主要指经济比较宽裕的状况。如宋人洪迈所著的《夷坚志》卷一就有“（刘）痒——久困于穷，冀以小康”的话。之后见诸各类报端、报告中所出现的“小康”，基本都是“人民群众安居乐业，家庭经济生活富足”之意。

新中国成立以来，在以毛泽东为核心的中央领导集体的带领下，人民的生活水平有了很大幅度的提高。这为小康社会的实现奠定了坚实的制度基础。20 世纪 70 年代，邓小平同志在会见日本首相大平正芳时说：“我们要实现中国式的四个现代化。我们的四个现代化的概念与你们提出的现代化概念不同，我们提出的四个现代化就是‘小康之家’。同西方比，还是落后的。所以，我只能说，中国到那时也只是一个小康的国家。”〔1〕20 纪 80 年代初，党的十二大正式把“小康”作为 20 世纪末的奋斗目标，即使人民的物质文化生活可以达到小康水平。由此，“小康”一词便成了邓小平理论中首次使用的一个非常重要的概念。为此，中国的“小康”因邓小平的精心设计而变得实际起来。当然，就“小康”的内涵，邓小平在 20 世纪 80 年代初会见日本客人时进行了综合性的描绘：“我们在本世纪末只能达到一个日子可以过的小康社会，如果我们继续努力，设想在未来 20 年就是达到人均国民生产总值 1000 美元。”〔2〕于是，小康社会这个古老的词汇在此阶段便正式成为中国共产党建设社会主义现代化的一个重要目标。〔3〕

截至 2000 年，我国已经实现了总体达到小康水平的目标。不过此时的小康水平具有水平低、不全面和不平衡之特点。此时的重点是解决温饱问题，而真正的小康社会则包括物质文明、精神文明、政治文明等。因此，建设全面的、更高水平的小康社会势在必行。20 世纪 90 年代末，以江泽民同志为核心的中央领导集体在党的十五大提出了第三步战略部署，即 21 世纪的头 10 年、第二个 10 年和前 50 年的奋斗目标。这样，就把第三步战略部署又具体地划分为了一个新的“三步走”。21 世纪初，党的十六大正式提出全面建设

---

〔1〕《邓小平文选》（第 2 卷），人民出版社 1995 年版，第 237 页。

〔2〕《邓小平文选》（第 2 卷），人民出版社 1995 年版，第 238 页。

〔3〕 20 世纪 80 年代末党的十三大报告又正式将小康作为现代化建设“三步走”战略。报告提出：“第一步，实现国民生产总值比 1980 年翻一番，解决人民的温饱问题。这个任务已经基本实现。第二步，到本世纪末，使国民生产总值再增长一倍，人民生活达到小康水平。第三步，到下个世纪中叶，人均国民生产总值达到中等发达国家水平，人民生活比较富裕，基本实现现代化。”《邓小平文选》（第 2 卷），人民出版社 1995 年版，第 245 页。

小康社会的奋斗目标。江泽民同志指出："在本世纪头 20 年，我们要集中力量，全面建设惠及十几亿人口的更高水平的小康社会。"〔1〕根据党的十六大精神，党在十七大提出："一是增强发展协调性，努力实现经济又好又快发展；二是扩大社会主义民主，保障人民权益和社会公平正义；三是加强文化建设，提高全民族文化素质；四是加快发展社会事业，全面改善人民生活；五是建设生态文明，基本形成节约能源资源和保护生态环境的产业结构、增长方式和消费模式。"〔2〕与党的十六大相比，党的十七大了实现全面建设小康社会奋斗目标的新要求。在总体布局上增加了社会建设的内容，在经济建设上强调要实现人均国内生产总值比 2000 年翻两番，突出了"人均"概念等。从 2002 年到 2011 年，我国经济总量从世界第六位跃升到第二位，人均国内生产总值从 1000 多美元增加到 5000 多美元。这表明，我国全面建设小康社会进展巨大。〔3〕不过，此时的小康社会存在以下特点：一是发展不平衡；二是产业结构不合理；三是农业基础薄弱；四是资源环境约束加剧。这些特点体现了当时人们面临的困难和问题，是经济社会发展到这个阶段绕不过的挑战。因此，党的十八大审时度势，及时将"全面建设小康社会"改为了到 2020 年"全面建成小康社会"。

二、全面小康社会之涵义

"全面小康社会"是一个内涵丰富的关键词，是一个经济、政治、文化、环境及人民全面发展的关键词，更是一个涉及民主法治、经济发展、人民生活、资源环境、科技教育、社会事业、人口素质、思想道德等各个方面的关键词。不仅要有速度，而且要有质量，不仅要有物质文明建设，还要有精神文明、政治文明建设，不仅要包含先进地区的发展，而且也要包括落后地区的社会发展，这才能被称为全面小康社会。

结合我国的国情，20 世纪，我们建设小康社会的侧重点是解决温饱问题，

〔1〕 江泽民同志 2003 年 10 月 9 日代表十五届中央委员会向党的十六大所作的报告。参见中国经济网：http://www.ce.cn/ztpd/xwzt/guonei/2003/sljsanzh/szqhbj/t20031009_1763196.shtml，访问日期：2003 年 10 月 9 日。

〔2〕 胡锦涛同志 2007 年 10 月 24 日在中国共产党第十七次全国代表大会上的报告。参见新华网：http://news.xinhuanet.com/newscenter/2007-10/24/content_6938568.htm，访问日期：2007 年 10 月 24 日。

〔3〕 刘华清："'全面建成小康社会'的历史渊源"，载《湘潮（上半月）》2013 年第 3 期。

提高物质文明的水平。21世纪提出的小康社会绝不单纯指物质文明，还应该包括精神文明和政治文明。当前，我们要抓紧研究用哪些指标来描述“全面小康社会”。为此，笔者通过对国家统计局针对小康社会的相关统计监测文献的考察，认为全面建成小康社会的主要评价体系应该包括经济发展、社会和谐、生活质量、民主法制、文化教育、资源环境等方面。其中，经济发展指标包括人均GDP、R&D（即科学技术领域）经费支出占GDP的比重、第三产业增加值占GDP的比重、城镇人口比重和失业率（城镇），主要反映经济的发展情况。生活质量指标包括居民人均可支配收入、恩格尔系数、人均住房使用面积、5岁以下儿童死亡率和平均预期寿命，主要是对居民生活发展变化的反映。民主法制指标包括公民自身民主权利满意度和社会安全指数两项监测指标。社会和谐指标包括基尼系数、城乡居民收入比、地区经济发展差异、基本社会保险覆盖率和高中阶段毕业生性别差异，主要是对社会发展的协调程度的反映。文化教育指标包括文化产业增加值占GDP比重、居民文教娱乐服务支出占家庭消费支出的比重和平均受教育年限，主要反映文化教育方面的发展情况。资源环境指标包括单位GDP能耗、耕地面积指数和环境质量指数监测指标，主要反映环境保护成果和资源利用状况。可以看出，这些体系能明确地体现出“政治建设是保证，经济建设是根本，文化建设是灵魂，生态文明建设是基础，社会建设是条件”。鉴于此，笔者结合上述相关指标体系的相关内容，提出了全面建成小康社会的基本标准。

表8-1　全面小康社会的基本标准（仅供参考）

序号	基本标准	序号	基本标准
1	人均国内生产总值超过3000美元	12	恩格尔系数[1]低于40%
2	城镇人均可支配收入1.8万元	13	成人识字率85%
3	农民人均纯收入8000元	14	人均预期寿命70岁

〔1〕“恩格尔系数”（Engel's Coefficient）是根据恩格尔定律得出的比例数。它是食品支出总额占个人消费支出总额的比重。一个国家越穷，每个国民的平均收入中（或平均支出中）用于购买食物的支出所占比例就越大，随着国家的富裕，这个比例呈下降趋势。恩格尔定律的公式：食物支出变动百分比÷总支出变动百分比×100%=食物支出对总支出的比率（R1）或 食物支出变动百分比÷收入变动百分比×100%=食物支出对收入的比率（R2）。（注意：R2又称为食物支出的收入弹性。）

续表

序号	基本标准	序号	基本标准
4	城镇住房人均使用面积 30 平方米	15	婴儿死亡率 3.1%
5	农村钢木结构住房人均使用面积 15 平方米	16	教育娱乐支出比重 11%
6	人均蛋白质日摄入量 75 克	17	电视机普及率 100%
7	城市每人拥有铺路面积 8 平方米	18	森林覆盖率 15%
8	农村通公路行政村比重 85%	19	农村初级卫生保健基本合格县比重 100%
9	城镇化率达到 50%	20	居民家庭计算机普及率 20%
10	大学入学率 20%	21	每千人医生数 2.8 人
11	每千人医生数 2.8 人	22	城镇居民最低生活保障率 95%以上

（注：参见国家统计局关于全面小康社会基本标准一览）

由此可见，全面建成小康社会，在维度上应该是全面的，应该覆盖全体人民，只要有一个指标体系没有达到，社会就没有达到全面小康。结合我国实际，全面建成小康社会的重点应该放在薄弱领域、薄弱地区和弱势群体上。当然，如何实现这些方面的改善，实现这些区域的小康，才是实现全面小康问题的关键所在。时下，我们应该从统计角度进行观察，统计标准主要是从数据上来度量小康社会的进程。同时，应该从数量上来衡量和评判，统计数据也只能反映基本的发展趋势，要从多个角度去研究，包括目标值的确定、权数的确定、统计技术的应用等。这些数值与实际情况都存在着很大的差异，还需要从很多方面去完善。基于以上认识，我们可以对“全面建成小康社会”的涵义作如下确切的理解：所谓“全面建成小康社会”就是一个内涵丰富、目标明确的社会发展方式，是一个覆盖全体人民、覆盖各个区域的社会发展维度，其中包含了物质生活、精神生活、生态环境、社会环境等影响人民生活各个方面的具体要求。同时，要注重关注一些薄弱环节、偏远地区和弱势群体，从人的维度、收入分配的维度出发，切实改变全面小康的实现途径。尽管如此，从学术上讲，我们还需要在把握全面建成小康的社会历史性、动态性、相对性发展特征的基础上进行科学规范。

三、全面建成小康社会之特征

全面建成小康社会是中国现代化发展进程中承上启下的一个必经阶段。

全面建成小康社会具有十分丰富的发展内涵，是一个集经济、政治、文化、法治以及人的全面发展为一体的综合发展目标。十八大报告对全面建成小康社会的新要求、新部署，既与时俱进、鼓舞人心，又立足现实、切实可行。从小康社会的历史方位不难看出，小康社会作为一种社会形态，具有一般社会所具有的本质属性，但又体现出了一种时代性和独特性，与历史上的其他社会形态相比具有鲜明的特征。

（一）目标追求的连续性

发展目标是长期性与阶段性的统一。党的十六大和十七大提出的全面建设小康社会的奋斗目标，描绘了到2020年中国特色社会主义事业发展的宏伟蓝图。党的十六大以来取得的重大成充分证明这一目标是完全正确的，我们必须为之努力。我国社会主义初级阶段的长期性决定了我国实现最接近现代化的社会形态的新要求。而该新要求正是十八大立足于全面建成小康社会的总体目标总结出来的。尤其是，我们必须在发展平衡性、协调性、可持续性明显增强的基础上，实现国内生产总值到2020年比2010年翻一番。从发展情况来看，2011年我国国内生产总值比上一年增长了9.3%，今后9年年均增长7%就可实现翻一番，比较符合实际，增速也与“十二五”规划的纲要一致。同时，还要实现城乡居民人均收入到2020年比2010年翻一番，这个目标体现了“民生优先、惠民富民”的政策取向，也顺应了广大人民群众过上更好生活的新期盼。全面小康社会是一个初级发展阶段，而全面建成小康社会则是较高标准的小康，它将使人民生活更加殷实与富足。

（二）均衡协调的和谐性

任何民族的分层与社会流动理论、社会运行机制理论、社会公平与正义理论、社会秩序与社会张力理论以及善治理论等都被可以认为是“均衡协调的和谐社会”可资借鉴的思想资源。[1]而全面小康社会正是均衡协调发展的和谐性社会形态的缩影。我国当前和今后一个时期经济社会发展中存在的突出矛盾和问题是不平衡、不协调、不可持续的“三不”问题。十八大报告对该问题的修订增加了一些定性和定量指标，以强化提高发展的质量、效益以及全面实现可持续发展的目标导向，全面、协调、可持续发展，是科学发展

〔1〕 袁祖社：“全球化时代类群本位的公共生活理念与新‘公民文化’及其价值观”，载《哲学研究》2005年第8期。

观的基本要求。十八大确立的全面小康，是一个全方位的小康，强调在人与自然的关系、人与人的关系不断优化的前提下，实现经济效益、社会效益、生态效益的有机统一，从而使社会整体得到可持续发展。同时，全面小康还是一个发展相对平衡的小康，中西部地区、农村地区的发展将进一步加快，区域、城乡差距将进一步缩小。

（三）改革开放地位的凸显

小康社会是改革开放更加深入推进的社会形态。我国各个领域的快速发展，都是改革开放推动的，而未来的科学发展，也必然要深入推进改革开放。全面建成小康社会，更需不失时机地深化改革，我们不但要着力解决好经济社会发展中的一些突出的矛盾和问题，更要在重要领域和关键环节改革上迈出实质性步伐。比如，要抓住制约转变经济发展方式的体制症结，深化改革，形成有利于加快转变经济发展方式、推动科学发展的制度安排和利益导向；要顺应时代潮流和人民愿望，加大社会领域改革力度，从制度安排上保障和改善民生；为全面建成小康社会提供强有力的动力和制度保障。

（四）以人为本的体现

小康社会是以人为本的社会形态。科学发展观的核心是以人为本。而真正和谐、有序的社会形态将是个人全面自由发展与社会进步的同一："和谐社会的建设奠基于个人的自主生活和积极生活，社会充分发展个体自主和主体间平等协商对话的德性，从而实现现代性社会的多元和谐、多元平等、多元承认。"[1]小康社会的最终目的是"社会进步、社会和谐、人民幸福"，小康社会的具体标准要用老百姓对自己的生活是否满意加以反证。显然，"以人为本"是全面小康的最根本特征。对于全面建成小康社会而言，以人为本就是要扩大社会保障、缩小收入分配差距、提高就业率、实现基本公共服务均等化，为每个人自我价值的实现创造公平、公正的竞争机会，使公民经济社会发展的主体地位得以充分发挥。实践证明，公民主体间的平等性作为人的本质化的存在方式，体现了人作为主体的社会性，因此，公民主体间的平等性的实践品格突显了对以人为本思想研究的必要性。要把人视为改革发展的社会力量主体，为全面小康社会的建成营造良好的社会氛围。

---

〔1〕 参见李和佳："霍耐特承认理论问题研究"，南京师范大学2008年博士学位论文。

第二节　全面建成小康社会的法治保障概述

毋庸讳言，目前对于贵州实现全面小康的探析大多数是围绕着经济发展进行的。为有效实现贵州全面小康而重点进行经济建设本身是无可厚非的，但经济建设若离开了法治建设，其功效是得不到保障的，其运作也会因没有法律的有效调控而显得无序。全面建成小康社会的各个环节和人们的合法权益如果没有可靠的法律保障，就会受到侵害，进而影响到全面建成小康社会的整体进程，同时也会挫伤全面建成小康社会的参与者的积极性。贵州地方政府的立法、执法、司法行为如果没有法律的正确、及时规制，其权限就可能随意扩大，法律冲突、抵触现象就可能突显，实现同步全面建成小康社会就会偏离我们预定的方向。所以，贵州在同步全面建成小康社会的过程中，始终要加强法治建设，为贵州与全国同步全面建成小康社会创造安全稳定的社会环境、公平正义的法治环境和优质高效的服务环境。

一、法治保障在贵州同步全面建成小康社会中的作用

贵州要与全国同步全面建成小康社会，时间非常紧迫，面临既要“赶”又要“转”的双重目标，任务繁重。当前正值改革攻坚期，教育、医疗、住房、养老、就业、收入分配等领域涉及的利益格局十分复杂，牵一发而动全身。各种社会问题的解决、利益格局的调整、社会矛盾的协调，归根结底要靠法治。贵州奔小康，需要法治的力量；贵州要跨越，需要法治的环境；贵州要赶超，需要法治的保障。因此，贵州要从全局和战略的高度，深刻认识加快“法治贵州”建设的重要性、紧迫性和艰巨性。

（一）实施依法治国方略的需要

“依法治国”是治国理政的基本方式，是全面建成小康社会的制度动力和根本保障，是政治体制改革的必由之路。全面建成小康社会是我党在21世纪的一项重大战略转变，是在政府的领导下进行的一项改变我国落后面貌的政府行为。任何政府行为都必须被纳入法治化轨道，都必须贯彻“依法治国”的基本方略。就贵州而言，全省要认真贯彻落实中央关于依法治国、建设社会主义法治国家的一系列部署，积极推进依法治省。法治建设取得显著进步，既可为全省经济社会的发展提供有力保障，也可为全国提供好的经验。面对

新形势、新任务，贵州要按照十八大的要求，遵照胡锦涛主席考察贵州省时的重要指示，准确把握习近平总书记系列讲话精神，更加注重把法治建设的要求贯穿于同步全面建成小康社会的始终，更加注重依靠法律手段、提升法治实力，促进贵州的科学发展。[1]

（二）各项方针、政策和措施有效运行的需要

为了有效地促进贵州与全国同步全面建成小康社会，从中央到地方都要出台一系列优惠政策和措施，制定一系列的法律法规。这些方针、政策、法律法规的制定过程，必须符合法定的权限，不能越权立法；必须遵循法定程序，不能盲目立法，以免出现法律条文和相关文件过多，从而使执法无所适从的现象；必须建立地方立法的协调机制，使地方在立法上互相配合，取长补短，充分发挥地方立法的协作效能。贵州省委、省政府为实现全省同步小康，充分发挥法律工作的保障和促进作用，提出了法律工作要主动参与到全省各级政府、各部门所从事的各项工作中，有效指导业务部门开展风险防范工作，积极处置纠纷案件，加强案件管控和强化管理措施，加强地方性法律法规的制定和完善工作。贵州省委、省政府在有关地方性法律法规和相关措施出台后，必须依法制定相应的责任机制，以保障它们得到贯彻执行。在各项工作的运作过程中，必须用法律进行监控，及时进行反馈和调整。通过法律手段建立各种利益激励机制，提供公平的竞争环境。

（三）市场经济良性运作的需要

市场经济本质上是法治经济，它需要法律对市场准入、市场交易、市场竞争等行为进行规范和约束。全面建成小康社会在很大程度上体现为一种经济开发，而经济开发主体间追求经济利益的最大化，使其经济运转的速度加快，不过在经济交往中各个开发主体间的关系极为复杂，这就需要发挥法律的保障作用。当前，贵州主要以省内中心城市和大中型企业为依托，加大投资力度，加快改革开放步伐，开展外引内联，推动科技进步，重点培植对全省经济发展带动性大、竞争性强的汽车、电子等后续支柱产业。同时，按“高起点、高标准、高速度”的要求，建设城市现代化新区。不过，在经济开发的过程中总是存在扩区建设、管委会的法律主体资格缺失、政策优惠弱化、循环经济发展模式面临难题、生态环境被破坏等问题。在法治经济下，针对经济纠纷，

---

〔1〕 赵克志：“在攻坚克难中确保贵州同步小康”，载《理论与当代》2013 年第 4 期。

人们可以请求法律援助，通过调解、仲裁或诉讼等法律手段予以依法解决。可见，法律保障在贵州的市场经济运作过程中发挥着重要的作用。

（四）贵州同步小康的推行需要法律保障

坚持共同推进依法治省、依法执政、依法行政，坚持法治贵州、法治政府、法治社会一体建设，把推进依法治省放在全局性、基础性和战略性地位上，提出在依法治省中推进同步全面建成小康社会。“在依法治省中推进同步小康，首要任务是保证宪法在我省得以遵守和执行，要切实推进科学立法、严格执法、公正司法、全民守法。从法治与小康社会之间的相互关系来看，通常会理解为法治是小康社会的制度保障，没有法治，小康社会就没有可靠的制度基础。”鉴于此，贵州在同全国同步全面建成小康社会的奋斗过程中，要树立“法治是发展要素、法治是民生工程”和“法治是第一环境”〔1〕的理念，坚持法治建设能够保障和促进经济社会发展、增强区域发展“软实力”、提升社会法治化管理水平，既要抓好法律的建设，又要抓好法律的实施。贵州在推进同步全面建成小康社会的实践中要始终做到依法治省，特别是坚持做到各级领导干部运用法治思维和法治方式深化改革、推动发展、化解矛盾、维护稳定、率先垂范、严格守法、依法办事。在法治轨道上推动各项工作，形成办事依法、遇事找法、解决问题用法、化解矛盾靠法的良好法治环境。

二、贵州同步全面建成小康社会法律保障机制的构建

“保障机制”是按照功能划分出来的概念。从机制的功能来分，有激励机制、制约机制和保障机制。而“法律保障机制”则是在实践中按照法律功能划分出来的概念，它是为管理活动提供物质和精神条件的机制。

贵州同步全面建成小康社会法律保障机制是为贵州同步全面建成小康社会提供法律保障的组成形式、运作方式。贵州在构建同步全面建成小康社会法律保障机制时应该辩证地借鉴国外的成功经验，在搞好自身机制建设的同时，从立法、执法、司法、法律监督、法律服务以及民族法治建设和法治环境的营造等诸多方面来构建同步全面建成小康社会的法律保障机制。

（一）同步全面建成小康社会的立法建设

在全面建成小康社会的进程中，就法治建设而言，要根据同步全面建成

---

〔1〕 雷晓路等：“法治思维法治方式助推法治江苏建设”，载《法制日报》2012年12月10日。

小康社会的各项目标要求，通过健全和完善立法，构建系统完备、科学规范、运行有效的制度体系。就法治实施而言，就是要根据同步全面建成小康社会的各项基本要求，确保法律统一、正确、有效的实施。贵州要树立正确的立法指导思想，把握立法的基本原则，明确立法重点，完善立法体系，同时注意贵州地方政府立法和中央立法的协调。通过加强民族立法建设，加快建立生态文明法律制度，健全贵州空间开发、资源节约、生态环境保护的体制机制，推动形成人与自然和谐发展的现代化建设新格局，引导贵州依法平稳度过当前的“生态环境敏感期”，全面建成美丽贵州。

（二）严格执法理念

所谓“严格执法”是指在执行法规或掌握标准时，不放松、不走样，做到严厉、公平、公正。严格执法体现在两个方面：一是执法人员必须坚持秉公执法，严格执法，严格依法办案程序，真正以事实为依据，以法律为准绳；二是执法人员应当恪尽职守，敢于纠正违法行为，并依法处罚，不搞“态度执法”“关系执法”，要搞“人性化执法”，做到见违必纠，纠违必罚，处罚有据。对于一个法治国家而言，其必须通过依法行政，严格执法，严格行政程序，提高行政效率，推行执法责任制，正确处理依法行政与坚持党的领导的关系。只有这样才能创造适应社会发展和人民生活需要的同步全面建成小康社会的良好法治环境。

（三）司法公平公正

贵州司法厅原党委书记、厅长吴跃表示：贵州广大基层干警在“十破十立”〔1〕解放思想大讨论中，着力“三大建设”〔2〕、推进“四项改革”〔3〕、提高“五个能力”〔4〕，全面推进司法行政工作的创新发展，为全省的科学发

〔1〕 贵州提出的“十破十立”：要突破信心不足的思想，树立敢于争先的意识；要突破墨守成规的思想，树立开拓创新的意识；要突破自我满足的思想，树立追求卓越的意识；要突破封闭保守的思想，树立包容合作的意识；要突破消极等待的思想，树立抢抓机遇的意识；要突破怕担责任的思想，树立勇于担当的意识；要突破说多做少的思想，树立干字当头的意识；要突破反应迟缓的思想，树立立说立行的意识；要突破忽视产业的思想，树立工业强省的意识；要突破不跑不要的思想，树立积极争取的意识。

〔2〕 此处的“三大建设”是指深化平安建设、推进法治建设、加强队伍建设。

〔3〕 此处的“四项重点改革”是指推进劳教制度改革、涉法涉诉信访工作改革、司法权力运行机制改革、户籍制度改革。

〔4〕 此处的“五个能力”是指做好新形势下群众工作能力、维护社会公平正义能力、新媒体时代舆论引导能力、科技信息化应用能力、拒腐防变能力。

展、后发赶超、同步全面建成小康社会做出努力。同时认为公平正义是社会主义法治的价值追求，是司法行政工作的生命线。维护和实现公平正义，最根本的是在执法和执业的过程中，从群众最为关注的诉求保障、物权保障、社会保障和生计保障等民生问题着手。抓住服务民生保障问题，就抓住了社会管理的根本，就体现了法律服务和法律保障的价值，就能让人民群众切实感受到自己的权益受到保护、人格受到尊重，从而心情更加舒畅，进而自觉接受管理、主动配合管理、积极参与管理。为此，我们要正确、客观地分析目前影响贵州同步全面建成小康社会过程中司法公正的因素，加大贵州司法改革的力度，正确处理执政党、行政机关和司法机关的关系，克服司法系统中存在的地方保护主义倾向。进一步夯实基层基础，加强党的建设和干部队伍建设，努力为平安贵州建设、法治建设和“科学发展、后发赶超、同步小康”营造良好的社会环境，提供有力的法律服务和法律保障。

（四）搞好同步全面建成小康社会法律监督

所谓“法律监督”，又称法制监督，有狭义和广义两种。其中狭义上的法律监督是一种有关国家机关按照法定权限和程序，敦促立法、执法和司法活动的合法性的监督；广义上的法律监督是指监督所有国家机关、社会团体和公民的活动的合法性监督。法律监督是对执行情况严重违法的监督。法律监督不包括立法监督，而只是对法律实施情况的监督。法律监督是一种专门性的监督、程序性的监督、事后性的监督。而本章主要想表明我们在推进同步全面建成小康社会的过程中，要从立法、执法、司法、社会监督等方面完善贵州当前的法律监督机制，充分发挥法律在同步全面建成小康社会过程中的作用。法律监督有利于人民行使监督权，有利于巩固人民当家作主的政治地位，有利于促进法治建设逐步趋于完善。

（五）提供同步全面建成小康社会的法律服务

所谓“法律服务”是指律师、非律师法律工作者、法律专业人士（包括法人内部在职人员、退、离休政法人员等）或相关机构以其法律知识和技能为法人或自然人实现其正当权益、提高经济效益、排除不法侵害、防范法律风险、维护自身合法权益而提供的专业活动。要正确把握贵州与全国同步全面建成小康社会给法律服务带来的大好机遇，大力开展司法行政部门、律师、公证机构、基层法律服务组织等多部门的服务活动。贵州全省上下要在实践中不断探索“改革创新求发展、整合职能促效益”的新路子，逐步形成“机构健全、职责明确、设施完善、运作规范、优质高效”的法律服务工作新格局，充分发挥“为一方服务，促一方繁荣，保一方平安”的独特作用。在多形式的法律服务中，尤其要认真把握贵州与全国同步全面建成小康社会过程中的服务重点，为贵州与全国同步全面建成小康社会提供优质、高效的法律服务。

（六）营造实现同步小康的法治环境

所谓“法治环境”[1]是指全社会主张法律主治、依法而治所形成的特定意义上的社会环境，是社会管理趋向文明的过程中所形成的制度化特征和必不可少的客观基础，对生产力的发展起着维护、保障、促进、规范和巩固的作用，是生产力的重要组成部分。法治环境是国家治理体系结构中的一个方面，属于上层建筑的重要部分。它是在一定阶级的政治、法律、宗教观念的指导下，在一定法律文化环境的影响下建立和运转起来的。而它一旦成了社会的独立力量，便会积极地影响人们的思想、观念和行政环境。具有多民族特点的贵州，要完善《民族区域自治法》，加大政策投入、科技投入和资金投入，发展民族教育，尤其是要提供少数民族聚居区广大人民群众的法治意识和法治水平。我们既要辩证地分析贵州省内少数民族聚居区的少数民族传统及其所面临的现实法治环境中的不利因素，又要采取切实可行的措施来营造一个有利于同步全面建成小康社会顺利进行的良好的法治环境。

当前，贵州正处于加快发展、加快转型、推动跨越的关键时期，深化改革面临新课题，改善民生面临新任务，社会法治化管理面临新情况，在与全国同步全面建成小康社会的伟大实践中，强劲的法治保障具有特别重要的护航作用。我们坚信：在省委、省政府的领导下，在省人大和省政协的监督和支持下，不断完善贵州扶贫攻坚开发法律实施监督制度，加强法律实施监督，真正能为到2020年与全国同步全面建成小康社会做出贡献。

第三节　贵州全面建成小康社会的法治现状与问题

贵州是一个西部多民族聚居的省份，也是一个贫困问题最突出的欠发达

[1] 这里“法治环境”的内容主要包括经济环境、政治与行政环境、文化环境、人口环境、民族环境、历史传统环境、法治自然环境以及国际环境。

省份。为了顺利实现同步全面建成小康社会的目标，我们不但要考虑到贵州在经济、政治、社会、文化、生态方面如何同步的问题，而且更为重要的是还要考虑到贵州同步全面建成小康社会的目标的法治保障问题。为此，贵州成立了由省委、省人大、省政府、省政协四大班子领导分别担任组长和副组长，省司法厅、省高级法院、省检察院等省级有关部门负责人担任成员的依法治省领导工作小组，负责研究、部署、督促、检查贵州同步全面建成小康社会的法治发展工作。为把该项工作落到实处，省委、省政府制定了目标并层层分解任务，把任务落实到基层，落实到人。诚然，贵州在同步全面建成小康社会的法治保障方面虽已初见成效，但其所表现出的深层次的种种局限性又不得不让人以冷静的头脑来一番理性的思考。

一、贵州同步全面建成小康社会的法治化现状分析

为了更好地了解贵州与全国同步全面建成小康社会的现状，在确定调研主题、调研目的、调研方式和调研对象后，笔者共设计了 90 道题目。对贵阳市，六盘水市及其代管及下辖盘县、六枝特区，铜仁市及其下辖石阡县、思南县，安顺市，黔东南州及其下辖凯里市、台江县、剑河县，黔西南州及其下辖晴隆县、普安县，黔南州及其下辖都匀市、贵定县、瓮安县，遵义市及其下辖余庆县、务川县的公检法司及政府有关部门的负责人、企业经理、大专以上文化程度人员、工人、农民、个体户、无业人员和其他常住农村或城市的流动人员进行了问卷调查。此次问卷调查共发出问卷 1000 份，回收问卷 1000 份，回收率为 100%，其中有效问卷 998 份，约占回收问卷总数的 99.8%。笔者对回收的问卷进行了规范的统计分析，得出的数据准确、可靠。通过对问卷调查统计结果的初步分析，笔者认为，贵州在实现同步小康的法治保障现状下要紧紧抓住法治进程中存在的种种问题进行分析，这样就找准了贵州在同步全面建成小康社会过程中如何推进法治保障的根源所在，有利于从宏观的角度整个把握贵州整体的法治发展体系与结构，最终有利于重新构建更加合理的同步全面建成小康社会的法治保障之构成。

（一）调研对象的选择

本次调研的对象是贵阳市，六盘水市及其代管及下辖盘县、六枝特区，铜仁市及其下辖石阡县、思南县，安顺市，黔东南州凯里市、台江县、剑河县，黔西南州及其下辖晴隆县、普安县，黔南州及其下辖都匀市、贵定县、

瓮安县，遵义市及其下辖余庆县、务川县的公检法司及政府有关部门的负责人、企业经理、知识分子、工人、农民、个体户、无业人员和其他常住农村或城市的流动人员。这些人员中20岁~35岁的约占10%，35岁~55岁的比较多，约占90%；小学文化的较少，约占18%，文盲约占2%（根据当地的实际情况来看，已基本扫除青壮年文盲，但是，当地来讲走形式主义还是比较多），初中以上的约占25%，高中或以上的约占55%；其中少数民族约占95%，汉族约占5%。很明显，调查对象整体的经济水平和文化水平都不是很高。

（二）调研内容的设计

调研内容主要围绕贵州在与全国同步全面建成小康社会的过程中如何做到法治保障。其具体内容主要包括：全省各部门如何加强公民法治观念的培养，开展各种形式的法制宣传活动，法学专家学者深入基层开展法律讲座活动，全省各级以及基层群众学法用法培训活动，开展过的市、区、县、乡、村、社各级法律服务活动，全省各部门加快行政管理体制改革的情况如何，执行地方性法律法规的情况如何，强化行政机关执法程序化情况如何，政府部门依法行政的情况怎样，政务事项公开的途径是否便捷，行政机关是否存在乱收费、乱摊派、乱罚款的现象，政府部门去办事时对工作人员的态度是否满意，如何进一步加强法治政府的建设，如何实现司法公平正义，如何加强基层民主法治建设，如何加强基层群众性自治组织建设，如何进一步加强区、县、乡、村社经济法治建设，如何拓展和规范区、县、乡、村、社的法律服务，如何建立健全法治监督体系等一系列与调研主题非常相关的具体问题。要搞清这些问题，我们必须有一种独到的思维方式。正如维特根斯坦所言："洞见或透视隐藏于深处棘手问题的表层，它就会维持原状，仍然得不到解决。因此，必须把它'连根拔起'，使它彻底地暴露出来。这就要求我们开始的一种新的思维方式。"〔1〕这种新的思维方式可以说就是笔者寻根问卷调查和走访调研的方式〔2〕，同时也是我们分析当前贵州与全国同步全面建成小康社会法治保障现

---

〔1〕邓正来：《市民社会理论的研究》，中国政法大学出版社2002年版，序言第3页。

〔2〕这种调研方式表现为笔者成员走访了贵州省市、区、县、乡，访问（调查）了不同层次、不同行业的人员。具体步骤：首先是通过在市、县、乡级召开座谈会，在基层乡级走村串组对当地村民进行讲解性的访问式调查，每一个问题都要向被访问人讲清、讲细；其次，是利用大众场合进行合适的宣传、法律常识讲解、接受咨询。调查者利用了几个地方的基层相关人员进行了几次现场宣传和接受咨询，就农村人员提出的相关法律常识问题作了部分解释，最后是收集问卷和相关问题材料。

状的关键所在。

（三）调研问卷的分析

笔者根据所到调研之处的实际情况，结合问卷调查材料的统计结果进行了初步分析，总结出了当前贵州在与全国同步全面建成小康社会的法治化建设方面存在主要问题。该问卷调查[1]的基本情况论证分析如下：

1. 树立公民法治观念方面。全面建成小康社会应当包括法治小康，因为法治小康是与小康社会相适应的。如果一个社会的法治状况达不到小康标准，从宏观意义上来讲，这个社会就不能说达到了小康水准。可见，作为重要的价值理念的法治已经深入人心，法治价值应当真正渗透到社会生活的方方面面，法治思维与法治精神无时不有、无处不在，可以影响贵州人民全面建成小康社会的发展方向。实践证明，像贵州这样的贫困落后地区越是要跨越发展，就越是要破除墨守成规、封闭保守、消极等待的思想，破除制约发展的传统观念和体制障碍等。贵州只有把握发展大势、认清发展规律、开展各种形式的关于全面建成小康社会的法制宣传活动，组织全省各级领导干部参加学法用法活动，组织法学专家学者深入基层讲授“法治与小康”的讲座活动，开展市、县、乡、村、社各级有关贵州同步全面建成小康社会的法律服务活动等，才能加速发展，才能实现富民强省的“贵州小康梦”。

在问卷调查中，在回答“您知道‘全面建成小康社会’的科学内涵吗”这一问题时，回答“知道”的占70%，县级以下及农村地区回答“不知道”的占30%。在回答“您是否知道‘法治化管理’工作的真正含义?”这一问题时，县级以上的人员回答“知道”的占60%，县级以下的人员回答“知道”的占30%，回答“不知道”的占10%。在回答“您知道我省正在开展‘与全国同步全面建成小康社会’这项工作吗?”这一问题时，县级以上的人

---

[1] 笔者将问卷的重点置于贵州政府有关部门和基层农村社区。就问卷的结构与内容来看，力求做到真实性、清晰性和整体性的统一。真实性，即问卷调查尽量避免诱导性用语，以保证问卷结果尽可能反映被调查人的真实想法；清晰性，即问卷用语尽量明确，避免模棱两可；整体性，即问卷内容考虑到了前后印证，相互联系，以便整张问卷构成一个有机联系的整体。此次问卷调查回收率为100%。就问卷调查统计结果的初步分析，我们既看到了提升我省法治化管理进程中的问题，更看到了成就和希望。在我国，府际关系是学理上而非法律上的概念，一般指各级政府之间的关系，包括纵向政府间关系和横向政府间关系。府际关系所关注的管理幅度、管理权力、管理收益的问题，实际上是政府之间的权力配置和利益分配问题。在这种上下级管理层次中，我们能够更好地了解到贵州省各级政府及部门对全面建成小康社会的法治保障认识不足。

员回答“知道”的占85%，县级以下及农村地区回答“不知道”的占15%。在提问“您知道小康社会与法治的关系’吗?”这一问题时，回答“知道”的占80%，县级以下及农村地区回答“不知道”的占20%。上述问卷表明：城市地区对法治管理工作、全面建成小康社会的科学内涵以及法治与小康社会的关系问题的认识比较深刻，而县级以下基层单位和农村地区的认识还很不足，尤其是农村地区根本不知道小康社会的科学含义，更不要说小康社会与法治的关系问题了。就法治与小康社会之间的关系而言，县级以上国家机关、企事业单位工作人员及大部分城市市民都知道法治既是小康社会的重要组成部分，也是全面建成小康社会的切实保障。在回答“我省（市、县、乡）是否组织法学专家学者深入基层讲授‘法治与小康’的讲座以及是否组织过全县各级基层群众学法用法服务同步小康的培训活动”这一问题时，回答“一年有3次~4次但不多”的占80%，还有20%的农村和县级以下基层单位人员根本就不知道有讲座这么回事。在对“您认为组织全省各级领导干部学法用法服务贵州同步小康的情况如何”这一问题的选项的统计中，回答“很好”的占40%；回答“较好”的占30%，回答“一般”的占20%，而回答“差”的占10%。在回答“您所在的市、县、乡、村、社各级是否开展过实现贵州同步小康的法律服务活动”这一问题时，回答“一年有4次~6次”的占90%。在对“您认为开展各种形式实现贵州同步小康的法制宣传活动的效果如何”这一问题的选项的统计中，回答“很好”的占30%，回答“较好”的占领50%，回答“一般”的占15%，而回答“差”的占5%。这表明：法治小康理念逐渐为越来越多的社会成员所认同和接受，全省法治小康观念得到逐步增强，法治化管理的观念基础基本得以建立。通过比较我们认为，这一情况真实地反映了贵州省在实现同步小康的进程中社会成员的一种现实心理期待。不过一部分基层群众受传统的思想文化和地方风俗、伦理道德的影响较为深远，他们的法治理念和同步全面建成小康社会的观念有所缺失。

2. 地方性立法建设方面。近年来，贵州地方法治建设取得了一定的成就，省委、省政府坚持以人为本、立法为民，积极推进科学立法、民主立法，地方立法质量逐步提高，地方立法体系不断完善。自贵州省第十一届人民代表大会常务委员会第二十七次会议通过《贵州省人民代表大会常务委员会关于修改部分地方性法规的决定》以来，贵州制定规章4件、废止1件、修改8

件，共涉及18件法规33个条款的修改，其中修改了9项行政强制措施，删除了4项行政强制措施，修改了12项行政强制执行，同时清理了省、市、县三级政府及其部门文件34.8万件，废止和宣布失效省政府及办公厅规范性文件1003件。但是，在同步全面建成小康社会方面的立法还有待加强。

在问卷调查中，在回答“您是否知道我省建成全面小康社会需要加强地方立法方面的内容包括哪些?”这一问题时，回答“知道”的占30%，回答“不知道”的占70%。回答“知道”的人员主要是行政机关和高校法学院专家教授学者，回答“不知道”的人员主要是非法律意义上的单位和农村地区。又如，在回答“当前，我省正处在加快发展、加快转型、推动跨越的关键时期，《贵州省扶贫开发条例》针对贵州省扶贫开发工作中存在的突出问题，明确的相应的制度性措施有哪些?”这一问题时，全部回答正确的占30%，多选、漏选、少选的占65%，不选的占5%。对这一问题，我们认为应该从四个方面作出回答：一是强化扶贫攻坚的组织保障；二是强化构建大扶贫工作格局；三是以《贵州省扶贫开发条例》为龙头，以规章为支撑，以若干规范性文件为框架的法规政策体系；四是在贵州省省委、省政府的领导下，不断完善扶贫开发法律实施监督制度，真正做到“有法可依、有法必依、执法必严、违法必究”。在回答“我省在创建全国扶贫开发攻坚示范区的法律实践中，有针对性地做出了许多创新性规定，体现出了鲜明的贵州特色，这些特色主要包括哪些内容?”这一问题时，全部回答正确的占40%，多选、漏选、少选的占60%。对于这一问题，我们认为应该从五个方面作出回答：一是减贫摘帽法定化；二是资源要素整合法定化；三是贫困影响评估法定化；四是实施主体法定化；五是资金项目监管法定化。这表明：还有很多人根本不知道贵州省十一届人大常委会第三十三次会议审议通过了《贵州省扶贫开发条例》。这是贵州全省贫困地区和1149万扶贫对象的一件大事，是事关贵州省与全国同步全面建成小康社会的大事，在贵州扶贫开发史上具有里程碑式的意义。笔者认为，这部法规是惠及贫困地区和扶贫对象的“民生改善法”，是规范促进扶贫开发工作，向贫困发起总攻的“减贫发展法”，更是一部聚合全省力量，构建“大扶贫”格局的“同步小康法”，必将在贵州全面建成小康社会的伟大实践中谱写出辉煌灿烂的壮丽篇章。与此同时，我们要认真总结基层人民群众的创造经验，将该经验吸收到贵州的立法工作中去。譬如遵义“四在农家"[1]，铜仁、余庆、贵阳的"三关爱"[2]和"阳光工程"[3]等大都反映了基层民主制度的发展规律。加强贵州地方立法建设不仅是全国立法的重点，也是贵州立法的重点。要从贵州特有的经济特点出发，围绕贵州全面建成小康社会的发展规划进行地方立法建设。

3. 法治政府建设方面。坚持依法执政，规范办事程序，减少行政成本，提升运用法治思维和法治方式积极推进政府管理体制改革、化解矛盾、维护稳定的能力，善于运用法律手段定分止争、处理矛盾纠纷，确保政府行为的公正性、公平性和公开性，切实为贵州同步全面建成小康社会创造良好的法治环境。但在这方面，笔者认为，贵州在全面建成小康社会的进程中，应加快行政管理体制改革，强化行政机关执法程序化，将行政权纳入法治化轨道，这是贵州法治建设的重中之重。

在问卷调查中，在回答"您省（市、县、乡）在实现贵州同步小康进程中加快行政管理体制改革的情况如何"这一问题时，回答"很好"的占20%，回答"较好"的占领30%，回答"一般"的占40%；而回答"差"的占10%。在回答"您省（市、县、乡）在实现贵州同步小康进程中执行地方性法律法规的情况如何"这一问题时，回答"很好"的占15%，回答"较好"的占10%，回答"一般"的占70%，而回答"差"的占5%。在回答"您认为贵州省实现全面小康的进程中强化行政机关执法程序化的情况如何"这一问题时，回答"很好"的占10%，回答"一般"的占60%，回答"较好"的占30%。在回答"您对所在的省（市、县、乡）的政法队伍及其执法公正是否满意"这一问题时，回答"基本满意"的占90%，回答"满意"的占10%。上述情况表明：加强法治政府建设是发展贵州市场经济的必然要求，是促进贵州社会公平正义的基本保证，是贵州政治体制改革的组成部分，是反腐败的重要举措。正如贵州省人大常委会党组副书记、副主任龙超云同志

[1] 此处的"四在农家"是指"富在农家，学在农家，乐在农家，美在农家"。这种乡村精神文明创建活动，以引导农民增收致富为前提，改善了农民的人居环境和生产生活条件，改变了农民的精神面貌。

[2] 这是积极响应中央文明办主办的关爱他人、关爱社会、关爱自然的"三关爱"志愿服务活动精神，在贵阳、铜仁、余庆、开展"三关爱"志愿服务活动，将重点开展关爱空巢老人、农民工、留守儿童和残疾人等几个重点群体志愿服务活动。

[3] 这里的"阳光工程"是指"就业安置"为核心，以"阳光企业"为载体，集"生理脱毒、身心康复、就业安置、融入社会"四位一体的社区戒毒、社区康复"阳光工程"新模式。

在省委中心组学习读书会上所指出的："各级行政部门也知道依法行政是建设法治政府的核心，是现代政治文明的重要标志，也明白我省要解决建设法治政府面临的新问题、新矛盾，必须深化改革。"〔1〕但从问卷调查的总体情况来看，贵州在加强法治政府建设方面存在的问题是加强法治政府建设的力度不够，并没有切实地把以人为本、执政为民的理念贯穿在法治建设的全过程和各个环节。近年来，贵州在行政管理的过程中，慢慢地不再以强制、处罚为基本手段，逐步开始注重采用说服、指导、协商、对话等维护相对人尊严的柔性管理方式，逐步改变传统的以管制为中心的执法模式，同时加快推进了依法行政、建设法治政府工作。总之，规范化建设是法治政府建设的关键，这应该引起有关部门的高度重视。

4. 发挥司法行政职能建设方面。司法是实现社会正义的最后一道防线，司法制度直接维系着小康社会的安宁和稳定、公平与正义。贵州省司法厅时任党委书记、厅长吴跃认为："公平正义是社会主义法治的价值追求，是司法行政工作的生命线。维护和实现公平正义，最根本的是要求在执法和执业的过程中，必须从群众最为关注的诉求保障、物权保障、社会保障和生计保障等民生问题着手。"〔2〕我们在实现贵州与全国同步全面建成小康社会的进程中，必须要抓住服务民生保障问题，这体现了法律服务和法律保障的价值，能让人民群众切实感受到自己的权益受到保护、人格受到尊重。

在问卷调查中，在回答"您所在的省（市、县、乡）领域内有无干预法院审理案件的情况"这一问题时，回答"有，很严重"的占40%，回答"不同程度地有这种情况"的占45%，回答"没有这种情况"的占15%。同时在回答"您所在的省建成全面小康社会，需要'加强司法保护'方面的内容主要包括哪些?"这一问题时，全部回答正确的占35%，多选、漏选、少选的占60%，不选的人员占5%。在回答对"公安机关、检察机关、法院对老百姓来说是门难进、话难听、脸难看、事难办"这一观点的看法时，回答"完全赞同"的占25%，回答"基本赞同"的占35%，回答"不赞成"的占40%。在回答"如果你打过官司，对于审判结果的胜诉还是败诉有什么看法"这一问

〔1〕 贵州省人大常委会党组副书记、副主任龙超云同志于2013年1月1日在省委中心组学习读书会上的发言。

〔2〕 郑剑峰："为科学发展后发赶超同步小康提供法治保障"，载《司法行政》2013年1月16日。

题时，回答“钱能通神，谁给的好处多谁赢”的占20%，回答“谁在法院有关系谁赢”的占40%，回答“不好说”的占30%，而认为“相信法律和法院是公正的”的只占10%。我们设计了“当你认为自己的合法权益受到侵犯时，你主要通过何种途径解决”这一问题。统计问卷结果显示：选择通过“政府解决”的占15%，不通过政府解决“直接到法院告状”的占39%，选择“能忍则忍”的占15%，选择“私下与对方和解”的占9%。由此可见，运用法律手段解决已成为社会成员保护自身权益的主要行为方式。在回答“您所在的省（市、县、乡）区域目前存在的主要问题”这一问题时，回答“执法不严”的占70%，回答“办事拖拉”的占20%。在回答“您所在的省（市、县、乡）目前存在的影响法官公正司法的主要因素是什么”这一问题时，回答“人情关系”的占40%，回答“法官自身素质”的占20%，回答“领导干预”的占40%。在回答“您所在的省（市、县、乡）目前是否存在司法执行难的现象”这一问题时，回答“存在”的占100%。在回答“您对所在的省（市、县、乡）关于创新司法工作的各种管理制度是否满意”这一问题时，回答“基本满意”的占90%。我们认为，通过问卷调查可知，在实践中，地方党政领导对司法机关的干预过多，司法机关难以独立办案的情况仍然较为突出。因此，从一定意义上讲，保证司法制度的相对独立性，是保障法律得以公正实施，法律纠纷得以公平解决的形式要件。

5. 建立健全法治监督体系方面。贵州省时任省委书记赵克志强调，全省各级政府要更加自觉主动地接受各级人大及其常委会的法律监督和工作监督，积极推进民主制度建设，为贵州科学发展、后发赶超、同步小康创造更加和谐稳定的社会环境。鉴于此，我们要做好完善权力制约和监督机制，强化人大、政协、司法的监督职能，强化行政复议对行政执法的监督，强化审计、监察专项监督，加强举报制度和网络举报监督，加强新闻媒体和社会舆论监督等法律监督领域的工作。只有完善权力制约和监督机制，才能避免权力腐败。

从问卷调查的结果来看，在回答“您对你所在的省（市、县、乡）区域的廉政建设有什么看法”时，回答“腐败严重、惩治乏力”的占30%，回答“腐败比较严重，但正在采取措施治理”的占40%，回答“腐败严重，惩治措施流于形式”的占30%。回答“腐败严重”或“比较严重”的占70%，可见，腐败问题已到了需要我们花大力气解决的时候了。在调查对“干部任免中的腐败是最严重的腐败”这一观点的看法时，回答“完全赞同”的占50%。回答“基本赞同”的占30%，回答“不赞同”的占20%，前两项合计占80%。在回答“您省（市、县、乡）区域对完善权力制约和监督机制的措施情况怎样”这一问题时，回答“赞成”的占20%，回答“基本赞成”的占80%。在回答“您省（市、县、乡）区域在推进同步小康的过程中对强化人大、政协、司法的监督职能的看法怎样”这一问题时，回答“满意”的占25%，回答“基本满意”的占70%，回答“不满意”的占5%。这说明，强化人大的监督就是代表人民行使权力，同时也必须把监督工作的开展情况置于人民群众的监督之下。这就需要人大及其常委会把监督的内容和重点通过各种不同的形式，随时公布于众，广泛听取人民群众的意见和建议，提高监督决策的民主化水平。在回答“您所在的省（市、县、乡）区域人大代表是否真正反映了群众意见”这一问题时，回答“能真正反映”的占30%，回答“不能真正反映”的占30%，回答“基本不能反映”的占40%。后两项合计占70%。在回答“您对您所在的省（市、县、乡）进行强化行政复议对行政执法的监督的态度如何”这一问题时，回答“赞成”的占80%，回答“基本赞成”的占20%。如何充分发挥行政复议的监督职能，促进依法行政水平的提高，成了各级行政复议机关思考的问题。从问卷中回答“赞成”的占80%这一统计结果来看，各单位、各部门都能认识到：行政复议作为行政机关内部纠正错误的一种重要监督制度，在保障和监督行政机关依法行使职权，保护公民、法人和其他组织的合法权益等方面发挥着十分重要的作用。以行政复议进行行政执法监督更具有操作性，可以完善我国当前的行政监督手段，可以加强行政执法监督，促进行政机关依法行政和从严治政，对建设廉洁、勤政、务实、高效的政府，具有重要价值。在回答“您对您所在的省（市、县、乡）强化审计、监察专项监督的态度如何”这一问题时，回答“赞成”的占90%，回答“基本赞成”的占10%。这表明：贵州当前要坚持“依法审计、服务大局、围绕中心、突出重点、求真务实”的工作方针，走“以履行审计监督职责为出发点，以强化审计和审计调查为手段，以提报高层次审计报告和要情为载体，以促进宏观管理与决策为标准，以服务经济社会发展稳定为目标”的审计工作路子，在更高层面和更宽领域发挥审计监督作用，为贵州经济社会更好更快地发展和法治建设提供强有力的保障和高水平的服务，同时加强与纪检监察等部门的联系，提升审计成果利用水平，建立健全与纪检监察、组织、人事等部门的联系制度。在回答“您对您所在的省（市、县、乡）加强举报制度和网络举报监督的情况如何”这一问题时，回答“满意”的占30%，回答“基本满意”的占60%，回答“不满意”的占10%，后两项合计占70%。该问卷表明：我们应重点抓好保密、身份重置等预防性保护制度的建设，逐步完善惩治性制度，注重对社会健康举报观念的培育。依据批评、建议、申诉、控告和检举等监督形式的行使和效应需要，依据媒体监督关涉的不同关系方，建立健全网络监督机制必须建立以下制度链接：一是要建立人大代表与选区人民群众的网络联系制度；二是要建立上下互连的省、市、县、乡、村、社六级人大网站；三是网络监督与网络媒体自律、行业自律和政府管理的制度链接；四是网络监督与司法监督的制度链接。在回答“您对您所在的省（市、县、乡）加强新闻媒体和社会舆论监督的看法如何”这一问题时，回答“满意”的占70%，回答“基本满意”的占20%，回答“不满意”的占10%，后两项合计占30%。该问卷表明，各单位、各部门都能高度重视新闻媒体客观公正的监督批评和意见建议。只要提出来了，党委政府和主管部门就要及时加以改正，要对社会负责，对人民群众负责，共同把舆论监督作用发挥得更好。因此，新闻媒体一定要开展批评和自我批评，对错误的东西，对不符合改革开放大方向，不符合人民根本利益，不符合党的路线、政策的东西要敢于揭露、敢于批评，真正实行舆论监督。在回答“您所在省（市、县、乡）区域对养老、医疗、工伤、生育、失业等保险是否落实”这一问题时，回答“落实”的占20%，回答“部分落实”的占70%，回答“未落实”的占5%，后两项合计占75%。在问卷过程中，从乡到县，从县到州，从州到省，回答“部分落实”的占70%，这说明，我们在养老、医疗、工伤、生育、失业等保险方面，还要付出努力。回答“落实”的仅占20%，可见问题的严重性。在回答“您所在的省（市、县、乡）区域的政务（厂务、村务）公开情况怎样”这一问题时，回答“很好”的占20%，回答“较好”的占40%，回答“一般”的占30%，回答“差”的占10%，后三项合计占80%。问卷统计表明：村务公开问题比较严重。

6. 市县乡村社法律服务方面。贵州省司法厅律师工作处李翔处长认为：“要求全省广大基层法律服务工作者面对困难，知难而进，勇于进取，为满足社会的法律服务需求、维护社会公平正义、基层稳定、推进基层民主法治建设发挥重要作用。”[1]结合此会议精神，笔者认为，贵州当前在服务全面建成小康社会的进程中，要逐步规范全省基层法律服务工作，充分发挥基层法律服务工作服务基层的职能作用。为此，笔者围绕完善基层法律服务体系，拓展法律服务领域、方式及功能，规范和健全法律服务市场，健全区县乡村社法律援助工作机制，完善区县乡村社法律顾问制度等方面展开了调研。

基层法律服务从无到有、从小到大、从简单到复杂，由最早的调解纠纷、代写法律文书、解答法律问题，到现在的法治宣传、学法用法，不断推进的基层法制建设不仅宣传了法、推广了法，也教会了群众学法用法。可以说，基层法律服务在促进城乡经济社会的和谐发展、推进基层的法治现代化、维护群众的合法权益方面发挥了不可替代的重要作用。在回答“您所在的省（市、县、乡）在实现全面建成小康社会的过程中，是否正在完善基层法律服务体系”这一问题时，在县级以上各单位部门回答“是”的占95%，回答“不是”的占5%；在县级以下基层单位回答“是”的占80%，回答“不是”的占20%。笔者在台江县、剑河县、晴隆县、普安县、贵定县、瓮安县、务川县等农村地区开展问卷调查时发现，在现有条件下，由于地域、历史、文化等多方面的原因，城乡之间法律服务失衡的状态将延续相当长的时期，乡政府如果不大力支持基层法律服务所，那么中低收入群体将得不到有效的法律服务。在回答“您所在的省（市、县、乡、村、社）对拓展法律服务领域、方式及功能以及规范和健全法律服务市场的看法怎样”这一问题时，回答“满意”的占5%，回答“基本满意”的占90%，回答“不满意”的占5%。实践证明，基层法律服务工作是满足城乡广大群众法律服务需求的重要渠道。在黔东南州召开的座谈会上，州司法局认为，今后要立足拓展法律服务领域，采取不同的方式，加大力度制订措施，在鼓励律师事务所在正常开展业务的同时，定向为一个或多个乡镇基层单位提供法律服务。湄潭县司法局从2012年起，面向全省和全国公开招聘基层法律服务工作者；剑河县司法局认为要加大司法救助的扶持力度，倡导律师每年承办一定数量的法律援助案件，组织实习律师为社区提供公益性法律服务，并将此作为考核其能否转为正式律师的重要内容。在回答“面对贵州实现全面小康，您所在的市（县、乡、村、

〔1〕 贵州省司法厅基层处李翔处长于2012年5月18日在贵州省基层法律服务工作者协会一届六次理事会上的讲话。

社）对健全法律援助工作机制的态度怎样”这一问题时，回答“很好”的占5%，回答“较好”的占80%，回答“一般”的占10%，回答“差”的占5%。台江县从2009年到2012年申请法律援助的案件从2009年的76件增加到了2012年的近400件。剑河县全县227名干警人均走访群众20户以上，共走访群众4551户，为412户1456人提供了法律援助，为弱势群体提供法律援助156件。黔东南州在155个乡镇建立了“法律援助工作站”，2012年底完成在每个村建立法律援助工作点和联络员的工作，每年指导调解纠纷近9000起，成功率达95%，办理法律援助案件7000件。黔东南州在普法期间共组织3人以上的小分队近250个，共计750人，到3000多个村开展了普法活动，为636个村担任了法律顾问。剑河县担任律师顾问组接受群众法律咨询2023人次，协助为群众办案280件。台江县开展律师在区、县、乡、村、社法律顾问活动，聘请法律顾问的村均达100%。在回答“您所在的省（市、县、乡、村、社）完善法律顾问制度的态度怎样”这一问题时，回答“很好”的占5，回答“较好”的占60，回答“一般”的占30%，回答“差”的占5%。由此可见，健全和完善科学规范的工作机制是提高贵州区、县、乡、村、社法律援助工作站服务能力和工作水平的重要途径和有效手段，是实现依法治省的必要之举。

7. 市县乡村社经济法治建设方面。在贵州全面建成小康社会的过程中，全省各级政府、各部门须按照市场经济的内在要求，转变政府职能。但是，在贵州整体法治环境不够理想的背景下，某些市、县、乡、村、社为了短期的“经济效益”，搞地方保护主义，认为严格依法治理不利于本地区的经济发展。殊不知，这种以损害贵州法律权威和区域法治环境为代价来换取本地区暂时经济发展的做法，只是饮鸩止渴，会逐渐导致投资环境恶化、区域信誉丧失，最终使经济发展成为一句空话。人民群众也同样反对这种靠牺牲法治建设而获取短期利益的做法。

在此情况下，笔者根据贵州当前经济发展的需要，在构建经济法治的各项制度、完善和补充经济立法、完善经济执法和经济司法、强化经济法治监督体系等方面设计了问卷。在回答“您是否知道‘经济法治’的含义”这一问题时，回答“知道”的占95%。其中，县级以上的人员回答“知道”的占98%；乡镇等基层部门回答“不知道”的占99%。经济法治是指包括政治、文化等在内的整个社会环境，即要求整个社会的法治化、民主化、文明化与经济法治相配合和适应。从系统的观点来看，经济法治至少应包括经济法治观念、经济法治制度、经济法治秩序、经济法治环境，并且只有从它们的系统整体效应着眼，才能完整地把握法治经济和经济法治的内涵及其实践环节。在回答“您所在的省（市、县、乡）是否正在完善和补充经济立法工作以及构建经济法治的各项制度”这一问题时，回答“是”的占95%，回答“不是”的占5%。回答“不是”的主要是县级以下的基层部门。在回答“个别城市抓法治，经济上会吃亏”这一问题时，选择“赞同”的占60%，选择“不太赞同”的占20%，选择“不赞同”的占20%。以现代市场经济为坐标模式，以法治经济为价值取向，努力加强贵州省经济法治系统工程的建设，就能够为贵州经济的健康、顺利发展提供有效的法律保障和极有利的条件。所以，就建设贵州经济法治制度而言：首先，必须建立和完善一整套经济法规体系；其次，还必须完善经济执法和经济司法，使其无论是政府执法、经济检察、经济审判还是行政审判，都能严格依照法律的规定和程序进行；最后，强化经济法治监督体系，加强经济法治的宣传教育，努力提高广大干部和群众懂法、用法、护法、守法的能力和自觉性。在回答“您所在的省（市、县、乡）对完善经济立法和经济司法工作的态度”这一问题时，回答“满意”的占2%，回答“基本满意”的占70%，回答“不满意”的占28%。这说明贵州经济行政执法情况虽然有所改善，但是仍然存在着不少突出的问题，已成为行政法治和廉政建设的一个薄弱环节。所以，重视和加强经济行政执法工作，对发展贵州改革开放的大好形势，促进贵州的法治建设是非常必要的。在回答“您所在的省（市、县、乡）对强化经济法治监督体系的态度”这一问题时，回答“满意”的占5%，回答“基本满意”的占70%，回答“不满意”的占25%。从法律位阶上来看，贵州目前并没有很多经济法治监督方面的地方性法规，只能以其他相关部门法中的相关法律条文来间接指导经济法治监督行为，如《行政诉讼法》《行政处罚法》《行政复议法》《行政监察法》等。因此，贵州需尽快建立符合地方性适用的法律监督体系，以为经济法治监督提供可靠的法律保障。根据贵州的实际情况，这套监督体系应包括：监督体制、监督机关及其职责权限、监督原则、监督的内容和形式、监督程序、相关的法律责任。制定统一的监督体系法，可以进一步理顺经济法治监督体制，明确经济法治监督主体的职责权限，规范经济法治监督的程序，强化经济法治监督手段，使经济法治监督全面步入法治化的管理轨道。

8. 基层民主法治建设方面。在全面建设小康社会的新形势下，逐步加强和改进基层民主法治建设，是实施依法治省，加强贵州法治建设，加快民主法治示范区建设和建设“和谐贵州”的一项十分重要的工作。为了更好地了解和掌握贵州基层民主法治建设的现状，笔者结合不断健全和完善基层民主制度、提升广大基层干部群众的法治素养、民主法治示范区县乡村社的构建等方面，设计了调查问卷。

在回答“您是否经常参加所在的省（市、县、乡）的普法教育”这一问题时，回答“经常”的占60%，回答“不经常”的占30%。我们发现，不经常参加普法教育的人员大多数在基层农村，因为他们很少接触正规的法律常识教育，一般都是看电视或听别人说而了解到一点。农村的法律工作机构和法律资料都相当少（一般来讲，当地的法律工作机构主要是乡镇司法所和派出所，而司法所和派出所的工作人员数量和专业知识结构的配备是有限的），农村人员很难接触到相关的法律常识。在回答“您省（市、县、乡）是否采取措施来提升广大干部群众的法治素养”这一问题时，回答“是”的占100%。发展民主政治，加强基层民主法治建设的工作，必须以广大干部群众法律素质的提高为保障，才能真正落到实处。在回答“您所在的省（市、县、乡）是否正在大力推进城镇社区依法治理工作”这一问题时，回答“完全推进”的占70%，回答“部分推进”的占30%。在回答“您所在的省（市、县、乡）是否构建过民主法治示范区、县、乡、村、社”这一问题时，回答“部分落实”的占80%，回答“完全落实”的占20%。创建“民主法治示范区、县、乡、村、社”，是推进基层民主法治建设最直接、最重要的载体。村和社区是我国社会结构中最基层的自治组织，是连接党委、政府和群众的桥梁和纽带，承担着贯彻党的方针、政策，组织群众、宣传群众、服务群众的重要责任。如黔东南州2359个行政村和53个社区开展了“民主法治村（社区）”创建活动，创建率达74.1%。凯里市创建了181个“民主法治示范村”，创建了16个社区“民主法治社区”。其中，锦屏县茅坪镇阳溪村、麻江县碧波乡柿花村、黄平县旧州镇寨碧村以及凯里市龙场镇平寨村先后被民政部、司法部授予“全国民主法治示范村称号”。目前，贵州的法治创建还不完善，因为在全省近80个县中，完全落实创建“民主法治示范区、县、乡、村、社”的只占20%。贵州省要搞好村（居）委会换届选举，真正把思想作风好、公道正派，能够带领群众致富的人选进村（居）委会班子，如此有利于巩固城乡基层政权，加强基层自治组织建设。在回答“您所在的省（市、县、乡）对组织居（村）委会换届选举情况如何”这一问题时，回答“基本满意”的占80%，回答“满意”的占20%。这表明，当前选举工作仍面临一些不容忽视的问题：一是有的基层干部对村委会民主选举的认识不到位；二是外出务工的村民不断增多将会造成选民资格难认定，选民无满意人选推选，给村级换届选举增加难度；三是村干部报酬仍然偏低；四是一些选民民主观念、法制意识淡薄，参与选举的积极性不高；五是一些村还存在可能影响和干扰换届选举的不利因素，如土地征用、安置补偿等；六是一些地方忽视农民民主权利、压制民主、破坏民主的现象时有发生。在回答“您所在的省（市、县、乡）对积极推进基层行政管理体制改革的情况如何”这一问题时，回答“部分推进”的占90%，回答“完全推进”的占10%。问卷表明，全省完全推进的只占10%，这说明，贵州全面推进基层民主法治建设的工作任务更重。贵州目前推行的基层行政管理体制改革，要紧紧抓住村社合并、基层社区建设的机遇，将统筹城乡党建工作纳入到城乡一体化发展的大局中进行谋划和推进，组织开展一个社区一名大学生村官、一个社区一个部门帮扶、一个社区一个企业支持、一个社区一套规划发展、一个社区一个政策扶持等活动。

随着贵州社会经济的发展，基层民主法治建设工作的相对落后已经成为制约贵州各项事业发展的瓶颈。如何加强和改进基层民主政治建设，走法治化的发展道路，是推动贵州社会经济全面发展，实现全面建成小康社会战略的一个重大问题。笔者在调研过程中还发现了其他相关问题，诸如政策性矛盾纠纷、生产经营性矛盾纠纷、移民搬迁安置和征地拆迁补偿纠纷、信访纠纷、土地侵权纠纷、行政违法纠纷等。

二、贵州与全国同步全面建成小康社会存在的问题

通过对上述调研材料的分析，我们清醒地看到，贵州在与全国同步全面建成小康社会的工作中还存在诸多不足，主要表现为：

（一）法制宣传队伍建设和普法宣传工作有待加强

贵州省统计局的调查数据显示，有15%的人民群众反映法制宣传教育工作落实不力。有些地区和部门没有专门的法制宣传队伍，没有专门的工作机构，特别是省直机关甚至连普法依法治理工作属于哪一个部门都不清楚、不明确。即使有法治宣传队伍，法治宣传也不够深入，少数职能部门向社会宣

传专业法的力度不足，少数乡镇、街道的普法工作图形式，做表面文章。依法治理信息调研工作还比较薄弱，普法教育形式和方法不够创新，还是以传统的上街设台开展咨询、散发传单、悬挂标语等为主要形式，缺乏富有时代气息、寓教于乐、行之有效的普法措施。

（二）同步全面建成小康社会立法中的限制性政策过于超然

贵州在同步全面建成小康社会的进程中，要通过健全和完善立法，加快形成科学有效的社会管理体制：一是以立法完善社会保障体系，健全基层公共服务和社会管理网络；二是推进社会管理法律化，及时把加强和创新社会管理的成功经验上升为法律制度，弥补我国社会管理法律、体制和机制的不足；三是加强反腐败立法，为提高党的执政能力打下坚实的基础，为推动党风廉政建设开拓广阔的空间，反腐倡廉法规制度建设将会填补这方面的空白；四是加快贵州生态文明法律制度的建立，通过健全和完善立法，健全国土空间开发、资源节约、生态环境保护的体制机制，推动形成人与自然和谐发展的现代化建设新格局，引导贵州依法平稳度过当前的“生态环境敏感期”，全面建成美丽贵州。

在地方立法的过程中，限制性政策过于超然会导致权力制衡机制的非正常状态运作和公民利益的损伤。笔者通过对贵阳市周边部分城郊城镇化发展情况的走访和调查发现：目前，贵州的一些限制性政策仍难以突破，譬如户籍制度、社会保障制度、土地制度、反腐倡廉制度、生态环境保护等问题。而涉及城市规划的设计实施、公共服务体制、考核机制、监督机制、征地制度、城市治理体制和拆迁制度的实施和监督机制的滞后和欠缺，使贵州省城镇化的过程实施不力。

（三）依法行政理念有待树立

习近平总书记在首都各界纪念现行宪法公布施行30周年大会上发表的重要讲话指出：“要坚持依法治国、依法执政、依法行政共同推进，坚持法治国家、法治政府、法治社会一体建设。”[1]习近平总书记上述讲话精神的核心就是要从全局的角度和整体上看待依法治国的意义，必须要将“依法治国”“依

[1] 习近平总书记于2012年12月4日在首都各界纪念现行宪法公布施行30周年大会上发表重要讲话。参见新华网：http://news.xinhuanet.com/politics/2012-12/04/c_113907206.htm，访问日期：2012年12月4日。

法执政”和“依法行政”看成是建设法治国家不可或缺的、三位一体的发展战略。当前，贵州在依法行政的过程中存在的主要问题有以下几个：一是对依法行政的重视程度不够。笔者结合问卷调查发现，从现状来看：首先，贵州各级政府还未完全把依法行政作为独立考核指标纳入考核范围，由此使各级政府不能对依法行政产生足够的重视，一定程度上影响了依法行政的推进。其次，贵州民族众多，各个民族长期的生活习惯和国家法可能发生冲突。政府在管理的过程中，在一定程度上存在着不尊重少数民族的传统习惯的现象，这在一定程度上延缓了推进依法行政的进程。二是依法行政意识淡薄。在贵州的现实工作中，有些行政机关的工作人员对依法行政还存在着模糊的，甚至是错误的认识和做法，认为依法行政不管用，按法定程序办事太麻烦。这更加忽视了法律的规范、引导功能，导致依法行政水平不高。三是执法没有保障问题突出。有些地方的执法部门执法工作条件差，执法设备陈旧落后，执法经费短缺，从而严重挫伤了执法人员的积极性，制约了执法工作的正常开展。在经济利益的驱动下，有的执法部门存在不作为、不执法现象；有的甚至为下属单位及人员定下创收指标任务，以收费、罚款供养执法，把行政执法当成“赚钱”的工具；有的则热衷于收费和罚款，轻服务和纠正，罚、缴分离制度也得不到真正的落实。

（四）公平正义的司法还需完善

“司法公正”作为人民法院审判、执行工作的生命线，是人民法院永恒的主题和不懈的追求目标。随着贵州与全国同步全面建成小康社会任务的不断推进，随着贵州政治、社会、经济的不断发展与进步，社会转型过程中各种冲突加剧，各种价值观念交互碰撞，各种矛盾错综复杂。

笔者经过调研发现，目前影响贵州司法公正的重要因素及主要原因有以下几点：一是地方保护主义和部门保护主义的存在给人民法院的审判和执行工作带来了很大的阻力，使公正的裁判和有效的执行偏离轨道、运行缓慢。二是对法院的行政干预较多，特别是贵州的基层法院，在办理很多案件时，基层党委、政府、人大及部分部门，对法院的判决及执行横加干涉，以稳定为名“打招呼”“提要求”，致使法院和法官不得不做出一些有违法律的事。三是有的审判人员政治素质和业务素质不高，以审判权谋私利，枉法裁判，经不起人情、关系、女色的诱惑，违法违纪，很难保障裁判的公正。四是制度不严，监督不力，处理不到位。审判委员会、纪检监察、审判监督及上级法院监督不力，各管一块，缺乏配合、协调，对审判权缺乏有效的监督制约。一些地方性制度比较笼统、粗糙，没有操作性和科学性，无法起到横向到边、纵向到底的监督作用。对违法违纪行为处理时手下留情，查处不力，甚至畸轻。

（五）法律监督意识有待加强

法律监督权是检察机关工作的中心议题，是贵州检察机关履行职责的重要体现，是保障执法公平、公正的重要举措。然而，笔者结合贵州法律监督情况发现，检察机关的“监督权”还存在一些问题：一是体制上的问题，一些行政干预现象还在不少地方不同程度地存在着。完善有力的监督手段是检察机关实现监督职能的重要保证，然而，从目前检察机关所施用手段的现状来看，其完成各项监督任务的情况并不尽如人意。思想方面主要是存在“重办案、轻监督”“重配合、轻制约”的问题，检察机关自身的监督意识淡化。排除这些问题是一项艰巨复杂的工作，需要逐步地、有秩序地予以完善。二是法律监督机制不健全。从贵州现行地方性法律法规来看，对行政管理的监督机制很多，有权力机关的监督、司法监督、行政复议监督以及行政审计监督和行政监察监督等，但却没有形成整体监督的效能。贵州必须从制度构建、工作落实两个方面入手，注重充分发挥人民群众、新闻媒体、民主党派、人民团体和各种社会组织的监督作用，增进监督的公开性，保障公众的知情权、参与权，从而达到促进公正监督、提高法律监督效能的目标。

（六）与全国同步全面建成小康社会的法治环境构建不力

毋庸置疑，贵州的法治环境建设稳步推进，取得了一定的成绩。不过我们还是要清醒地看到，贵州在与全国同步全面建成小康社会的进程中的法治环境建设任务还非常艰巨。其主要表现在以下几个方面：一是营造良好的全面建成小康社会法治环境的立法工作相对滞后，结合贵州省人大、贵州省政府的调研材料分析，当前贵州的地方性法律法规立、改、废任务非常艰巨。二是地方立法重点不够突出，如促进贵州经济发展的立法以及反腐倡廉立法、网络监督立法等较少。解放与发展生产力和完善服务的意识不够强，有些法规设定的多是部门的管理权、审批权、收费权、处罚权，强化行政权力的倾向比较普遍，为公民、企事业组织的经济发展、合法权益和与全国全面建成小康社会提供保障和服务的法律法规不多。有些法规片面强调行政制约，拓展部门职权，使部门与部门之间的职能交叉重叠，设置了一些不适应市场经济要求的行政壁垒。三是行政执法主体比较混乱，执法主体职能交叉重叠，就同一件事经常会发生多个部门、多级机构都插手去管的现象，增加了解决问题的环节，从而也影响了执法效率。四是投资和建设的外部环境仍然偏紧，必要的融资渠道还有所缺乏。在问卷调查的过程中，笔者听有些投资者反映，贵州的投资环境不够宽松，从而导致外商纠纷案件不断发生。有些地方在招商引资时层层许愿，事后却言而无信，使一些外商热心而来，灰心而去，这的确给外商酿成了“内伤”。到目前为止，很多地方至今仍没有一家外商投资企业。五是成熟的市场发育正在进行，市场规则不太规范，同行业的恶性竞争在短期内还难以消除，社会诚信体系正在逐步建立。六是政府职能转变缓慢。有些职能部门的领导和执法人员法治观念不强，服务意识较弱，习惯于用行政手段和计划经济的方式来管理和决策，不善于用法律和市场经济手段进行引导和调控，行政审批繁杂，办事效率不高，依法行政的自觉性不高，甚至还存在权重于法的错误观念。七是治安形势依然严峻，破坏市场经济秩序犯罪频发，金融系统和国有企业经济大案多发，国有资产流失严重，职务侵占和挪用资金案件逐年增多。目前，贵州仍存在走私贩私、无证经营、骗汇逃汇、偷税骗税、制假贩假、金融诈骗、违法传销、欺行霸市、侵犯知识产权等各种经济违法犯罪现象，严重扰乱市场秩序，同时让广大正当经营的企业处于不利的竞争地位。八是司法行政部门的一些干警办案质量不高、效率较低，损害了投资者和合法经营者的合法权益。由此可见，贵州当前在与全国同步全面建成小康社会进程中的法治环境状况不容乐观。

结合上述贵州在与全国同步全面建成小康社会方面的现状与存在的问题，笔者认为：贵州在营建推动同步全面建成小康社会的法治环境方面的工作，已经积累了一些宝贵的经验，也取得了一定的成效。但贵州在与全国同步全面建成小康社会的法治保障方面还有待加强，地方性法规体系框架有待逐步构架，政府行为和行政法规需逐步规范，行业治理和基层治理要逐步开展，法制宣传教育的深度、广度需逐步拓展，司法执法的内外环境需逐步改善，社会稳定、崇尚法治的环境气氛需逐步增强。

第四节　贵州与全国同步全面建成小康社会的法治保障措施

法治保障是贵州与全国同步全面建成小康社会的系统工程。我们要从贵州的实际出发，不断创造安全稳定的社会环境、公平正义的法治环境和优质高效的服务环境。

一、增强公民的法文化意识

只有在当今的法治文化生活中，社会公众的民主、法治的素养才有望得以提高，公民的法治文化才能得以培养。[1]因此，贵州在与全国同步全面建成小康社会的法制保障过程中，必须培育人们的法治文化，这是切合贵州实际的、行之有效的法治教育途径。

（一）农村法治文化建设

一是抓阵地文化建设。全省各行政村要有法制宣传栏和法律图书柜。如遵义市务川县全县现有法制宣传栏 480 个，法律图书室 240 个。二是竖标牌文化建设。全省各镇街要有一批宣传宪法和法律的大型标牌。这些通俗易懂、简洁好记的标牌，可以点明中国特色社会主义民主政治的精髓思想。三是建设文化队伍。每个村都要有一名法制宣传员，条件较好的村（社区）可以成立文艺宣传队，在村（社区）内演出，将普法自然地汇入农村的休闲生活之中。

（二）企业法治文化建设

创诚信，黔西北乌蒙山区毕节地区中南部的纳雍县，开展了“诚信守法企业”创建活动。勤培训，组织学习《劳动法》《产品质量法》《工伤保险条例》等法律、法规，特别是《劳动合同法》颁布以后，开展以企业经营者、人事劳资管理人员为重点的法制宣传培训活动，该地区举办培训班 80 场次，累计培训 10 000 余人。送资料，编印《依法签订合同、避免经济损失》10 000 余册，翻印物权法 8000 册、劳动合同法 8000 册免费送给各企业和个体经营户。强服务，组织律师、法律工作者开展以“服务家庭工业，促进经济社会又好又快发展”为主题的活动，向家庭企业经营户赠送法律书籍，提供法律服务。

（三）校园法治文化建设

黔西北乌蒙山区毕节地区黔西县司法局、黔西县教育局共同举办了“法

[1] 参见张文显：《马克思主义法理学——理论、方法和前沿》，高等教育出版社 2003 年版，第 354~357 页。

治文化校园行”活动，他们利用校园广播，专设“法治前沿”板块并按时开播；设置校园普法宣传牌；由校法治宣传组负责，定期张贴法律、法规、案例资料及相关活动照片等；在校阅览室、图书馆内增加法律刊物；在每期的校报上增设“学法专栏”；每班开设“法治园地”，登载相关的法律知识、警言、活动资料；增定一份法治报或相关法治刊物等。编印《青少年以案说法读本》10 000余册，免费分发到全省各级学校，同时开展了“法在身边”法制征文比赛，举办法制讲座。又如贵州省合兴律师事务所和贵州省建设学校携手，在贵阳市设立了首个“校园法治文化辅导站”。贵州省建设学校校园内的法律咨询台被学生们围得严严实实，贵阳市数位“大律师”在这里为学生提供现场咨询。这是该校成立的“校园法治文化辅导站”推出的“第一堂课”。

（四）楼道、候车亭法治文化建设

黔东南州丹寨县、三都水族自治县，遵义市遵义县等司法局针对村村通公交的公交候车亭广告设施未开发的情况，在全县主要公路的候车亭横梁上设置了色彩亮丽、通俗易读的法治文化宣传标语。小候车亭成了法治“宣传窗”，成了各镇、街道的一道亮丽风景。如遵义市务川县、遵义县每县都有约30个社区的小区楼道、公众活动场所悬挂了图文并茂、内容丰富的法治宣传牌，内容为“学法用法，从我做起”“法律面前人人平等”。此外，该县有关部门还开展了专业法的宣传，设置了专门的法治宣传窗、文化牌，如禁毒宣传、人口计生宣传、环境卫生宣传等。

重视和发展法治文化、利用法治文化传播和落实法律法规，推动社会法治化、执法人性化、工作服务化，对政治稳定、社会稳定、经济发展有着很积极的影响。贵州经过近几年的探索实践，营造了浓厚的学法、用法、守法环境，有了法律的强制力，守法者才能继续守法，不守法者才会有所顾忌，形成守法、护法、讲法、信法、尚法的社会氛围。

二、与全国同步全面建成小康社会需立法先行

加强立法工作，是促进贵州与全国同步全面建成小康社会的重要保障。据相关资料显示，贵州人大常委会始终把提高地方立法质量摆在第一位，为地方经济社会又好又快地发展提供支持和法制保障。如为了更好地保护赤水河流域的环境、完善生态补偿机制和管理机构等，省人大常委会领导就三省环保联手问题多次深入流域相关地区和有关部门进行调查研究，先后到赤水

河流经的云南省、四川省走访，就流域内的重大问题进行磋商，对如何制定好《贵州省赤水河流域保护条例》这一地方立法进行交流座谈，堪称 2011 年度贵州省地方立法的一个亮点。这说明，地方立法要充分体现人民的意志，反映客观规律，协调各方利益，突出地方特色，以着力解决贵州的实际问题，以切实增强地方性法律法规的针对性和可操作性。

（一）完善地方立法的利益表达机制

在地方立法的过程中，我们要建立利益表达机制，从制度层面保障和规范人民群众利益表达的途径和程序，疏通社会各阶层利益表达的渠道。如贵州省人大常委会制定并审议通过了《森林林木林地流转条例》《酒类生产流通管理条例》《消防条例》《邮政条例等法规》，对《禁毒条例》《旅游条例草案》等进行了初审，这正是贵州完善地方立法的利益表达机制和拓宽利益表达空间的具体体现。当然，地方立法中的利益表达机制还有待健全。

结合贵州实际，笔者认为，构建地方立法中利益表达机制的具体措施有以下几个方面：首先，拓宽利益表达空间。积极拓宽贵州的社会民众在立法过程中的表达空间，以推进民众的有效表达。“只有普遍地、真实地和全面地公开立法过程，才能更加有效地保障公民参与立法活动，切实保障人民在立法时当家作主。”这表明，贵州的立法决策要真正建立在有效集中各方面利益要求的民主基础上。其次，完善利益表达的反馈机制。建立健全民众利益表达的反馈机制既能畅通民众利益表达的渠道，又能规范民众利益表达的行为，还能增强民众利益表达的实效。最后，建立贵州省人大代表利益表达激励机制。要充分保护人大代表主动表达社情民意的积极性，通过有效的途径来支持人大代表表达社会各阶层人民群众的利益和主张，对代表的不作为、不负责任进行必要的制约，对不当表达、恶意表达予以规制。要切实实行民主选举，保证选举过程的民主化、公开化，让选民能够真正说了算，保证代表在人大活动中的活动能够为他们的选民所知，使选民清楚地知道代表在做什么，在为谁而做，从而使他们能够清楚地知道自己应该支持还是罢免自己的代表。

（二）完善地方立法推动民族法治建设

在西方历史上，美国、英国、法国以及德国等在开发贫穷落后地区时都有一条成功的经验，那就是建立完备的法律体系。相关资料显示，贵州省人大常委会批准了贵阳市、三都水族自治县等民族自治地方制定《贵阳市劳动保障监察条例》《贵阳市住宅小区人口和计划生育管理服务规定》《贵阳市燃气管理条例》《贵阳市促进生态文明建设条例》《贵阳市城乡规划条例》《三都水族自治县村寨消防条例》《威宁彝族回族苗族自治县畜牧业发展条例》《黔西南布依族苗族自治州农作物种子管理条例》《松桃苗族自治县农村公路条例》《黔南布依族苗族自治州畜禽防疫条例》《玉屏侗族自治县非物质文化遗产保护条例》。这些地方性法规和单行条例，立足于当地实际和需要，着力体现地方特色和需求，在推动当地经济社会发展的同时，更加注重反映民情、改善民生以及对环境和资源的保护，对保障贵州与全国同步全面建成小康社会起到了十分重要的作用。

三、与全国同步全面建成小康社会与法治政府建设

众所周知，建设一个让人民满意的政府，对加快经济社会发展至关重要，而谋求省域经济快速发展的切入点和着力点之一，就是准确把握政府职能定位。全面实现从“管制政府”向“服务政府”转变，从“权力政府”向“法治政府”转变，从“信用缺失政府”向“诚信政府”转变，变“小职能、大政府”为“大职能、小政府”，其核心是建设法治诚信服务型政府。

调查发现，贵州的法治政府建设尽管取得了重大成就，但仍然暴露出了一些问题，随着经济社会的进一步发展，这些问题将更为突出。一是规范性文件的清理和行政审批制度改革的最终效果不佳。大规模的清理和改革工作引起了一些担忧：某些政府部门在改革工作中出现了一定程度上的急功近利、矫枉过正等错误倾向。一方面，某些政府部门为了吸引投资、加快经济发展，无原则地降低行政审批门槛和市场监管力度，为国家已经明令淘汰、与产业结构升级目标相背离的产业“开绿灯”，一些部门出台的改革措施甚至与法律的强制性规定相违背；另一方面，某些政府部门过分强调规范性文件的清理和行政审批制度改革对经济发展的作用，将“依法行政”和“法治政府建设”片面地理解为是促进经济快速发展的手段，忽视了依法行政本身所具有的深意。从长期来看，规范性文件的清理和行政审批制度改革的最终效果有待检验，需要谨防因过分追求改革速度、片面强调短期效应导致的负面影响。〔1〕二是政府信息公开力度不足，透明政府建设速度缓慢。资料显示，贵

〔1〕 李霞：“2009年中国行政法治”，载中国社会科学院法学研究所编：《中国法治发展报告》，社会科学文献出版社2010年版，第101页。

州省信息公开工作在机制构建、覆盖范围等方面还存在一定的问题。首先，缺乏完备的工作机制，如缺乏信息公开的专设机构和明确的责任人，对政府信息密级评定和保密审查等问题没有进行具体规定等；其次，政府信息公开工作的覆盖范围有限，向乡（镇）、村、社区延伸不够；最后，公开信息的内容有限，政府“有选择”地公开信息，公民的知情权无法得到满足，如在已公开的信息中，通知、公告、规章等抽象性文件较多，而具体指导部门如何执行、群众如何办理相关事项的政府信息较少，事前的告知多，而事后的反馈评价少。调查表明：在信息公开方式上，与“主动公开”相比，贵州省“依申请公开”相关工作尤其有待完善，主要存在申请渠道不畅、申请程序不明等问题。〔1〕三是基层政府法治建设状况堪忧。如贵州法治政府建设水平的地区差异大，基层政府法制建设滞后，状况堪忧。一方面，贵州经济发展整体水平低，地方差距大，二元结构差异明显，对于某些欠发达地方来说，法治建设也还存在许多阻碍；另一方面，存在的问题主要表现为某些基层政府依法行政意识不强，个别工作人员欠缺法律意识和法律素养，同时暴露出了政府工作人员基本法治意识的缺失，受到机制构建、工作条件、重视程度等因素的限制，政府信息公开和行政审批制度改革向乡（镇）延伸不足等。〔2〕

四、与全国同步全面建成小康社会的司法保障

司法是维护社会正义的最后一道屏障。我们只要能维护司法公正，就能树立法律的权威，就能维护法律的尊严，就能确保政治安定和社会稳定。据调查，2010 年以来，贵州的司法行政工作取得了一定的成效。

一是监狱布局调整取得了突破性进展，监所安全保持稳定。比如完善了以“五项机制”〔3〕和“四防一体化”〔4〕为主要内容的安全稳定的长效机制，

〔1〕 参见钱昊平等：“政府信息公开没有突破进展”，载《南方周末》2011 年 9 月 29 日。

〔2〕 调查显示，基层政府的法治建设水平普遍低于省级政府的法治建设水平。参见北京大学公众参与研究与支持中心：“2010 年度中国行政透明度报告”，载搜狐网：http://gongyi.sohu.com/s2011/2011zhongguoxingzheng/index.shtml，访问日期：2011 年 10 月 12 日。

〔3〕 这里的“五项机制”是指“目标考核管理、技术支持服务、领导联系帮扶、评优争先激励、项目示范带动”的远程教育五项工作机制，使各项工作逐步走上制度化、规范化和科学化轨道。

〔4〕 这里的“四防一体化”是省委常委、市委书记李军在加强我市武警部队建设的书面讲话指出执勤目标单位要按照人防、物防、技防、联防“四防一体化”建设的要求，加大执勤隐患治理力度，提高目标安全系数，推动整个社会层面的安全稳定。

加强了警务督察，维护了监管场所的安全稳定。二是律师、公证、司法鉴定工作规范化管理水平明显提高。贵州全省律师 2011 年共办理诉讼案件 23 870 件，其中刑事案件有 9375 件、民事案件有 15 156 件、行政案件近 500 件，办理非诉法律事务近 12 000 件，义务法律咨询 54 182 人次。同时全省公证机构共为 200 个大、中型重点项目提供公证服务，其中国内公证有 62 540 件，涉及台港澳公证 1848 件，涉外公证10 586件。目前，贵州经过备案登记和审核的司法鉴定机构共 181 家、司法鉴定人 2002 名。仅 2011 年完成的司法鉴定检案便有 15 112 件，其中法医鉴定、物证、声像资料“三大类”检案近15 000件，其采信率达 98%以上。三是法律援助重心下移，服务保障改善民生取得新进展。2011 年，全省办理法律援助案件 17 118 件，接待咨询 74 074 人次，回访受援人 1919 人，满意率达 99.7%。四是预防、化解社会矛盾，人民调解、法制宣传取得新成效。2011 年，贵州人民调解组织共排查矛盾纠纷 114 821件，调处矛盾纠纷 122 772 件，分别比上年上升 32%和 39%，调解成功率 98%。卓有成效的人民调解工作把大量矛盾纠纷化解在了基层和初始状态。五是安置帮教、社区矫正工作信息化、制度化水平明显提高以及司法行政管理体制和工作机制改革进一步深化。据相关资料显示，2011 年，贵州全省在县（市、区）和乡（镇、街道）成立社区矫正工作委员会及办公室的比例达 99%，县级司法局设立社区矫正工作机构的比例达 82%。同年，累计接收社区服刑人员 12 225 人，累计解除矫正近 3000 人，在册近 9000 人；全省新增刑释解教人员 25 495 人，安置 22 136 人，安置率达 86.8%，帮教近 25 000人次，帮教率 96%。上述数据说明，这仅仅是构建法治贵州的开始，在切实维护司法公正方面还要加大力度，完善维护司法公正的体制机制。

（一）深化司法体制和工作机制改革

2010 年 4 月，贵州省委政法委书记崔亚东在省委政法委第一次全体委员会议上对 2010 年全省司法体制和工作机制改革的项目进行了责任分解，省委政法委及省法院、检察院、公安厅、国家安全厅和司法厅等单位均明确了各自的工作任务。2011 年 11 月 14 日，省委政法委书记崔亚东又详细了解了瓮安县司法体制和工作机制改革的开展情况以及取得的成功经验。这表明省委已经把贯彻落实司法体制和工作机制改革工作与加强社会管理创新工作结合起来，在加强社会管理创新工作中推进司法体制和工作机制改革，在推进司法体制和工作机制改革工作中加强社会管理创新，使二者相互促进，相互影响，相互产生积极作用。在贯彻落实贵州司法体制机制改革的各项部署和优化司法职权配置的同时，我们还要做好相关工作：一是完善贵州的司法职权结构和组织体系；二是完善贵州宽严相济刑事政策的制度和措施；三是完善贵州的司法队伍管理制度以加强司法职业保障；四是健全贵州的司法经费保障机制；五是完善贵州的司法救助制度和刑事赔偿制度；六是逐步规范和健全贵州的人民陪审员和人民监督员制度以扩大司法参与。

（二）保障司法机关依法行使职权

为了加强司法保护机制建设，贵州全省的各级党委、人大及其常委会要带头维护司法的监督权，坚决消除地方保护主义和本位主义对司法活动的干扰，保障司法机关依法独立、公正地行使职权。同时，各级行政机关应当参加重大行政诉讼活动，认真履行协助义务；健全执行联动威慑机制，有效解决执行难问题；加强司法公信力建设，解决人民群众反映强烈的司法不公的问题，完善司法纠错机制；建立对非法干预司法活动备案登记及查处的责任追究制度，规范新闻媒体对司法机关正在办理案件的报道制度；完善全省审判公开、检务公开、警务公开、狱务公开制度，扩大公开范围、拓宽公开渠道、创新公开形式，以司法公开促进司法公正廉洁，除依法不能公开的外，法律依据、司法程序、办案的各个环节和结果都要向社会公开。

（三）强化诉讼活动法律监督力度

为了加大对诉讼活动的法律监督力度，我们必须注重六个“加强”工作：一是加强对司法工作人员渎职违法犯罪行为的监督，防止徇私舞弊、枉法裁判等行为的发生；二是加强对事实的认定和适用法律严重错误案件的监督；三是加强对严重违反诉讼程序案件的监督，防止和纠正有案不立、违法立案，刑讯逼供、违法取证，违法扣押、查封、处理款物、冻结等行为；四是加强对在判决执行、裁定活动中不负责任或滥用职权致使公民、合法组织和社会公共利益遭受损害等问题的监督；五是加强对定性明显错误和处理严重不公等问题的纠正工作；六是加强对刑罚执行和监管活动的监督以促进监管场所依法管理。

五、《民族区域自治法》的完善

解决具有多民族特点的贵州的社会问题是我国民族法制完善非常重要的一部分，是建设稳定贵州的一大使命。在很大程度上，贵州当前的社会问题取决于该地区的制度安排。贵州当前实行的民族区域自治制度，是正确处理该地区与全国同步全面建成小康社会的最好的制度见证。

（一）逐步充实《民族区域自治法》

结合当前在贵州调研的实际情况，笔者认为，我们应该实事求是地找到当前《民族区域自治法》存在的问题，完善该基本法的不足，补充该基本法需要补充的具体内容等。在此，笔者提出完善建议：

1. 建议增加公民在少数民族地区享有权利和履行义务的相关规定。通观《民族区域自治法》的法律条文，笔者发现该法缺少少数民族地区公民权利的专章规定，与汉族公民相比，国家给予了少数民族地区广泛的自治权以及各项优惠政策（如高考加分以及优先招工等特殊权利的享有），但这方面的优惠政策的专门设置条款不多。同时，《民族区域自治法》也缺乏对履行义务的相关规定。为了让少数民族地区的公民，既明确其享有的权利，又明确其应承担的义务，笔者建议增加具体规定“少数民族地区公民权利与义务”的专章内容，将该部分内容置于自治机关的自治权之前。

2. 建议增加保障散居少数民族权益的条款。中国共产党处理民族问题的总政策，应该具体体现在如何保障散居少数民族〔1〕的利益方面，这不但有利于各民族的法律地位平等，而且也有利于各民族的共同发展和繁荣。通过调研笔者发现，虽然我国已经基本形成了社会主义法律体系，但我国地方法律体系中的立法层次较低，需要加大力度进一步予以完善，因此，笔者认为，我国应尽快制定《中华人民共和国散居少数民族权益保障法》，以保障散居少数民族的权利，维护多民族地区社会的稳定与发展。

3. 建议增加“法律责任”方面的条款。作为在我国民族地区实施的一部基本法，《民族区域自治法》也应当像其他法律法规一样，有明确的“法律责任”规定。当前，鉴于违法与制裁规定条款的缺失，该法有违法律规范逻辑结构的完整性，而且也使得下位法，在是否设置“法律责任”的问题上处于两难的局面。因此“法律责任”条款的欠缺很容易导致国家机关的违法行为得不到追究，这会直接影响到《民族区域自治法》的贯彻实施与落实。因此，

---

〔1〕 我国散居少数民族占全国少数民族总人数的1/3，他们居住分散，人员流动性强，其居住特点就决定了他们的合法权益，很容易被忽视或不能得到充分的保障。参见张文显主编：《法理学》（第2版），高等教育出版社2005年版，第111页。

笔者认为，有必要增加民事责任、刑事责任、行政责任和政治责任等“法律责任”专章。

4. 明确规定少数民族的立法参与权。我国的《行政法规制定程序条例》《立法法》《规章制定程序条例》和一些地方规章都规定了公众的立法参与权。如果《民族区域自治法》赋予少数民族立法参与权，在制定关于民族自治地方的命令、决定等之前，只要上级国家机关向其辖区内的民族自治机关征询了民族区域各个领域的政治、经济、文化、科技、教育等相关事宜，便可以避免上级国家机关对其辖区内的民族地区的具体情况了解不多的情况，同时，只要上级国家机关对其辖区内的民族地区制定的决议、决定、命令和指示经常有所理解或调查，也就不会存在制定很难符合民族区域实际的决议、决定、命令和指示等情况。因此，笔者认为，有必要明确规定少数民族地区享有的立法参与权。为此，笔者建议修改《民族区域自治法》第54条的规定〔1〕。

5. 完善《民族区域自治法》关于经济建设的规定。《民族区域自治法》规定了适应市场经济的相关内容。例如《森林法》第9条规定：“国家和省、自治区人民政府，对民族自治地方的林业生产建设，依照国家对民族区域自治地方自治权的规定，在森林开发、木材分配和林业基金使用方面，给予比一般地区更多的自治权和经济利益。”〔2〕这表明，国家对民族自治地方的扶持力度有所加大。尽管如此，我国的《民族区域自治法》仍然存在着不足。随着社会的急剧转型，多民族地区并不是处于传统经济型阶段，而是逐步与现代经济社会接轨，所以要增加失业保险和医疗保险，工伤保险与养老保险，残疾者救济、贫困者救济、受灾者救济与弱者救济等社会保障制度方面的内容，更好地建立民族自治地方社会保障体系。此外，建议增加公平合理的市场竞争机制的内容。同时建议结合本自治地方的实际情况，制定有关社会保障的自治条例。

6. 立法技术的提高。政治术语与法律术语的混用在《民族区域自治法》条文中有所体现，同时还暴露了概念遗漏等立法技术问题。一般而言，立法

---

〔1〕 我国《民族区域自治法》第54条规定：“上级国家机关有关民族自治地方的决议、决定、命令和指示，应当适合民族自治地方的实际情况。”

〔2〕 法律出版社编辑部编：《中华人民共和国常用法律大全》，法律出版社2006年版，第1386页。

者结合法律语言的基本要求，应该把好文字关和语言表述关，一定不能出现一般的号召性或模棱两可的语言。[1]法的形式美主要体现为，法要有严谨完整的结构、完备且符合的内容，同时要有规范统一的语言表达。因此，合理、科学的立法技术是保证立法质量的重要方面。立法技术是立法人员在社会实践中解决各种实际问题的过程中创造和发展出来的技术与方法，是立法者为了使立法文本在形式、结构、内容等方面尽可能地趋于合理、完善而采取的各种策略、技巧和方法。从某种意义上来说，立法技术更多地反映的是人类对立法实践的共同性因素的认识，是人类共享的文明成果与财富。加强《民族区域自治法》配套立法技术，主要目的是使配套立法更加科学、合理，并实现立法调整的高效率。因为在现代社会，民主、法治的现代精神、理念与原则已日益深入人心，尊重和保障以基本权利为内在道德品质的、良好的法律之治，已成为现代社会基本的内在需求与必然选择。所以，为了在民族区域地方完成日益复杂而繁重的高效立法重任，科学的立法技术的广泛采用已是大势所趋。

（二）《民族区域自治法》配套立法体系化

实施民族法制体系建设工程，制定与《民族区域自治法》相配套的法律法规，这强调了建立民族法律体系的重要性。

1. 单行法的制定。“单行法”是指由全国人民代表大会常务委员会制定的法律，它主要规范社会生活中某一方面或某一领域的问题。一般英美法系的判例法就主要采用单行法的模式，这与大陆法系制定法典的做法是相对的。单行法是和一般法相对应的称谓。一般法规定的是比较综合的法律问题，而单行法是对一般法中规定的某个特别法律事项进行的特别规定。我国《民法通则》就规定了物权事项，包括担保、抵押、质押等，同时，我国还有一部《担保法》,《担保法》就是一部单行法，而相对于《担保法》而言，《民法通则》就是综合的一般法了。

在我国，单行法缺位问题直接影响着民族地区社会领域的相关法律保障，因此，笔者建议全国人大常委会抓紧制定单行法律法规，因为它们是《民族区域自治法》配套立法的重要组成部分。就当前的社会法治化态势而言，亟须制定的单行法律法规应该有：《民族自治地方经济发展促进法》《散居少数

〔1〕 参见吴金龙：“民族区域自治地方立法新议”，延边大学 2004 年硕士学位论文。

民族权益保障法》《少数民族教育促进法》《民族自治地方自然资源开发与保护法》《少数民族文化保障法》等。

2. 自治条例和单行条例的制定和完善。我国《民族区域自治法》第 19 条规定："民族自治地方的人民代表大会有权按照当地的政治、经济和文化的特点，制定自治条例和单行条例。……" 自治条例和单行条例的区别在于它们是专门规定具体事项的规范性法律文件而不是综合性的法律规范性文件。也就是说，单行条例和自治条例不是规定一般意义上的事项或宏观意义上的法律规范性文件，而是就具体的事项方面作出具体的规定。而从数量上看，笔者通过对贵州的调研发现，在自治条例和单行条例的制定方面，他们结合不同的民族制定了一些相关自治条例，如《贵州省三都水族自治县自治条例》《黔西南布依族苗族自治州自治条例》《贵州省关岭布依族苗族自治县自治条例》《贵州省松桃苗族自治县城镇管理条例》《贵州印江土家族苗族自治县自治条例》《贵州省务川仡佬族苗族自治县自治条例》《贵州省镇宁布依族苗族自治县自治条例》《贵州紫云苗族布依族自治县自治条例》等。从内容上看，自治条例和单行条例仍存在内容老化、内容单一的问题，他们调整的范围狭窄，具体内容具有全国性意义而缺少民族特色和地域特点，由于各方面工作力度不到位，导致存在民族自治区域的自治条例和单行条例修订工作不及时、立法程序或修订程序不完善等缺陷。[1]各民族尤其是多民族地区应当根据《民族区域自治法》的规定，结合本民族区域的实际情况，并在总结经验的基础上，及时立、废、改自治条例和单行条例。

3. 变通权的有效行使。"变通权"是指我国法律赋予民族自治地方和经济特区实施的一种独特的立法自主权。当前实施"变通权"需解决一些问题。例如，立法变通权的主体不统一，这样就会导致在实践中往往会出现有利可图就抢先制定，无利可图就相互推诿的现象，而多民族地区需要将其变通建议上报给自治区的人民代表大会备案和自治区人民政府。[2]不过，在我国制定的为数众多的法律法规中，我们发现仅仅在少数的法律法规中，明确规定

---

〔1〕 李涵伟："论自治条例制定与完善的困境及出路"，载《西北第二民族学院学报（哲学社会科学版）》2008 年第 2 期。

〔2〕 朱玉福、唐文武："落实民族区域自治法律变通补充权的法律保护研究"，载《贵州民族研究》2007 年第 1 期。

了民族自治地方可以制定变通或补充规定，[1]而有关民族自治地方可以作出变通或补充执行的规定却没有提出，毫无疑问，这使多民族自治地方变通权的行使受到了严重的影响，也可能成为导致该地区社会管理法治化建设不完善的主要因素。因此，笔者建议，在不违背法律法规原则的前提下，法律法规应明确规定民族自治地方，可以结合本自治地方的实际制定变通规定。

4. 行政法规、地方性法规和政府规章的制定。在我国民族自治地方，国务院在领导和帮助其政治、经济、文化等各领域建设的同时，也应该制定相关的行政法规和规章。另外，辖有民族自治地方的省、自治区、直辖市的人民代表大会及其常务委员会，也要根据本民族区域内的民族特点和地方特点，制定相关的地方性法规。

为了更好地体现贵州的多民族特色，保证民族地区法律法规的有效实施。首先，我们要修改《民族区域自治法》中过于纲领性、原则性的条文，使之更加具体化，以《增强民族区域自治法》的针对性和可操作性；其次，民族立法要尊重和包容少数民族的文化传统、民族思维及心理特征；再次，民族自治地方的民族立法既要尊重本地区各民族的普遍法律文化，又要包容不同民族的独特法律文化；最后，加强民族地区规范性法律文件的规范化与系统化建设和管理。

六、健全与全国同步全面建成小康社会法律监督机制

法国经典思想家孟德斯鸠指出："从事物的性质来说，要防止滥用权力，就必须以权力约束权力。我们可以有一种政制，不强迫人去做法律所不强制他做的事，也不禁止任何人做法律所许可的事。"同时他认为无论任何人，"他越是有权力，就越是拼命想取得权力；正是因为他已经有了许多，所以要求占有一切"。[2]这表明要防止权力的扩张，只能以另一种权力对其加以制约。为此需要完善贵州的权力制约和监督机制，综合运用各种监督形式以增强监督合力和实效，真正做到有权必有责、用权受监督、违法要追究。同时，

---

〔1〕 这里只有少数的法律法规中明确规定了民族自治地方可以制定变通或补充规定，如《刑法》第 90 条、《妇女权益保障法》第 60 条、《继承法》第 35 条、《婚姻法》第 50 条等，还有少数法律法规规定民族自治地方可以制定实施办法，如《全民所有制工业企业法》第 68 条、《水土保持法》第 41 条等。

〔2〕 参见［法］孟德斯鸠：《论法的精神》（上册），张雁深译，商务印书馆 1997 年版，第 154 页。

健全举报制度和设置网络举报体系，加强信访工作以畅通群众监督渠道，加强舆论监督以切实发挥社会监督作用。

（一）完善权力制约和监督机制

英国经典思想家洛克认为："权力一旦失去法律的约束，它就会偏离它产生和存在的宗旨，人民遭受暴政之苦便不可避免。"[1]这意味着权力在运行的过程中能够给权力主体带来利益、荣誉和地位，因为权力的运行过程实际上就是社会价值的分配过程，国家权力主体如果不能经受住社会价值的考验，如果不加法律的限制，那么国家权力主体就避免不了成为侵犯人们权利的专制工具，同时也会诱发出各种腐败现象。在贵州改革的过程中，随着社会价值观呈现出多元化倾向，随着利益结构的分化与加剧，一些党员干部在使用权力方面如果思想防线不牢固、意志不坚定，就很容易滥用权力，甚至很容易受到权力腐败病毒的感染，甚至跌入腐败的深渊。所以，以权力制约权力、以权利制约权力、以社会制约权力、以法律程序制约权力以及以责任制约权力的体制机制在贵州还需要逐步加强与完善。

（二）强化人大、政协的监督职能

强化人大的监督就是代表人民行使权力，同时也必须把监督工作的开展情况置于人民群众的监督之下。这就需要人大及其常委会把监督的内容和重点通过各种不同的形式随时公布于众，广泛听取人民群众的意见和建议以提高监督决策的民主化水平。强化并健全政协民主监督工作机制至少应考虑建立三方面的制度：一是规范政协参加单位和委员履行民主监督职能的制度；二是支持和保障政协参加单位和委员履行民主监督职能的制度；三是执政党和国家机关吸纳、落实、反馈来自政协意见、批评和建议的制度。同时强化司法监督职能是地方人大行使监督权的一项重要内容，尤其是在随着经济和社会治理结构发生了重大变化的现实情况下，强化地方人大对司法工作的监督对构建和谐社会具有极其重要的作用。因此，完善人大、政协、司法的监督职能也是提升贵州各级政府效能的有效途径。

（三）强化行政复议对行政执法的监督

行政复议作为行政机关内部纠正错误的一种重要监督制度，在保障和监督行政机关依法行使职权保护公民、法人和其他组织的合法权益等方面

[1] 参见［英］洛克：《政府论》（下篇），叶启芳、瞿菊农译，商务印书馆1996年版，第123页。

发挥着十分重要的作用。以行政复议进行行政执法监督更具有操作性，完善了贵州当前的行政监督手段。通过行政复议加强行政执法监督，促进行政机关依法行政和从严治政，对建设廉洁、勤政、务实、高效政府具有重要的价值。由此，如何充分发挥行政复议的监督职能，促进依法行政水平的提高，已成为各级行政复议机关思考的问题：是简单地审理几件行政复议案件来达到个案监督的目的还是以个案审理为手段，通过审理发现执法中的问题，进而普遍加强行政执法规范工作。对此，贵州各级行政复议机关应该把行政复议工作同行政执法规范、行政复议同违法执法责任追究相结合，在充分发挥行政复议的监督职能方面进行探索。只有这样，贵州各级行政机关才能普遍加强行政执法规范工作，才能严格行政执法责任，行政复议的监督作用才能得到较好的发挥，行政执法水平和行政复议质量才能得到提高。

（四）强化审计、监察专项监督职能

加强与纪检监察等部门的联系，提升审计成果利用水平。要建立健全与纪检监察、组织、人事等部门的联系制度，包括定期报告制度、定期沟通制度、定期反馈制度，形成工作合力以加大对审计结果的利用力度和提升审计工作效能。当前，贵州要坚持“依法审计、服务大局、围绕中心、突出重点、求真务实”的工作方针，走“以履行审计监督职责为出发点，以强化审计和审计调查为手段，以提报高层次审计报告和要情为载体，以促进宏观管理与决策为标准，以服务经济社会发展稳定为目标”的审计工作路子，在更高层面和更宽领域发挥审计监督作用，为贵州经济社会又好又快、更好更快的法治建设提供强有力的保障和高水平的服务。把推进法治、维护民生、促进发展作为审计工作的出发点和落脚点，充分发挥审计的建设性作用，使审计机关真正成为人民群众合法利益的维护者、各级领导科学决策的参谋者、各项工作政策改革的促进者、各种经济违规行为的查处者。

（五）加强举报制度和网络举报监督

目前贵州要把学习实施新的行政监察法作为一项重要任务切实抓紧抓好。要加大宣传力度认真组织学习和培训，进一步提高依法履职的能力；要根据修改的内容完善相关配套制度，进一步完善举报制度加强对举报人的保护；要健全政务公开工作机制不断提高工作水平；要依法推行监察工作信息公开，主动接受监督；要加强对新的行政监察法实施情况的检查和指导，确保贯彻落实到位。同时，网络监督是新闻舆论监督的主要形式之一。网络监督的威慑力和影响力越来越大，网络监督反腐呈现出井喷的新局面。网络具有虚拟、开放、互动、及时、高效、便捷和经济等特点，较之其他监督方式网络监督举报的优势更明显：一是网络监督举报更安全；二是网络监督举报更有效；三是网络监督举报抗干扰性更强；四是网络监督举报形式更丰富、说服力更强；五是网络监督举报的线索来源更广泛。依据批评、建议、申诉、控告和检举等监督形式的行使和效应需要，依据媒体监督关涉的不同关系建立健全网络监督机制必须建立以下制度链接：一是要建立人大代表与选区人民群众的网络联系制度；二是要建立上下互连的省、市（地、州）、县、乡、村、社六级人大网站；三是网络监督与网络媒体自律、行业自律和政府管理的制度链接；四是网络监督与司法监督的制度链接。

（六）加强新闻媒体和社会舆论监督

江泽民同志曾认为我们的报纸办得好，可以对我党的路线、方针、政策和任务等起到有力的宣传、贯彻作用，对广大群众起到极大的动员和鼓舞作用，对先进的东西能够起到积极的倡导弘扬作用，对错误的东西能够起到及时的制止和纠正作用。[1]同时邓小平同志也曾说过：“报纸办好了，对领导是最大的帮助。”[2]这意味着国家领导人高度重视新闻媒体在社会发展中的不可替代性作用。在现实生活中，我们要更好地发挥新闻媒体的舆论监督作用，对于新闻媒体客观公正的监督批评和意见建议，只要能提出来，党委政府和主管部门就要及时予以纠正。因此，新闻媒体一定要对错误的东西，对不符合改革大局，不符合人民切身利益，不符合党的路线、方针和政策的东西敢于批评、敢于揭露，真正践行舆论监督。贵州在整个经济社会的发展建设，尤其是“三个建设年”[3]中，应该始终高度重视新闻舆论和社会公众的监督作用，全面有效拓宽社会监督渠道，增强党员干部与群众的沟通，使社会监督成为转变机关作风、促进廉政建设的强心剂，成为提升干部素质、加速赶

〔1〕 江泽民同志于1996年在视察解放军报社时的重要讲话。参见别庆林：“军兵种报纸如何开展舆论监督”，载《军事记者》2004年第6期。

〔2〕 参见《邓小平文选》（第1卷），人民出版社1994年版，第149页。

〔3〕 此处贵州省委、省政府决定从2010年起到2011年底，在全省深入扎实开展作风建设年、环境建设年、项目建设年活动。目的是通过这样一个抓手，增强全省上下的机遇意识、忧患意识、责任意识和主体意识，以作风建设保障发展，以环境建设促进发展，以项目建设带动发展。

超发展的推动剂，成为增进党群干群关系、维护社会和谐的黏合剂。我们应该做到：一是充分发挥全省各级人大的监督作用，将公开内容及时向各级人大报告；二是建立健全省行政机关内部监督机制，把办事结果与事前、事中的民主决策和民主监督结合起来；三是设立公布举报电话、意见箱、政务监督信箱、邮箱，对群众反映的问题及时进行调查处理，并迅速将调查结果反馈给监督人；四是积极接受上级部门对市（地、州）、县、乡、村、社财政预算决算情况和机关基金、资金收支情况定期审计。

七、建立健全与全国同步全面建成小康社会的法律服务机制

社会转型时期经济的快速发展、利益群体的多元化导致了法律服务需求的旺盛和多样化，这就要求构建满足不同人群、不同层次需求的法律服务体系。笔者通过调研分析，仅以黔东南州剑河县干警法律服务活动为例进行说明。2010 年以来，剑河县全县 24 065 万人，227 名政法干警人均走访群众 20 户以上，共走访群众 4551 户，为 412 户 1456 人解决了生产生活困难问题，为弱势群体提供法律援助 15 件，排查出不稳定因素 168 起，调解矛盾纠纷 146 起，其中成功调解 140 起，制止群体性械斗事件 2 起 33 人，制止群体性上访 2 起 24 人，开展法治讲座 56 场，散发法律宣传资料 50 000 份，接受群众法律咨询 2023 人次，协调相关部门为群众办实事 30 件。这些数据说明贵州积极拓展与规范法律服务，对贵州司法行政部门的工作提出了新的要求。

（一）完善法律服务体系

法律服务对于促进城乡经济社会的和谐发展、推进基层法治现代化、维护群众合法权益发挥了不可替代的重要作用。完善法律服务体系的对策主要有以下几点：一是构建整个法律服务体系的多层次、多样化的服务态势。在现有条件下，政府如果限制法律服务所的设立，那么中低收入群体就得不到有效的法律服务，甚至没有法律服务。因此，现阶段必须承认法律服务市场存在不同层次供需的现实，通过明确法律工作者和普通律师各自拥有不同的服务范围和出庭权限，为法律人才进入落后地区，根本解决落后地区法律服务资源短缺和服务水平、服务质量偏低的问题搭建体制平台，构造全方位、多层次、多角度的法律服务体系。二是完善相关立法。明确法律服务工作者的合法身份及其权利职责范围。贵州社会纠纷解决体系中各主体职能的混沌状态，源于社会发展的较低层次和相应简单、低廉的社会需求。但必须强调

的是，农村地区与城市地区所需求的法律服务的差异，绝不是简单的层次高低之分，而是有类型和方式上的重大差异。笔者建议将贵州基层地区基层法律工作者统称为基层律师，明确基层律师的法律地位、权利义务、服务领域、法律限定等，明确其合法身份，使其接受《律师法》的统一规范。三是完善乡镇法律服务所的构建，为基层农村法律服务提供组织保障。首先，加强乡镇法律服务是开展法律服务的立足点；其次，推进“法律进农村”工作，引导群众通过合法途径解决矛盾纠纷；最后，对现有的基层法律工作者要给出路，同时鼓励家在基层的高等院校毕业生报考“基层律师”，在政策上予以扶持。四是设立律师协会理顺管理体制。设立“律师协会”，实行自我管理是法律服务机构有序发展的保证。建议尽快明确法律服务机构和人员的管理归属，充分发挥司法行政机关与行业协会管理的优势。五是抓住重点，规范管理。规范市场竞争主体，重点是实施法律服务市场准入制；规范市场竞争行为，重点要完善信用制度体系；优化法律服务条件，重点是为法律服务主体创造公平的法治环境；拓展法律服务市场，关键是正确引导法律服务。[1]

（二）完善市县乡村社法律顾问领域、方式及功能

经过调查，笔者认为，贵州法律服务工作要以村镇为依托，面向基层、面向社区、面向群众，提供公益性、非营利性法律服务。鼓励律师事务所在正常开展业务的同时，定向为一个或多个乡镇提供法律服务，加大司法救助的扶持力度，倡导律师每年承办一定数量的法律援助案件，组织实习律师为社区提供公益性法律服务，并将此作为考核其能否转为正式律师的重要内容。充分发挥律师在市县乡村社法律顾问中的重大作用。

为有效提高律师工作的积极性，首先必须从基层法律顾问工作的本质出发，充分尊重律师，加强与律师的合作与沟通，增进相互之间的理解和支持。从主观上充分重视律师法律顾问工作，确保律师执业所应有的权利和地位得以体现。其次，还必须加大市、县、乡、村、社法律顾问律师的参与力度。适应建设法治市、县、乡、村、社的需要，对市、县、乡、村、社基层依法行政过程中所涉及的法律事项提供相应的法律服务。让律师不仅仅只为政府提供简单的法律咨询、民事诉讼、陪同领导下访等法律事项。而是从多角度、全方位全程介入法治市、县、乡、村、社基层行政单位的日常工作。建立

[1] 参见王秀鹏：“论完善农村基层法律服务体系”，载《西部科教论坛》2010年第7期。

"市、县、乡、村、社基层法律顾问团"，以律师为主，同时吸收法律教学、法律研究等专业领域的法律专业人才，参与市、县、乡、村、社基层法律顾问工作，共同为市、县、乡、村、社基层提供优质、高效的法律服务。譬如贵州省黔南州瓮安县积极推进县、乡二级政府法律顾问制度建设，聘请常年法律顾问达100%。为了加强基层专职律师的管理，基层政府可建立"基层政府专职律师管理制度"，明确其权利与义务。市、县、乡、村、社顾问律师参与基层法律顾问工作，应得到政府的有力配合，同时应授予市、县、乡、村、社顾问律师一定的查阅、询问、取证等权利，以有效保障基层法律顾问工作的顺利进行。为了有效提高市、县、乡、村、社基层律师工作的积极性、保证工作的质量和效率，可建立市、县、乡、村、社基层法律顾问激励考核机制，以最大限度地发挥市、县、乡、村、社基层顾问律师的工作积极性。同时，建立市、县、乡、村、社基层法律顾问经费制度，这是保障市、县、乡、村、社基层法律顾问顺利开展工作的重要条件之一。律师参与市、县、乡、村、社基层法律顾问工作，为市、县、乡、村、社基层群众提供各项法律服务，还可以增强基层市、县、乡、村、社基层干部群众的法律意识。

八、营造与全国同步全面建成小康社会的良好法治环境

亚里士多德曾言："已成立的法律应该得到人们的普遍服从。人们的普遍服从的法律应该是良好的法律。"[1]建立和完善与国家法律相配套的符合贵州省实际的法律体系，是优化贵州法制环境的重要前提。有了一套完整而又良好的法律法规，才谈得上法律的宣传和教育、遵守和执行的问题。法治是治国理政的基本方式，在全面建成小康社会的整个进程中，法治发挥着非常重要而突出的作用。法治作为社会文明演进的必然选择，不仅是贵州全面建成小康社会的重要内容和重要判断指标，也是贵州全面建成小康社会的社会制度基础和法治保障。要想全面建成小康社会，就必须要建设一个能够保障良性社会秩序的法治环境。

（一）树立科学的法治观念

法治观念的实质是法律至上、依法治国的理念、意识与精神，而这种精

〔1〕［古希腊］亚里士多德：《政治学》，颜一、秦典华译，中国人民大学出版社2009年版，第68页。

神的弘扬则要求小康社会的主流价值观应该是法治，通过提升全民的法治意识、法治思维和法治能力，以达到运用法治方式治国理政、交往互动、行使权力和实现权利的目的。所以，要营造一个良好的法治环境，人民的法律思想观念的转变和创新是至关重要的。首先要树立科学的人本法治思想，其次要培育执法者的法律信仰。法律信仰是人们对法律的态度，达到一种超然的状态和宗教般的虔诚，也就是人民对法所表现出的忠诚意识、神圣崇尚、巨大热情和高度信任，是社会主体在对法的现象理性认识的基础上油然而生的神圣体验，是对法的心悦诚服的认同感和归属感。思想决定行动，有了法律信仰，执政者就会重视法治，执法者就不会僭越法律随意执法，司法者就不会亵渎法律伤害社会公平正义，公民就会自觉守法依法行事。为此，我们结合贵州实际，要培育执法者的公仆意识、守法意识和法律至上意识。最后要加强普法教育。法治是公民的一种生活方式，是公民日常生活的大事。贵州公民的法治教育体系主要是通过制度或法律法规的形式，为贵州公民提供教育服务系统，侧重于提升贵州公民的整体素质，尤其是贵州公民的基础能力素养。邓小平同志指出："法制教育要从娃娃开始，小学，中学都要进行这个教育。"〔1〕法治观念（主要是权利意识、规则意识、公平正义感等）、法治思维必须从小就开始培养，正如公民的道德意识教育一样，应该融入从小学到大学的语文和政治课本里，用古今中外的法治故事、法谚等让孩子们在学习祖国语言文字的同时就开始树立法律信仰，同时将法律常识教育、法治建设的实践实录、法治热点难点讨论、法律专家和法律实务工作者与公民关于法治的互动、法律文库及法律服务指南等均放在网上。培育法治思维，这样才能将法律信仰和法治思维融进民族的血液，这才是法治建设必须具备的土壤。

（二）深化体制改革以塑造健康法治机体

2012年，贵州全面建设小康社会的实现程度为69%，这一数据比全国平均水平落后6年左右。同时，国发2号文件这样概括：贵州是我国西部多民族聚居的省份，也是贫困问题最严重的欠发达省份。一个"最"字道出了贵州历史与现实之际的沧桑。

为此，当前我们要做好以下三个方面的工作：一是大力加强政治体制改革。政治体制改革适应公民参政积极性的提高，有利于调动群众的积极性，

〔1〕秦荣洁："中小学法制教育现状调查与思考"，载《理论前沿》2004年第23期。

营造公平、公正的社会环境，维护社会稳定，推进我国各项事业的发展，反之，无视、甚至压制公民参政积极性的提高，会极大地危害社会、危及政权。我们应该正确实施民族政策，大力支持贵州少数民族地区的发展，扶持贵州民族特色产业，使贵州省各少数民族共同富裕。二是深化经济体制改革。结合贵州省新近出台的《关于深化经济体制改革的意见》，我们应该积极推进国有企业资产资本化、资产证券化、股权多元化，建立健全国企重大资产损失责任追究制度，进一步规范国有产权交易行为。凡是涉及政府投资和使用国有资金的工程项目建设、政府采购、国有产权交易等都要进入招投标市场。统计数据显示，贵州能源资源富集，其中，已累计探明煤炭储量 587 亿吨，居全国第 5 位，素有"江南煤海"之称。[1]为此，贵州省人大常委制定了《贵州省开发区条例》《贵州省个体工商户私营企业条例》《贵州省促进供销合作社发展条例》《贵州省民营科技企业条例》《贵州省扶贫开发条例（草案）》等。这些法规为发展贵州省非公有制经济提供了可靠的法律保障。其中尤其是《贵州省扶贫开发条例（草案）》从形成制度性约束机制的角度，针对扶贫开发规划、扶贫资金管理、扶贫项目管理等环节进行了制度设计，将为促进贵州省打好扶贫攻坚战提供有力的法律依据。三是扩大对外开放。正如邓小平同志指出的："把自己孤立于世界之外是不利的，要得到发展，必须坚持对外开放……我们要继续开放，更加开放。"[2]贵州省经济社会发展滞后，原因是多方面的，最根本的原因之一是对外开放的力度不够。作为与全国同步建成全面小康社会的贵州，其"开放"不仅是对外开放，还要对内开放。对外开放主要是积极参与国际分工，大力吸引省外、国外投资，引进先进的市场理念和管理办法；对内开放主要是消除行政性壁垒，消除地区市场封锁，鼓励民营经济的发展，促进企业优胜劣汰。贵州省委原书记栗战书同志认为，贵州省是典型的内陆山区省份，在一定意义上，贵州开放带来的活力比改革带来的活力还要大。这真可谓一语中的，点到了贵州的软肋。贵州省将更加注重增强改革的自觉性、坚定性、创造性，大胆探索，先行先试，以更大的决心和勇气全面推进各项改革，加快破除一切妨碍科学发展的体制

〔1〕 王新明："2012 年贵州深化经济体制改革意见解析"，载中国行业研究网：http://www.chinairn.com/news，访问日期：2013 年 2 月 14 日。

〔2〕《邓小平文选》（第 3 卷），人民出版社 1993 年版，第 202 页。

机制弊端。加快与西部各省或全国交流互动，携手开发、同舟共济、优势互补，形成“比、学、赶、帮”的良好发展态势。如美国从18世纪末到19世纪初对西部进行了大规模的拓殖和开发，无数土地投机者和种植园奴隶主争先恐后地到西部找黄金，其西部开发经历了从最初的“圈地运动”似的无序状态，到19世纪中叶的政策规范、法制引导的有序阶段，20世纪初的“硅谷”、电子城的规模化发展这样一个渐进式发展的过程，其中优惠政策的招引、人才的蜂拥而至是关键因素。[1]

（三）完善立法体制以搞好依法行政

“人之道在法制，其用在是非。”[2]法治是否完备在于立法体制的健全程度。在贵州省2010年的立法工作中，省政府法制办始终坚持科学、民主、依法立法，在“开门立法”方面进行了积极探索，将《贵州省旅游条例（草案）》《贵州省无线电发射设备销售管理办法（草案）》委托社会力量进行起草。除涉密的地方性法规、规章草案外，其他的法规规章草案都在网上向全社会征求了意见，认真吸纳人民群众提出的合理意见和建议，受到社会各界的一致好评。为加大改革开放的力度，组织翻译了10部省政府规章，规章翻译数量比2009年翻了一番，比前三年平均数增加了200%；进行了立法后评估等制度的探索工作。2011年贵州省人大常委会共审议地方性法规案16件，通过11件，批准贵阳市地方性法规5件，批准制定、修改、废止民族自治地方单行条例、变通规定12件；继续加大法规清理和修改力度，审议通过的法规中包括2件修正案和1件修改决定；我省正着力抓好规范性文件备案审查工作，积极探索和实践立法协调和法规宣传贯彻工作。

围绕全省经济社会发展“十二五”规划，为在新的历史起点上加强法治政府建设，贵州省人民政府出台了《省人民政府关于加强法治政府建设的意见》（黔府发［2011］8号）；省全面推进依法行政工作领导小组办公室制定了《贵州省2011年依法行政工作要点》（黔法办［2011］3号），制定了贵州省省直行政机关、市（州、地）政府（行署）依法行政考核指标和评分标准。依法行政的关键是依法执法。坚持严格执法的关键在于执法者的综合素质和作风状况。执法者要强化宗旨意识，始终铭记自己是人民的公仆，真诚

〔1〕吴大华、徐杰：《西部大开发的法律保障》，民族出版社2001年版，第322页。

〔2〕刘禹锡：《天论》（上）。刘禹锡作《天论》，意在对柳宗元的《天说》作进一步的补充说明。

为人民服务，为社会服务，切实做到执法为民，以实际行动维护党和政府的形象。要提高执行能力，有解决问题、化解矛盾、克服困难的实招，要把执法与服务结合起来，把维护环境和善待群众结合起来，真正做到“上为党委政府分忧，下为群众解愁”。要严肃各项纪律，认真执行执法行为规范，坚决纠正以权谋私等各种不正之风，对徇私枉法、吃拿卡要、粗暴野蛮执法、吃请受礼等侵犯百姓利益的行为，要严肃查处，绝不姑息。贵州省要转变执法方式，创新管理办法。要坚持重心下移，加大巡查力度，及时发现并制止、纠正违法行为，力求将违法行为消灭在萌芽状态，最大限度地避免执法冲突。要尊重当事人的人格，对确需给予处罚的，坚持“先敬礼、再讲理、后处理”的做法，做到态度有诚心，教育有耐心，执法有爱心，从而确保执法工作顺利进行。要坚持疏堵结合，特别是要为流动商贩规范经营创造有利条件，减免他们的税费，切实解决他们的实际困难，让他们不仅在理智上认同执法，且在情感上接受执法。此外，黔西南州、黔东南州、黔南州、毕节市、遵义市、六盘水市等也都通过不同的方式，加强了政府法制机构与队伍建设，秉承严格执法、人性化执法相统一的理念。

（四）逐步培养公平正义的司法环境

司法环境是法治环境的最集中表现，司法环境的核心问题是司法公平正义。强化司法职能是依法治省、改善法治环境的重要保证。故贵州省与全国要同步建成全面小康社会就必须培育公平正义的司法环境。一方面，它审理各类案件会出现在同步建成全面小康社会的进程中，从而保护各种合法权益；另一方面，树立良好的司法形象，能为西部地区的发展提供各种司法保证。

首先，制止司法工作中的地方保护主义。对于贵州些许地方的大企业、创收大户或名牌产品，司法机关易受地方保护主义左右。有的地区，地方保护主义与不正之风融合在一起，使司法信用和司法形象大受贬损。审判工作中的地方保护主义实质是“个人保护主义”，故一定要克服这种倾向。其次重塑司法机关形象。在我省同步实现全面小康的转型期，探讨如何重塑司法形象、提升司法公信力，尤有必要。而当前我省出现的所谓“精品意识、品牌意识，确立营销观念，做好策划、主动出击，积极地宣传自我、推销自我”，其实说白了是司法想掩盖问题，并不是正视自己身上事实存在的某些问题，是为某些司法领导人捞取“政绩”、治标不治本的花拳绣腿式的举措。此种方法与路径根本提升不了司法公信力，也重塑不了司法形象。依笔者之见：要想重塑司法机关形象，一要坦诚对外，二要从严对内，三要建立司法人员、当事人和律师之间的正确关系，四要认真落实错案追究制。这些措施表明，我们一边应坦诚地应对民众，另一边则需要真正地下狠心去从严治警，有问题绝不能掩饰和迁就，没问题该澄清的要及时予以澄清。澄清的最好办法就是公开发布裁判文书，让一些子虚乌有的流言蜚语自生自灭。倘若裁判文书实在是很糟糕，且案件的裁判结果确实错了，该及时纠错的就应当及时纠错；该追究相关责任人责任的也应当及时地追究相关责任人的责任，并将处理结果及时地在网络上公布。这样做，一方面既可以取信于民，而另一方面又可以鞭策、警醒正在想越轨的不良司法官员。如果司法能选择这一方法与路径，其司法形象和司法公信力，定能深入民心。

小　结

毋庸讳言，我国对于贵州与全国同步全面建成小康社会的讨论多数是围绕经济开发进行的，但将贵州与全国同步全面建成小康社会工作纳入法治轨道，依法调整各方关系，实现可持续发展势在必行。这样才能为贵州与全国同步全面建成小康社会提供优质、高效、有力的法治保障。鉴于此，我们除了在立法、行政、司法、民族区域自治的完善、法律监督、法律服务等方面为贵州实现跨越式发展营造良好的法治环境外，还要更加注重基础设施、生态环境、经济结构和产业结构，科技、教育、文化、卫生和引进人才，深化改革、扩大开放等方面的法治保障。

一、基础设施的法治保障

基础设施建设将有效地改变贵州全省的基础设施落后面貌，改善群众的生产生活条件，逐步加快新农村建设和全面建成小康社会的进程。要对高速公路、铁路（含快铁）、机场的修建或扩建，对工程的招标、投标，对土地的征用、房屋的拆迁、工业化城镇化的建设、水利水电等方面的问题提供法律援助，保障各项基础建设工程依法进行，从而确保工程质量。同时，贵州要以饱满的热情、高度的工作责任心和良好的精神风貌投入到服务基础设施的建设工作之中，从而为自身的基础设施建设提供有力的法律保障。

二、经济结构和产业结构的法治保障

贵州应立足发展地方经济，招商引资，进行产业结构调整、土地调整，扶持私营经济、个体经济、合资经济、外资经济，促进老牌工业的改造与更新、新兴产业的大力发展，推动产品的升级换代、科技兴农、牧业发展、农民的增收减负，培植新的科技园以及发展贵州特色产业。如促进电力、煤炭、冶金、有色、化工、装备制造、烟酒、民族制药和特色食品、建材、高新技术等十大产业振兴，加快把贵州建成国家重要的能源基地、资源深加工基地、装备制造业基地、战略性新兴产业基地和优质轻工产品基地等五大基地。为保证产业集群，将大力推进、建成一批具有一定规模、各具特色的产业园区。到2015年，全省工业总产值要达到1万亿元以上，比2010年增加1.5倍，年均增速20%以上。其中，产业园区产值占全省工业总产值的比重要达到50%以上。同时，贵州产业结构的战略性调整升级必须适应与全国同步全面建成小康社会的形势和要求，以市场为导向，强化产业政策的引导作用，解决一产、二产、三产不合理的问题，加强农业的基础地位，加快农业和农村的经济结构调整，大力推进工业经济结构优化升级，增强整体竞争力，逐步拓宽第三产业的发展领域，使贵州的产业结构调整更趋于合理化和高级化。但这些领域的发展在实现的过程中，都会有许多的法律问题和涉法问题需要认真研究和解决，有的需要提供法律咨询，有的需要进行调解或仲裁，有的需要提起诉讼。

三、发展科技、教育、文化、卫生和引进人才的法治保障

贵州要逐步转变文化行政管理部门的职能，促进文化事业和文化产业协调发展。坚持把社会效益放在首位，努力实现社会效益和经济效益的统一。贵州公益性文化事业单位要深化劳动人事、收入分配和社会保障制度改革，健全贵州非物质文化市场体系，建立富有活力的非物质文化产品生产经营体制；完善文化产业政策，增强文化产业的整体竞争力；强化政府公共卫生管理职能，加强公共卫生设施建设，充分利用和整合现有的资源，建立健全疾病信息网络体系、疾病预防控制体系和医疗救治体系，提高公共卫生服务水平和突发性公共卫生事件应急能力；加快城镇医疗卫生体制改革，改善乡村卫生医疗条件，积极建立新型农村合作医疗制度等。

与此同时，贵州要创新人才工作机制，培养、尊重、吸引和用好各类人才。以党政人才、企业经营管理人才和专业技术人才为主体，建设结构合理、素质较高的人才队伍。加强贵州内人才开发，建立促进优秀人才到基层和艰苦地方工作的机制。完善人才激励制度，形成优秀人才脱颖而出和人尽其才的良好环境。对于这些问题的解决，我们既要注意因地制宜，又要以法律作保障，如次才能取得满意的效果。

四、深化改革、扩大开放的法治保障

贵州要通过深化企业改革，进行企业重组，建立和完善适合贵州实际的现代企业制度，优化和健全市场经济，大力发展外贸经济、边际经济。逐步开放市场，刺激消费需求，开展国际技术交流与合作。逐步改变生产关系和上层建筑中不适应经济社会发展的方面和环节，更加有效地配置和利用资源，调整和优化经济结构，转变经济增长方式，真正做到促进城乡、区域、经济社会的协调发展，真正使人民群众共享改革发展成果，促进社会公平正义，建设和谐贵州。在更加开放的新形势下，贵州要着眼于在更大范围、更广领域、更高层次上参与国际经济技术合作和竞争，更好地利用国际国内两个市场、两种资源，实施互利共赢的开放战略。切实转变对外贸易的增长方式，既要继续扩大对外贸易规模，更要优化进出口结构，控制高耗能、高污染和资源性产品的出口，增加先进技术、关键设备和短缺资源的进口。深化涉外经济体制改革，完善促进生产要素跨境流动和优化资源配置的体制与政策，健全对外开放的制度保障。这些经济、社会问题的妥善解决，必定需要法律做后盾，使贵州各方面的建设在一个良好的法治环境中得到快速发展。

五、生态环境的法治保障

按照“在保护中扶贫开发，在扶贫开发中保护”的原则，贵州要搞好土地资源的管理和开发。结合贵州经济发展的实际，随着贵州工业强势战略的启动，环境污染、资源过度开发导致生态失衡等问题在全省范围日趋严重，生物多样性减少 、酸雨蔓延 、森林锐减 、污土地荒漠化 、大气污染、水体污染 、固体废物染等各种环境问题在全省范围内不同程度地出现，并日渐突出，严重威胁到了贵州的可持续发展，生态危机越来越受到社会各界的广泛关注。为此，笔者认为，贵州应该利用生态系统理论、景观和谐理论、协调

发展理论以及生物技术工程、洁化生产线、节能无污工艺等先进技术和手段对环境污染、资源枯竭、废弃物质的净化回收等重大环境问题进行超前预防和综合治理。在治理中注意加强政策和法律的引导。如树立现代生态环保法制观念〔1〕，加快地方生态环保的立法，加大行政执法力度，完善司法救济制度等。

〔1〕 现代生态法制就是要改变以往法律中体现的传统的“人类中心主义”价值观，用人类、社会、自然和谐共处，尊重自然、保护自然的价值观念指导生态法制建设，以科学发展观为统领，以可持续发展为目标，实现人与自然、自然与自然的和谐，逐步确立既遵循自然规律，又遵循社会规律，既能促进经济发展，又能维护好生态环境的社会主义生态环境法律体系。

附 调研工作问卷设计

Appendix

附录一：

《贵州社会治理法治化管理水平调查》工作的问卷调查表

为了深入了解贵州省广大干部群众，近年来对贵州社会治理化法治管理工作的意见和看法，正确分析贵州当前社会治理法治化管理实际，进一步提升贵州社会治理法治化管理水平工作，特组织本次问卷调查。希望通过您的真实回答，使我们了解您所关心、关注的问题，以便为我们开展提升贵州治理社会法治化管理水平研究提供依据。请完全按照自己的理解和想法在合适的答案划“√”。调查问卷采用无记名方式，调查结果仅供笔者研究工作作参考，请不要有任何顾虑。

请您仔细阅读此调查问卷，在合适的“（ ）”中划“√”。

1. 您的年龄

（1）<20（ ）

（2）20~30（ ）

（3）31~40（ ）

（4）41~50（ ）

（5）51~60（ ）

（6）>60（ ）

2. 您的职业

（1）国家公务人员（ ）

(2) 企事业单位工作人员（ ）

(3) 农民（ ）

(4) 自由职业者（ ）

(5) 学生（ ）

3. 您知道“法治化管理”这项工作吗？

(1) 知道（ ）

(2) 不知道（ ）

4. 您认为组织全县各级领导干部学法用法的培训情况如何？

(1) 很好（ ）

(2) 较好（ ）

(3) 一般（ ）

(4) 差（ ）

5. 您认为全县开展各种形式的法制宣传活动的效果如何？

(1) 很好（ ）

(2) 较好（ ）

(3) 一般（ ）

(4) 差（ ）

6. 您县是否组织过法学专家学者深入基层开展法律讲座活动？

(1) 没有（ ）

(2) 有几次（ ）

7. 您县是否组织过全县各级基层群众学法用法培训活动？

(1) 没有（ ）

(2) 有几次（ ）

8. 您县是否开展过县、乡、村、社各级法律服务活动？

(1) 没有（ ）

(2) 有几次（ ）

10. 您县加快行政管理体制改革的情况如何？

(1) 很好（ ）

(2) 较好（ ）

(3) 一般（ ）

(4) 差（ ）

11. 您县执行地方性法律法规的情况如何?
(1) 很好 ( )
(2) 较好 ( )
(3) 一般 ( )
(4) 差 ( )
12. 您认为强化行政机关执法程序化的情况如何?
(1) 很好 ( )
(2) 较好 ( )
(3) 一般 ( )
(4) 差 ( )
13. 您认为政府部门依法行政的情况怎样?
(1) 很好 ( )
(2) 较好 ( )
(3) 一般 ( )
(4) 差 ( )
14. 您认为政务事项公开的途径是否便捷?
(1) 很好 ( )
(2) 较好 ( )
(3) 一般 ( )
(4) 差 ( )
15. 您到政府部门去办事时，对工作人员的态度是否满意?
(1) 满意 ( )
(2) 基本满意 ( )
(3) 不满意 ( )
16. 您认为行政机关是否存在乱收费、乱摊派、乱罚款的现象?
(1) 不存在 ( )
(2) 偶尔 ( )
(3) 存在 ( )
17. 您县对坚持“三个至上”司法指导思想的贯彻落实情况如何?
(1) 很好 ( )
(2) 较好 ( )

(3) 一般（ ）

(4) 差（ ）

18. 您县正确处理法律效果、社会效果与政治效果的统一情况如何？

(1) 满意（ ）

(2) 基本满意（ ）

(3) 不满意（ ）

19. 您县正确处理实体公正与程序公正的关系的情况如何？

(1) 满意（ ）

(2) 基本满意（ ）

(3) 不满意（ ）

20. 您县关于创新司法工作的各种管理制度的情况如何？

(1) 满意（ ）

(2) 基本满意（ ）

(3) 不满意（ ）

21. 您认为司法部门目前存在的主要问题是？

(1) 执法不严（ ）

(2) 办事拖拉（ ）

(3) 态度生硬（ ）

(4) 违法办案（ ）

22. 您认为影响法官公正司法的主要因素是什么？

(1) 人情关系（ ）

(2) 领导干预（ ）

(3) 法官自身素质（ ）

23. 您县是否存在司法执行难的现象？

(1) 不存在（ ）

(2) 存在（ ）

(3) 普遍存在（ ）

24. 您的合法权益受到侵害时，主要通过何种途径解决？

(1) 到法院起诉（ ）

(2) 通过政府解决（ ）

(3) 自行解决（ ）

25. 您对本县政法队伍及其执法工作是否满意？

(1) 满意（　）

(2) 基本满意（　）

(3) 不满意（　）

26 您是否经常参加普法教育？

(1) 经常（　）

(2) 不经常（　）

27. 您县是否正在不断健全和完善基层民主制度？

(1) 是（　）

(2) 不是（　）

28. 您县是否采取措施来提升广大干部群众的法治素养？

(1) 是（　）

(2) 不是（　）

29. 您县是否构建过民主法治示范县、乡、村、社？

(1) 完全落实（　）

(2) 部分落实（　）

(3) 未落实（　）

30. 您县是否正在大力推进城镇社区依法治理工作？

(1) 完全推进（　）

(2) 部分推进（　）

(3) 未推进（　）

31. 您县对组织居（村）委会换届选举情况如何？

(1) 满意（　）

(2) 基本满意（　）

(3) 不满意（　）

32. 您县积极推进基层行政管理体制改革的情况如何？

(1) 完全推进（　）

(2) 部分推进（　）

(3) 未推进（　）

33. 您知道“经济法治”的含义吗？

(1) 知道（　）

(2) 不知道 ( )

34. 您县构建经济法治的各项制度的情况如何?

(1) 满意 ( )

(2) 基本满意 ( )

(3) 不满意 ( )

35. 您县树立并坚持经济法治理念的情况如何?

(1) 满意 ( )

(2) 基本满意 ( )

(3) 不满意 ( )

36. 您县是否正在完善和补充经济立法工作?

(1) 是 ( )

(2) 不是 ( )

37. 您县对完善经济执法和经济司法工作的情况如何?

(1) 满意 ( )

(2) 基本满意 ( )

(3) 不满意 ( )

38. 您县对强化经济法治监督体系的情况如何?

(1) 满意 ( )

(2) 基本满意 ( )

(3) 不满意 ( )

39. 您县是否正在完善基层法律服务体系?

(1) 是 ( )

(2) 不是 ( )

40. 您县对拓展法律服务领域、方式及功能的看法怎样?

(1) 满意 ( )

(2) 基本满意 ( )

(3) 不满意 ( )

41. 您县对规范和健全法律服务市场的态度如何?

(1) 满意 ( )

(2) 基本满意 ( )

(3) 不满意 ( )

42. 您县对健全县、乡、村、社法律援助工作机制的态度怎样?
(1) 很好( )
(2) 较好( )
(3) 一般( )
(4) 差( )
43. 您县对完善县、乡、村、社法律顾问制度的态度如何?
(1) 很好( )
(2) 较好( )
(3) 一般( )
(4) 差( )
44. 您对完善该县权力制约和监督机制的措施情况如何?
(1) 赞成( )
(2) 基本赞成( )
(3) 不赞成( )
45. 您对该县强化人大、政协、司法的监督职能的看法如何?
(1) 满意( )
(2) 基本满意( )
(3) 不满意( )
46. 您对该县进行强化行政复议对行政执法的监督的态度如何?
(1) 赞成( )
(2) 基本赞成( )
(3) 不赞成( )
47. 您对该县强化审计、监察专项监督的态度如何?
(1) 赞成( )
(2) 基本赞成( )
(3) 不赞成( )
48. 您对该县加强举报制度和网络举报监督的情况如何?
(1) 满意( )
(2) 基本满意( )
(3) 不满意( )

49. 您对加强新闻媒体和社会舆论监督的看法如何?
(1) 好( )
(2) 不好( )
50. 您所在单位对养老、医疗、工伤、生育、失业等保险是否落实?
(1) 完全落实( )
(2) 部分落实( )
(3) 未落实( )
51. 您所在的单位(部门)政务(厂务、村务)公开情况怎样?
(1) 很好( )
(2) 较好( )
(3) 一般( )
(4) 差( )
52. 您认为提升您县法治化管理水平方面最需要解决的问题是?
(1) 组织人大代表旁听案件庭审等形式,促进司法公正高效。( )
(2) 打造“阳光政府”,促进权利规范、透明、高效运行。( )
(3) 加大对教育乱收费的治理力度,规范教育收费。( )
(4) 解决污染扰民问题,改善区域环境质量。( )
(5) 积极实施农民健康工程,着力解决农民“看病难”“看病贵”问题。( )
(6) 对失地农民实施社会保障制度,坚决纠正拖欠农民工工资现象。( )
(7) 加强安全生产综合监管力度,遏制安全生产事故发生。( )
(8) 严厉打击各类违法犯罪,维护社会稳定。( )
(9) 深入开展法制宣传教育,提高全民法律素质。( )
(10) 及时化解各类矛盾纠纷,集中处理突出信访问题。( )
(11) 其他相关建议:

附录二：

《"法治贵州"构建：理念、途径及举措调查》工作的问卷调查100题

为了深入了解贵州省广大干部群众，近年来对贵州经济社会发展过程中的"法治贵州"构建工作的意见和看法，正确分析贵州当前社会法治化管理实际，进一步加强"法治贵州"构建工作，特组织本次问卷调查。希望通过您的真实回答，使笔者成员了解您所关心、关注的问题，以便为笔者开展"法治贵州"构建：理念、途径及举措研究提供依据。请完全按照自己的理解和想法在合适的答案划"√"。调查问卷采用无记名方式，调查结果仅为笔者研究工作作参考，请不要有任何顾虑。

请您仔细阅读此调查问卷，在合适的"（　）"中划"√"。

1. 您的年龄

（1）<20（　）

（2）20~30（　）

（3）31~40（　）

（4）41~50（　）

（5）51~60（　）

（6）>60（　）

2. 您的工作性质

（1）国家公务人员（　）

（2）企事业单位工作人员（　）

（3）农民（　）

（4）自由职业者（　）

（5）学生（　）

3. 您知道"法治贵州"构建"这项工作吗？

（1）知道（　）

（2）不知道（　）

4. 您知道“法治贵州”的科学内涵吗？

（1）知道（ ）

（2）不知道（ ）

5. 您知道“法治贵州”的基本特征吗？

（1）知道（ ）

（2）不知道（ ）

6. 您知道社会主义法治理念的内容吗？

（1）知道（ ）

（2）不知道（ ）

7. 您知道社会自治功能的内容吗？

（1）知道（ ）

（2）不知道（ ）

8. 您知道“遵循法律调整的谦抑性规律”吗？

（1）知道（ ）

（2）不知道（ ）

9. 您知道“法治贵州”构建的总体要求吗？

（1）知道（ ）

（2）不知道（ ）

10. 您知道“法治贵州”构建的主要任务吗？

（1）知道（ ）

（2）不知道（ ）

11. 您知道“营造法治文化氛围”的措施吗？

（1）知道（ ）

（2）不知道（ ）

12. 您认为组织全省（市、县、区、乡）各级领导干部学法用法培训情况如何？

（1）很好（ ）

（2）较好（ ）

（3）一般（ ）

（4）差（ ）

13. 您认为全省（市、县、区、乡、村、社）开展各种形式的法制宣传活动的效果如何？

（1）很好（　）

（2）较好（　）

（3）一般（　）

（4）差（　）

14. 您省（市、县、区、乡、村、社）是否组织过法学专家学者深入基层开展法律讲座活动？

（1）没有（　）

（2）有几次（　）

15. 您省（市、县、区、乡、村、社）是否组织过全省（市、县、区、乡、村、社）各级基层群众学法用法培训活动？

（1）没有（　）

（2）有几次（　）

16. 您省（市、县、区、乡、村、社）是否开展过各级法律服务活动？

（1）没有（　）

（2）有几次（　）

17. 您省（市、县、区、乡）加快行政管理体制改革的情况如何？

（1）很好（　）

（2）较好（　）

（3）一般（　）

（4）差（　）

18. 您省（市、县、区、乡、村、社）执行地方性法律法规的情况如何？

（1）很好（　）

（2）较好（　）

（3）一般（　）

（4）差（　）

19. 您认为强化行政机关执法程序化情况如何？

（1）很好（　）

（2）较好（　）

（3）一般（　）

（4）差（ ）

20. 您认为政府部门依法行政的情况怎样?

（1）很好（ ）

（2）较好（ ）

（3）一般（ ）

（4）差（ ）

21. 您认为政务事项公开的途径是否便捷?

（1）很好（ ）

（2）较好（ ）

（3）一般（ ）

（4）差（ ）

15. 您到政府部门去办事时，对工作人员的态度是否满意?

（1）满意（ ）

（2）基本满意（ ）

（3）不满意（ ）

22. 您认为行政机关是否存在乱收费、乱摊派、乱罚款的现象?

（1）不存在（ ）

（2）偶尔（ ）

（3）存在（ ）

23. 您省（市、县、区、乡、村、社）对坚持“阳光司法”的贯彻落实情况如何?

（1）很好（ ）

（2）较好（ ）

（3）一般（ ）

（4）差（ ）

24. 您省（市、县、区、乡）构建法治诚信服务型政府情况如何?

（1）满意（ ）

（2）基本满意（ ）

（3）不满意（ ）

25. 您省（市、县、区）正确处理实体公正与程序公正的关系的情况如何?

（1）满意（ ）

(2) 基本满意（　）

(3) 不满意（　）

26. 您省（市、县、区）关于创新司法工作的各种管理制度情况如何？

(1) 满意（　）

(2) 基本满意（　）

(3) 不满意（　）

27. 您认为开展基层多领域的依法治理工作情况如何？

(1) 满意（　）

(2) 基本满意（　）

(3) 不满意（　）

28. 您认为影响法官公正司法的主要因素是什么？

(1) 人情关系（　）

(2) 领导干预（　）

(3) 法官自身素质（　）

29. 您是否了解我国现行宪法的内容？

(1) 知道（　）

(2) 不知道（　）

30. 你知道依法治国的基本要求是什么吗？

(1) 知道（　）

(2) 不知道（　）

31. 您期望依法治省（市、县、区、乡、村、社）的最好结果是什么？

(1) 满意（　）

(2) 基本满意（　）

(3) 不满意（　）

32. 您知道“社会治理”的含义吗？

(1) 知道（　）

(2) 不知道（　）

33. 您知道“社区矫正”的含义吗？

(1) 知道（　）

(2) 不知道（　）

34. 您知道“生态法治”的含义吗?
(1) 知道( )
(2) 不知道( )
35. 您省(市、县、区、乡、村、社)机关工作人员工作情况如何?
(1) 执法不严( )
(2) 办事拖拉( )
(3) 态度生硬( )
(4) 违法办案( )
36. 您省(市、县、区、乡)是否存在司法执行难的现象?
(1) 不存在( )
(2) 存在( )
(3) 普遍存在( )
37. 您的合法权益受到侵害时,主要通过何种途径解决?
(1) 到法院起诉( )
(2) 信访( )
(3) 调解( )
(4) 到政府
38. 您对本省(市、县、区、乡)政法队伍及其执法工作是否满意?
(1) 满意( )
(2) 基本满意( )
(3) 不满意( )
39. 您是否经常参加普法教育?
(1) 经常( )
(2) 不经常( )
40. 您县(区、乡、村、社)是否正在不断健全和完善基层民主制度?
(1) 是( )
(2) 不是( )
41. 您县(区、乡、村、社)是否采取措施来提升广大干部群众的法治素养?
(1) 是( )
(2) 不是( )

42. 您省（市、县、区）是否构建过民主法治示范县、乡、村、社？

（1）完全落实（　）

（2）部分落实（　）

（3）未落实（　）

43. 您省（市、县、区）是否正在大力推进城镇社区依法治理工作？

（1）完全推进（　）

（2）部分推进（　）

（3）未推进（　）

44. 您省（市、县、区、乡、村、社）对组织居（村）委会换届选举情况如何？

（1）满意（　）

（2）基本满意（　）

（3）不满意（　）

45. 您省（市、县、区、乡）积极推进基层行政管理体制改革的情况如何？

（1）完全推进（　）

（2）部分推进（　）

（3）未推进（　）

46. 您知道"经济法治"的含义吗？

（1）知道（　）

（2）不知道（　）

47. 您省（市、县、区、乡）构建经济法治的各项制度的情况如何？

（1）满意（　）

（2）基本满意（　）

（3）不满意（　）

48. 您省（市、县、区、乡）树立并坚持经济法治理念的情况如何？

（1）满意（　）

（2）基本满意（　）

（3）不满意（　）

49. 您省（市、县、区）是否正在完善和补充经济立法工作？

（1）是（　）

(2) 不是( )

50. 您省(市、县、区)对完善经济执法和经济司法工作的情况如何?

(1) 满意( )

(2) 基本满意( )

(3) 不满意( )

51. 您省(市、县、区)对强化经济法治监督体系情况如何?

(1) 满意( )

(2) 基本满意( )

(3) 不满意( )

52. 您省(市、县、区)是否正在完善基层法律服务体系?

(1) 是( )

(2) 不是( )

53. 您省(市、县、区)对拓展法律服务领域、方式及功能的看法怎样?

(1) 满意( )

(2) 基本满意( )

(3) 不满意( )

54. 您有没有听说过立法征求人民意见的事?

(1) 没有( )

(2) 从来没有( )

55. 您省(市、县、区)对规范和健全法律服务市场的态度如何?

(1) 满意( )

(2) 基本满意( )

(3) 不满意( )

56. 您省(市、县、区)对健全县、乡、村、社法律援助工作机制的态度怎样?

(1) 很好( )

(2) 较好( )

(3) 一般( )

(4) 差( )

57. 您省(市、县、区)对完善县、乡、村、社法律顾问制度的态度如何?

(1) 很好( )

（2）较好（ ）

（3）一般（ ）

（4）差（ ）

58. 您对完善该省（市、县、区、乡、村、社）权力制约和监督机制的措施情况如何？

（1）赞成（ ）

（2）基本赞成（ ）

（3）不赞成（ ）

59. 您对该省（市、县、区、乡、村、社）强化人大、政协、司法的监督职能的看法如何？

（1）满意（ ）

（2）基本满意（ ）

（3）不满意（ ）

60. 您对该省（市、县、区）进行强化行政复议对行政执法的监督的态度如何？

（1）赞成（ ）

（2）基本赞成（ ）

（3）不赞成（ ）

61. 您对该省（市、县、区）强化审计、监察专项监督的态度如何？

（1）赞成（ ）

（2）基本赞成（ ）

（3）不赞成（ ）

62. 您对该省（市、县、区）加强举报制度和网络举报监督的情况如何？

（1）满意（ ）

（2）基本满意（ ）

（3）不满意（ ）

63. 您对加强新闻媒体和社会舆论监督的看法如何？

（1）好（ ）

（2）不好（ ）

64. 您所在单位对养老、医疗、工伤、生育、失业等保险是否落实？

（1）完全落实（ ）

（2）部分落实（ ）

（3）未落实（ ）

65. 您所在的单位（部门）政务（厂务、村务）公开情况怎样？

（1）很好（ ）

（2）较好（ ）

（3）一般（ ）

（4）差（ ）

66. 您认为您所在的省（市、县、区）的法制建设近几年的总体发展状况如何

（1）很好（ ）

（2）较好（ ）

（3）一般（ ）

（4）差（ ）

67. 有人说“个别城市抓法治，经济上会吃亏”，您认为呢？

（1）赞成（ ）

（2）基本赞成（ ）

（3）不赞成（ ）

68. 您对您所在的省（市、县、区）的廉政建设有什么看法如何？

（1）满意（ ）

（2）基本满意（ ）

（3）不满意（ ）

69. 有人说“干部任免中的腐败是最严重的腐败”，您认为呢？

（1）赞成（ ）

（2）基本赞成（ ）

（3）不赞成（ ）

70. 您所在的省（市、县、区）有无干预法院审理案件的情况？

（1）有（ ）

（2）没有（ ）

71. 您所在的省（市、县、区））人大代表是否真正反映了群众意见？

（1）有（ ）

（2）没有（ ）

72. 您对该省（市、县、区）“法律六进”的态度如何？

（1）满意（ ）

（2）基本满意（ ）

（3）不满意（ ）

73. 有人说“依法治省是官员的事，与群众无关”，您认为呢？

（1）有关系（ ）

（2）没有关系（ ）

74. 创新机制从“运动型”到“常态化”，您认为可行吗？

（1）可行（ ）

（2）不可行（ ）

75. 组织人大代表旁听案件庭审等形式，促进司法公正高效。您认为可行吗？

（1）可行（ ）

（2）不可行（ ）

76. 打造“阳光政府”，促进权利规范、透明、高效运行。您认为可行吗？

（1）可行（ ）

（2）不可行（ ）

77. 加大对教育乱收费的治理力度，规范教育收费。您认为可行吗？

（1）可行（ ）

（2）不可行（ ）

78. 解决污染扰民问题，改善区域环境质量。您认为可行吗？

（1）可行（ ）

（2）不可行（ ）

79. 积极实施农民健康工程，着力解决农民“看病难”“看病贵”问题。您认为可行吗？

（1）可行（ ）

（2）不可行（ ）

80. 您对“失地农民实施社会保障制度，坚决纠正拖欠农民工工资现象”态度如何？

（1）满意（ ）

(2) 基本满意 ( )

(3) 不满意 ( )

81. 您对当前加强安全生产综合监管力度，遏制安全生产事故发生满意吗?

(1) 满意 ( )

(2) 基本满意 ( )

(3) 不满意 ( )

82. 您对“严厉打击各类违法犯罪，维护社会稳定和维护个人稳定”方面的态度如何?

(1) 满意 ( )

(2) 基本满意 ( )

(3) 不满意 ( )

83. 您认为我省目前“深入开展法制宣传教育，提高全民法律素质”可行吗?

(1) 可行 ( )

(2) 不可行 ( )

84. 您对当前“及时化解各类矛盾纠纷，集中处理突出信访问题”的态度如何?

(1) 满意 ( )

(2) 基本满意 ( )

(3) 不满意 ( )

85. 您了解“依法行政的本质”是什么吗? ( )

(1) 了解 ( )

(2) 不了解 ( )

86. 下列那些情形国家不承担赔偿责任?

(1) 行政机关在实施罚款、吊销许可证、责令停产停业、没收财务等行政处罚时有违法行为 ( )

(2) 行政机关工作人员与行使职权无关的个人行为 ( )

(3) 因公民、法人和其他组织自己的行为致使损害发生 ( )

(4) 行政机关违反国家规定征收财物 ( )

87. 您认为法制宣传教育在社会生活中的作用?

(1) 非常重要 ( )

(2) 重要（　）
(3) 一般（　）
(4) 不重要（　）
88. 您认为现在干部群众的法律素质与以前相比？
(1) 有了很大提高（　）
(2) 基本没变化（　）
(3) 不如以前（　）
89. 在解决矛盾纠纷的过程中，您对哪种办法比较欣赏？
(1) 遵循“和为贵”或以讲道理的办法说服矛盾双方（　）
(2) 法、情、理相结合（　）
(3) 依据法律规定说服当事人（　）
(4) 直接通过法律途径解决（　）
90. 您对您单位依法治理的评价是：
(1) 能够依法办事（　）
(2) 基本做到依法办事（　）
(3) 不依法办事的现象还很多（　）
(4) 基本没有实现依法办事（　）
91. 您对当前“创新社会管理体制”满意吗？
(1) 满意（　）
(2) 基本满意（　）
(3) 不满意（　）
92. 您对当前“发展和规范社会组织”的态度如何？
(1) 满意（　）
(2) 基本满意（　）
(3) 不满意（　）
93. 您对当前“畅通社情民意表达渠道”的态度如何？
(1) 满意（　）
(2) 基本满意（　）
(3) 不满意（　）
94. 您对当前“健全公民权益保障和利益协调机制”的态度如何？
(1) 满意（　）

(2) 基本满意( )
(3) 不满意( )
95. 您赞成当前“应及时健全完善多元化的矛盾纠纷解决机制”吗?
(1) 赞成( )
(2) 基本赞成( )
(3) 不赞成( )
96. 您赞成当前“应及时加强和完善社会治安防控体系”吗?
(1) 赞成( )
(2) 基本赞成( )
(3) 不赞成( )
97. 您认为“省委统一领导‘法治贵州’构建工作”可行吗?
(1) 可行( )
(2) 不可行( )
98. 您认为“健全社会协调互动的工作机制”重要吗?
(1) 重要( )
(2) 不重要( )
99. 您认为“建立健全覆盖全省的责任体制”重要吗?
(1) 重要( )
(2) 不重要( )
100. 您对“法治贵州”创建的调查研究机制的设计态度如何?
(1) 满意( )
(2) 基本满意( )
(3) 不满意( )
其他方面的建议:

附录三：

《全面小康社会语境下的法治贵州建设调查》工作的问卷调查46题

为了深入了解贵州省广大干部群众，近年来对贵州与全国同步全面建成小康社会过程中的法制保障工作的意见和看法，正确分析贵州经济社会的发展实际，进一步加强贵州当前实现同步全面建成小康社会的工作，特组织本次问卷调查。希望通过您的真实回答，使笔者成员了解您所关心、关注的问题，以便为笔者开展《贵州与全国同步全面建成小康社会的法治保障》研究提供依据。请您完全按照自己的理解和想法在合适的答案划“√”。调查问卷采用无记名方式，调查结果仅为笔者的研究工作作参考，请不要有任何顾虑。

请您仔细阅读此调查问卷，在合适的“（ ）”中划“√”。

1. 您的年龄

（1）>20（ ）

（2）20~30（ ）

（3）31~40（ ）

（4）41~50（ ）

（5）51~60（ ）

（6）>60（ ）

2. 您的工作性质

（1）国家公务人员（ ）

（2）企事业单位工作人员（ ）

（3）农民（ ）

（4）自由职业者（ ）

（5）学生（ ）

3. 您知道我省正在开展“与全国同步全面建成小康社会”这项工作吗？

（1）知道（ ）

(2) 不知道 ( )

4. 您知道“全面小康社会”的科学内涵吗?

(1) 知道 ( )

(2) 不知道 ( )

5. 您知道我国现在达到的全面小康情况是:

(1) 低水平的 ( )

(2) 不全面的 ( )

(3) 发展很不平衡的 ( )

(4) 不稳定的 ( )

6. 您知道“贵州省当前全面建成小康社会的现实状况”吗?

(1) 知道 ( )

(2) 不知道 ( )

7. 您认为“构建全面小康社会需要有法治保障”吗?

(1) 需要 ( )

(2) 不需要 ( )

8. 您知道“我省已经审议并通过了《贵州省扶贫开发条例》”吗?

(1) 知道 ( )

(2) 不知道 ( )

9. 您知道“《贵州省扶贫开发条例》”的主要内容吗?

(1) 知道 ( )

(2) 不知道 ( )

10. “没有农村的小康，特别是没有贫困地区的小康，就没有全面建成小康社会”您知道这是谁强调的思想?

(1) 江泽民 ( )

(2) 胡锦涛 ( )

(3) 习近平 ( )

11. 贵州省在创建全国扶贫开发攻坚示范区的法律实践中，有针对性地做出了许多创新性规定，体现出了鲜明的贵州特色，这些特色主要包括哪些内容?

(1) 减贫摘帽法定化 ( )

(2) 资源要素整合法定化 ( )

（3）贫困影响评估法定化（　）

（4）实施主体法定化（　）

（5）资金项目监管法定化（　）

12. 当前，我省正处在加快发展、加快转型、推动跨越的关键时期，《贵州省扶贫开发条例》针对我省扶贫开发工作中存在的突出问题，明确了相应的制度性措施？

（1）强化扶贫攻坚的组织保障（　）

（2）强化构建大扶贫工作格局（　）

（3）我省要建立以《条例》为龙头，以规章为支撑，以若干规范性文件为框架的法规政策体系（　）

（4）在我省省委、省政府的领导下，不断完善扶贫开发法律实施监督制度，真正做到“有法可依、有法必依、执法必严、违法必究”（　）

13. 当前，我省建成小康必须突破的瓶颈问题是哪些？

（1）突破观念瓶颈（　）

（2）突破人才瓶颈（　）

（3）突破产业瓶颈（　）

（4）突破基础瓶颈（　）

14. 您认为“全面建成小康社会的号角已经吹响，关键是要树立起攻坚克难的坚定信心，凝聚起推进事业的强大力量，紧紧依靠全国各族人民，推动党和国家事业不断从胜利走向新的胜利。”这是谁的思想？

（1）江泽民（　）

（2）胡锦涛（　）

（3）习近平（　）

15. 您认为行政机关是否存在乱收费、乱摊派、乱罚款的现象？

（1）不存在（　）

（2）偶尔（　）

（3）存在（　）

16. 我省（市、县）正确处理实体公正与程序公正的关系的情况如何？

（1）满意（　）

（2）基本满意（　）

（3）不满意（　）

17. 我省（市、县）关于创新司法工作的各种管理制度情况如何？
（1）满意（ ）
（2）基本满意（ ）
（3）不满意（ ）
18. 您认为我省开展基层多领域的依法治理工作情况如何？
（1）满意（ ）
（2）基本满意（ ）
（3）不满意（ ）
19. 您知道“生态法治”的含义吗？
（1）知道（ ）
（2）不知道（ ）
20. 我省（市、县、乡、村、社）机关工作人员的工作情况如何？
（1）执法不严（ ）
（2）办事拖拉（ ）
（3）态度生硬（ ）
（4）违法办案（ ）
21. 您的合法权益受到侵害时，主要通过何种途径解决？
（1）到法院起诉（ ）
（2）信访（ ）
（3）调解（ ）
（4）到政府
22. 我省（市、县、乡、村、社）是否正在不断健全和完善基层民主制度？
（1）是（ ）
（2）不是（ ）
23. 我省（市、县、乡、村、社）是否采取措施来提升广大干部群众的法治素养？
（1）是（ ）
（2）不是（ ）
24. 我省（市、县、乡、村、社）是否构建过民主法治示范县、乡、村、社？

(1) 完全落实（　）

(2) 部分落实（　）

(3) 未落实（　）

25. 我省（市、县、乡、村、社）是否正在大力推进城镇社区依法治理工作？

(1) 完全推进（　）

(2) 部分推进（　）

(3) 未推进（　）

26. 我省（市、县、乡、村、社）对组织居（村）委会换届选举情况如何？

(1) 满意（　）

(2) 基本满意（　）

(3) 不满意（　）

34. 我省（市、县、乡、村、社）是否正在完善和补充经济立法工作？

(1) 是（　）

(2) 不是（　）

27. 我省（市、县、区、乡、村、社）对强化经济法治监督体系情况如何？

(1) 满意（　）

(2) 基本满意（　）

(3) 不满意（　）

28. 您省（市、县）是否正在完善基层法律服务体系？

(1) 是（　）

(2) 不是（　）

29. 我省（市、县、乡、村、社）对规范和健全法律服务市场的态度如何？

(1) 满意（　）

(2) 基本满意（　）

(3) 不满意（　）

30. 我省（市、县、乡、村、社）对完善县、乡、村、社法律顾问制度的态度如何？

(1) 很好（　）

(2) 较好 ( )

(3) 一般 ( )

(4) 差 ( )

31. 您对该省(市、县、乡、村、社)强化人大、政协、司法的监督职能的看法如何?

(1) 满意 ( )

(2) 基本满意 ( )

(3) 不满意 ( )

32. 您对该省(市、县)加强举报制度和网络举报监督的情况如何?

(1) 满意 ( )

(2) 基本满意 ( )

(3) 不满意 ( )

33. 您对加强新闻媒体和社会舆论监督的看法如何?

(1) 好 ( )

(2) 不好 ( )

34. 您所在单位对养老、医疗、工伤、生育、失业等保险是否落实?

(1) 完全落实 ( )

(2) 部分落实 ( )

(3) 未落实 ( )

35. 您认为您所在的省(市、县、乡、村、社)的法制建设近几年的总体发展状况如何?

(1) 很好 ( )

(2) 较好 ( )

(3) 一般 ( )

(4) 差 ( )

36. 有人说"个别城市抓法治,经济上会吃亏",您认为呢?

(1) 赞成 ( )

(2) 基本赞成 ( )

(3) 不赞成 ( )

37. 您所在的省(市、县)有无干预法院审理案件的情况?

(1) 有 ( )

(2) 没有（　）

38. 您所在的省（市、县）人大代表是否真正反映了群众意见？

(1) 有（　）

(2) 没有（　）

39. 解决污染扰民问题，改善区域环境质量。您认为可行吗？

(1) 可行（　）

(2) 不可行（　）

40. 积极实施农民健康工程，着力解决农民“看病难”“看病贵”问题。您认为可行吗？

(1) 可行（　）

(2) 不可行（　）

41. 您对“失地农民实施社会保障制度，坚决纠正拖欠农民工工资现象”态度如何？

(1) 满意（　）

(2) 基本满意（　）

(3) 不满意（　）

42. 您认为现在干部群众的法律素质与以前相比？

(1) 有了很大提高（　）

(2) 基本没变化（　）

(3) 不如以前（　）

43. 您对您所在单位依法治理的评价是：

(1) 能够依法办事（　）

(2) 基本做到依法办事（　）

(3) 不依法办事的现象还很多（　）

(4) 基本没有实现依法办事（　）

44. 您对“我省当前畅通社情民意表达渠道”的态度如何？

(1) 满意（　）

(2) 基本满意（　）

(3) 不满意（　）

45. 您对“当前健全我省公民权益保障和利益协调机制”的态度如何？

(1) 满意（　）

（2）基本满意（ ）

（3）不满意（ ）

46. 您赞成“当前应及时健全完善我省多元化的矛盾纠纷解决机制”吗？

（1）赞成（ ）

（2）基本赞成（ ）

（3）不赞成（ ）

47. 其他方面的建议：

附录四：

《法治贵州与生态环境纠纷多元解决机制调查》工作的问卷调查44题

为了深入了解贵州省广大干部群众，近年来对贵州生态文明建设领域中环境纠纷多元解决机制研究工作的意见和看法，正确分析贵州经济社会的发展实际，进一步加强贵州当前的生态环保工作，特组织本次问卷调查。希望通过您的真实回答，使笔者成员了解您所关心、关注的问题，以便为笔者开展《贵州生态文明建设领域中环境纠纷多元解决机制研究》提供依据。请那您完全按照自己的理解和想法在合适的答案划“√”。调查问卷采用无记名方式，调查结果仅供笔者的研究工作作参考，请不要有任何顾虑。

请您仔细阅读此调查问卷，在合适的“（　）”中划“√”。

1. 您所居住村子是：＿＿＿＿＿＿

2. 您认为您所居住的村子周围的环境状况如何？

（1）很好（　）

（2）好（　）

（3）一般（　）

（4）较差（　）

（5）极差（　）

3. 您认为您所居住的村子近年来的环境质量变化如何？

（1）基本无变化（　）

（2）逐渐改善（　）

（3）逐渐恶化（　）

4. 您认为您所居住的村子环境存在着哪些突出问题？

（1）人畜粪便随处可见（　）

（2）化学肥料和农药污染（　）

（3）生活垃圾到处乱扔（　）

(4) 春秋季节焚烧秸秆 ( )

(5) 燃放烟花爆竹 ( )

(6) 其他 ( )

5. 您所居住的村子附近是否有工业场所?

(1) 有 ( )

(2) 没有 ( )

(3) 不清楚 ( )

6. 您居住的范围1000米内的大致有多少个垃圾桶?(没有可不填)

________个

7. 现阶段您最关心的是哪方面环境污染问题?

(1) 水污染 ( )

(2) 空气污染 ( )

(3) 噪音污染 ( )

(4) 土地污染 ( )

(5) 其他污染 ( )

8. 您的家庭在过去五年中遇到过多少次环境纠纷?(没有可不填)

________次

9. 发生纠纷的主要类型有哪些?

(1) 水污染纠纷 ( )

(2) 空气污染纠纷 ( )

(3) 噪音污染纠纷 ( )

(4) 工厂排放物污染 ( )

(5) 垃圾污染纠纷 ( )

(6) 土地污染纠纷 ( )

(7) 其他污染纠纷 ( )

10. 遇到环境纠纷时您所选择的解决方式会是?

(1) 向法院起诉 ( )

(2) 通过第三方或相关行政部门解决 ( )

(3) 会忍一忍 ( )

(4) 找对方协商 ( )

11. 您对纠纷处理的结果是否满意？
（1）满意（　）
（2）一般满意（　）
（3）不满意（　）
（4）极不满意（　）
12. 您有否通过仲裁的方式解决环境纠纷？
（1）有（　）
（2）没有（　）
13. 您觉得行政部门处理纠纷的效率如何？
（1）效率高（　）
（2）效率一般（　）
（3）效率低（　）
14. 您认为应该怎么样才能更快更好的解决环境纠纷？
（1）提高调解人员业务能力（　）
（2）提高村民环保意识（　）
（3）提高弱势受害方的法律保护（　）
（4）其他意见________________
15. 您知道我省正在开展“贵州生态环境纠纷多元解决机制构建”这项工作吗？
（1）知道（　）
（2）不知道（　）
16. 您知道“贵州生态环境”的科学内涵吗？
（1）知道（　）
（2）不知道（　）
17. 您知道贵州省现在达到的生态环境状况满意度是：
（1）低水平的（　）
（2）不全面的（　）
（3）发展很不平衡的（　）
（4）不稳定的（　）
18. 您知道“贵州省当前生态环境纠纷多元解决机制构建的现实状况”吗？

（1）知道（　）

（2）不知道（　）

19. 您认为“构建贵州省生态环境纠纷多元解决机制需要法治保障”吗？

（1）需要（　）

（2）不需要（　）

20. 您知道“我省已经审议并通过了《贵阳市促进生态文明建设条例》”吗？

（1）知道（　）

（2）不知道（　）

21. 您知道“《贵阳市促进生态文明建设条例》”的主要内容吗？

（1）知道（　）

（2）不知道（　）

22. 您知道“多元化纠纷解决机制是由各种纠纷解决方式所组成的系统，其内容应包括诉讼解决机制和非诉解决机制”？

（1）知道（　）

（2）不知道（　）

23. 多元化纠纷解决机制是由各种纠纷解决方式组成的系统，其内容应包括诉讼解决机制和非诉解决机制，多元化纠纷解决机制中“非诉机制的方式”包括哪些内容？

（1）协商（　）

（2）调解（　）

（3）仲裁（　）

（4）行政处理（　）

（5）人民投诉和国家公诉（　）

24. 当前贵州地表自然形态数据库显示的具体内容，您认为应该包含哪些内容？

（1）贵州平均坡度值为17.78%，6°以下平缓地仅占全省总面积的13.5%，15°以上的陡坡占全省总面积的59.6%。（　）

（2）全省平均海拔为1110米，海拔500米以下的地面仅占个省总面积的4.57%，全省山丘面积比重大，占全省总面积的92.5%，山间平地仅占7.5%，是全国唯一没有平原支撑的省份。（　）

(3) 全省由于喀斯特面积所占比重大，大部分地区河网密度每平方千米不足500米，大大低于周边邻省地区。(　)

(4) 贵州是东亚喀斯特发育的中心，喀斯特类型复杂，形态齐全，集中分布面积大，其出露面积占到全省总面积的61.9%，在全国独一无二，是典型的喀斯特“博物馆”。(　)

25. 当前，贵州省构建生态纠纷多元解决机制必须突破的瓶颈问题是哪些?

(1) 突破观念瓶颈 (　)

(2) 突破人才瓶颈 (　)

(3) 突破产业瓶颈 (　)

(4) 突破经济瓶颈 (　)

26. 您认为“贵阳市中院和清镇市人民法院成立了专门的环保法庭”的重要意义表现在?

(1) 作为全国首家环保法庭，贵阳环保法庭的设立具有重要意义。(　)

(2) 这不仅是对环境问题司法化进行的有益的、能动的探索，也在诉讼措施、生态环境的恢复措施方面进行了大刀阔斧的改革。(　)

(3) 相关措施不断地推陈出新，对贵州省环境纠纷的高效处理，对生态资源的及时恢复起到了积极的作用。(　)

(4) 在全国范围内引起巨大反响，也对国内其他地区环境问题的解决作出了积极的示范作用。(　)

27. 您认为贵阳清镇市环保法庭对相关诉讼措施的有益探索主要体现在哪些方面?

(1) 环保法庭贯彻恢复性司法的理念，不仅强调对被告的刑事、经济处罚，更要求其用实际行动恢复生态环境。在审判程序上更为专业化，且强调能动司法。(　)

(2) 法院对双方自认的事实也要进行审查，对原告放弃诉讼请求、承认对方请求、和解、撤诉等诉讼行为进行严格的限制。(　)

(3) 在证据的判断方面，环保法庭可召集环保审判专家组成咨询委员会对纠纷中涉及的相关专业性问题如是否存在因果关系、损害结果等进行充分论证作出环境问题专家意见，法院应充分听取并依法采信，依法作出判决。(　)

28. 贵阳中院出台了《环保司法诉前禁令试行办法》，创设了诉前禁令，将传统的财产保全扩大到行为保全，是司法能动性的体现。您对该《办法》的认可度如何？

（1）满意（ ）

（2）基本满意（ ）

（3）不满意（ ）

29. 贵阳中院出台的《重大、群众性环境纠纷协调工作机制》，规定法院可提前介入纠纷的化解程序，使得纠纷的解决方式更为灵活。你觉得如何？

（1）满意（ ）

（2）基本满意（ ）

（3）不满意（ ）

30. 您认为贵州现有环境纠纷解决机制存在缺陷在哪里？

（1）环境纠纷诉讼解决机制存在不完善（ ）

（2）环境纠纷非诉解决机制存在不健全（ ）

（3）环境纠纷解决机制之间衔接不合理（ ）

31. 您知道“生态法治”的含义吗？

（1）知道（ ）

（2）不知道（ ）

32. “我们最先进的工业国家已经降服了自然力，迫使它为人们服务”，这是谁的论断？

（1）马克思（ ）

（2）恩格斯（ ）

（3）列宁（ ）

（4）习近平（ ）

33. 有关您的生态环境合法权益受到侵害时，主要通过何种途径解决？

（1）到法院起诉（ ）

（2）信访（ ）

（3）调解（ ）

（4）到政府（ ）

34. 国外生态环境纠纷解决机制对我国的启示表现在哪里？

（1）提倡公民集团诉讼（ ）

（2）扩大提起行政公益诉讼的资格主体（　）
（3）完善生态管理机构，建立健全生态管理机制（　）
（4）借鉴国外的非诉讼解决机制，完善我国生态纠纷解决机制（　）
（5）借鉴国外先进的生态环境解决机制（　）

35. 我省是否采取措施来提升广大干部群众的生态环境保护的素养？
（1）是（　）
（2）不是（　）

36. 我省是否落实过生态环境保护示范县、乡、村、社的构建点？
（1）完全落实（　）
（2）部分落实（　）
（3）未落实（　）

37. 我省是否正在大力推进生态环境保护治理工作？
（1）完全推进（　）
（2）部分推进（　）
（3）未推进（　）

38. 我省对农村生态环境的保护情况如何？
（1）满意（　）
（2）基本满意（　）
（3）不满意（　）

34. 我省是否正在完善和补充生态经济立法工作？
（1）是（　）
（2）不是（　）

39. 我省对强化生态经济法治监督体系的情况如何？
（1）满意（　）
（2）基本满意（　）
（3）不满意（　）

40. 我省是否正在开展基层农村生态环境保护工作？
（1）是（　）
（2）不是（　）

41. 我省群众对开展基层农村生态环境保护工作的态度如何？
（1）满意（　）

(2) 基本满意( )

(3) 不满意( )

42. 我省加强生态环境多元纠纷解决机制构建工作的主要内容包括?

(1) 建立健全环境损害鉴定评估机构( )

(2) 完善贵州的生态保护法庭建设( )

(3) 完善贵州省的环境公益诉讼制度( )

(4) 加强人民调解制度的建设( )

(5) 健全生态环境纠纷行政解决机制( )

43. 您赞成“当前应及时健全完善我省多元化的矛盾纠纷解决机制”吗?

(1) 赞成( )

(2) 基本赞成( )

(3) 不赞成( )

44. 其他方面的建议:

参考文献

References

一、著作类

[1] 俞可平编:《国家治理评估——中国与世界》,中央编译出版社 2009 年版。

[2] 季卫东:《法制的转轨》,浙江大学出版社 2009 年版。

[3] 张志铭等:《世界城市的法治化治理——以纽约市和东京市为参照系》,上海人民出版社 2005 年版。

[4] 何勤华等:《法治的追求——理念、路径和模式的比较》,北京大学出版社 2005 年版。

[5] 张军、周黎安编:《为增长而竞争:中国增长的政治经济学》,格致出版社、上海人民出版社 2008 年版。

[6] 周黎安:《转型中的地方政府:官员激励与治理》,上海人民出版社 2008 年版。

[7] [美] 沃尔特·W. 鲍威尔、保罗·J. 迪马吉奥主编:《组织分析的新制度主义》,姚伟译,上海人民出版社 2008 年版。

[8] 何俊德编著:《项目评估——理论与方法》,华中理工大学出版社 2000 年版。

[9] [古希腊] 亚里士多德:《政治学》,颜一、秦典华译,中国人民大学出版社 2009 年版。

[10] [奥] 彼得·德鲁克:《卓有成效的管理者》,许是祥译,上海译文出版社 2009 年版。

[11] [日] 大桥洋一:《行政法学的结构性变革》,吕艳滨译,中国人民大学出版社 2008 年版。

[12] [美] 丹尼尔·A. 雷恩:《管理思想的演变》,李柱流等译,中国社会科学出版社 1986 年版。

[13] [日] 中村元:《东方民族的思维方法》,林太、马小鹤译,浙江人民出版社 1989 年版。

[14] 怀效锋主编:《基层人民法院法官培训教材》,人民出版社 2005 年版。

[15] 张文显编:《马克思主义法理学——理论、方法和前沿》,高等教育出版社 2003 年版。

[16] 鲁千晓、吴新梅:《诉讼程序公正论》,人民出版社 2004 年版。

[17] 王焱编:《宪政主义与现代国家》,生活·读书·新知三联书店 2003 年版。

[18] 邓正来:《市民社会理论的研究》，中国政法大学出版社 2002 年版。
[19] 殷陆君编译:《人的现代化》，四川人民出版社 1985 年版。
[20] 梁治平编:《法律的文化解释》，生活・读书・新知三联书店 1998 年版。
[21] 孙同鹏:《经济立法问题研究——制度变迁与公共选择的视角》，中国人民大学出版社 2004 年版。
[22] 梁治平:《法辨：中国法的过去、现在与未来》，中国政法大学出版社 2003 年版。
[23] [法] 孟德斯鸠:《论法的精神》（上），张雁深译，商务印书馆 1997 年版。
[24] 邓正来:《法律与立法的二元观》，上海三联书店 2003 年版。
[25] 张文显:《二十世纪西方法哲学思潮研究》，法律出版社 1996 年版。
[26] 章谦凡:《市场经济的法律调控》，中国法制出版社 2008 年版。
[27] [英] 洛克:《政府论》（下），瞿菊农译，商务印书馆 1996 年版。
[28] [美] 唐・布莱克:《社会学视野中的司法》，郭星华等译，法律出版社 2004 年版。
[29] 谢晖:《法律信仰的理念与基础》，山东人民出版社 2003 年版。
[30] [美] E. 博登海默:《法理学——法律哲学与法律方法》，邓正来译，中国政法大学出版社 2004 年版。
[31] 汪太贤:《从治民到民治：清末地方自治思潮的萌生与变迁》，法律出版社 2009 年版。
[32] [英] 汤因比等:《历史的话语：现代西方历史哲学译文集》，张文杰译，广西师范大学出版社 2000 年版。
[33] 徐爱国、李桂林、郭义贵:《西方法律思想史》，北京大学出版社 2005 年版。
[34] 李海东主编:《日本刑事法学者》，中国法律出版社 1995 年版。
[35] 吴大华、徐杰:《西部大开发的法律保障》，民族出版社 2001 年版。
[36] 徐晓光等:《苗族习惯法研究》，华夏文化艺术出版社 2000 年版。
[37] 江伟主编:《仲裁法》，中国人民大学出版社 2012 年版。
[38] 世界环境与发展委员会编:《我们共同的未来》，王之佳、柯金良译，吉林人民出版社 1997 年版。
[39]《马克思恩格斯选集》（第 4 卷），人民出版社 2012 年版。
[40] 汪劲:《环境法律的理念与价值追求：环境立法目的论》，法律出版社 2000 年版。
[41] 彭守约、孙尚明、陈汉光:《环境保护法资料选编》，武汉大学出版社 1985 年版。
[42]《德国刑法典》，冯军译，中国政法大学出版社 2000 年版。
[43] 于语和主编:《民间法》，复旦大学出版社 2008 年版。
[44] 沈德咏主编:《秋菊故乡新说法：能动主义司法模式理论与实践》，法律出版社 2010 年版。
[45] 陈金全、王世荣编:《中国传统司法与司法传统》，陕西师范大学出版社 2009 年版。
[46] 江伟主编:《民事诉讼法学原理》，中国人民大学出版社 1999 年版。

［47］范愉:《非诉讼纠纷解决机制研究》，中国人民大学出版社 2002 年版。
［48］邵明:《民事诉讼法理研究》，中国人民大学出版社 2004 年版。
［49］胡建森:《比较行政法——20 国行政法评述》，法律出版社 1998 年版。

二、论文类

［1］蒋集耀:“司法现代化：法治化的必然要求”，载《法学》1995 年第 5 期。
［2］师棠:“严格执法：法治化的必由之路”，载《法学》1995 年第 4 期。
［3］［美］托马斯·L. 弗雷德曼:“外交事务：荣誉勋章”，载《纽约时代周刊》2000 年第 6 期。
［4］齐延安:“美国的法治经验及启示”，载《法学论坛》2005 年第 6 期。
［5］苏力:“变法、法治建设及其本土资源”，载《中外法学》1995 年第 5 期。
［6］沈国明:“论我国实现法治的基础”，载《上海社会科学院学术季刊》1987 年第 4 期。
［7］孙亚珍:“司法工作中如何实现政治效果和法律效果的统一”，载《检察理论》2010 年第 9 期。
［8］张岐:“努力提高全民法律素质全力打造‘平安西湖’”，载《法治研究》2010 年第 4 期。
［9］吴理财:“应注意农村基层的选择性治理”，载《学习时报》2009 年年第 2 期。
［10］李强:“后全能体制下现代国家的构建”，载《战略与管理》2001 年第 6 期。
［11］谢银根:“加强基层民主法治建设的研究与思考”，载《法治研究》2009 年第 12 期。
［12］王雅林:“社会转型理论的再构与创新发展”，载《江苏社会科学》2000 年第 2 期。
［13］文正邦:“实行法治经济应加强经济法治系统工程建设”，载《现代法学》1994 年第 1 期。
［14］李静冰:“盛行的经济立法观在法理学上的检讨”，载《法律科学》1995 年第 1 期。
［15］莫于川:“经济行政执法与执法监督问题之实证研究报告”，载《行政法学研究》1996 年第 4 期。
［16］杜寅庆:“完善经济行政执法监督机制的思考”，载《探索》1994 年第 3 期。
［17］陈伯民:“更新观念强化人大的监督职能”，载《理论探讨》2007 年第 3 期。
［18］汪建成、孙远:“论司法的权威和权威的司法”，载《法学评论》2001 年第 4 期。
［19］王旭:“乡村中国的基层民主：国家与社会的权力互强”，载《二十一世纪》1997 年第 4 期。
［20］陈国华:“发达地区农村基层民主管理体制的新探索”，载《中共中央党校学报》2006 年第 6 期。
［21］缪蒂生:“论法治江苏的科学蕴涵及其实现途径”，载《群众》2006 年第 5 期。
［22］罗干:“深入开展社会主义法治理念教育　切实加强政法队伍思想政治建设”，载

《求是》2006 年第 12 期。
[23] 严存生："法治社会的'法'与'治'"，载《比较法研究》2005 年第 6 期。
[24] 姜素红："法治意识的培养与强化"，载《湖湘论坛》2006 年第 3 期。
[25] 来君："当代中国公民法治意识探析"，载《攀登》2010 年第 2 期。
[26] 申家强："浅议我国行政法治实现途径"，载《中小企业管理与科技（上旬刊）》2010 年第 4 期。
[27] 周佑勇："行政法的正当程序原则"，载《中国社会科学》2004 年第 4 期。
[28] 周义程、梁莹："公民参与态度与公民法治意识之成长"，载《社会科学》2009 年第 10 期。
[29] 蒋元文："党必须在宪法和法律的范围内活动"，载《理论学习》2006 年第 4 期。
[30] 刘能："立法中的利益表达机制研究"，厦门大学 2007 年硕士学位论文。
[31] 胡子敬："立法的公众参与有待深化"，载《中国经济时报》2005 年第 6 期。
[32] 雷振强、陈蒙："完善民族立法，推动民族法制建设"，载《中国民族报》2011 年 9 月 30 日。
[33] 鄂振辉："论我国法治建设中的政府诚信"，载《新视野》2005 年第 6 期。
[34] 袁芳、赖海燕："完善行政执法体制的对策分析"，载《理论观察》2006 年第 5 期。
[35] 王丽平、韩艺："创新政府管理和服务方式的原则和领域"，载《中国行政管理》2008 年第 1 期。
[36] 黄松有："以法律职业的共同精神规范法官与律师的关系，维护司法公正"，载《中国司法》2004 年第 4 期。
[37] 徐初益："论司法公正与司法人员"，载《中国法学》1999 年第 4 期。
[38] 吴映梅、彭福亮："西部民族地区社会和谐发展研究"，载《云南师范大学学报（人文社会科学版）》2007 年第 5 期。
[39] 顾培东："中国法治的自主型进路"，载《法学研究》2010 年第 1 期。
[40] 苏力："关于能动司法与大调解"，载《中国法学》2010 年第 1 期。
[41] 尚虎平："我国地方政府绩效评估悖论：高绩效下的政治安全隐患"，载《管理世界》2008 年第 4 期。
[42] 何勤华："法治发展道路中的普遍性和特殊性"，载《法制与社会发展》2009 年第 6 期。
[43] 孙长永："'中国特色'的动态性和整体性与法治的普遍规律"，载《法制与社会发展》2009 年第 6 期。
[44] 蒋立山："中国法治发展的目标冲突与前景分析"，载《法制与社会发展》2009 年第 1 期。
[45] 袁曙宏："关于构建我国法治政府指标体系的设想"，载《国家行政学院学报》2006

年第 4 期。

[46] 范柏乃、朱华："我国地方政府绩效评价体系的构建和实际测度"，载《政治学研究》2005 年第 1 期。

[47] 倪星："地方政府绩效评估指标的设计与筛选"，载《武汉大学学报（哲学社会科学版）》2007 年第 2 期。

[48] 王公义："建设法治城市　量化衡量指标——在中国·昆明'法治城市·制度创新'论坛上的讲演"，载《中国司法》2009 年第 1 期。

[49] 李建兴、尹华广："'法治社会'建设指标体系的构想——以浙江省为例"，载《中共南宁市委党报》2008 年第 1 期。

[50] 陈海燕、张庆旭："社会主义法治评价指标量化研究"，载《科学社会主义》2009 年第 4 期。

[51] 熊英："地方立法中的地方保护主义"，载《中国改革》2005 年第 11 期。

[52] 申来津、朱勤尚："法治政府评估指标体系的设计与运作"，载《行政论坛》2008 年第 2 期。

[53] 耿玉基："基层法治政府指标体系研究"，载《行政与法》2009 年第 3 期。

[54] 刘学毅："德尔菲法在交叉学科研究评价中的运用"，载《西南交通大学学报（社会科学版）》2007 年第 4 期。

[55] 袁志彬、任中保："德尔菲法在技术预见中的应用与思考"，载《科技管理研究》2006 年第 10 期。

[57] 吴勇："关于我国环境纠纷行政仲裁的反思与重构"，载《兰州学刊》2005 年第 4 期。

[58] 沈堂江："贵州苗族习惯法的历史、现状及发展"，载《贵州民族学院学报（哲学社会科学版）》2000 年第 S2 期。

[59] 胡岩："法律视野下的德国环境保护"，载《法律适用》2014 年第 2 期。

[60] 胡岩："德国的环境保护法律体系"，载《人民法院报》2013 年 8 月 2 日。

[61] 包茂宏："日本环境公害及其治理的经验教训"，载《中国党政干部论坛》2002 年 10 期。

[62] 王彬辉："日本公害纠纷处理机制与我国之借鉴——以日本丰岛产业废弃物调解案为例"，载《行政与法》2008 年第 12 期。

[63] 刘华义、董莹莹："英国的环境纠纷解决机制"，载《中国海洋大学学报（社会科学版）》2007 年第 4 期。

[64] 王海南、孙鹤："如何在我国农村有效界定、保护和实施产权——关于建立乡镇'巡回法庭'的初步设想"，载《辽宁师范大学学报（社会科学版）》2005 年第 6 期。

[65] 曹明德、毛涛："我国环境争端非诉讼解决方式存在的问题及对策"，载《中国地质

大学学报（社会科学版）》2009 年第 2 期。

[66] 高莉："调解在环境纠纷中的适用"，载《环境导报》2003 年第 19 期。

[67] 肖建国："环保审判的贵阳模式"，载《人民法院报》2011 年 7 月 7 日。

[68] 吕忠梅："环境友好型社会中的环境纠纷解决机制论纲"，载《中国地质大学学报（社会科学版）》2008 年第 3 期。

三、报刊网络类

[1] 吴明德："规范我国法律服务市场的若干问题"，载《中国律师（上）》2000 年第 8 期。

[2] 严亮奇："完善基层政府法律顾问制度的几点建议"，载《中国律师》2006 年第 8 期。

[3] 李昕："让权力在阳光下运行"，载《常州日报》2010 年第 12 期。

[4] 朱诗瑶："贵阳环保'两庭'促进生态文明建设"，载人民法院网：http://www.chinapeace.gov.cn/2012-12/22/content_6109566.htm，访问日期：2015 年 8 月 6 日。

[5] 朱诗瑶："贵阳环保'两庭'促进生态文明建设"，载人民法院网：http://www.chinapeace.gov.cn/2012-12/22/content_6109566.htm，访问日期：2015 年 8 月 6 日。

[6] 参见昆明市委法治昆明建设领导小组办公室："昆明市召开新闻通报会发布《法治昆明综合评价指标体系》"，载云南司法行政网：http://www.sft.yn.gov.cn/newsview.aspx? Id=1333522&departmentid=1，访问日期：2016 年 11 月 3 日。

四、外文类

[1] P. Awakening Giants, "Feet of Clay: a Comparative Assessment of the Rise of China and India", *Paper Presented at International Conference on the Dragon and Elephant: China and India's Economic Reforms*, July 1~2, Shanghai, China, 2006.

[2] Bertelsman Transformation Index 2010: Political anagement in International Comparison.

[3] Vera Institute of Justice, Measuring Progress toward Safety and Justice: A Global Guide to the Design of Performance Indicators across the Justice Sector (Summary Paper).

[4] Daniel Kaufmann and Aart Kraay and Massimo Mastruzzi, "Governance Matters Ⅷ: Aggregate and Individual Governance Indicators (1996~2008)", *Policy Research Working Paper*.

[5] Jim Parsons et al., *Developing Indicators to Measure the Rule of Law: A Global Approach*, July 2008.

[6] Kathryn Hendley, "Assessing the Rule of Law in Russia", *Cardozo Journal of International and Comparative Law*, 14 Cardozo, 2006.

[7] Mark David Agrast et al., "The World Justice Project Rule of Law Index: Measuring Adher-

ence to the Rule of Law around the World", *Presented at the World Justice Forum Vienna*, Austria 3 July 2010.

[8] Mark David Agrast, Juan Carlos Botero and Alejandro Ponce, "The World Justice Project Rule of Law Index: Measuring Adherence to the Rule of Law around the World", *Presented at the World Justice Forum II Vienna*, Austria November 12, 2009.

后 记

Postscript

对贵州区域法治建设进行调查与研究，其主要目的是了解一个多民族、多山区、极贫困三位一体的欠发达区域，在依法治国的背景下，贵州区域法治建设在实践层面展开之后，区域人民积极贯彻法治的时代精神、法治的时代力量、法治的时代保障，并把区域法治建设的各项工作纳入法治化轨道以推动贵州经济社会跨越式发展的情况。

撰写《新形势下贵州区域法治建设调查与研究》，对作者而言不仅具有开拓性，更具有挑战性和诸多意想不到的困难。就调研材料而言，必须要亲身经历贵州具有代表性的市（自治州）、县（自治县）、镇（民族乡）、村、社进行调研，路途的劳碌奔波，让作者品尝到“高处不胜寒”的寂寞与苦涩，经过2010年至2018年点点滴滴的积累，终于使这部《新形势下贵州区域法治建设调查与研究》画上了一个“不太理想”的句号。因为该书的写作难免会出现失误和语言的粗陋。至于读者如何理解和评说，目前只有凭借笔者的愚钝之资，勉力为之。

谨识于贵阳·花溪

2018年9月18日